APOCALYPSE ZÉRO

MICHAEL SHELLENBERGER

APOCALYPSE ZÉRO

POURQUOI LA FIN DU MONDE N'EST PAS POUR DEMAIN – LES ERREURS DE L'ÉCOLOGIE RADICALE

Préface de Pascal Bruckner

Traduit de l'anglais (USA)
par Daniel Roche

L'ARTILLEUR

ISBN : 978-2-81001-090-5

www.lartilleur.fr

Pour Joaquin et Kestrel

Préface

L'Apocalypse est une passion que partagent entre eux les enragés du malheur, qu'il s'agisse de la jeune Greta Thunberg ou des militants du très chic groupuscule Extinction Rébellion capables d'organiser des manifestations spectaculaires. Sous couleur de nous prévenir contre d'éventuelles destructions, il se pourrait qu'ils appellent au contraire de leurs vœux la sombre vision qu'ils prétendent conjurer. Au fond, ils voient le châtiment que la Nature voudrait nous infliger comme une rédemption. C'est ce que montre bien Michael Schellenberger dans ce livre, manifeste qui constitue une oasis rafraichissante dans l'océan d'ouvrages plus sombres les uns que les autres qui paraissent sur ce thème. Militant écologiste de la première heure, l'auteur a traversé toutes les illusions et les fausses nouvelles des principales organisations militantes. Les catastrophistes selon lui se trompent lourdement : ils oublient que le nombre de morts causées par les cataclysmes naturels, inondations, ouragans, incendies, tsunamis a diminué de 90 % au cours du siècle dernier y compris dans les sociétés les plus pauvres. Ils n'ont pas compris que c'est le développement et la croissance économique qui sont seuls à même d'arracher les populations au dénuement et de les rendre sensibles aux problèmes de l'environnement. Dissocier la protection de la planète de la nécessaire prospérité de tous est une position folle qui risque de précipiter ce que l'on veut éviter. Le souci écologique a longtemps été la dernière ruse des pays riches pour maintenir les pays démunis dans le sous- développement. Enfin l'Apocalypse a déjà eu lieu, nous rappelle Schellenberger : au Congo, entre 1995 et maintenant, dans des guerres abominables qui ont fait 5 millions de morts. Mais qui cela intéresse-t'il ?

Les prophètes de la fin du monde ne sont pas toujours ces grandes âmes qui nous mettent en garde mais le plus souvent des fanatiques qui nous souhaitent beaucoup d'infortunes si nous avons l'outrecuidance de ne pas les écouter. La catastrophe n'est pas leur hantise mais leur jouissance : une jouissance qui suscite des cauchemars chez beaucoup de jeunes lycéens ou collégiens qui fondent en larmes à l'idée que la planète va peut-être disparaître dans un horizon de 10 ou 15 ans. Notre époque est ainsi habitée de toute une masse de mages, de sibylles, de vaticinateurs qui se réclament de la science pour maudire notre insouciance et nous souhaiter le pire. Songeons à la proposition extravagante de Nicolas Hulot, ancien ministre de l'écologie sous Macron, en mars 2020 selon laquelle le Covid serait le dernier avertissement de la nature avant la chute ! D'excellents esprits ont beau, comme notre auteur américain, introduire de la nuance, de la réfutation, nos courtisans du Jugement dernier ne veulent rien entendre. Il faut donc inverser la proposition : il se pourrait que l'écologie, telle qu'elle se parle, ne vise pas tant à nous préserver de la fin du monde qu'à la précipiter. Elle est à la fois l'agent et le véhicule de notre désir de mort. Michael Schellenberger note avec ironie que la perspective d'un engloutissement général des nations allège notre peur de la mort individuelle et constitue une soupape psychologique. Que pouvons- nous opposer à un homme ou à une femme qui nous promet le cataclysme avec ce calme formidable des fanatiques ? Qui se voue jour et nuit à l'apostolat du désespoir ? La simple leçon des faits : c'est ce qu'accomplit ici avec patience et détermination Michael Schellenberger. Il commence par épouser les arguments de ses adversaires avant de les réfuter patiemment, statistiques à l'appui. Avec une intelligence contre-intuitive, il renverse tous les paradigmes en cours : le nucléaire, bête noire de tous les mouvements écologistes, est la seule énergie propre et qui diminuera les gaz à effet de serre, au contraire de l'éolien et du solaire qui resteront au mieux des compléments mais non des alternatives. Le plateau du Colorado est presque plus radio actif que Fukushima après l'accident de la centrale. L'élevage industriel dans les pays pauvres est la seule alternative à l'abattage de gibier. Il est bon que les usines de production de jouets et de textiles restent dans les pays pauvres car ils génèrent, quoiqu'on en pense, de la richesse. Il n'y a pas plus d'ouragans qu'avant, pour la plupart des peuples du monde, le seul danger mortel est le sous-développement. Le plastique est un progrès et non un danger, il a sauvé les tortues du massacre total en remplaçant leurs écailles utilisées pour construire des peignes et des broches. La fameuse extinction des espèces est très exagérée car chaque extinction de masse, selon nos archives fossiles, a été suivie d'une augmentation beaucoup plus importante de la bio-diversité. Pour sauver la nature, il faut cesser de l'exploiter et pour cesser de l'exploiter, il faut produire davantage sur des surfaces réduites.

Tous ces arguments, bien sûr, susciteront des débats féroces et il faut souhaiter qu'ils aient lieu, en toute transparence et honnêteté. Fausse conscience ou mauvaise conscience, certaines élites du monde occidental croient dur comme fer à la disparition de l'humanité et masquent leur nihilisme derrière des chiffres effroyables. Un des fondateurs d'Extinction Rébellion n'affirma-t-il pas que nos enfants seraient morts dans 10 ou 15 ans ? Mais ce délire est précisément ce qui plaît à nos activistes, pas la plate, la simple vérité. Plus c'est exagéré, mieux ça marche. L'imminence de la fin du monde est repoussée tous les dix ans, manière de nous tenir en haleine sans avoir à subir l'épreuve de la vérification. Ce sont à chaque fois des failles logiques dues à l'ignorance ou à la désinformation. Schellenberger rappelle que le rapport du Club de Rome paru en 1972 préconisait de façon étrange de préserver les pays pauvres du développement économique pour leur épargner notre matérialisme et ne pas accroître la dette de la planète. Le colonialisme et le mépris peuvent emprunter les arguments les plus doucereux, ils n'en restent pas moins du colonialisme et du mépris. C'est pourquoi ce livre est important : il replace les réalités face aux idéologies et combat avec des chiffres et des reportages les divagations de nos élites. L'apocalypse chrétienne se voulait une révélation, le passage dans un autre ordre du temps, celle de nos prophètes est sans dévoilement, elle énonce la sentence finale : apocalypse sèche. Nulle promesse de rachat, juste un idéal de survivants, une épidémie de remords, l'agrégation de centaines de millions d'hommes qui se repentent et veulent nous plonger dans le chaos sous couleur de nous sauver. Je le dis depuis trente ans : une partie du monde occidental veut mourir, rongé par la haine de soi et la culpabilité et le réchauffement climatique semble leur offrir des arguments supplémentaires pour nous précipiter dans la ruine. Le livre de Michael Schellenberger tombe à pic pour leur porter la contradiction et éclairer nos esprits.

Pascal Bruckner

Sommaire

Introduction

Début octobre 2019, un journaliste de télévision de Sky News en Grande-Bretagne interviewe deux militants écologistes. Leur mouvement, Extinction Rebellion, est sur le point d'entamer deux semaines de désobéissance civile à Londres et dans diverses villes à travers le monde pour protester contre l'absence d'action contre le changement climatique.

Un scientifique et un enseignant ont créé Extinction Rebellion au printemps 2018 et recruté dans toute la Grande-Bretagne des écologistes prêts à se faire arrêter pour la cause. À l'automne de cette année-là plus de six mille militants d'Extinction Rebellion ont bloqué les cinq principaux ponts qui enjambent la Tamise, à Londres, empêchant les gens de se rendre à leur travail comme de rentrer chez eux[1].

La principale porte-parole de l'organisation a fait des déclarations alarmistes sur les chaines de télé. « Des milliards de personnes vont mourir. » « La vie sur Terre est en train de mourir. » « Les gouvernements ne font rien »[2].

En 2019, Extinction Rebellion avait obtenu le soutien d'éminentes célébrités, dont les acteurs Benedict Cumberbatch et Stephen Fry, les stars de la pop Ellie Goulding et Thom

Yorke, l'actrice oscarisée 2019 Olivia Colman, Le producteur de Live Aid Bob Geldof et Spice Girl Mel B.

Bien qu'Extinction Rebellion ne soit sans doute pas représentatif de l'ensemble les écologistes, près de la moitié des Britanniques interrogés ont déclaré aux sondeurs qu'ils soutenaient le groupe[3].

Et les Britanniques n'étaient pas seuls. En septembre 2019, une enquête auprès de trente mille personnes dans le monde a révélé que 48 % croyaient que le changement climatique provoquerait la disparition de l'humanité[4].

Mais à l'automne de la même année, le soutien public à Extinction Rebellion, y compris la sympathie des journalistes, a rapidement décru après que l'organisation a barré les rues et bloqué les transports en commun dans tout Londres. « Que faites-vous des familles ? » a demandé l'animateur de Sky News aux porte-parole du groupe.

« Je me souviens qu'en juillet, quelqu'un a dit qu'il n'avait pu se rendre au chevet de son père quand il est décédé, à Bristol[5]. »

« Et c'est vraiment, vraiment malheureux », a déclaré Sarah Lunnon d'Extinction Rebellion., mettant sa main droite sur son cœur, « et totalement déchirant. »

Il était aisé de comprendre pourquoi les dirigeants d'Extinction Rebellion avaient choisi Lunnon comme porte-parole. Quand je l'ai regardée s'excuser pour la gêne occasionnée, je ne doutais pas qu'elle le pensait.

« Et quand vous y pensez, vous vous sentez horriblement mal » a déclaré Lunnon à Sky News. Elle en est venue ensuite au sujet de l'interview. « La douleur et l'angoisse dont cet homme a souffert de ne pas pouvoir dire au revoir à son père sont la douleur et l'angoisse dont nous souffrons en ce moment quand nous songeons à l'avenir de nos enfants, parce que c'est très, très grave. »

Trois jours avant l'interview de Sky News, Extinction Rebellion avait garé un vieux camion de pompiers devant le Ministère des finances à Londres et déployé une bannière qui disait : *Arrêtez de Financer la Mort du Climat.*

Les militants d'Extinction Rebellion ont ensuite déroulé une lance à incendie et arrosé le bâtiment de faux sang fabriqué à partir de jus de betterave. Mais ils ont aussitôt perdu le contrôle du tuyau qui a fini par détremper les trottoirs et au moins un spectateur[6].

Onze jours après l'interview de Sky News, Lunnon est apparu dans *This Morning*, l'une des émissions d'information matinales les plus populaires de Grande-Bretagne.

Entre-temps près de deux mille militants d'Extinction Rebellion avaient été arrêtés. Quelques heures plus tôt, des violences avaient éclaté sur le quai d'une station de métro après que des militants d'Extinction Rebellion se sont hissés sur le toit d'un train, forçant le conducteur à stopper le train en gare et à évacuer les passagers.

« Pourquoi le métro ? » a demandé l'un des hôtes irrités de This Morning. « Pourquoi le moyen *le plus propre* pour traverser la capitale ? » Le métro est alimenté à l'électricité, qui, en Grande-Bretagne, émet moins de la moitié du carbone aujourd'hui par rapport à 2000[7].

Dans la vidéo, nous voyons deux manifestants du groupe grimper sur l'un des wagons et déployer une bannière avec des lettres blanches sur un fond noir qui clame : Business as Usual = MORT[8].

« L'un des buts de cette action spécifique, a déclaré Lunnon, est d'identifier la fragilité des systèmes avec lesquels nous travaillons actuellement. La fragilité de nos systèmes de transport – »

« Mais nous le *savons* tous au quotidien, a interrompu l'animateur. S'il y a une coupure de courant on sait que c'est fragile. Nous le *savons*. Vous n'avez pas besoin de nous le *prouver*. Ce que vous avez fait, c'est d'empêcher des gens ordinaires d'aller travailler. Certains d'entre eux sont des travailleurs dont les familles dépendent de l'argent qu'ils rapportent, et ils sont parfois payés à l'heure. »

Une vidéo de la manifestation dans le métro montre des centaines de personnes en colère sur le quai, descendues des wagons, et folles de rage contre les militants d'Extinction Rebellion qui les toisent avec défiance depuis les toits des wagons. Les usagers crient aux deux jeunes hommes de descendre. « J'essaie juste de me rendre au travail, dit un usager. J'essaie juste de nourrir ma famille[9]. »

Les choses ont rapidement viré au chaos. Certains voyageurs jettent des tasses de café et un objet en verre, peut-être une bouteille, qui se brise. On voit une femme éclater en pleurs. Les gens essaient de se mettre à l'abri du tumulte. « C'était assez effrayant et on voyait des gens qui étaient franchement apeurés », a raconté un journaliste présent sur les lieux[10].

Un animateur de *This Morning* a déclaré que 95 % des personnes interrogées sur ces incidents ont déclaré qu'Extinction Rebellion desservait sa cause. À quoi pensaient ses militants[11] ?

Dans la vidéo de la manifestation du métro, nous voyons un banlieusard essayer de grimper sur le toit du train pour empoigner le militant d'Extinction Rebellion. Ce dernier riposte en donnant des coups de pied à l'homme au visage et à la poitrine.

L'homme saisit ensuite les jambes du manifestant d'Extinction Rébellion et le fait chuter au sol. Et l'on voit une foule d'usagers en colère commencer à lui asséner des coups de pied.

En studio, Lunnon explique que la vidéo montre le genre de perturbations qu'entraînerait le changement climatique. « Et pas seulement dans les transports », ajoute-t-elle.

« Mais aussi pour l'énergie et la nourriture. On verra des supermarchés vides. Des réseaux d'alimentation énergétique à l'arrêt. Plus de perturbations du système de transport. »

Les banlieusards en colère à la station de métro sont devenus violents. Dans une autre vidéo de l'incident, on voit un homme projeter à terre d'un coup de poing un militant qui filme la scène et le frapper à coups de pied[12]. Plus tard, à l'extérieur de la station, un homme déclare à un journaliste télé avoir vu « un homme en veste rouge frapper au visage une femme « qui le sommait d'arrêter de cogner ».

Vers la fin de l'émission, les invités font quelque chose d'étrange : ils semblent d'accord avec Sarah Lunnon d'Extinction Rebellion sur le changement climatique :

« Nous sommes tous extrêmement préoccupés et voulons vous soutenir, déclare l'un des journalistes. Sans aucun doute, il y a une énorme crise », renchérit un autre.

Attendez un peu… Quoi ? Je ne pouvais pas comprendre ce qu'ils disaient. Si les présentateurs convenaient que le changement climatique était une crise énorme, dans laquelle « des milliards de personnes allaient mourir », comment pouvaient-ils être bouleversés que des banlieusards arrivent en retard au travail ?

L'animateur de Sky News a fait la même réponse : « Je n'essaie pas de dire que ce n'est pas profondément préoccupant », déclare le présentateur. « L'environnement. Mais sa douleur très spécifique de ne pas voir son père… Il ne pouvait pas penser que c'est comparable. »

Mais comment la déception d'un seul homme peut-elle se comparer à « la mort de multitudes, aux famines de masse et à l'extrême pénurie » ?

Si « la vie sur Terre est en train de mourir », pourquoi quelqu'un se souciait-il que quelqu'un ait éclaboussé le trottoir d'un peu de jus de betterave ?

Même si le changement climatique allait tuer seulement des *millions* de personnes, plutôt que des milliards, alors la seule conclusion raisonnable sur la tactique d'Extinction Rébellion est qu'elle n'était pas assez radicale.

Pour être juste, les animateurs d'ITV et de Sky News n'étaient pas d'accord avec les déclarations extrêmistes de Lunnon. Ils ont simplement expliqué qu'ils partageaient sa préoccupation concernant le changement climatique.

Mais que voulaient-ils dire alors en évoquant l'« énorme crise » du changement climatique ? Si le changement climatique n'est pas une crise existentielle, c'est-à-dire une menace pour l'existence humaine, ou du moins pour la civilisation, alors de quel genre de crise s'agit-il exactement ?

À ce moment-là, à la suite d'une manifestation qui aurait très bien pu aboutir à la mort d'un militant ou d'un vidéaste d'Extinction Rébellion, j'étais frappé que personne n'offre de réponse très convaincante à ces questions.

J'ai écrit *Apocalypse Zéro* parce que le débat sur le changement climatique et l'environnement a, au cours des dernières années, échappé à tout contrôle, de façon assez semblable à la lance à incendie des militants qui projetait du jus de betterave sur une façade.

Je suis militant écologiste depuis trente ans, je mène des recherches et j'écris sur des questions environnementales, y compris le changement climatique, depuis deux décennies. J'accomplis ce travail parce que je me soucie profondément de ma mission non seulement de protecteur de l'environnement naturel, mais aussi afin d'atteindre l'objectif de prospérité universelle pour l'humanité.

Je me soucie également de bien comprendre les faits et les données scientifiques. J'estime que les scientifiques, les journalistes et les militants environnementalistes, ont l'obligation de décrire les problèmes environnementaux honnêtement et avec précision, même s'ils craignent que cette démarche réduise leur valeur dans les médias ou l'écho public qu'ils trouveront.

Bien des discours que l'on inculque aux gens sur l'environnement, y compris le climat, sont faux, et il est primordial de les rectifier. J'ai décidé d'écrire *Apocalypse Zéro* parce que j'en avais assez des exagérations, de l'alarmisme et de l'extrémisme qui sont les ennemis d'un environnementalisme positif, humaniste et rationnel.

Chacun des faits, des affirmations et des arguments de ce livre sont basés sur les meilleures analyses scientifiques disponibles, notamment les rapports émanant du prestigieux Groupe intergouvernemental d'experts sur le changement climatique (GIEC), l'Organisation des Nations Unies pour l'alimentation et l'agriculture (FAO), entre autres institutions scientifiques de premier plan. *Apocalypse Zéro* défend la science contre ceux qui la contestent, aussi bien à droite qu'à gauche de l'échiquier politique.

Cet ouvrage entend explorer comment et pourquoi tant d'entre nous en sont venus à confondre des problèmes environnementaux importants mais gérables avec la fin du monde, et pourquoi les commentateurs les plus catastrophistes sur les questions écologiques ont tendance à s'opposer aux solutions les meilleures et les plus évidentes pour les résoudre.

En cours de route, nous comprendrons comment les humains ne détruisent pas seulement la nature, mais la sauvent. À travers des histoires d'individus du monde entier, des espèces et des environnements qu'ils ont sauvés, nous verrons à quel point les progrès environnementaux, énergétiques et économiques se conjuguent, dans le monde réel, en un processus unique.

Enfin, *Apocalypse Zéro* se veut une contribution en faveur de ce que l'on pourrait appeler le courant éthique dominant. Il plaide moralement en faveur de l'humanisme, dans ses composantes laïques et religieuses, contre l'anti-humanisme de l'écologisme apocalyptique.

Mon espoir est qu'au milieu des débats souvent chaotiques et déroutants sur le changement climatique et les divers problèmes environnementaux, s'affirme l'exigence de distinguer entre les faits scientifiques et la science-fiction et de mieux comprendre le potentiel positif de l'humanité. J'ai écrit *Apocalypse Zéro* pour renforcer une telle exigence.

Notes

1. Damien Gayle, « Avoid London for Days, Police Warn Motorists, amid "Swarming Protests," » *The Guardian*, 21 Novembre 2018, https://www.theguardian.com.

2. Savannah Lovelock et Sarah Lunnon, interviewées par Sophie Ridge, *Sophie Ridge on Sunday*, Sky News, 6 Octobre 2019, https://www.youtube.com/watch?v=ArO_-xH5Vm8.

3. Cameron Brick et Ben Kenward, « Analysis of Public Opinion in Response to the Extinction Rebellion Actions in London, » Ben Kenward (website), 22 Avril 2019, http://www.benkenward.com/XRSurvey/AnalysisOfPublicOpinionInResponseToTheExtinctionRebellionActionsInLondonV2.pdf.

4. « International Poll: Most Expect to Feel Impact of Climate Change, Many Think It Will Make Us Extinct, » YouGov, 14 Septembre 2019, https://yougov.co.uk.

5. Ben Kenward, « Analysis of Public Opinion in Response to the Extinction Rebellion » Actions in London, April 2019 », 20 avril 2019, https://drive.google.com/file/d/1dfKFPVghcb4-b9peTyCgR3pu84_8OjGR/view.

6. Mattha Busby, « Extinction Rebellion Protesters Spray Fake Blood to Treasury » *The Guardian*, 3 octobre 2019, https://www.theguardian.com.

7. « Provisional UK Greenhouse Gas Emissions Statistics 2018, » Department for Business, Energy & Industrial Strategy, 28 mars 2019, https://www.gov.uk/government/statistics/provisional-uk-greenhouse-gas-emissions-national-statistics-2018. « Historical Electricity Data: 1920 to 2018 » Department for Business, Energy & Industrial Strategy, 25 Juillet 2019, https://www.gov.uk/government/statistical-data-sets/historical-electricity-data.

L'empreinte carbone de l'électricité produite par les centrales du Royaume-Uni a diminué de 50 % entre 2000 et 2018, selon les données sur les émissions et la production d'électricité du gouvernement britannique.

8. Sarah Lunnon, interviewée par Phillip Schofield et Holly Willoughby, *This Morning*, ITV, 17 octobre 2019, https://www.youtube.com/watch?v=ACLmQsPocNs.

9. Ibid.

10. Ibid.

11. Ibid.

12. « Protesters Dragged off DLR Train as Extinction Rebellion Delay Commuters in London, » *The Guardian*, 17 Octobre 2019, https://www.theguardian.com. *The Telegraph*, « Commuters Turn on Extinction Rebellion as Protesters Target the Tube », YouTube, October 17, 2019, https://www.youtube.com/watch?v=9P1UXYS6Bmg.

I

Ce n'est pas la fin du monde

1. La fin est proche

Si, Le 7 octobre 2018, vous aviez scanné les sites Web de deux des journaux les plus lus au monde, vous auriez peut-être pu craindre que la fin du monde soit imminente. Un titre du *New York Times* clamait : « Un rapport climatique important décrit un grave risque de crise dès 2040. » Gros titre illustré juste au-dessous par la photo d'un garçon de six ans jouant avec les ossements d'un animal mort[1].

Ce même jour, le *Washington Post* assénait quant à lui : « Le monde a un peu plus d'une décennie pour maîtriser le changement climatique, selon les scientifiques de l'ONU[2]. »

Ces articles parus dans le *New York Times*, le *Washington Post* et d'autres médias du monde entier se fondaient sur un rapport spécial du Groupe d'experts intergouvernemental sur l'évolution du climat (GIEC), un Organe des Nations Unies réunissant 195 scientifiques et experts du monde entier chargés d'évaluer les données scientifiques concernant le changement climatique.

Deux autres rapports du GIEC devaient suivre en 2019, qui nous mettaient en garde contre des conséquences toujours aussi désastreuses : aggravation des catastrophes naturelles, élévation du niveau des mers, désertification et dégradation des sols. Un réchauffement modéré de 1,5 degré Celsius provoquerait des dommages « durables voire irréversibles », disaient-ils, et les modifications du climat pourraient avoir un impact dévastateur sur la production alimentaire et les paysages. Le *New York Times* rapportait que le réchauffement planétaire menaçait d'aggraver la pénurie de ressources et que les « inondations, sécheresses, tempêtes et autres types d'événements météorologiques extrêmes risquent de perturber et de réduire au fil du temps l'approvisionnement alimentaire mondial.[3] »

Une scientifique de la NASA prédisait l'effondrement simultané des systèmes alimentaires sur plusieurs continents à la fois. « Le risque potentiel de défaillances multiples en denrées alimentaires augmente, a-t-elle déclaré au *New York Times*. Tous ces événements surviennent simultanément. »

Élaboré par plus d'une centaine d'experts de cinquante-deux pays, un rapport du GIEC sur le changement climatique et les terres émergées datant d'août 2019 avertit que « la fenêtre d'action se referme rapidement » et que « la dégradation des sols est cent fois plus rapide que leur régénération »[4].

Les agriculteurs ne pourront pas produire suffisamment de nourriture pour subvenir aux besoins de la population humaine, mettent en garde les scientifiques. « Il est difficile d'imaginer comment nous pourrions subvenir aux besoins de huit milliards de personnes, voire seulement la moitié », déclarait un agronome[5].

« Nous pouvons nous adapter à ce problème dans une certaine mesure », déclarait Michael Oppenheimer un contributeur du GIEC de l'Université de Princeton. « Mais cette mesure dépendra de l'efficacité avec laquelle nous réduirons les émissions de GES (gaz à effet de serre). » Si les émissions augmentent jusqu'en 2050, l'élévation du niveau de la mer dépassera probablement 2 pieds 9 pouces (0,83 m) d'ici 2100, stade auquel « la tâche deviendra irréalisable.... Ce sera un problème ingérable[6]».

Un réchauffement excessif pourrait déclencher une série de points de basculement irréversibles, prédisent les experts. Ainsi, l'élévation du niveau de la mer pourrait ralentir la circulation des courants marins dans l'Atlantique, ce qui pourrait à son tour modifier les températures de surface[7].

Le pergélisol arctique qui s'étend sur une superficie équivalente à celle de l'Australie pourrait dégeler et relâcher 1 400 gigatonnes de dioxyde de carbone dans l'atmosphère[8]. La calotte de glace qui recouvre l'Antarctique menacerait de s'effondrer dans l'océan. Si cela se produit, la hausse du niveau de la mer pourrait atteindre 4 mètres[9].

Selon les scientifiques, la hausse des taux de dioxyde de carbone atmosphérique induirait une altération de la chimie des océans qui pourrait nuire à la vie marine voire entraîner des extinctions de masse. Une étude de 2016 publiée dans *Nature* révélait que la hausse des taux de dioxyde de carbone rendait les espèces de poissons des récifs coralliens indifférents aux prédateurs[10].

Beaucoup ont mis sur le compte du changement climatique les incendies de forêt qui ont ravagé la Californie. Le bilan de ceux-ci a grimpé en flèche entre 2013 et 2018, passant d'un unique décès en 2013 à cent morts en 2018. La moitié des vingt incendies les plus dévastateurs survenus en Californie, s'est produite après 2015[11]. Aujourd'hui, la saison des incendies dans cet état dure deux à trois mois de plus qu'il y a cinquante ans[12]. Le changement climatique aggrave les sécheresses et rend les arbres vulnérables aux maladies et aux insectes.

« La raison pour laquelle ces incendies de forêt se sont aggravés est le changement climatique », déclarait Leonardo DiCaprio[13]. « Voici à quoi ressemble le changement climatique », déclarait Alexandria Ocasio-Cortez, une élue démocrate du Congrès américain[14]. « C'est la fin de la Californie telle que nous l'avons connue », concluait un chroniqueur du *New York Times*[15].

L'Australie a enregistré plus de 135 feux de brousse au début de 2020, qui ont causé la mort de trente-quatre personnes, tué environ un milliard d'animaux, endommagé ou détruit complètement près de trois mille habitations[16].

David Wallace-Wells, auteur de *La Terre inhabitable*, a prévenu qu'avec une augmentation de deux degrés, « les calottes glaciaires commenceront à se désagréger, plus de 400 millions de personnes souffriront de pénuries d'eau, les grandes villes situées sur la bande équatoriale terrestre deviendront invivables, et même dans les latitudes nord les vagues de chaleur tueront des milliers de gens chaque été[17] ».

« L'enjeu pour nous à présent, c'est de savoir si nous pourrons limiter le changement climatique à un niveau où nous n'annihilerons pas les civilisations, déclarait le militant écologique Bill McKibben. Et pour le moment, nous prenons une direction où cela ne va pas arriver[18] ». Un contributeur du GIEC déclarait quant à lui : « Dans certaines régions du monde, les frontières nationales deviendront inutiles.... Vous pouvez ériger un mur pour essayer de contenir dix mille ou vingt mille personnes, voire un million, mais pas dix millions[19] ».

« Vers 2030, dans dix ans, 250 jours et dix heures, nous arriverons à un stade où nous déclencherons une réaction en chaîne irréversible hors du contrôle humain qui mènera très probablement à la fin de la civilisation que nous connaissons », déclarait Greta Thunberg, la militante étudiante pour le climat, en 2019. « Je ne veux pas que vous soyez optimiste. Je veux que vous paniquiez[20] ».

2. Augmentation de la résilience

Début 2019, la députée nouvellement élue Alexandra Ocasio-Cortez, âgée de vingt-neuf ans, donnait un entretien à un correspondant du magazine *The Atlantic*. AOC, comme on l'appelle, a plaidé en faveur d'un Green New Deal, qui outre le changement climatique s'attaquerait à la pauvreté et aux inégalités sociales. AOC repoussait les critiques qui affirmaient que cela coûterait trop cher. « Le monde va prendre fin dans douze ans si nous ne nous attaquons pas au changement climatique, affirma-t-elle, et votre pire problème est de savoir où nous allons trouver l'argent ? »[21].

Le lendemain, un journaliste du site d'information Axios contactait plusieurs spécialistes du climat pour obtenir leurs réactions à l'affirmation d'AOC selon laquelle le monde était voué à s'effondrer dans douze ans. « Toutes les prévisions limitées dans le temps sont des conneries », déclarait Gavin Schmidt, un climatologue de la NASA. « Rien de spécial ne se produit lorsque le "budget carbone" est épuisé ou que nous dépassons l'objectif de température qui nous tient à cœur ; en fait, le coût des émissions augmente sans cesse[22] ».

Andrea Dutton, chercheuse en paléo-climat à l'Université de Wisconsin – Madison, notait : « Pour une raison quelconque, les médias se sont accrochés à cette échéance de douze ans (2030), probablement parce qu'ils estimaient que cela aiderait à faire passer le message d'une réaction rapide et donc la nécessité d'agir de toute urgence. Malheureusement, cela conduit à une dénaturation complète de ce que disait le rapport[23] ».

Ce que le GIEC a réellement écrit dans son rapport et son communiqué de presse de 2018 c'est que pour avoir des chances sérieuses de limiter le réchauffement à 1,5 degré Celsius par rapport à l'époque préindustrielle, les émissions de carbone doivent baisser de 45 % d'ici 2030. Le GIEC ne dit pas que le monde prendra fin, ni que la civilisation s'effondrera si les températures dépassent 1,5 degrés Celsius[24].

Les scientifiques ont accueilli de façon tout aussi négative les allégations outrancières d'Extinction Rebellion. Ken Caldeira, climatologue de l'Université de Stanford, l'un des premiers scientifiques à alerter sur l'acidification des océans, soulignait que « si de nombreuses espèces sont menacées d'extinction, le changement climatique ne menace pas l'humanité d'extinction[25] ». Kerry Emanuel, climatologue du MIT, me confiait : « Je n'ai pas beaucoup de patience à l'égard des oiseaux de mauvais augure. Je ne pense pas qu'il soit utile de décrire l'avenir comme une apocalypse[26] ».

Comme le déclarait un porte-parole d'AOC à Axios : « Nous pouvons chipoter sur les formulations, « existentiel » ou « cataclysmique ». Mais, ajoutait-il, « nous voyons de nombreux problèmes liés au changement climatique qui ont déjà un impact sur nos vies[27] ».

Mais si tel est le cas, cet impact est éclipsé par la baisse de 92 % du bilan décennal de la mortalité due aux catastrophes naturelles depuis son pic dans les années 1920. Dans la décennie 1920-1930, le nombre de décès liés aux catastrophes naturelles était de 5,4 millions de personnes. Dans les années 2010, il plafonnait à 400 000[28]. Une baisse qui, de plus, s'est produite pendant une période où la population mondiale a presque quadruplé.

En fait, au cours des dernières décennies, les sociétés riches comme les pauvres sont devenues beaucoup moins vulnérables aux événements météorologiques extrêmes. En 2019, la revue

Global Environmental Change publiait une étude majeure révélant que les taux de mortalité et les dégâts économiques ont diminué de 80 à 90 % au cours des quatre dernières décennies, des années 1980 à nos jours[29].

Alors que le niveau de la mer a augmenté de 0,19 m entre 1901 et 2010[30], le GIEC estime qu'il pourrait grimper de 0,66 m d'ici 2100 dans un scénario médian, et de 0,83 m dans un scénario extrême. Même si ces prédictions sont sous-estimées, la lenteur de l'élévation du niveau des océans donnera sans doute aux sociétés le temps de s'adapter.

Nous disposons de bons exemples d'adaptation réussie à cette hausse. Ainsi les Pays-Bas sont devenus un pays riche alors même qu'un tiers de sa superficie se trouve au dessous du niveau de la mer, dont certaines zones à moins sept mètres sous les eaux, du fait de l'enfoncement progressif de ses paysages[31].

Aujourd'hui, notre capacité à modifier l'environnement est plus grande que jamais. Les experts néerlandais collaborent déjà aujourd'hui avec le gouvernement du Bangladesh pour préparer le pays à la submersion de ses côtes[32].

Et les incendies ? Le Dr Jon Keeley, un scientifique du bureau californien de l'Institut américain des études géologiques, qui conduit depuis quarante ans des recherches sur le sujet, me confiait ceci : « Nous avons examiné l'histoire du climat et des incendies dans tout l'État, et dans une grande partie de celui-ci, en particulier la moitié Ouest, nous ne constatons aucune relation entre les climats passés et les superficies brûlées quelle que soit l'année[33]. »

En 2017, Keeley et une équipe de scientifiques ont modélisé trente-sept régions différentes à travers les États-Unis et constaté que « les humains peuvent non seulement influencer le régime des feux, mais leur présence peut en fait supplanter voire annuler les effets du climat. » L'équipe de Keeley a constaté que les seuls facteurs statistiquement significatifs sur une base annuelle en termes de fréquence ou de gravité des incendies étaient la pression démographique et la proximité des zones en développement[34].

Quant à l'Amazonie, le *New York Times* rapportait à juste titre que « les incendies de 2019 n'ont pas été causés par le changement climatique »[35]. « Début 2020, les scientifiques ont contesté l'idée selon laquelle l'augmentation du niveau du dioxyde de carbone dans l'océan rendait les espèces de poissons peuplant les récifs coralliens indifférents aux prédateurs. Les sept scientifiques qui ont publié leur étude dans la revue *Nature* avaient, trois ans plus tôt, émis des doutes sur les travaux de la biologiste marine publiés dans la revue *Science* en 2016. Après enquête, L'Université australienne James Cook a conclu que cette spécialiste avait fabriqué ses données[36].

En matière de production alimentaire, l'Organisation des Nations Unies pour l'alimentation et l'agriculture (FAO) conclut que les rendements des cultures augmenteront de manière significative, et ce dans un large éventail de scénarios de changement climatique[37]. Les humains produisent aujourd'hui suffisamment de nourriture pour dix milliards de personnes, un excédent de 25 %, et les experts estiment que cette production augmentera encore, en dépit du changement climatique[38].

Selon la FAO et comme c'était le cas au siècle dernier, le niveau de la production alimentaire dépendra davantage de l'accès aux tracteurs, à l'irrigation et aux engrais que du changement climatique. La FAO prévoit même que les agriculteurs des régions les plus pauvres d'aujourd'hui, comme l'Afrique subsaharienne, pourraient enregistrer une augmentation de 40 % des rendements agricoles grâce aux seuls progrès technologiques[39].

Dans son quatrième rapport d'évaluation, le GIEC prévoyait que d'ici 2100, l'économie mondiale serait trois à six fois plus importante qu'aujourd'hui, tandis que William Nordhaus, économiste lauréat du prix Nobel, estime que la baisse du PIB consécutive à une très forte hausse de température (4 degrés Celsius) se limiterait à seulement 2,9 %[40].

Tout ceci ressemble-t-il vraiment à la fin du monde ?

3. Une apocalypse imminente

Toute personne qui souhaiterait voir la fin du monde en personne et de près ne pourra rien trouver de pire qu'un séjour en République démocratique du Congo. Le Congo[41] offre un exemple hors pair de mise en perspective des prophéties du monde développé sur l'apocalypse climatique. J'y suis allé en décembre 2014 pour étudier l'impact de l'utilisation généralisée du combustible-bois sur les humains et la faune, en particulier les légendaires gorilles de montagne.

Quelques minutes après avoir traversé la frontière du Rwanda voisin, en arrivant dans la ville congolaise de Goma, j'ai été surpris par l'extrême pauvreté et le chaos qui régnait : des enfants d'à peine deux ans perchés sur le guidon de motos qui passaient devant nous sur des routes couvertes de nids-de-poule géants ; des masures à toits de tôle, des gens entassés comme du bétail dans de minuscules bus aux vitres défendues par des barreaux ; des détritus partout ; des monticules géants de lave refroidie sur les côtés de la route, rappels de la colère volcanique qui couve juste sous la surface du sol.

Dans les années 1990 puis de nouveau au début des années 2000, le Congo a été l'épicentre de la « Grande guerre africaine », le conflit le plus meurtrier survenu depuis 1945. Cette guerre, qui a impliqué neuf pays africains a causé la mort de trois à cinq millions de personnes, principalement à cause des maladies et de la famine. À quoi s'ajoutent deux millions de personnes déplacées de leurs foyers ou qui ont dû chercher refuge dans les pays voisins. Des centaines de milliers de personnes, femmes et hommes, adultes et enfants, ont été victimes de viols, parfois multiples, perpétrés par différentes bandes armées[42].

Pendant mon séjour au Congo, des bandes errant dans les campagnes ont tué à la machette des villageois, dont des enfants. Certains ont accusé des terroristes d'Al-Shabaab venus d'Ouganda, mais personne n'a revendiqué ces attaques. Ces violences ne semblaient pas liées à un quelconque objectif militaire ou stratégique. L'armée du pays, comme la police et les casques bleus onusiens comptant environ six mille hommes, n'ont pas pu ou voulu s'opposer si peu que ce soit à ces attaques terroristes.

« Pays à éviter », déclarait sans ambages le Département d'État américain à propos du Congo sur son site Internet. « Les crimes violents, tels que vols à main armée, invasions de domicile par des hommes armés et voies de fait, bien que rares par rapport à la petite criminalité, y sont courants, et la police locale n'a pas les ressources nécessaires pour répondre efficacement aux crimes graves. Les assaillants peuvent se faire passer pour des agents de police ou de sécurité[43]. » L'une des raisons pour lesquelles je me sentais en sécurité lors de mon voyage dans l'Est du Congo, accompagné de mon épouse Helen, était que l'acteur Ben Affleck s'y était rendu à plusieurs reprises ; il y a même créé une organisation humanitaire pour soutenir le développement économique. Si le Congo était assez sûr pour une célébrité d'Hollywood, je pensais qu'il le serait aussi pour Helen et moi.

Pour m'en assurer, j'ai embauché Caleb Kabanda, le guide, traducteur et « monsieur solution » d'Affleck, un Congolais réputé pour assurer la sécurité de ses clients. Nous avons discuté au téléphone avant mon arrivée. J'ai dit à Caleb que je voulais étudier la relation entre pénurie d'énergie et protection de la nature. Citant Goma, capitale de la province du Nord-Kivu et sixième ville la plus peuplée du Congo, Caleb m'a lancé : « Pouvez-vous imaginer une ville de près de deux millions d'habitants dépendant du bois pour son énergie ? C'est fou ! »

98 % des habitants de l'est du Congo dépendent du bois et du charbon comme source d'énergie principale pour la cuisine. Dans l'ensemble du Congo, neuf sur dix de ses près de quatre-vingt-douze millions d'habitants l'utilisent, alors qu'une personne sur cinq seulement dispose d'un accès à l'électricité[44-45]. Le pays entier ne peut compter que sur 1 500 mégawatts d'électricité, soit à peu près les besoins d'une métropole d'un million d'habitants dans un pays développé[46].

La route principale que Caleb et moi avions l'habitude de parcourir de Goma aux villages peuplant les alentours du parc Virunga avait été récemment goudronnée, mais c'était à peu près tout ce qui existait en fait d'infrastructures. La plupart des routes étaient de simples chemins de terre. Quand il pleuvait, goudronnées ou non, les routes ainsi que les maisons environnantes étaient inondées du fait de l'absence d'un système de régulation des crues. Excellent rappel de ce que nous tenons pour acquis dans les pays développés : on a tendance à oublier l'existence des gouttières, canaux et caniveaux qui canalisent et détournent l'eau de nos maisons…

Le changement climatique joue-t-il un rôle dans l'instabilité actuelle du Congo ? Si c'est le cas, cette influence le cède à d'autres facteurs. Le changement climatique, notait une équipe de chercheurs en 2019, « a influé sur les conflits armés qui ont éclaté dans certains pays. Cependant, d'autres facteurs, tels l'incidence d'un faible développement socio-économique ou les carences étatiques, sont estimées nettement prépondérantes[47]. »

Le gouvernement congolais est quasi inexistant. En matière de sécurité et de développement, les citoyens sont pour la plupart livrés à eux-mêmes. Selon la saison, les agriculteurs doivent compter avec des précipitations inexistantes ou à l'inverse diluviennes. Ces dernières années, le pays enregistrait des inondations tous les deux ou trois ans, lesquelles détruisaient régulièrement habitations et cultures.

Des chercheurs du Peace Research Institute d'Oslo notaient : « Les variables démographiques et environnementales ont un effet très modéré sur les risques de conflit civil[48]. » Le GIEC est d'accord : « Il existe des preuves solides de catastrophes causant des déplacements de populations dans le monde entier, mais des preuves limitées que le changement climatique ou l'élévation du niveau de la mer en soit la cause directe[49]. »

L'absence d'infrastructures et la pénurie d'eau potable sont néfastes sur le plan sanitaire. Le Congo pâtit de taux parmi les plus élevés au monde de pathologies infectieuses telles que choléra, paludisme, fièvre jaune, et autres maladies évitables.

« Un niveau de PIB très bas est le prédicteur le plus important de conflits armés », écrivent les chercheurs d'Oslo, ajoutant : « Nos résultats montrent d'ailleurs que la pénurie de ressources aggrave moins les risques de conflit dans les pays à faible revenu que dans les pays riches[50]. »

Si les ressources déterminaient le sort d'une nation, alors le Japon, pauvre en ressources serait indigent et en guerre tandis que le Congo serait riche et en paix. Le Congo est exceptionnellement riche en terres, minéraux, forêts, pétrole et gaz[51].

Les causes des dysfonctionnements qui minent la RDC sont multiples. Le pays est immense – c'est le deuxième plus grand pays africain, seulement dépassé par l'Algérie – et il est difficile à gouverner. Il a été colonisé par les Belges, qui ont fui le pays au début des années 1960 sans l'avoir pourvu d'institutions efficaces, notamment une justice et une armée indépendantes.

Est-il surpeuplé ? La population de l'est du Congo Kinshasa a doublé depuis les années 50 et 60. Mais le principal facteur est technologique : la même superficie pourrait produire beaucoup plus de nourriture et faire vivre beaucoup plus de gens s'il y avait des routes, des engrais et des tracteurs.

Le Congo est victime de sa géographie, du colonialisme mais aussi de gouvernements postcoloniaux calamiteux. Son PIB est passé de 7,4 milliards de dollars en 2001 à 38 milliards de dollars en 2017[52] mais le revenu annuel par habitant, 561 dollars, reste l'un des plus bas au monde[53], d'où la conclusion généralement partagée qu'une grande partie de l'argent qui devrait revenir au peuple est détournée.

Depuis vingt ans, le gouvernement rwandais pille les minerais de son voisin, qu'il exporte comme siens. Selon les spécialistes, pour protéger et couvrir ses exactions, le Rwanda finance et supervise les activités de milices armées dans l'Est du Congo[54].

Après les élections libres de 2006, le nouveau président, Joseph Kabila, a suscité un certain optimisme, mais il s'est avéré aussi corrompu que les précédents dirigeants. Après sa réélection en 2011, il est resté au pouvoir jusqu'en 2018, date à laquelle il a soutenu un candidat qui n'a remporté que 24 % des voix derrière les candidats de l'opposition qui en totalisaient 72 %. Kabila a donc choisi de faire accéder au pouvoir le candidat de l'opposition qui lui était le moins hostile. Si bien que Kabila et ses alliés au parlement tirent manifestement les ficelles en coulisse[55].

4. Des milliards d'humains ne vont pas mourir

En octobre 2019, au micro de la BBC (*Newsnight*), la journaliste Emma Barnett demandait à Sarah Lunnon, porte-parole sympathique et empathique d'Extinction Rebellion, comment son organisation pouvait justifier les perturbations majeures qu'elle avait provoquées dans la vie des Londoniens.

« Être la cause de cet événement est vraiment très, très contrariant, répondait Lunnon, posant une main sur son cœur, et ça me fait vraiment mal de savoir que je perturbe la vie des gens. *Et* ça me contrarie et me mets très en colère que depuis trente ans l'inaction ne nous laisse que l'option de prendre des initiatives comme celle-ci pour mettre le climat à l'ordre du jour. Si nous n'agissons pas et ne protestons pas de cette façon, personne n'y fait attention[56] ». Barnett se tourne alors vers Myles Allen, l'homme assis à côté de Lunnon, climatologue et signataire du rapport du GIEC.

« Le nom Extinction Rebellion signifie par lui-même *'nous allons disparaître'*, commente Barnett. Roger Hallam, l'un des trois fondateurs d'Extinction Rebellion, disait en août… *'Massacre, mort et famine pour six milliards d'humains en ce siècle'*. On n'a pas de données scientifiques pour étayer cela, n'est-ce pas ? »

Et Allen de répondre : « Il y a beaucoup de données scientifiques qui confirment les très grands risques que nous courons si nous continuons sur la voie de… »

« … Mais pas six milliards de personnes. Il n'y a pas d'études qui évoque un tel chiffre, n'est-ce pas ? » demande Barnett.

Lunnon ne laisse pas Allen répondre.

« Il y a un certain nombre de scientifiques qui certifient que si nous atteignons quatre degrés de réchauffement, chiffre vers lequel nous nous dirigeons en ce moment, ils ne voient pas comment la terre pourrait nourrir non pas un milliard mais seulement un *demi*-milliard de gens », déclare-t-elle. « Ce qui implique six milliards et demi de gens qui meurent ! »

Barnett qui semble agacé l'interrompt. « Désolée, fait-elle en se tournant de nouveau vers Myles. Vous allez donc valider scientifiquement une projection qui assure qu'au XXIe siècle, nous ferons face aux tueries, aux famines et à la mort de six milliards de gens ? Il est juste bon que nous le sachions. »

« Non, dit-il. Parce que ce que nous pouvons faire en tant que scientifiques, c'est vous parler des risques que nous courons. Les risques faciles à prévoir, pour être honnête, sont ceux que j'étudie, comment le système climatique réagit à l'augmentation des gaz à effet de serre. Les risques les plus ardus à évaluer concernent les réactions des gens face à la perte du climat qu'ils ont connu depuis leur enfance. Alors j'imagine que ce dont ils parlent c'est autant la réaction humaine au changement climatique que les risques liés au changement climatique proprement dit. »

« Mais je suppose que la question, insiste Barnett, s'il n'y a pas d'études scientifiques qui affirment cela, est de savoir si vous comprenez que certaines personnes qui *sont* sympathisants à votre cause éprouvent le sentiment que vous attisez les peurs ? Ainsi, Roger Hallam co-fondateur d'Extinction Rebellion a déclaré que nos enfants seraient morts dans dix à quinze ans. »

« Nous perdons le climat que nous avons connu ! l'interrompt Lunnon. Toute notre agriculture et notre alimentation sont basées sur les conditions météorologiques qui existent depuis dix mille ans ! Si le climat devient imprévisible, notre approvisionnement alimentaire cesse d'être prévisible. Nous courons le risque de multiples pertes de récoltes dans le grenier planétaire. Ce qui signifie pas de nourriture ! »

« Roger Hallam a bien déclaré, rétorque Barnett, que nos enfants seraient morts dans dix ou quinze ans. »

« Il est fort possible que nous perdions non seulement nos sources d'approvisionnement alimentaire, mais aussi énergétiques, réplique Lunnon. En Californie, en ce moment, des millions des personnes sont privées d'électricité. »

Fin novembre 2019, j'ai interviewé Lunnon. Nous avons discuté pendant une heure, et échangé des courriels où elle clarifiait son point de vue.

« Je ne dis pas que des milliards de personnes vont mourir, m'a dit Lunnon. Ce n'est pas comme si Sarah Lunnon toute seule affirmait que des milliards de personnes vont mourir. La science affirme que nous nous dirigeons vers un réchauffement de 4 degrés et des gens comme Kevin Anderson du Tyndall Center et Johan Rockström du Potsdam Institute disent qu'une telle élévation de température est incompatible avec un mode de vie civilisé. Johan a dit qu'il ne voyait pas comment la Terre avec un réchauffement de 4 degrés Celsius pourrait subvenir aux besoins d'un milliard, et même d'un demi-milliard de personnes[57]. »

Lunnon faisait référence à un article publié dans le *Guardian* en mai 2019, qui citait Rockström : « Il est difficile de discerner comment nous pourrions accueillir un milliard de personnes ou même la moitié » avec une température augmentée de quatre degrés[58].

J'ai souligné que rien dans aucun des rapports du GIEC n'avait jamais suggéré les projections qu'elle attribue à Anderson et Rockström.

Et pourquoi devrions-nous nous fier aux spéculations de deux scientifiques plutôt qu'au GIEC ? « Il ne s'agit pas de choisir une théorie scientifique, réplique Lunnon, “il s'agit de regarder en face les risques auxquels nous sommes exposés. Et le rapport du GIEC définit les différentes trajectoires à partir du point où nous sommes et certaines d'entre elles sont très, très noires[59].”

Pour savoir que penser de l'affirmation selon laquelle “des milliards de gens mourront”, j'ai interviewé Rockström par téléphone. Il m'a dit que le journaliste du *Guardian* l'avait mal compris. Ce qu'il avait réellement dit, m'a-t-il expliqué, était ceci : “Il est difficile de voir comment nous pourrions sustenter huit milliards de personnes, voire la moitié,” et non “un milliard de personnes.” Rockström m'a assuré qu'il n'avait pas vu la citation erronée jusqu'à ce que je lui ai envoyé un e-mail et qu'il avait demandé une correction, que le *Guardian* a faite fin Novembre 2019. Cela dit, Rockström prévoyait bien quatre milliards de morts[60].

“Je ne vois aucune preuve scientifique qu'une planète à + 4 degrés Celsius puisse héberger huit milliards de personnes”, a-t-il déclaré. “Il s'agit, à mon avis, d'une hypothèse scientifiquement justifiée, car nous n'avons pas la preuve que nous pouvons fournir de l'eau douce ou nourrir ni abriter la population mondiale actuelle de huit milliards dans un monde plus chaud de quatre degrés. Mon avis d'expert, en outre, est qu'il est douteux que nous puissions en héberger la moitié, soit quatre milliards[61].”

Mais existe-t-il des données scientifiques du GIEC démontrant que la production alimentaire déclinerait ? “Autant que je sache, ils ne disent rien sur la population potentielle qu'on pourrait nourrir à différents degrés de réchauffement[62]”, répondait-il.

“Quelqu'un a-t-il fait une étude sur la production alimentaire à + 4 degrés ?” lui ai-je demandé.

"C'est une bonne question. Je dois admettre que je n'ai pas vu d'étude sur ce point, m'a répondu Rockström, qui est agronome. Cela semble une très intéressante et importante question[63]".

En fait, des scientifiques ont réalisé cette étude, dont deux collègues de Rockström qui appartiennent au Potsdam Institute. Ils affirment que la production alimentaire pourrait augmenter malgré un réchauffement de quatre à cinq degrés Celsius au-dessus des niveaux préindustriels[64]. Et, ici encore, les améliorations techniques, telles que les engrais, l'irrigation et la mécanisation pèseraient plus lourd dans la balance que le changement climatique.

Curieusement, ce rapport constatait également que c'étaient les *politiques* en matière de changement climatique qui étaient susceptibles de nuire à la production alimentaire et d'aggraver la pauvreté rurale plus que l'évolution du climat lui-même. Les "politiques climatiques" auxquelles se réfèrent les auteurs sont celles qui renchériraient les coûts énergétiques et entraîneraient une utilisation fortement accrue de la bioénergie (la combustion des biocarburants et de la biomasse), laquelle contribuerait à son tour à la raréfaction des terres et ferait grimper les coûts des produits alimentaires. Le GIEC arrive à la même conclusion[65].

De même, l'Organisation des Nations Unies pour l'alimentation et l'agriculture conclut que la production alimentaire augmentera de 30 % d'ici 2050, sauf si est adopté un scénario qu'elle appelle *Pratiques Durables*, auquel cas elle augmenterait de 20 %[66]. Les évolutions technologiques compensent largement les répercussions du changement climatique dans chacun des scénarios de la FAO.

5. Une petite partie des grands conflits

En 2006, un professeur de science politique de 37 ans de l'Université du Colorado à Boulder organisait un atelier réunissant trente-deux des principaux experts mondiaux sur le climat. Les débats ont porté sur la question de savoir si le changement climatique causé par l'homme aggravait les catastrophes naturelles, les rendait plus fréquentes ou plus coûteuses. Le professeur, Roger Pielke Jr., co-animait l'atelier avec un collègue, Peter Höppe, qui à l'époque dirigeait la division Geo Risk de Munich Reinsurance, société qui assure les compagnies d'assurance et a un fort intérêt financier à savoir si le réchauffement climatique aggravera les catastrophes naturelles.

S'il existe un professeur-type de sciences de l'environnement du Colorado, Pielke lui correspond parfaitement. Il porte des bottes de randonnée et des chemises à carreaux. Passionné de randonnée, de ski et de foot, il est libéral, laïc et démocrate. "J'ai écrit un livre réclamant l'adoption d'une taxe carbone", dit Pielke. "J'ai soutenu publiquement les réglementations carbone EPA proposées par le président Obama, et je viens de publier un autre livre défendant fermement les conclusions scientifiques du GIEC concernant les catastrophes et le changement climatique[67]."

Le groupe s'est réuni à Hohenkammer, en Allemagne, aux environs de Munich. Pielke n'était pas optimiste quant au fait que le groupe parviendrait à un consensus car il comprenait aussi bien des militants écologistes que des climato-sceptiques. "Mais à notre grande et heureuse surprise, dit Pielke, les trente-deux experts réunis autour de lui, venus du monde universitaire, du secteur privé et de groupes militants, sont arrivées à ratifier vingt constats sur les catastrophes et le changement climatique[68]."

Les experts ont convenu dans une déclaration unanime (Hohenkammer Statement) que le changement climatique était réel et que les humains y contribuaient de manière significative[69]. Mais ils étaient aussi d'accord pour dire que l'augmentation des personnes et des biens vulnérables dans des zones exposées expliquaient la hausse du coût des catastrophes naturelles, mais que la gravité de ces événements était inchangée.

Lorsqu'il enseigne à ses élèves, Pielke illustre ce point par deux images de Miami Beach, l'une de 1926 et la seconde de 2006. En 1926, Miami Beach ne comptait qu'un unique gratte-ciel vulnérable aux ouragans. En 2006, on peut voir des dizaines de gratte-ciels dont les fenêtres pourraient être soufflées et leur locaux inondés. Pielke souligne que la hausse des coûts (corrigés de l'inflation) induits par les ouragans aux États-Unis est passée de presque zéro en 1900 à plus de 130 milliards de dollars en 2005, année où l'ouragan Katrina a frappé la Nouvelle-Orléans[70].

Pielke montre ensuite les pertes liées aux ouragans *normalisées* pour la même période. *Normalisées* signifie que Pielke et ses co-auteurs ont corrigé les données sur les dommages en tenant compte du développement massif des côtes américaines, comme celle de Miami, depuis 1900. Une fois cette correction effectuée, il ne constate pas de tendance à la hausse des coûts[71].

L'absence d'augmentation des coûts normalisés correspond au record historique des ouragans ayant atteint les côtes États-Uniennes, lesquels accréditent à leurs yeux les résultats de Pielke et ses confrères. Ceux-ci montrent quelques gros pics de pertes dues aux ouragans, notamment un montant de 200 milliards de dollars corrigé de l'inflation et normalisé en fonction du développement pour l'année 1926, lorsque quatre ouragans ont touché terre aux États-Unis. On note que ce chiffre dépasse les 145 milliards de dollars de dommages constatés en 2005[72].

Alors que la Floride a connu dix-huit ouragans majeurs entre 1900 et 1959, elle en a connu seulement onze entre 1960 et 2018[73].

Le cas des États-Unis est-il unique ? Non. “Des chercheurs ont effectué des analyses similaires des pertes normalisées dues aux cyclones tropicaux en Amérique latine, dans les Caraïbes, en Australie, en Chine et dans la région de l'Andhra Pradesh en Inde, note Pielke. Dans chaque cas, ils n'ont trouvé aucune tendance à la hausse des pertes normalisées[74].”

Et il ne s'agit pas seulement des ouragans. “Il existe peu de preuves indiquant que les ouragans, les inondations, les tornades ou la sécheresse seraient devenues plus fréquentes ou plus intenses aux États-Unis ni dans le monde”, a-t-il écrit plus tard. “En fait, nous traversons une ère de bonne fortune en matière de conditions météorologiques extrêmes[75].”

Le GIEC dit la même chose. “Les tendances de long terme des pertes économiques liées aux catastrophes naturelles corrigées des augmentations de richesse et de population ne sont pas attribuables au changement climatique, note un rapport spécial du GIEC sur les conditions météorologiques extrêmes, mais il n'est pas exclu que le changement climatique ait joué un rôle[76].”

Pielke souligne que le changement climatique peut contribuer à certains événements météorologiques extrêmes. “Ainsi, note-t-il, selon certaines recherches récentes, le réchauffement régional dans l'ouest des États-Unis peut être en cause dans l'augmentation des incendies de forêt[77].”

Mais jusqu'à présent le changement climatique n'a augmenté ni la fréquence ni l'intensité de nombreux événements météorologiques extrêmes. Le GIEC “a conclu qu'il existait peu de preuves d'un pic de fréquence ou d'intensité des inondations, sécheresses, ouragans et tornades", explique Pielke. Il y a eu davantage de vagues de chaleur et de précipitations intenses, mais ces phénomènes ne sont pas des facteurs significatifs en matière de coûts des catastrophes naturelles[78]. »

Le facteur de vulnérabilité n° 1 des différents pays aux inondations est l'absence de systèmes modernes de contrôle de l'eau et des crues. Ma ville natale de Berkeley, en Californie, en est équipée, à l'inverse du Congo qui n'en dispose pas[79].

Quand un ouragan frappe la Floride, il peut ne tuer personne, mais quand ce même ouragan frappe Haïti, des milliers de personnes peuvent mourir instantanément par noyade ou plus tard du fait d'épidémies de maladies comme le choléra. La différence est que la Floride se trouve dans un pays riche avec des bâtiments et des routes résistants aux intempéries, un système de prévision météo et de gestion des urgences sophistiqué. Haïti, en revanche, est un pays pauvre qui manque d'infrastructures et d'équipements modernes[80].

« Considérez que depuis 1940 aux États-Unis, 3 322 personnes sont décédées du fait des 118 ouragans qui ont touché terre », écrit Pielke. Quand un « tsunami a frappé l'Asie du Sud-Est en 2004, plus de 225 000 personnes sont décédées[81]. »

Quiconque croit que le changement climatique pourrait tuer des milliards de gens et provoquer l'effondrement de civilisations sera peut-être surpris de découvrir qu'aucun des rapports du GIEC ne contient le moindre scénario apocalyptique. Aucun rapport du GIEC ne dit que des pays développés comme les États-Unis deviendront un « enfer climatique » semblable au Congo. Nos systèmes de protection anti-inondations, nos réseaux électriques et infrastructures routières continueront à fonctionner même à des niveaux de réchauffement potentiellement extrêmes.

Qu'en est-il de l'affirmation de Michael Oppenheimer, un contributeur du GIEC, selon laquelle une élévation du niveau de la mer de 84 cm serait « un problème ingérable[82] ? »

Pour comprendre son raisonnement, je l'ai interrogé par téléphone. « Il s'est glissé une erreur dans l'article du journaliste, m'a-t-il dit. Il a mentionné 84 cm. Le véritable chiffre, basé sur l'élévation du niveau de la mer rapport spécial du GIEC sur les océans et la cryosphère dans un monde dont le climat change, scénario 8.5 est d'1,1 mètre, soit 3 pieds 7 pouces[83]. »

J'ai demandé à Oppenheimer pourquoi des endroits comme le Bangladesh ne pouvaient pas se doter de protections anti-inondations semblables à celles des Pays-Bas. « Les Pays-Bas ont dû attendre longtemps avant d'améliorer leurs digues, en raison des deux guerres mondiales et de la grande crise économique », m'a répondu Oppenheimer. Ils n'ont commencé à les moderniser qu'après l'inondation désastreuse de 1953[84] ».

L'inondation de 1953 a tué plus de 2 500 personnes et décidé les Pays-Bas à reconstruire les digues et les canaux. « La majeure partie de l'humanité ne pourra pas s'offrir ce luxe, constatait Oppenheimer. Donc, dans la plupart des endroits, ils devront s'adapter aux inondations en surélevant le bâti existant ou en édifiant des structures inondables. Ou bien en délaissant les côtes[85]. »

En 2012, disait Oppenheimer, « les gens ont quitté New York après l'ouragan Sandy. Je n'appellerais pas cela ingérable. Plutôt temporairement ingérable. Cela signifie que nous ne serons pas en mesure de maintenir les fonctions sociétales sur la planète si l'élévation du niveau de la mer approche d'1,20 m. Les Bangladais pourraient devoir quitter les côtes et essayer de s'installer en Inde[86].

Mais des millions de petits agriculteurs comme ceux des basses terres des côtes Bangladaises déménagent dans les villes chaque année, ai-je souligné. Le mot "ingérable" ne suggère-t-il pas un effondrement sociétal permanent ?

"Ce que j'appelle une situation ingérable c'est lorsque des gens prennent des décisions auxquelles ils sont contraints, m'a-t-il dit". Le genre de situation qui conduit à une disruption économique, à une disruption des moyens de subsistance, de la capacité à contrôler son destin et à une mortalité massive. Vous pouvez affirmer qu'elles deviendront gérables. On se remet des catastrophes. Mais les personnes décédées ne s'en sont pas remises[87] ».

En d'autres termes, les problèmes liés à l'élévation du niveau de la mer qu'Oppenheimer qualifie d'« ingérables » sont des situations comme celles qui se produisent déjà, dont les sociétés se remettent et auxquelles elles s'adaptent.

6. Développement > Climat

Le sous-développement du Congo est en partie la conséquence d'une gouvernance parmi les plus corrompues au monde[88]. Un jour, Caleb et moi sommes arrêtés par un agent de police. Je suis à l'arrière de la voiture et Caleb à l'avant avec le chauffeur. Alors que le policier inspecte la voiture, Caleb tourne légèrement la tête vers lui et lui lance un regard sévère. L'agent vérifie les papiers du conducteur puis nous fait signe de démarrer. Je l'interroge :

— Que s'est-il passé ?

— Il essayait de trouver quelque chose qui clochait pour pouvoir demander un pot-de-vin, expliqua Caleb. Mais je lui ai fait mon regard spécial.

Caleb m'a avoué qu'il aimait, comme beaucoup d'autres Congolais, regarder la série télévisée américaine *24 heures chrono* dont le héros, Jack Bauer, est un agent de la CIA qui combat des terroristes.

— Tout le monde au Congo aime Jack Bauer ! » m'a dit Caleb. J'ai demandé à Caleb si les Congolais appréciaient autant Ben Affleck que Kiefer Sutherland, l'acteur canadien qui interprète Bauer. Après tout Affleck est non seulement plus célèbre que Sutherland, mais en outre il s'efforce d'aider le Congo. Caleb a réfléchi quelques instants à ma question. « Pas ici ! m'a-t-il dit. Jack Bauer est plus célèbre au Congo. Si Kiefer Sutherland venait au Congo et donnait une conférence de presse pour exiger que tous les groupes armés arrêtent les combats du jour au lendemain, tous les combats cesseraient immédiatement ! Caleb a éclaté d'un grand rire à cette pensée.

Nous avons parcouru la campagne et interrogé des gens au hasard. Caleb jouait de son charme pour rassurer les villageois locaux qui étaient naturellement méfiants envers un étranger qui les questionnait sur leur vie. De nombreux villageois que nous avons interviewés étaient exaspérés par les babouins et les éléphants du Parc national de Virunga tout proche (une zone où la faune est protégée) qui pillaient leurs récoltes. Compte tenu de la faim et de la pauvreté généralisées, voir des animaux sauvages dévaster vos cultures est accablant. On m'a parlé d'une femme si bouleversée d'avoir perdu sa récolte du fait d'un éléphant qu'elle est morte d'une crise cardiaque le lendemain. On m'a aussi révélé qu'un chimpanzé avait récemment tué un enfant de deux ans...

Un homme m'a prié de demander à la direction du parc des Virunga d'installer des clôtures électriques pour empêcher les animaux d'envahir leurs champs. Plusieurs personnes se sont plaintes qu'après avoir évoqué le sujet de ces nuisances avec les gestionnaires du parc, ces derniers leur avaient dit de capturer les animaux perturbateurs et de les ramener au parc, une demande que les villageois estimaient irréalisable et insultante.

Quelques semaines avant mon arrivée, un groupe de jeunes a organisé une marche de protestation devant le siège du parc pour protester contre l'inaction des responsables devant le pillage des cultures. En réponse, le parc a embauché certains de ces jeunes pour chasser les babouins. Près de l'entrée du parc national des Virunga, Caleb et moi avons interviewé des membres d'une communauté locale. Une foule d'environ vingt ou trente personnes s'est assemblée autour de nous, et beaucoup ont exprimé leur indignation face au pillage des cultures.

« Vous ne pouvez pas abattre les babouins qui dévorent vos récoltes ? » leur ai-je demandé. Beaucoup de gens dans la foule ont poussé un gémissement collectif et m'ont dit que non, qu'ils iraient en prison, même si l'animal se trouvait sur leurs terres donc à l'extérieur des limites du parc.

Il y avait une jeune mère avec un bébé au sein de cette foule.

Je me suis présenté et lui ai demandé son nom. Elle s'appelle Mamy Bernadette Semutaga. Bernadette avait vingt-cinq ans. Sa petite fille, le septième enfant de Bernadette, se nomme Bibiche.

Bernadette nous a dit que les babouins avaient dévoré ses patates douces la nuit précédente. Je lui ai demandé si elle voulait bien nous emmener jusqu'à son champ pour que nous puissions juger par nous-mêmes ; elle a accepté. Nous avons discuté pendant le trajet en voiture. J'ai demandé à Bernadette quel était son souvenir d'enfant préféré. « Quand j'avais quatorze ans, j'ai rendu visite à mes cousins à Goma et ils m'ont acheté des vêtements neufs, m'a-t-elle répondu. Et quand il était temps de rentrer au village, ils m'ont payé le billet et m'ont donné de l'argent pour acheter du pain et du chou à rapporter à la maison. Je suis rentrée chez moi très heureuse. La vie de Bernadette a été la plupart du temps pénible. « Je me suis mariée quand j'avais quinze ans. Quand j'ai rencontré mon mari, c'était un orphelin. Il n'avait rien. Nous avons toujours eu une vie difficile. Je n'ai jamais connu le bonheur ». Quand nous avons atteint son petit lopin de terre, Bernadette a indiqué des trous dans le sol où elle avait planté les patates douces. J'ai demandé si je pouvais prendre une photo. Elle était d'accord. Sur la photo, elle fronce les sourcils, mais elle a aussi l'air fier. Au moins, elle a un lopin de terre qui lui appartient.

Une fois que nous l'avons ramenée au village, Caleb lui a donné de l'argent pour la remercier et pour compenser la perte des patates douces.

Nous devrions sans aucun doute nous inquiéter de l'impact du changement climatique sur les populations vulnérables. L'adaptation n'a rien d'automatique. Et il est évident que Bernadette est plus vulnérable au changement climatique qu'Helen et moi. Mais elle est aussi plus vulnérable aux intempéries et aux catastrophes naturelles *dès à présent.* Bernadette doit cultiver des légumes pour survivre. Elle doit en outre passer plusieurs heures par jour à hacher du bois, à le transporter, à allumer un feu qui dégage une épaisse fumée, à l'éventer afin de pouvoir cuisiner. Les bêtes sauvages dévorent ses récoltes. Elle et sa famille manquent de soins médicaux de base et ses enfants ont souvent faim et sont sujets aux maladies. Des milices lourdement armées rôdent dans la campagne, des hommes volent, violent, kidnappent et assassinent. On comprend aisément que le changement climatique ne figure pas sur la liste des menaces les plus redoutables.

C'est pourquoi il est égarant pour les militants écologistes d'évoquer des personnes comme Bernadette, et les risques auxquels elle est confrontée du fait du changement climatique, sans reconnaître que ce n'est pas tant l'ampleur du changement climatique que le développement économique qui déterminera pour une large part son niveau de vie et l'avenir de ses enfants et petits-enfants.

Ce qui déterminera la vulnérabilité de la maison de Bernadette aux inondations c'est l'éventuelle construction par son gouvernement d'un système hydroélectrique, d'infrastructures et de collecte des eaux pluviales, non le changement spécifique des régimes de précipitations. Ce qui déterminera si la maison de Bernadette est sûre ou non, c'est qu'elle ait de l'argent pour la sécuriser. Et la seule façon pour elle d'avoir de l'argent pour la sécuriser c'est la croissance économique et la hausse de son revenu.

7. Rébellion Exagération

Dans le monde riche aussi, le développement économique pèse plus lourd que le changement climatique. Prenons le cas de la Californie qui est la cinquième économie mondiale.

La Californie souffre de deux grands types d'incendies. Tout d'abord, il y a les incendies provoqués par les vents sur les broussailles côtières, ou chaparral, où sont construites la plupart des habitations. Comme à Malibu ou à Oakland. Dix-neuf des vingt incendies les plus meurtriers et coûteux sont survenus dans des zones de chaparral[89]. La deuxième catégorie rassemble les incendies de forêt dans des régions beaucoup moins peuplées comme la Sierra Nevada.

Les écosystèmes montagneux et côtiers affrontent des problèmes opposés. Il y a de trop nombreux incendies dans les zones arbustives et trop peu de brûlages dirigés dans les zones montagneuses. Keeley décrit les incendies de la Sierra comme « dominés par le combustible » et les feux de brousse comme « dominés par le vent[90] ». La seule solution aux incendies de broussailles est de les prévenir et/ou de rendre les maisons et les bâtiments résistants au feu.

Avant l'arrivée des Européens aux États-Unis, tous les 10 à 20 ans des incendies éclataient et brûlaient de la biomasse ligneuse forestière, empêchant l'accumulation de combustible-bois, et tous les 50 à 120 ans ils touchaient les zones de broussailles. Mais ces 100 dernières années, le service forestier des États-Unis (United States Forest Service) et d'autres agences ont éteint la plupart des incendies, entraînant une accumulation de combustible ligneux.

Keeley a publié en 2018 un article qui constatait que toutes les sources d'incendies avaient diminué en Californie hormis les lignes d'alimentation électriques[91]. « Depuis l'an 2000, deux cents mille hectares ont brûlé en raison d'incendies déclenchés par des lignes électriques, soit cinq fois plus que ce que nous avons constaté au cours des vingt années précédentes, m'a-t-il dit. Certains diront : « C'est à cause du changement climatique. Mais il n'y a aucun lien entre le climat et ces grands incendies[92]."

Quels sont donc les facteurs qui provoquent l'augmentation des incendies ? "Si vous reconnaissez que 100 % de ces feux de broussailles sont déclenchés par des gens, et que vous ajoutez six millions personnes depuis 2000, c'est une bonne explication des raisons pour lesquelles on observe une augmentation constante de ces incendies", selon Keeley[93].

Et en ce qui concerne la Sierra ? "Si vous regardez la période de 1910 à 1960, indique Keeley, l'insuffisance de précipitations est le paramètre climatique le plus décisif en matière d'incendies. Mais depuis 1960, ce facteur a été supplanté par les hausses de température et dans les cinquante dernières années, les températures printanières et estivales expliquent 50 % des variations d'une année sur l'autre. La température est donc importante[94]."

Mais n'est-ce pas aussi la période où le combustible-bois a pu s'accumuler, ai-je demandé, en raison de la suppression des incendies de forêt ? "Exactement, m'a répondu Keeley. La présence de combustible est un facteur de confusion parmi d'autres. C'est un problème dans certains rapports dus à des climatologues qui comprennent le climat mais ne comprennent pas nécessairement les subtilités liées aux incendies[95]."

Aurions-nous des feux aussi dévastateurs dans les zones de Sierra, ai-je demandé, si nous n'avions pas permis une prolifération excessive du combustible ligneux au cours du siècle dernier ?

"C'est une très bonne question. Peut-être pas". Keeley a ajouté dit que c'était un point sur lequel il pourrait se pencher. "Nous avons quelques bassins versants sélectionnés dans la Sierra Nevada où il y a eu des incendies à intervalles réguliers. Peut-être que dans notre prochaine étude, nous étudierons les bassins versants dans lesquels il n'y a pas eu accumulation de combustible et l'on examinera la relation entre incendies et climat pour voir s'il y a des évolutions[96]".

On observe le même type d'incendies en Australie. Comme en Californie, l'aggravation des dégâts causés par les incendies australiens est due, pour une part à un aménagement accru des zones exposées aux incendies, et d'autre part à l'accumulation de combustible ligneux. Un scientifique estime qu'il y a dix fois plus de bois-combustible dans les forêts australiennes aujourd'hui que lors de l'arrivée des Européens. La raison principale en est que le gouvernement australien, (c'est vrai aussi de la Californie), s'est refusé à déclencher des incendies contrôlés, à la fois pour l'environnement et pour des raisons de santé humaine. Voilà pourquoi les incendies auraient éclaté même si le climat australien ne s'était pas réchauffé[97].

Les médias ont décrit la saison des incendies 2019-2020 comme la pire dans l'histoire de l'Australie mais ce n'était pas vrai. Elle arrive en cinquième position en termes de terres brûlées avec environ la moitié de la superficie incendiée en 2002, la quatrième plus mauvaise année, et environ un sixième des zones brûlées lors de la pire saison, soit 1974-1975. Les incendies de 2019-2020 se classent au sixième rang pour le nombre de décès, environ deux fois moins qu'en 1926, la cinquième plus mauvaise année, et cinq fois moins de morts qu'avec les pires incendies jamais enregistrés, soit en 2009. Les incendies de 2019-2020 arrivent en second pour le nombre d'habitations détruites, un chiffre 50 % inférieur à celui de la pire année, 1938-39. Le seul chiffre qui classe cette saison d'incendies comme la pire de tous les temps est celui du nombre de bâtiments non résidentiels endommagés[98].

L'alarmisme climatique, l'animosité des journalistes environnementaux envers le gouvernement australien actuel et une fumée inhabituelle observée dans les zones densément peuplées, semblent être les raisons des exagérations médiatiques.

En conclusion, d'autres activités humaines ont un plus grand impact sur la fréquence et la gravité des incendies de forêt que les émissions de gaz à effet de serre. Et c'est une excellente nouvelle, car cela donne à l'Australie, à la Californie et au Brésil une maîtrise bien plus grande sur leur avenir que ne l'ont suggéré les médias dans leurs articles apocalyptiques.

En juillet 2019, un professeur de sciences faisait en classe un commentaire désinvolte sur la façon dont le changement climatique pourrait entrainer une apocalypse. L'une de ses élèves se nommait Lauren Jeffrey. Cette jeune fille âgée de dix-sept ans fréquentait l'école secondaire de Milton Keynes, une ville de 230 000 habitants à environ 80 km au nord-ouest de Londres.

"J'ai fait des recherches sur le sujet et j'ai été submergée par l'anxiété pendant deux mois m'a-t-elle dit. J'entendais les jeunes autour de moi en parler, ils étaient convaincus que le monde ne survivrait pas et qu'ils allaient mourir[99]."

Des études montrent que l'alarmisme climatique contribue à une augmentation des états anxieux et dépressifs, en particulier chez les enfants[100].

En 2017, l'American Psychological Association a diagnostiqué une éco-anxiété croissante qu'elle a qualifiée de "peur chronique du désastre environnemental[101]". En septembre 2019, des psychologues britanniques ont mis en garde contre l'impact sur les enfants du catastrophisme des débats climatiques. En 2020, une vaste enquête nationale révélait qu'un enfant britannique sur cinq faisait des cauchemars à propos du climat[102].

"Il ne fait aucun doute dans mon esprit qu'ils sont émotionnellement perturbés", déclarait un expert[103].

"J'ai trouvé de nombreux blogs et vidéos dissertant sur la façon dont nous allons disparaître par effondrement sociétal. Diverses dates étaient avancées, 2030, 2035, déclarait la jeune Lauren. C'est alors que j'ai commencé à m'inquiéter. J'ai d'abord essayé d'oublier mais le sujet revenait sans cesse."

"L'une de mes amies était convaincue qu'il y aurait un effondrement de la société en 2030 et une extinction de l'humanité à court terme, vers 2050, poursuit Lauren. Elle en a conclu qu'il nous restait dix ans à vivre."

Les militants d'Extinction Rebellion ont attisé ces craintes. Ils ont multiplié les exposés effrayants et catastrophistes aux écoliers anglais. On a pu voir un militant du groupe perché sur un bureau de prof faire un exposé terrifiant à des enfants, dont certains ne semblent pas avoir plus de dix ans[104].

Certains journalistes ont dénoncé l'alarmisme du groupe. Le journaliste de la BBC Andrew Neil a interviewé une certaine Zion Lights, porte-parole d'Extinction Rebellion ; celle-ci, la trentaine était visiblement mal à l'aise[105]. Neil lui demande : "L'un de vos fondateurs, Roger Hallam, déclarait en avril : 'Nos enfants vont mourir d'ici dix à vingt ans'. Quelle est la base scientifique de ces allégations ?"

"Ces affirmations ont été contestées, certes, répond Lights. Certains scientifiques sont d'accord tandis que d'autres expliquent que ce n'est tout simplement pas vrai. Mais le problème global est que ces décès vont bien avoir lieu."

"Mais la plupart des scientifiques *ne sont pas d'accord* avec ça", dit Neil. "J'ai examiné les rapports récents du Groupe d'experts intergouvernemental sur l'évolution du climat et je n'y ai trouvé aucune mention de la mort de milliards de personnes ni du fait que des enfants mourront dans moins de vingt ans.... *De quoi* sont-ils censés mourir ?"

Réponse de Lights : "On observe déjà un phénomène de migration massive dans le monde à cause d'une sécheresse prolongée dans divers pays, en particulier en Asie du Sud. On constate une recrudescence d'incendies de forêt en Indonésie, dans la forêt amazonienne, ainsi qu'en Sibérie, et en Arctique."

"Ce sont des problèmes vraiment importants, dit Neil, et ils peuvent causer des décès. Mais ils n'entraîneront pas la mort de *milliards* de gens. Rien ne permet de dire que les jeunes seront tous morts dans vingt ans."

"Peut-être pas dans vingt ans", reconnaît Lights.

"J'ai vu des jeunes filles à la télévision, dans votre manifestation... *en larmes* parce qu'elles croient qu'elles vont mourir dans cinq ou six ans. Elles sanglotent parce qu'elles pensent qu'elles ne connaîtront pas l'âge adulte", dit Neil. "Et pourtant, les affirmations que propage votre organisation ne reposent sur aucune base scientifique."

"Je ne dis pas cela pour effrayer des enfants", répond Lights. Ils apprennent les conséquences. »

Heureusement, tous les écoliers britanniques n'ont pas fait confiance à Extinction Rebellion pour leur expliquer honnêtement et précisément les conséquences. « En faisant des recherches, j'ai découvert qu'il y avait beaucoup de désinformation du côté des dénégateurs et aussi du côté des catastrophistes », me confiait Lauren Jeffrey.

En octobre et novembre 2019, elle a publié sept vidéos sur YouTube dont elle a fait la promotion sur Twitter. « Si importante soit votre cause, déclarait Jeffrey dans l'une des vidéos en forme de lettre ouverte à Extinction Rebellion, votre exagération persistante des faits risque de faire plus de mal que de bien à la crédibilité scientifique de votre cause ainsi qu'au bien-être psychologique de ma génération[106].

8. Apocalypse : Jamais !

En novembre et décembre 2019, j'ai publié deux longs articles critiquant l'alarmisme climatique et présentant des données similaires à celles que je détaille ci-dessus. Je l'ai fait en partie parce que je voulais donner aux scientifiques et aux militants, y compris ceux que j'ai critiqués, une chance de répondre ou de corriger les erreurs que je pouvais avoir commises dans mes recherches avant de publier ce livre. Ces deux articles ont été lus par un large public et je me suis assuré que les scientifiques et les militants que je mentionnais en soient informés. Pas une seule personne n'a demandé de correction. Au lieu de cela, j'ai reçu de nombreux mails de scientifiques et de militants, me remerciant d'avoir clarifié les données disponibles.

L'une des principales questions que j'ai reçues, y compris d'un journaliste de la BBC, demandait si un certain alarmisme était justifié pour provoquer des changements de politique. La question impliquait que les médias d'information ne versaient pas déjà dans l'exagération.

Considérons un article de l'agence June Associated Press. Il était titré : « L'ONU prédit une catastrophe si le réchauffement climatique n'est pas enrayé. » C'était l'un des nombreux articles apocalyptiques de cet été-là sur le changement climatique.

Dans l'article, un « haut responsable de l'environnement à l'ONU » affirme que si le réchauffement global n'est pas inversé d'ici 2030, l'élévation du niveau de la mer pourrait effacer « des pays entiers de la surface de la Terre. »

De mauvaises récoltes associées aux inondations côtières, déclarait-il, pourraient provoquer « un exode d'éco-réfugiés », des mouvements de population susceptibles de semer le chaos politique dans le monde entier. Sans relâche, les calottes glaciaires fondront, les forêts tropicales brûleront, et le monde se réchauffera jusqu'à atteindre des températures insupportables.

Les gouvernements « ont une fenêtre d'opportunité de dix ans pour résoudre le problème des effets de serre avant qu'il n'échappe au contrôle humain », déclarait ce représentant de l'ONU.

Associated Press a-t-il publié cet avertissement apocalyptique des Nations Unies en juin 2019 ? Non c'était en juin *1989*. Et, les événements cataclysmiques que prédisait le responsable de l'ONU étaient pour l'an 2000, pas pour 2030[107].

Début 2019, Roger Pielke a présenté dans le *Financial Times* une critique de la *Terre inhabitable*, un ouvrage qui dresse un tableau d'apocalypse climatique. Dans sa critique, Pielke décrivait un mécanisme de filtrage qui aboutit à des mésinterprétations scientifiques complètes de la part de certains journalistes, comme celui qui a écrit le livre.

« La communauté scientifique imagine des scénarios du futur accompagnés de soigneuses mises en garde, qui vont de l'optimisme irréaliste à l'extrêmement pessimiste », constate Pielke. En revanche, « la couverture médiatique tend à mettre l'accent sur les scénarios les plus pessimistes et à faire ainsi passer les pires scénarios pour notre avenir comme les plus probables. »

L'auteur de *La Terre inhabitable*, comme d'autres journalistes militants, a simplement amplifié les exagérations. Il a « réuni le meilleur de cette science déjà sélective pour peindre un tableau contenant « assez d'horreurs pour déclencher une attaque de panique même chez les plus optimistes[108]. »

Qu'en est-il des soi-disant points de basculement, fonte simultanée, et qui s'accélère, des calottes glaciaires du Groenland et de l'Antarctique-Ouest, dessèchement et dépérissement de l'Amazonie, et enfin modification du régime des courants de l'Atlantique ? Le niveau élevé d'incertitude sur chacun de ces phénomènes et une complexité du sujet supérieure à la somme de ses parties, tout cela mine la crédibilité scientifique de nombreux scénarios de *points de basculement*.

Cela ne veut pas dire qu'un scénario de basculement catastrophique est impossible, seulement qu'on n'a aucune preuve scientifique que l'un d'eux soit plus probable ou catastrophique que d'autres scénarios potentiellement catastrophiques, notamment un impact d'astéroïde, des super-volcans ou un virus inhabituellement létal.

Considérons les autres menaces auxquelles l'humanité a récemment été contrainte de faire face. En juillet 2019, la NASA a annoncé qu'elle avait été prise par surprise lorsque un astéroïde « tueur de villes » est passé à seulement un cinquième de la distance entre Terre et Lune[109]. En décembre 2019, un volcan a fait éruption de manière inattendue en Nouvelle-Zélande, tuant vingt et une personnes[110]. Et depuis 2020, les gouvernements du monde entier se démènent pour contrer le covid 19, un virus inhabituellement mortel qui a déjà tué plusieurs millions de personnes[111]. Les gouvernements ont-ils assez investi pour détecter et déjouer les risques que nous font courir astéroïdes, super-volcans et virus mortels ? Peut-être, peut-être pas. Alors, même si les nations prennent des mesures raisonnables pour détecter et éviter de telles catastrophes, elles ne prennent pas de mesures radicales pour la simple raison que cela rendrait les sociétés plus pauvres et moins capables d'affronter tous les grands défis qui les guettent, qu'il s'agisse des astéroïdes, des super-volcans ou des épidémies.

« Les pays plus riches sont plus résilients, déclarait le climatologue Kerry Emanuel. Efforçons-nous donc de rendre les gens plus riches et plus résilients. »

Le risque de déclenchement de points de basculement augmentant avec l'élévation des températures planétaires, notre objectif devrait donc être de réduire les émissions et de maintenir les températures à un niveau aussi bas que possible sans nuire au développement économique. Emanuel déclarait : « Nous devons trouver une sorte de terrain d'entente. Nous ne devrions pas être obligés de choisir entre, d'une part, la croissance qui peut sortir les gens de la pauvreté et une action climatique efficace[112]. »

La bonne nouvelle est que depuis plus d'une décennie dans les pays développés, les émissions de carbone décroissent. En Europe, en 2018, ces émissions étaient de 23 % inférieures aux niveaux de 1990. Aux États-Unis, les émissions ont chuté de 15 % entre 2005 et 2016[113].

Entre 2007 et 2018, les États-Unis et la Grande-Bretagne ont vu décroître spectaculairement leurs émissions de carbone provenant spécifiquement de l'électricité : – 27 % aux États-Unis et – 63 % au Royaume-Uni[114].

La plupart des experts en énergie pensent que les émissions dans les pays en développement vont culminer avant d'entamer un déclin, tout comme ce fut le cas dans les pays développés, une fois atteint un niveau de prospérité équivalent.

En conséquence, les températures mondiales semblent aujourd'hui beaucoup plus susceptibles de culminer entre deux et trois degrés centigrades (et non quatre) au-dessus de leurs niveaux préindustriels, avec des risques, y compris de points de basculement, nettement moindres.

L'Agence internationale de l'énergie (AIE) prévoit désormais des émissions de carbone en 2040 plus basses que dans presque tous les scénarios du GIEC[115]. Pouvons-nous attribuer ces émissions en baisse à trente ans d'alarmisme climatique ? Non. Les émissions totales liées à l'énergie dans les plus grands pays d'Europe, Allemagne, Grande-Bretagne et France, ont atteint un sommet dans les années 1970, principalement grâce au passage du charbon au gaz naturel et au nucléaire – des technologies auxquelles McKibben, Thunberg, Occasio-Cortez et de nombreux militants pour le climat s'opposent catégoriquement.

Notes

1. Coral Davenport, « Major Climate Report Describes a Strong Risk of Crisis as Early as 2040 », *New York Times*, 7 octobre 2018, https://www.nytimes.com.
2. Chris Mooney et Brady Dennis, « The World Has Just over a Decade to Get Climate Change Under Control, U.N. Scientists Say », *Washington Post*, 7 octobre 2018, https://www.washingtonpost.com.
3. Christopher Flavelle, « Climate Change Threatens the World's Food Supply, United Nations Warns », *New York Times*, 8 août 2019, https://www.nytimes.com.
4. Ibid.
5. Gaia Vince, « The Heat Is On over the Climate Crisis. Only Radical Measures Will Work, » *The Guardian*, 18 mai 2019, https://www.theguardian.com.
6. Robinson Meyer, « The Oceans We Know Won't Survive Climate Change, » *The Atlantic*, 25 Septembre 2019, https://www.theatlantic.com.
7. Stefan Rahmstorf, Jason E. Box, Georg Feulner et al., « Exceptional Twentieth-Century Slowdown in Atlantic Ocean Overturning Circulation », *Nature Climate Change* 5 (2015): 475–80, https://doi.org/10.1038/nclimate2554.
8. S. E. Chadburn, E. J. Burke, P. M. Cox et al., « An Observation-Based Constraint on Permafrost Loss as a Function of Global Warming », *Nature Climate Change* 7 (2017): 340–44, https://doi.org/10.1038/nclimate3262.
9. Robinson Meyer, « The Oceans We Know Won't Survive Climate Change », *The Atlantic*, 25 septembre 2019, https://www.theatlantic.com.

10. Richard W. Spinrad et Ian Boyd, « Our Deadened, Carbon-Soaked Seas », New York Times, October 15, 2015, https://www.nytimes.com. John Ross, « Ex-judge to Investigate Controversial Marine Research », *Times Higher Education*, 8 janvier 2020.

11. « Top 20 Most Destructive California Fires », California Department of Forestry and Fire Protection, 8 août 2019, https://www.fire.ca.gov/media/5511/top20_destruction.pdf.

12. Natacha Larnaud, « "This Will Only Get Worse in the Future": Experts See Direct Line Between California Wildfires and Climate Change, » CBS News, 30 octobre 2019, https://www.cbsnews.com.

13. Leonardo DiCaprio (@LeoDiCaprio), « La raison pour laquelle ces incendies se sont aggravés est le changement climatique et une sécheresse historique. Aider les victimes et les efforts de secours en cas d'incendie dans notre État ne devrait pas être une question partisane. » Twitter, 10 Novembre 2018, 3:32 p.m., https://twitter.com/leodicaprio/status/1061401158856687616.

14. Alexandria Ocasio-Cortez (@AOC), « Voici à quoi ressemble le changement climatique comme. Le GOP aime ironiser sur les avertissements scientifiques sur le changement climatique soi-disant exagérés. Mais regardez autour de vous : ça commence déjà. Nous avons 10 ans pour réduire les émissions de carbone de moitié. Si nous ne le faisons pas, des scènes comme celle-ci pourraient s'aggraver beaucoup. #GreenNewDeal », Twitter, 28 octobre 2019, 6 h 09, https://twitter.com/aoc/status/1188805012631310336.

15. Farhad Manjoo, « It's the End of California as We Know It », *New York Times*, 30 octobre 2019 https://www.nytimes.com.

16. Scott Neuman, « Enormous "Megafire" in Australia Engulfs 1.5 Million Acres », NPR, 10 janvier 2020, consulté le 15 janvier 2020, https://www.npr.org. « Fathers, son, newlyweds: Nation mourns 29 lives lost to bushfires, » *Daily Telegraph*, 22 janvier 2020, https://www.dailytelegraph.com.au.

17. David Wallace-Wells, *La Terre inhabitable, Vivre avec 4° de plus*, Robert Laffont, 2019.

18. Pat Bradley, « Leading Environmentalist Reacts to Latest IPCC Report », WAMC, 9 octobre 2018, https://www.wamc.org/post/leading-environmentalist-reacts-latest-ipcc-report.

19. Coral Davenport, « Major Climate Report Describes a Strong Risk of Crisis as Early as 2040, » *New York Times*, 7 Octobre 2018, https://www.nytimes.com.

20. Guardian News, « "I Want You to Panic": 16-Year-Old Issues Climate Warning at Davos, » YouTube, 25 janvier 2019, https://www.youtube.com/watch?v=RjsLm5PCdVQ.

21. William Cummings, « "The World Is Going to End in 12 Years if We Don't Address Climate Change," Ocasio-Cortez says, » *USA Today*, 22 janvier 2019, https://www.usatoday.com.

22. Andrew Freedman, « Climate Scientists Refute 12-Year Deadline to Curb Global Warming, » Axios, 22 janvier 2019, https://www.axios.com.

23. Ibid.

24. V. Masson-Delmonte, Panmao Zhai, Hans-Otto Pörtner et al., eds, Global Warming of 1,5 °C. Rapport spécial du GIEC sur les conséquences d'un réchauffement planétaire de 1,5° par rapport aux niveaux préindustriels et les trajectoires associées des émissions mondiales de gaz à effet de serre, dans le contexte du renforcement de la réponse mondiale à la menace de changement climatique, dans le contexte du renforcement de la parade mondiale au changement climatique, du développement durable et de la lutte contre la pauvreté. Groupe d'experts intergouvernemental sur l'évolution du climat, 2018, https://www.ipcc.ch/site./assets/uploads/sites/2/2019/06/SR15_Full_Report_High_Res.pdf.

25. Liz Kalaugher, « Scientist or Climate Activist—Where's the Line? » *Physics World*, 20 septembre 2019, https://physicsworld.com/a/climate-scientist-or-climate-activist-wheres-the-line.

26. Kerry Emanuel (climatologue, MIT) discussion avec l'auteur, 15 novembre 2019.

27. Andrew Freedman, « Climate Scientists Refute 12-Year Deadline to Curb Global Warming, » Axios, 22 janvier 2019, https://www.axios.com.

28. Hannah Ritchie et Max Roser, « Global Deaths from Natural Disasters, » Our World in Data, consulté le 25 octobre 2019, https://ourworldindata.org/natural-disasters.

Données publiées par EMDAT (2019) : OFDA/CRED International Disaster Database, Université Catholique de Louvain – Bruxelles-Belgique. Les données de chaque année sont additionnées sur des périodes de dix ans, de la première à la dernière année de chaque décennie civile.

29. Giuseppe Formetta et Luc Feyen, « Empirical Evidence of Declining Global Vulnerability to Climate-Related Hazards, » Global Environmental Change 57 (July 2019): article 101920, https://doi.org/10.1016/j.gloenvcha.2019.05.004.

30. « Sea Level Change: Scientific Understanding and Uncertainties, » in Climate Change 2013: The Physical Science Basis, coordination éditoriale par Thomas F. Stocker, Dahe Quin, Gian-Kasper Plattner et al., GIEC, 2013, https://www.ipcc.ch/site/assets/uploads/2018/03/WG1AR5_SummaryVolume_FINAL.pdf, 47–59.

31. The Zuidplaspolder in the western Netherlands is 6.76m below sea level. The IPCC in its Medium scenario (RCP4.5) predicts a 0.39m median sea level rise from a 1990 baseline through year 2200.

32. « Bangladesh Delta Plan 2100, » Dutch Water Sector, 20 mai 2019, https://www.dutchwatersector.com/news/bangladesh-delta-plan-2100 ; « Deltaplan Bangladesh, » Deltares, https://www.deltares.nl/en/projects/deltaplan-bangladesh-2.

33. Jon. E. Keeley (scientifique de l'U.S. Geological Survey), entretien avec l'auteur, 4 novembre 2019 ; Jon. E. Keeley et Alexandra Syphard, « Different

historical fire–climate patterns in California, » International Journal of Wildland Fire 26, no. 4 (Janvier 2017): 253, https://doi.org/10.1071/WF16102.

34. Alexandra D. Syphard, John E. Keeley, Anne H. Pfaff, et Ken Ferschweiler, « Human Presence Diminishes the Importance of Climate in Driving Fire Activity Across the United States, » Proceedings of the National Academy of Sciences of the United States of America 114, no. 52 (décembre 2017): 13750–55, https://doi.org/10.1073/pnas.1713885114.

35. Alexandria Symonds, « Amazon Rainforest Fires: Here's What's Really Happening, » *New York Times*, 23 août 2019, https://www.nytimes.com.

36. Timothy D. Clark, Graham D. Raby, Dominique G. Roche et al., « Ocean Acidification Does Not Impair the Behaviour of Coral Reef Fishes, » *Nature* 557 (2020): 370–75, https://doi.org/10.1038/s41586-019-1903-y. John Ross, « Ex-judge to Investigate Controversial Marine Research, » *Times Higher Education,* 8 janvier 2020.

37. The Future of Food and Agriculture: Alternative Pathways to 2050, Organisation des Nations Unies pour l'alimentation et l'agriculture, 2018, http://www.fao.org/3/I8429EN/i8429en.pdf, 76–77.

38. Eric Holt-Giménez, Annie Shattuck, Miguel Altieri, et al., « We Already Grow Enough Food for 10 Billion People… and Still Can't End Hunger, » *Journal of Sustainable Agriculture* 36, no. 6 (2012): 595–98, http://dx.doi.org/10.1080/10440046.2012.695331. *The Future of Food and Agriculture: Alternative Pathways to 2050*, 82.

39. *The Future of Food and Agriculture: Alternative Pathways to 2050*, 76–77.

40. GIEC, « Mesures d'atténuation compatibles avec 1,5 °C dans le contexte du développement durable », in *Réchauffement planétaire de 1,5 °C. Un rapport spécial du GIEC,* 2018.

Nordhaus, William. « Projections and uncertainties about climate change in an era of minimal climate policies ». 2018. doi: 10.3386 / w22933.

41. Ne pas confondre la « République démocratique du Congo » (capitale Kinshasa) avec son voisin plus petit appelé « République du Congo » (capitale Brazzaville).0 50

42. Pour plus d'informations sur la Grande Guerre africaine et son impact sur le Congo, voir David Van Reybrouck, *Congo: The Epic History of a People* (New York: HarperCollins, 2010) et Gérard Prunier, *Africa's World Wars: Congo, the Rwandan Genocide, and the Making of a Continental Catastrophe* (Oxford, UK: Oxford University Press, 2010), 338.

43. « Democratic Republic of the Congo Travel Advisory, » Département d'État des États-Unis, Bureau des affaires consulaires, 2 janvier 2020, https://travel.state.gov/content/travel/en/traveladvisories/traveladvisories/democratic-republic-of-the-congo-travel-advisory.html.

44. « Access to Electricity (% of Population): Congo, Rep., Congo, Dem. Rep, » World Bank Group, https://data.worldbank.org.

45. *Africa Energy Outlook: A Focus on Energy Prospects in Sub-Saharan Africa* (Paris: International Energy Agency, 2014), 32.

46. Pauline Bax et Williams Clowes, « Three Gorges Has Nothing on China-Backed Dam to Power Africa, » Bloomberg, 5 août 2019, https://www.bloomberg.com.

47. Katharine J. Mach, Caroline M. Kraan, W. Neil Adger et al., « Climate as a Risk Factor for Armed Conflict, » *Nature* 571 (2019): 193–97, https://doi.org/10.1038/s41586-019-1300-6.

48. « À l'échelle mondiale, les niveaux moyens à élevés de dégradation des sols sont liés à une augmentation des conflits, tout comme les niveaux très élevés de pénurie d'eau mais les augmentations relatives du risque sont assez faibles. L'augmentation des niveaux de dégradation des sols fait passer le risque de conflit. d'un niveau de base de 1 % à 2-4 %. » Hedrik Urdal, « People vs. Malthus: Population Pressure, Environmental Degradation and Armed Conflict Revisited, » *Journal of Peace Research* 42 (2005): 417–34, https://doi.org/10.1177/0022343305054089. Clionadh Raleigh et Henrik Urdal, « Climate Change, Demography, Environmental Degradation and Armed Conflict, » *Environmental Change and Security Programme* 13 (2008–2009): 27–33, https://doi.org/10.1016/j.polgeo.2007.06.005.

49. Michael Oppenheimer, Bruce C. Glavovic, Jochen Hinkel et al., « Sea Level Rise and Implications for Low-Lying Islands, Coasts and Communities, » in Rapport spécial du GIEC sur l'océan et la cryosphère dans un climat en évolution, Groupe d'experts intergouvernemental sur l'évolution du climat, 2019. https://www.ipcc.ch/site/assets/uploads/sites/3/2019/11/08_SROCC_Ch04_FINAL.pdf, 321–445.

50. Clionadh Raleigh et Henrik Urdal, « Climate Change, Demography, Environmental Degradation and Armed Conflict, » *Environmental Change and Security Programme* 13 (2008–2009): 27–33, https://doi.org/10.1016/j.polgeo.2007.06.005.

51. David Van Reybrouk, *Congo: An Epic History of a People* (New York: Harper-Collins, 2014).

52. World Bank, « GDP (current US$)-Congo, Dem. Rep., » World Bank, Rapport spécial du GIEC sur l'océan et la cryosphère dans un climat en évolution, Groupe d'experts intergouvernemental sur l'évolution du climat, 2019.

Groupe d'experts intergouvernemental sur l'évolution du climat, 2019, 2020, https://data.worldbank.org.

53. Ibid.

54. Peter Jones et David Smith, « UN Report on Rwanda Fuelling Congo Conflict "Blocked by US," » *The Guardian*, 20 juin 2012, https://www.theguardian.com.

55. Tom Wilson, David Blood, et David Pilling, « Congo Voting Data Reveal Huge Fraud in Poll to Replace Kabila, » *Financial Times*, 15 janvier 2019, https://www.ft.com.

56. Myles Allen et Sarah Lunnon, interviewé par Emma Barrett, *Newsnight*, BBC, diffusée le 10 octobre 2019, sur la BBC.

57. Sarah Lunnon (porte-parole d'Extinction Rebellion), entretien avec l'auteur, 26 novembre 2019.

58. Gaia Vince, « The Heat Is On over the Climate Crisis. Only Radical Measures Will Work, » *The Guardian*, 18 mai 2019, https://www.theguardian.com.

59. Sarah Lunnon (porte-parole d'Extinction Rebellion), entretien avec l'auteur, 26 novembre 2019.

60. Johan Rockström (directeur de l'Institut de Potsdam pour la recherche sur les impacts climatiques).

entretien avec l'auteur, 27 novembre 2019.

61. Ibid.

62. Ibid.

63. Ibid.

64. Hans van Meijl et al., « Comparing impacts of climate change and mitigation on global agriculture by 2050, » *Environmental Research Letters* 13, no. 6 (2018), https://iopscience.iop.org/article/10.1088/1748–9326/aabdc4/pdf.

65. « Cela se produit parce que... l'atténuation basée sur les terres entraîne une diminution de la disponibilité de terres pour la production alimentaire, une baisse potentielle de l'offre alimentaire et, par conséquent, une augmentation des prix des aliments. » Cheikh Mbow et al., « Chapter Five: Food Security, » in V. Masson-Delmotte et al., eds., *Le changement climatique et les terres émergées : Un rapport spécial du GIEC sur le changement climatique, la désertification, la dégradation des sols, la gestion durable des terres, la sécurité alimentaire et les flux de gaz à effet de serre dans les écosystèmes terrestres.* (IPCC, 2019), https://www.ipcc.ch/site/assets/uploads/2019/11/SRCCL-Full-Report-Compiled-191128.pdf.

66. FAO, *The Future of Food and Agriculture–Alternative Pathways to 2050* (Rome: United Nations, 2018), consulté le 16 décembre 2019, http://www.fao.org/global-perspectives-studies/food-agriculture-projections-to-2050/en.

67. Roger Pielke, Jr., « I Am Under Investigation, » *The Climate Fix* (blog), 25 février 2015, https://theclimatefix.wordpress.com/2015/02/25/i-am-under-investigation.

68. Roger Pielke, Jr., *The Climate Fix: What Scientists and Politicians Won't Tell You About Global Warming* (New York: Basic Books, 2011), 162.

69. Laurens M. Bouwer, Ryan P. Crompton, Eberhard Faust et al., « Confronting Disaster Losses, » *Science* 318 (décembre 2007): 753, https://www.researchgate.net/publication/5871449_Disaster_management_Confronting_disaster_losses.

Peter H. ppe et Roger Pielke, Jr., eds., « Workshop on Climate Change and Disaster Losses: Understanding and Attributing Trends and Projections, » 25-26 mai 2006, Hohenkammer, Germany, https://sciencepolicy.colorado.edu/research_areas/sparc/research/projects/extreme_events/munich_workshop/ccdl_workshop_brochure.pdf.

70. Roger Pielke, Jr., *The Climate Fix: What Scientists and Politicians Won't Tell You About Global Warming*, 171.

71. Jessica Weinkle, Chris Landsea, Douglas Collins, et al., « Normalized Hurricane Damage in the Continental United States 1900–2017, » *Nature Sustainability* 1 (2018): 808–813, https://doi.org/10.1038/s41893-018-0165-2 ; Roger Pielke, Jr., *The Climate Fix: What Scientists and Politicians Won't Tell You About Global Warming,* 171.

72. Roger Pielke, Jr., *The Climate Fix: What Scientists and Politicians Won't Tell You About Global Warming,* 171.

73. Pielke citait deux études à l'appui de son affirmation :: Thomas Knutson, Suzana J. Camargo, Johnny C. L. Chan et al., « Tropical Cyclones and Climate Change Assessment: Part I: Detection and Attribution, » *American Meteorological Society,* octobre 2019, https://journals.ametsoc.org/doi/pdf/10.1175/BAMS-D-18-0189.1, and « 2019 Atlantic Hurricane Season, » National Hurricane Center and Central Pacific Hurricane Center, https://www.nhc.noaa.gov/data/tcr. Roger Pielke, Jr., « When Is Climate Change Just Weather? What Hurricane Dorian Coverage Mixes Up, on Purpose, » *Forbes*, 4 septembre 2019, https://www.forbes.com.

74. Roger Pielke, Jr., *The Climate Fix: What Scientists and Politicians Won't Tell You About Global Warming,* 170–172.

75. Roger Pielke, Jr., « My Unhappy Life as a Climate Heretic, » *Wall Street Journal,* 2 décembre 2016, https://www.wsj.com.

76. Christopher B. Field, Vicente Barros, Thomas F. Stocker et al., eds., Managing the Risks of Extreme Events and Disasters to Advance Climate Change Adaptation: Rapport spécial du Groupe d'experts intergouvernemental sur l'évolution du climat, https://www.ipcc.ch/site/assets/uploads/2018/03/SREX_Full_Report-1.pdf, 9.

77. Roger Pielke, Jr., *The Climate Fix: What Scientists and Politicians Won't Tell You About Global Warming,* 175.

78. Roger Pielke, Jr., « Disasters Cost More than Ever—but Not Because of Climate Change, » FiveThirtyEight, March 19, 2014, https://fivethirtyeight.com.

79. Roger Pielke, Jr., *The Climate Fix: What Scientists and Politicians Won't Tell You About Global Warming,* 174.

80. Roger Pielke, Jr., « Disasters Cost More than Ever—but Not Because of Climate Change. »

81. Ibid.

82. Robinson Meyer, « The Oceans We Know Won't Survive Climate Change, » *Atlantic,* 25 septembre 2019, https://www.theatlantic.com.

83. Michael Oppenheimer (auteur du GIEC), discussion avec l'auteur, 26 décembre 2019.

84. Ibid.

85. Ibid.

86. Ibid.

87. Ibid.

88. « Project Information Document (PID) Concept Stage: DRC—Growth with Governance in the Mineral Sector, » Report no. AB3834, World Bank, 24 mars 2009, http://documents.worldbank.org/curated/en/341011468234300132/pdf/Project0Inform1cument1Concept0Stage.pdf. Ernest Mpararo, « Democratic Republic of the Congo, » Transparency International, 2018, https://www.transparency.org/country/COD.

Pour un tableau synthétique sur l'histoire du Congo et le rôle du colonialisme et de la décolonisation, voir Van Reybrouck, Congo. Le Congo occupe la 161e place sur 180 (la plus élevée) sur l'indice de perception de la corruption.

89. « Top 20 Deadliest California Wildfires, » Département des forêts de Californie et de la protection contre les incendies, 27 septembre 2019, https://www.fire.ca.gov/media/5512/top20_deadliest.pdf.

90. Jon E. Keeley et Alexandra D. Syphard, « Twenty-first Century California, USA, Wildfires: Fuel-Dominated vs. Wind-Dominated Fires, » *Fire Ecology* 15, article no. 24, 18 juillet 2019, https://doi.org/10.1186/s42408-019-0041-0.

91. Jon E. Keeley et Alexandra D. Syphard, « Historical Patterns of Wildfire Ignition Sources in California Ecosystems, » *International Journal of Wildland Fire* 27, no. 12 (2018): 781–99, https://doi.org/10.1071/WF18026.

92. Jon. E. Keeley (scientifique de l'U.S. Geological Survey) entretien avec l'auteur, 4 novembre 2019.

93. Ibid.

94. Ibid.

95. Ibid.

96. Ibid.

97. David Packham, interviewé par Andrew Bolt, *The Bolt Report*, Sky News, Australie, 11 novembre 2019, https://www.youtube.com/watch?v=E6R-rgBrb6R8.

98. S. Ellis, P. Kanowski, et R.J. Whelan, « National Inquiry on Bushfire Mitigation and Management, » University of Wollongong Research Online, 31 mars 2004, https://ro.uow.edu.au.

Luke Henrique-Gomes, « Bushfires death toll rises to 33 after body found in burnt-out house near Moruya, » *Guardian*, 24 janvier 2020, https://www.theguardian.com. « Bushfire—Southeast Victoria, » Australia Institute for Disaster Resilience, https://knowledge.aidr.org.au/resources/bushfire-south-east-victoria. Bernard Teague, Ronald McLeod, et Susan Pascoe, *Final Report Summary*, Victorian Brushfires Royal Commission, 2009. http://royalcommission.vic.gov.au/finaldocuments/summary/PF/VBRC_Summary_PF.pdf.

« Black Friday bushfires, 1939, » Australia Institute for Disaster Resilience, https://knowledge.aidr.org.au/resources/bushfire-black-friday-victoria-1939.

99. Lauren Jeffrey (YouTubeuse britannique), discussion avec l'auteur, 3 décembre, 2019.

100. Dan McDougall, « "Ecological grief": Greenland residents traumatised by climate emergency, » *Guardian*, 12 août 2019, https://www.theguardian.

com ; Mary Ward, « Climate anxiety is real, and young people are feeling it, » *Sydney Morning Herald*, 20 septembre 2019, https://www.smh.com.au.

101. Susan Clayton et al., « Mental Health and Our Changing Climate: Impacts, Implications, and Guidance, » American Psychological Association and ecoAmerica, mars 2017, https://www.apa.org/news/press/releases /2017/03/mental-health-climate.pdf.

102. Reuters, « One in five UK children report nightmares about climate change, » 2 mars 2020.

103. Sonia Elks, « Suffering Eco-anxiety over Climate Change, Say Psychologists, » *Reuters*, 19 septembre 2019, https://www.reuters.com.

104. Rupert Read, « How I Talk with Children About Climate Breakdown, » You-Tube (video), 18 août 2019, https://youtu.be/6Lt0jCDtYSY.

105. Zion Lights, interviewée par Andrew Neil, *The Andrew Neil Show*, BBC, diffusion le 10 octobre 2019 sur la BBC, https://www.youtube.com/watch?time_continue=7&v=pO1TTcETyuU&feature=emb_logo.

106. Lauren Jeffrey, « An Open Letter to Extinction Rebellion, » YouTube (video), 21 octobre 2019, https://www.youtube.com/watch?v=iyYPLkWV3l0.

107. Peter James Spielmann, « UN Predicts Disaster if Global Warming Not Checked, » Associated Press, 29 juin 1989, https://apnews.com.

108. Roger Pielke, Jr., « The Uninhabitable Earth—Future Imperfect, » *Financial Times*, 8 mars 2019, https://www.ft.com.

109. Allyson Chiu, « "It Snuck up on Us": Scientists Stunned by "City-Killer" Asteroid That Just Missed Earth, » *Washington Post*, 26 juillet 2019, www.washingtonpost.com.

110. Nick Perry, « Death toll from New Zealand volcano rises to 21 as victim dies from injuries nearly two months later, » *Independent*, 29 janvier 2020, https://www.independent.co.uk.

111. « "Stealth Transmission" Fuels Fast Spread of Coronavirus Outbreak, » Mailman School of Public Health at Columbia University, 26 février 2020, https://www.mailman.columbia.edu/public-health-now/news/stealth-transmission-fuels-fast-spread-coronavirus-outbreak.

112. Kerry Emanuel (climate scientist, MIT), discussion avec l'auteur, 15 novembre 2019.

113. International Energy Agency, « Global CO2 Emissions in 2019, » 11 février 2020. Commission européenne, « Progress Made in Cutting Emissions, » consulté le 2 mars 2020. Carbon Brief, « Analysis: Why US carbon emissions have fallen 14 % since 2005, » 15 août 2017. BP Energy Data, 2019.

114. USA emissions from EIA, « US Carbon dioxide emissions from energy consumption (from 1973), » EIA, consulté le 1er février 2020, https://www.eia.gov/environment/data.php.

UK emissions from UK Department for Business, Energy and Industrial Strategy, « National Statistics: Provisional UK Greenhouse Gas Emissions National Statistics 2018, » UK government website, 28 mars 2019, https://www.

gov.uk/government/statistics/provisional-uk-greenhouse-gas-emissions-national-statistics-2018.

115. Justin Ritchie (@jritch), « With this in mind, it is fair to say that the global energy system today, as modeled by IEA, is tracking much closer to 2° of warming this century than previously thought. Thread: 5/11, » Twitter, 18 novembre 2019, 9 h 37, https://twitter.com/jritch/status/1196482584710004736.

II

Les poumons de la Terre ne brûlent pas

1. Poumons de la Terre, vraiment ?

En août 2019, Leonardo DiCaprio, Madonna et la star du football Cristiano Ronaldo ont partagé des photos de la verdoyante forêt tropicale amazonienne recouverte d'un immense panache de fumée. Sur Instagram, DiCaprio écrivait : « Les poumons de la Terre sont en feu. » Ronaldo tweetait à ses quatre-vingt-deux millions d'abonnés : « La forêt amazonienne produit plus de 20 % de l'oxygène du monde[1]. »

Le New York Times commentait alors : « L'Amazonie est souvent appelée le "poumon" de la Terre, parce que ses vastes forêts exhalent de l'oxygène et stockent du dioxyde de carbone, un gaz piégeant la chaleur qui est une cause majeure du réchauffement climatique[2]. » L'Amazonie, qui couvre plus de 5, 5 millions de km^2, au Brésil, en Colombie, au Pérou et dans d'autres pays d'Amérique du Sud pourraient bientôt « s'autodétruire », selon le NYT. Ce serait « un scénario de cauchemar qui pourrait voir la plus grande forêt tropicale du monde effacée de la terre.... Certains scientifiques qui étudient l'écosystème amazonien, ont qualifié ce scénario d'imminent[3]. »

Un autre journaliste du même media écrivait : « Si une superficie suffisante de forêt tropicale amazonienne est détruite et ne peut être restaurée, toute la zone deviendra une savane, qui ne stockera pas autant de carbone, ce qui signifiera une réduction de la “capacité pulmonaire” de la planète[4]. »

Des écrivains ont comparé les incendies survenus en Amazonie à l’explosion d’armes nucléaires. « La destruction de l’Amazonie est sans doute bien plus dangereuse que les armes de destruction massive qui ont déclenché une réaction énergique », écrivait un journaliste de *The Atlantic.* Si on perd 20 % supplémentaires de l’Amazonie, écrivait un journaliste de *The Intercept*, il libérera une « bombe apocalyptique de carbone stocké[5]. »

Les médias d’information, les célébrités et les dirigeants européens ont mis en cause le nouveau président du Brésil, Jair Bolsonaro. Les dirigeants européens ont menacé de ne pas ratifier un accord commercial majeur avec le Brésil. « Notre maison brûle – littéralement », a tweeté le président français Emmanuel Macron, quelques jours avant d’accueillir à Paris une réunion du G7[6]. Au-delà de l’Amazonie, a rapporté le *New York Times*, « en Afrique centrale, de vastes étendues de savane partent en flammes. Les régions arctiques de Sibérie brûlent à un rythme jamais vu[7]. »

Un mois plus tard, Greta Thunberg et d’autres militants étudiants pour le climat ont déposé plainte contre le Brésil accusé de ne pas en faire assez pour stopper le changement climatique. « Le retour en arrière du Brésil commence déjà à produire des effets néfastes », déclaraient les avocats des étudiants.

« Dans l’état actuel des choses, l’Amazonie agit comme un grand puits de carbone, absorbant un quart du carbone annuel absorbé par les forêts du monde entier[8]. »

Comme pour beaucoup de gens de ma génération, ma préoccupation devant la destruction des forêts tropicales remonte à la fin des années 1980. En 1987, un groupe écologiste de San Francisco appelé Rainforest Action Network lançait un boycott des consommateurs contre le géant de la restauration rapide Burger King, qui achetait de la viande de boeuf produite au Costa Rica sur des terres ayant autrefois appartenu à la forêt tropicale.

Afin de produire du bœuf, les agriculteurs d'Amérique latine et d'autres pays déboisaient des secteurs entiers de forêts tropicales pour élever et faire paître le bétail. J'ai vu sur CNN et d'autres journaux télévisés des séquences dramatiques d'incendies et des populations autochtones fuyant leurs villages ancestraux.

Bouleversé par ces scènes de dévastation, à l'occasion de mon seizième anniversaire, j'ai organisé une fête dans mon jardin afin de collecter des fonds pour l'organisation Rainforest Action Network. Mes invités devaient donner 5 $ pour y assister et j'ai amassé une centaine de dollars.

Aujourd'hui, comme à l'époque, la transformation des sols en pâturages pour la production de viande bovine représente la principale utilisation par l'humanité de la majeure partie des terres émergées. Nous utilisons deux fois plus de terres pour la production bovine et laitière que pour la culture de céréales, qui vient juste après. Près de la moitié de la superficie agricole totale de la Planète est accaparée par l'élevage de ruminants – vaches, moutons, chèvres et buffles[9].

En Amazonie, les principaux exploitants de la forêt sont les bûcherons, qui en extraient les bois précieux. Ils sont suivis par les éleveurs, qui abattent les arbres, incendient les terres, puis y font paître le bétail pour s'en assurer la propriété.

Parce que la production de bœuf causait la destruction de la forêt tropicale, j'ai cessé d'en manger et suis devenu entièrement végétarien dès le début de mes études supérieures, à l'automne 1989.

Pour moi, le cauchemar de la destruction de la forêt tropicale était compensé par un sentiment de réussite. Dès octobre 1987, le boycott de Burger King lancé par Rainforest Action Network avait réussi : la chaîne de restauration rapide a annoncé qu'elle cesserait d'importer de la viande de bœuf du Costa Rica. D'une certaine manière, j'avais l'impression d'avoir contribué à sauver les forêts tropicales[10].

2. « Il n'y a aucune donnée scientifique derrière ça »

À quinze ans, j'ai créé une section d'Amnesty International dans mon lycée. Un enseignant a demandé au superviseur de mon club, le conseiller pédagogique, si j'étais communiste. Deux ans plus tard, j'ai confirmé ses soupçons en persuadant le proviseur de me laisser passer le semestre d'automne de ma dernière année au Nicaragua pour apprendre l'espagnol et assister à la révolution socialiste sandiniste.

Après quoi, j'ai voyagé en Amérique centrale, nouant des liens avec des coopératives de petits paysans.

Pendant mes études à l'université, j'ai appris le portugais pour pouvoir m'installer au Brésil et travailler avec le Mouvement des travailleurs sans terre et le Parti des travailleurs dans l'état semi-amazonien de Maranhão. J'y suis retourné plusieurs fois entre 1992 et 1995. J'ai adoré le Brésil au point d'imaginer un temps que je m'y fixerais de façon permanente pour collaborer avec ces mouvements.

J'ai assisté au sommet des Nations Unies sur l'environnement en 1992 à Rio de Janeiro, où la déforestation était un sujet brûlant. Le dirigeant de RAN (Rainforest Action Network), qui cinq ans plus tôt avait contraint Burger King à changer ses pratiques, avait organisé une manifestation bruyante. J'ai été emporté dans l'effervescence d'un pays qui sortait de plusieurs décennies de dictature militaire.

Lors de mes séjours au Brésil, j'ai fait du travail de terrain dans une région semi-amazonienne avec de petits agriculteurs qui défendaient leurs terres contre de gros propriétaires terriens qui voulaient les avaler. Je suis sorti avec une réalisatrice de documentaires brésiliens qui était liée au Parti des travailleurs et à diverses organisation humanitaires de Rio de Janeiro. En 1995, j'ai interviewé les figures les plus remarquables du mouvement progressiste brésilien, le premier sénateur afro-brésilien et *favelada*[11], Benedita da Silva, ainsi que Luiz Iniacio da Silva, « Lula », qui devait être élu président en 2002.

J'ai continué à écrire des articles sur l'Amazonie pendant plusieurs années et lorsque à la fin de l'été 2019 ce sujet a soudain fait l'objet de véhéments débats, j'ai décidé d'appeler Dan Nepstad, un des principaux auteurs d'un rapport récent du GIEC sur l'Amazonie. Je lui ai demandé s'il était vrai que Amazonie était une des principales sources d'approvisionnement en oxygène de la planète.

« C'est des conneries, m'a-t-il affirmé. Il n'y a aucune donnée scientifique derrière cela. L'Amazonie produit beaucoup d'oxygène, mais elle en utilise la même quantité en respirant, donc c'est du pipeau[12]. »

Selon un écologiste de l'Université d'Oxford qui les étudie, les plantes amazoniennes consomment environ 60 % de l'oxygène qu'elles produisent lors de leur respiration, soit le processus biochimique par lequel elles génèrent de l'énergie. Les microbes qui décomposent la biomasse de la forêt tropicale, consomment les 40 % restants. « Donc, en termes pratiques, la contribution nette de l'écosystème amazonien (pas seulement les plantes) à l'oxygène du monde est effectivement nulle, écrit cet écologiste. Il en va de même pour tous les écosystèmes terrestres, du moins si l'on considère une échelle de temps pertinente pour les humains (inférieure au million d'années)[13]. »

Quant aux poumons, ils absorbent de l'oxygène et émettent du dioxyde de carbone. En revanche, l'Amazonie et l'ensemble des végétaux stockent du carbone, mais pas 25 %, comme le clamaient les militants étudiants pour le climat qui ont poursuivi le Brésil en justice, mais plutôt de l'ordre de 5 %[14].

Quant aux photos que les célébrités ont partagées sur les réseaux sociaux, elles ne montraient pas en fait l'Amazonie en feu. Beaucoup n'étaient même pas situées en Amazonie[15].

La photo partagée par Ronaldo a été prise dans le sud du Brésil, loin de l'Amazonie (en 2013 et non en 2019)[16]. La photo partagée par Madonna datait de plus de trente ans[17].

En réalité, presque tout ce que les médias ont rapporté à l'été 2019 sur l'Amazonie était soit faux, soit profondément trompeur.

La déforestation avait augmenté, mais cette hausse avait commencé en 2013, soit six ans avant que le président Bolsonaro ne prenne ses fonctions. En 2019, la région d'Amazonie qui a été déboisée ne représentait qu'un quart de la superficie des terres déboisées en 2004[18]. Et si le nombre d'incendies au Brésil en 2019 dépassait en effet de 50 % celui de l'année précédente, il n'était que de 2 % supérieur à la moyenne des dix années précédentes[19].

Contre le tableau terrifiant d'une forêt amazonienne sur le point de disparaître, 80 % de celle-ci est encore debout. Entre 18 et 20 % de la forêt amazonienne est toujours « à prendre » (*terra devoluta*) et court le risque d'être déboisée[20].

Il est cependant vrai que la déforestation fragmente l'Amazonie et détruit les habitats d'espèces à haute valeur écologique. Les grands félins comme les jaguars, les pumas, les ocelots et autres grands mammifères ont besoin d'habitats contigus, non fragmentés, pour survivre et prospérer. De nombreuses espèces tropicales, y compris celles de l'Amazonie, dépendent de la forêt ancienne « primaire ». Même si les mammifères peuvent réhabiter les forêts secondaires, cela prend souvent plusieurs décennies voire des siècles pour que les forêts retrouvent leur richesse originelle[21].

Mais les forêts tropicales en Amazonie et ailleurs dans le monde ne peuvent être sauvées que si le besoin de développement économique est accepté, respecté et intégré. En s'opposant à de nombreuses formes de développement économique en Amazonie, en particulier les formes les plus productives, de nombreuses ONG écologiques, gouvernements européens et organismes humanitaires ont aggravé la situation.

3. Toiser les pauvres

En 2016, le mannequin brésilien Gisele Bündchen survolait la forêt amazonienne avec le dirigeant de Greenpeace Brésil dans le cadre du tournage d'une série télé intitulée *Years of Living Dangerously*, pour le National Geographic. Au début, ils survolent une immense forêt verte. « La beauté semble durer éternellement, dit Bündchen en voix off, "mais alors Adario (de Greenpeace) me dit de me préparer." Elle est horrifiée par ce qui vient ensuite. En dessous d'elle on aperçoit des parcelles de forêt jouxtant des ranchs de bétail. "Toutes ces grandes formes géométriques gravées dans le paysage sont dues au bétail ?" demande-t-elle.

"Tout commence par de petites routes forestières, explique Adario. La route reste et puis un éleveur de bétail s'installe et il se met à abattre les arbres restants."

“Et le bétail n’est même pas originaire d’Amazonie ! dit Bündchen. Il n’est même pas censé vivre ici !”.

“Non, certainement pas, confirme Adario. Imaginez la destruction de cette belle forêt pour élever du bétail. Quand tu manges un hamburger tu ne te rends pas compte que ton hamburger provient de la destruction de la forêt tropicale.” Bündchen se met à pleurer. “C’est choquant, n’est-ce pas ?” demande Adario[22].

Mais est-ce vraiment si choquant ? Après tout, l’expansion agricole au Brésil suit une évolution très semblable à ce qui s’est produit en Europe depuis des siècles.

Entre l’an 500 et l’an 1350, les forêts sont passées de 80 % à la moitié de la superficie de l’Europe occidentale et centrale. Les historiens estiment que les forêts de France ont été réduites d’environ soixante-quatorze millions d’ha à environ trente-deux millions entre 800 et 1300. Les forêts couvraient 70 % de l’Allemagne en l’an 900 mais seulement 25 % en 1900[23].

Et pourtant les pays développés, en particulier européens, qui sont devenus riches grâce à la déforestation et aux énergies fossiles, cherchent à empêcher le Brésil et d’autres pays tropicaux, y compris le Congo, de se développer en suivant leur exemple. La plupart d’entre eux, y compris l’Allemagne, produisent davantage d’émissions de carbone par habitant, y compris en brûlant de la biomasse, que les Brésiliens, même si l’on prend en compte la déforestation amazonienne[24]. La bonne nouvelle c’est que, dans le monde, les forêts croissent et on compte de moins en moins d’incendies. On a constaté une énorme *diminution* (25 %) des superficies annuelles brûlées dans le monde entre 1998 et 2015, principalement grâce à la croissance économique. Cette croissance a créé des emplois dans les villes pour les gens, leur permettant de rompre avec l’agriculture sur brûlis. Et la croissance économique a permis aux agriculteurs de déboiser pour leurs cultures en utilisant des machines, à la place du feu[25].

À l'échelle mondiale, au cours des trente-cinq dernières années, les terres reboisées ont dépassé les secteurs déboisés, un gain qui représente la superficie du Texas ajoutée à celle de l'Alaska. La repousse des zones boisées en Europe entre 1995 et 2015 représentent la taille de la Belgique, des Pays-Bas, de la Suisse et du Danemark cumulées[26]. Et en Suède, le pays d'origine de Greta Thunberg, la superficie des forêts a doublé au cours du siècle dernier[27].

Environ 40 % de la planète a connu un "verdissement", qu'il s'agisse de la croissance de forêts ou d'autres genres de biomasse, entre 1981 et 2016. Une part de ce verdissement est dû à la reconversion d'anciennes terres agricoles en prairies et forêts, et une part à la plantation d'arbres planifiée, notamment en Chine[28]. C'est même vrai au Brésil. Alors que l'attention du monde s'est concentrée sur l'Amazonie, les forêts reviennent dans le sud-est, qui est la région du Brésil la plus développée économiquement. Cette évolution est dûe à la fois à la hausse de la productivité et aux efforts de conservation de l'environnement[29].

Le verdissement de la planète tient pour une part à l'accroissement du dioxyde de carbone présent dans l'atmosphère ainsi qu'au réchauffement planétaire[30]. Les scientifiques estiment que les plantes croissent plus vite en raison de concentrations plus élevées de dioxyde de carbone. De 1981 à 2016, les plantes ont capturé quatre fois plus de carbone grâce à une croissance stimulée par le carbone, que celui capté par la biomasse qui couvre une surface terrestre pourtant supérieure[31]. Il y a peu de preuves que les forêts du monde entier soient déjà parvenues à leur température et niveau de carbone optimaux. Les scientifiques supposent que l'augmentation de la présence de dioxyde de carbone dans l'atmosphère, disponible pour la photosynthèse, compensera sans doute l'efficience moindre de la photosynthèse à des températures plus élevées[32]. Une étude majeure portant sur cinquante-cinq forêts tempérées a révélé une croissance plus importante que prévu, due à des températures plus élevées entraînant une saison de croissance plus longue, des taux plus élevés de dioxyde de carbone et divers autres facteurs[33]. Une croissance plus rapide signifie un ralentissement de l'accumulation de dioxyde de carbone dans l'atmosphère.

Rien de tout cela ne tend à suggérer que l'augmentation des émissions de carbone et le changement climatique n'engendrent aucun risque. Au contraire. Mais nous devons comprendre que leurs répercussions ne seront pas toutes nuisibles à l'environnement naturel et aux sociétés humaines.

Cela ne signifie pas non plus que nous ne devions pas nous inquiéter de la disparition des forêts anciennes primaires, en Amazonie comme ailleurs dans le monde. Les forêts anciennes offrent des habitats uniques aux espèces. Tandis que le couvert forestier total en Suède a doublé au cours du siècle dernier, la plupart des nouvelles forêts ont pris la forme d'exploitations forestières en monoculture[34].

Mais si nous voulons protéger les forêts anciennes subsistant dans le monde, nous allons devoir rejeter l'écologie colonialiste et soutenir l'aspiration des pays pauvres à se développer.

4. Romantisme et réalité

Je suis agacé par l'insensibilité des écologistes des pays développés parce que j'ai vécu avec les petits cultivateurs que Bündchen considérait de haut et que leurs conditions de vie étaient extrêmement difficiles. J'ai grandi dans le confort de la classe moyenne et je n'étais pas préparé à l'extrême pauvreté que j'ai rencontrée lorsque j'ai séjourné, adolescent, au Nicaragua. Au lieu de douches chaudes et de toilettes à chasse d'eau, je devais me verser des baquets d'eau froide sur la tête, grelottant, et j'utilisais des latrines extérieures comme tout le monde. Je suis tombé malade à plusieurs reprises, sans doute du fait d'une eau contaminée.

Le pays en était à sa neuvième année de guerre civile et les gens étaient de plus en plus désespérés. Un soir, ma prof d'espagnol a reçu ses élèves à dîner. Elle habitait une maisonnette, une pauvre masure, qui devait mesurer environ 9 mètres par 3. Je l'ai aidée à préparer les spaghetti. Nous avons bu de la bière et fumé. Je lui ai demandé sans guère de tact combien coûtait une maison comme la sienne. Elle m'a répondu en m'offrant de me la céder pour cent dollars. Je suis rentré chez moi avec des parasites intestinaux et le désir ardent d'aider à améliorer la vie de ces gens.

La vie en Amazonie était à bien des égards beaucoup plus rude que la vie en Amérique centrale car les villages sont beaucoup plus éloignés. Au Brésil, j'ai vécu dans des communautés qui pratiquaient l'agriculture sur brûlis. On commence par couper des arbres dans la forêt, puis on laisse sécher le bois et la biomasse avant de les brûler, les cendres servant d'engrais aux champs ainsi dégagés. On procède ensuite aux plantations, les cultures dégageant de très faibles rendements.

Les gens avec qui j'ai travaillé étaient trop pauvres pour posséder beaucoup de bétail, cependant leur niveau de vie était un cran au-dessus de la misère de base. Couper et brûler représentait un très rude labeur. Les hommes buvaient de grandes quantités de rhum en travaillant. Nous passions des après-midis plus fraiches et agréables à pêcher au bord de la rivière.

L'Amazonie et les régions semi-amazoniennes du nord-ouest et du centre du Brésil sont aussi torrides que le Congo, avec des températures moyennes annuelles proches de 32 °C. Des températures élevées réduisent la productivité, ce qui explique en partie pourquoi les pays soumis à des climats tropicaux sont moins développés que ceux des régions tempérées. Il fait tout simplement trop chaud pour travailler une grande partie de la journée[35].

Au Brésil, comme au Nicaragua, mon enthousiasme pour les coopératives socialistes était souvent supérieur à celui des petits agriculteurs censés en être les bénéficiaires. La plupart des petits agriculteurs que j'ai interviewés préféraient travailler leur propre lopin de terre. Ils pouvaient être bons amis avec leurs voisins et même être liés à eux par la naissance ou le mariage, mais ils ne voulaient pas partager les fruits de leur labeur agricole avec eux. Ils ne voulaient pas être exploités par quelqu'un qui ne travaillait pas aussi dur qu'eux, m'ont-ils confié.

Je peux compter sur les doigts d'une seule main le nombre de jeunes qui m'ont confié vouloir rester dans la ferme familiale et travailler la terre de leurs parents.

Une grande majorité d'entre eux voulaient se fixer en ville, faire des études et trouver un boulot. Ils aspiraient à une vie meilleure que ce qu'une petite exploitation, avec une agriculture à faible rendement, pourrait leur procurer. Mener une existence semblable à la mienne. Et je savais, bien sûr, que je n'aurais pas voulu être un petit cultivateur. Comment ai-je pu imaginer que ce pouvait être le désir de quelqu'un d'autre ? La réalité que j'ai vécue de près et en personne, m'a fait faire le deuil de la vision romantique que j'avais de cette vie.

En août 2019, j'ai été irrité par l'écho médiatique donné aux incendies de la forêt tropicale imputés à la voracité d'entrepreneurs sans scrupules, d'agriculteurs qui détestent la nature et de politiciens corrompus. J'avais compris depuis un quart de siècle que l'aggravation de la déforestation et les incendies résulte avant tout de la prise en compte par les politiciens des demandes populaires, non d'un manque de respect de l'environnement naturel.

La déforestation au Brésil s'est de nouveau accrue à partir de 2013, d'abord du fait d'une grave récession économique et de carences dans l'application des lois. L'élection de Bolsonaro en 2018 est autant le résultat d'une demande croissante de terres qu'elle est la cause d'une reprise de la déforestation. Sur les 210 millions d'habitants du Brésil, 55 millions vivent dans la pauvreté. Deux millions de Brésiliens supplémentaires ont basculé dans la pauvreté entre 2016 et 2017[36].

Et l'idée que l'Amazonie est principalement peuplée d'indigènes martyrisés par des non-autochtones est fausse. Sur les trente millions de Brésiliens qui vivent dans la région amazonienne seuls un million sont des autochtones et certaines tribus contrôlent de très grandes réserves[37]. Il y a 690 réserves autochtones dont la superficie couvre 13 % des terres continentales du Brésil, un chiffre éloquent, presque toutes en Amazonie. Ainsi, la superficie du territoire des dix-neuf mille Indiens Yanomami est légèrement supérieure à celle de la Hongrie[38]. Certains pratiquent d'ailleurs l'exploitation forestière[39].

Quiconque cherche à comprendre pourquoi le Brésil réduit la taille de ses forêts tropicales afin de produire du soja et de la viande pour l'export doit commencer par prendre acte d'une réalité : ce pays tente de sortir le dernier quart de sa population d'une pauvreté comparable à celle de Bernadette au Congo, une situation que les écologistes européens ou américains refusent de prendre en considération par ignorance, ou pire par indifférence.

5. Feu et nourriture

Entre 900 et 950 après JC, des chasseurs-cueilleurs maoris sont arrivés en bateau dans ce qui est aujourd'hui la Nouvelle-Zélande, probablement venus d'autres îles du Pacifique situées au nord-est. Pour leur plus grand plaisir, ils trouvèrent l'île peuplée de moas, des oiseaux à l'allure d'autruches géantes qui mesuraient cinq mètres de hauteur. Les Moas étaient incapables de voler et ils n'avaient aucun moyen de se protéger des Maoris[40].

Pour les capturer, les Maoris allumaient des feux de forêt, ce qui poussait les moas jusqu'aux lisières où ils pouvaient être plus facilement abattus. Les Maoris en sont venus à compter presque exclusivement sur les moas tant pour leur nourriture, que pour les outils et les bijoux, si bien qu'ils les appelaient leur "source principale". Dans les saisons sèches et venteuses, les incendies brûlaient de vastes zones, altérant massivement les milieux naturels et détruisant les habitats d'autres espèces.

En Nouvelle-Zélande, les forêts de conifères brûlaient rapidement pendant les mois d'été secs et chauds et ne pouvaient pas se régénérer ; elles étaient remplacées par des fougères et des broussailles. Mais cela n'a pas empêché les Maoris de continuer à se livrer à cette pratique. "Nous voyions des fumées le jour et des feux la nuit de tous côtés[41]", écrivait le capitaine Cook.

En trois siècles la moitié de la Nouvelle Zélande avait ainsi été déboisée, les Moas amenés au bord de l'extinction et les Maoris ont dû affronter une évolution environnementale et sociale rapide. A l'époque de la venue du capitaine Cook, dans les années 1770, ayant complètement exterminé les Moas, les Maoris avaient été contraints de passer à l'agriculture sur brûlis.

Ce qui s'est passé en Nouvelle-Zélande était le reflet exact de ce qui avait déjà eu lieu dans le monde il y a dix mille ans. Chaque année quelques millions d'humains dans le monde anéantissaient des millions de grands mammifères, ce qui a entraîné l'extinction de nombreuses espèces[42].

Le paysage que nous considérons aujourd'hui comme un décor naturel agréable, soit une prairie herbeuse entourée d'une forêt et traversée d'une rivière – est souvent un paysage façonné par les hommes pour chasser le gibier en quête d'eau potable[43]. Le déboisement d'un bosquet incendié pour créer une prairie dans laquelle on abattait aisément des animaux est l'un des plus fréquents usages du feu par les chasseurs-cueilleurs du monde entier. Les prairies des forêts de l'est de l'Amérique du Nord auraient disparu si elles n'avaient pas été brûlées annuellement par les Indiens pendant cinq millénaires. Et en Amazonie, les chasseurs-cueilleurs ont brûlé des forêts et introduit de nouvelles espèces.

Chasser le gibier en le leurrant est plus économe énergétiquement que de le pourchasser. Avec le temps, le piégeage des animaux sauvages dans des espaces clos a évolué vers la domestication d'animaux utilisés comme bétail[44].

Le feu a permis aux communautés de se protéger des prédateurs humains et non humains, il leur a permis de s'étendre dans le monde entier et il a imposé de nouveaux comportements alimentaires, bouleversé l'organisation sociale et le rapport à la procréation. Le feu comme arme de chasse est devenu une étape cruciale dans la création de ce que nous considérons comme des États-nations et des marchés, à travers la délimitation de territoires par les individus et les groupes en compétition pour la nourriture. En effet, l'usage du feu était différencié suivant les zones – sécurité, agriculture ou chasse[45].

Le feu a aussi permis la création de cellules familiales sexuellement monogames. Et l'institution du foyer comme lieu de réflexion et de discussion, d'élargissement de l'intelligence clanique et collective.

Partout sur la Planète, la déforestation par le feu a donné naissance à l'agriculture en fertilisant les sols, en favorisant la prolifération des baies, noisettes, céréales et autres cultures utiles. Aujourd'hui, de nombreuses espèces d'arbres ont besoin du feu pour que leurs graines deviennent des arbres. Le feu est également essentiel, comme on l'a vu en Californie ou en Australie, pour éliminer la biomasse ligneuse du sol forestier.

En bref, le feu et la déforestation pour la production de viande sont des facteurs essentiels de ce qui a fait de nous des êtres humains[46]. La seule raison plausible pour laquelle d'Adario, Bündchen et d'autres écologistes jugent si choquante la production de viande en Amazonie est qu'ils ne savent rien de cette histoire.

Pour les écologistes du XXIe siècle, le mot *sauvage* a des connotations positives, mais il avait autrefois une signification redoutable : “Lieu où vivent des bêtes sauvages”.

Les paysans européens considéraient la forêt comme un lieu dangereux, ce qu'elle était souvent, abritant à la fois des animaux dangereux comme les loups et des humains menaçants, les bandits de grand chemin et autres truands. Dans le conte de fées “Hansel et Gretel”, on voit deux enfants se perdre dans la forêt et tomber entre les griffes d'une sorcière. “Le petit chaperon rouge” raconte les mésaventures d'une petite fille traversant une forêt et qui est terrorisée par un loup[47].

Ainsi, pour les premiers chrétiens européens, déboiser était une bonne chose. Les premiers pères de l'Église, dont saint Augustin, ont enseigné que c'était le rôle de l'humanité d'achever la création de Dieu sur Terre et de se rapprocher ainsi de Lui. Les forêts et les régions sauvages étaient des lieux de péché ; les supprimer pour aménager fermes et élevages revenait à accomplir l'œuvre du Seigneur.

Les Européens estimaient que les humains étaient bénis et remarquables par leurs capacités de transformation. Les moines chargés d'aménager une clairière dans une forêt s'imaginaient littéralement expulser le diable de la Terre. Ils n'essayaient pas de créer un jardin paradisiaque mais plutôt une Nouvelle Jérusalem : une civilisation qui mêlait ville et campagne, sacré et profane, commerce et foi.

Ce n'est qu'après que les humains ont créé des villes et se sont peu à peu enrichis, qu'ils ont commencé à se soucier de la nature pour elle-même[48]. Les Européens qui, au XIXe siècle, avaient considéré l'Amazonie comme une "jungle", un espace de danger et de chaos, en sont venus à la considérer à la fin du XXe siècle comme une "forêt tropicale", une contrée idyllique et enchanteresse.

6. Greenpeace fragmente la forêt

L'insensibilité aux besoins du Brésil en matière de développement économique a conduit des groupes écologistes, dont Greenpeace, à défendre des politiques qui ont aggravé la fragmentation de la forêt tropicale et l'expansion inutile d'une agriculture tournée vers l'élevage. Les politiques environnementales auraient dû aboutir à une "intensification", produire plus sur une superficie moindre. Au lieu de cela, elles ont abouti à une "*extensification*" et déclenché une réaction de rejet, politique et populaire, des paysans qui a finalement aggravé la déforestation.

Selon Nepstad, "Le cerveau du moratoire sur le soja était Paulo Adario, de Greenpeace Brésil". Adario est l'homme qui a fait pleurer Bündchen. "Il a commencé par une campagne de Greenpeace. Des militants déguisés en poulets ont fait irruption dans de multiples restaurants McDonald's en Europe. C'était un grand moment médiatique international[49]."

Greenpeace a exigé l'instauration d'un code forestier beaucoup plus strict que celui imposé par le gouvernement brésilien[50].

Avec d'autres ONG Greenpeace a insisté sur la nécessité d'inscrire dans le code forestier l'obligation pour les propriétaires fonciers de maintenir de vastes espaces boisés, soit 50 à 80 % de leurs domaines. Nepstad a déclaré que ce code forestier plus strict avait coûté 10 milliards de dollars aux agriculteurs en profits évaporés et restauration de zones boisées. "Un fonds Amazonie a été créé en 2010 par les gouvernements norvégien et allemand, doté d'un milliard de dollars, mais les fermiers, grands et moyens n'en ont pas vu la couleur", souligne Nepstad.

"L'agro-industrie représente 25 % du PIB du Brésil et c'est elle qui a permis au pays de traverser la récession", a déclaré Nepstad. "Quand la culture du soja se répand sur un territoire, le nombre d'incendies diminue. Les petites villes reçoivent de l'argent pour les écoles, le PIB augmente et les inégalités diminuent. Il ne faut pas démanteler ce secteur mais trouver un compromis acceptable avec lui[51]."

Greenpeace a demandé des restrictions plus strictes sur l'agriculture dans la région de savane connue sous le nom de Cerrado, où l'on cultive une grande partie du soja brésilien. "Les agriculteurs ont craint que certains gouvernements n'imposent un nouveau moratoire sur les importations de soja brésilien", explique Nepstad. Le Cerrado représente 60 % de la récolte de soja du pays, l'Amazonie 10 %. C'était donc une affaire beaucoup plus sérieuse[52]. »

La campagne de Greenpeace a conduit les journalistes, les décideurs et le public à confondre la savane du Cerrado avec la forêt amazonienne, et à poser ainsi un signe égal entre expansion de la culture du soja dans le Cerrado et exploitation forestière de la forêt tropicale.

Mais il y a beaucoup plus de justifications économiques et écologiques à la déforestation du Cerrado, moins diversifié biologiquement et aux sols mieux adaptés à la culture du soja, qu'à celle de la forêt tropicale. En amalgamant les deux régions, Greenpeace et les journalistes ont exagéré le problème et créé la fausse impression que ces deux sites ont une valeur écologique et économique équivalente.

Greenpeace n'est pas la première organisation à avoir tenté d'empêcher le Brésil de moderniser et d'intensifier son agriculture. En 2008, la Banque mondiale a publié un rapport qui « disait essentiellement que petit = beau, et qu'une agriculture moderne, technologiquement sophistiquée (et en particulier l'utilisation d'OGM) était mauvaise », écrivait le représentant de la Banque mondiale de l'époque aux autorités du Brésil. Le rapport déclarait que « le chemin à suivre était de privilégier une agriculture petite, bio et locale[53]. »

Le rapport de la Banque mondiale a irrité le ministre brésilien de l'Agriculture, qui a appelé le représentant de la Banque et lui a demandé : « Comment la Banque mondiale peut-elle pondre un rapport aussi absurde. En suivant le "mauvais chemin", le Brésil est devenu une superpuissance, avec une production multipliée par trois en trente ans, due pour 90 % à des gains de productivité[54] ! »

Le rapport ajoutait l'insulte au préjudice. En guise de représailles, la Banque mondiale avait déjà supprimé 90 % de son aide au développement pour les efforts de recherche agricole du Brésil parce que le Brésil cherchait à aligner ses méthodes de production agricole sur celles des nations riches[55].

Le Brésil est parvenu à compenser avec ses propres ressources l'aide que la Banque mondiale lui avait refusée. Après quoi, Greenpeace a fait pression sur les entreprises alimentaires européennes pour qu'elles arrêtent d'acheter du soja au Brésil[56]. « Il y a une certitude exagérée, un orgueil démesuré, expliquait Nepstad, on impose une règle après l'autre, sans tenir vraiment compte du point de vue de l'agriculteur[57] ».

Les motivations pour mettre à mal l'agriculture et l'élevage brésiliens sont pour une large part idéologiques, me confiait ce même Nepstad. « C'est vraiment anti-développement, vous savez, anti-capitalisme. Il y a beaucoup de haine de l'agrobusiness. Ou du moins de l'agrobusiness au Brésil. Les mêmes normes ne semblent pas s'appliquer à l'agro-industrie en France et en Allemagne[58]. »

L'augmentation de la déforestation observée en 2019 réalise dans une certaine mesure la promesse de campagne de Bolsonaro aux agriculteurs « fatigués par la violence, la récession et ce programme écologique, poursuit Nepstad. « Ils répétaient tous : "Vous savez, c'est ce programme forestier qui va faire élire ce Bolsonaro. Nous allons tous voter pour lui." Et les agriculteurs ont voté pour lui en masse. Je vois dans ce qui se passe maintenant, et dans l'élection de Bolsonaro, le reflet d'erreurs majeures de la stratégie écologiste[59]. »

J'ai demandé à Nepstad quelle était selon lui dans cette réaction le rôle du renforcement des lois environnementales par le gouvernement et quelle part en revenait à des ONG comme Greenpeace. « Je pense que l'essentiel est imputable au dogmatisme des ONG, m'a-t-il dit. Nous avons connu une phase intéressante en 2012/13/14 parce que les agriculteurs étaient vraiment satisfaits de l'article du Code forestier concernant l'indemnisation des agriculteurs, mais il n'a jamais été appliqué[60]. »

Les producteurs de soja brésiliens étaient disposés à accepter des règles environnementales raisonnables jusqu'à ce que Greenpeace commence à radicaliser ses demandes. « Ce dont les agriculteurs avaient besoin, c'était essentiellement une amnistie sur toute la déforestation illégale jusqu'en 2008, a déclaré Nepstad. Et avec cette concession, ils avaient le sentiment qu'ils pourraient se “conformer à cette loi. Je suis du côté des agriculteurs sur ce point[61]”.

Ce qui s’est passé en Amazonie nous rappelle que la concentration de l’agriculture dans certaines régions permet aux gouvernements de protéger les habitats de la forêt primaire afin qu’ils puissent demeurer relativement intacts, sauvages et biodiversifiés. La stratégie de Greenpeace et des ONG a poussé les propriétaires fonciers à défricher d’autres zones boisées, afin d’étendre leurs domaines. “Je pense que le code forestier a favorisé la fragmentation”, me confirmait Nepstad[62]. »

Les ONG vertes ont eu un impact similaire sur d’autres régions du monde. Après que les écologistes ont encouragé un morcellement similaire dans les plantations de palmiers à huile en Asie du Sud-Est, la présentant comme une mesure supposément respectueuse de la faune, les scientifiques ont constaté une réduction de 60 % de l’abondance d’importantes espèces d’oiseaux[63].

7. « Prenez votre pognon et reboisez l’Allemagne ! »

Le programme de Greenpeace colle parfaitement aux visées des agriculteurs européens décidés à bannir de l’Union européenne les aliments brésiliens bon marché. Les deux pays européens les plus critiques sur la déforestation et les incendies en Amazonie se trouvent également être les deux pays dont les agriculteurs ont le plus résisté à l’accord de libre échange (Mercosur) avec le Brésil, à savoir la France et l’Irlande.

« Les agriculteurs brésiliens veulent étendre l’accord de libre-échange UE-Mercosur notait Nepstad, mais Macron souhaite l’abandonner car le secteur agricole français est opposé à une hausse des importations de produits alimentaires brésiliens dans le pays[64]. » En effet, c'est le président Macron qui a déclenché la vague de ferveur des médias d'information mondiaux à propos de la déforestation en Amazonie quelques jours avant que la France n'accueille le sommet du G7. Macron a déclaré que la France ne ratifierait pas un accord commercial majeur entre l'Europe et le Brésil tant que le président du Brésil ne ferait rien pour réduire la déforestation.

À Bruxelles, capitale de la Commission européenne, les attaques française et irlandaise contre le Brésil, « ont fait hausser des sourcils, notait Dave Keating le journaliste économique de *Forbes.* Ce sont ces mêmes deux pays qui se sont le plus vivement opposés à l'accord avec le Mercosur pour des raisons protectionnistes[65].

Selon Keating, « ils craignent que leurs agriculteurs ne soient submergés par la concurrence du bœuf, du sucre, de l'éthanol, et du poulet sud-américains. Le bœuf, aliment de base des exportations agricoles argentines et brésiliennes, a constitué le sujet le plus sensible de ces négociations commerciales. On prévoit que les agriculteurs irlandais, en particulier, auront bien du mal à concurrencer ces importations[66]. »

« Je ne doute pas de la sincérité du souhait de Macron de protéger l'Accord de Paris, déclarait un expert du commerce de l'UE à Keating, mais il me semble suspect que ce soient précisément ces deux pays qui soulèvent une telle objection. Cela pousse à se demander si les incendies d'Amazonie sont utilisés comme simple écran de fumée pour le protectionnisme[67]. »

Les critiques de Macron ont exaspéré le président brésilien. « Peu de pays ont l'autorité morale pour parler de déforestation avec le Brésil, a déclaré le président Bolsonaro. « Je voudrais transmettre un message à la bien-aimée Angela Merkel. Prenez votre pognon et reboisez l'Allemagne, ok ? C'est beaucoup plus nécessaire là-bas qu'ici[68]. »

Il n'y avait rien de « droitier » dans la colère du président brésilien devant une hypocrisie étrangère. Plus d'une décennie plus tôt, Lula, l'ex-président socialiste du Brésil, s'était montré tout aussi irrité par l'hypocrisie et le néo-impérialisme des gouvernements étrangers. « Les pays riches sont très intelligents, approuvent des protocoles, tiennent de grands discours sur la nécessité d'éviter la déforestation, déclarait le Président "Lula" da Silva en 2007, mais ils ont déjà tout déboisé[69]. »

8. Après l'alarmisme sur l'Amazonie

L'aggravation de la déforestation amazonienne devrait conduire le courant conservationniste à réparer sa relation avec les agriculteurs et à rechercher des solutions plus pragmatiques. Les agriculteurs devraient être autorisés à intensifier la production dans certaines zones, en particulier le Cerrado, afin de réduire la pression sur d'autres secteurs et la fragmentation qui les abime – en particulier la forêt tropicale.

La création de parcs et d'aires protégées va de pair avec l'intensification de l'agriculture. On ne saurait se contenter d'accroître la productivité et la rentabilité de l'agriculture et de l'élevage sans préserver les espaces naturels. En protégeant certaines zones et en augmentant la productivité des fermes et ranchs déjà existants, les cultivateurs et éleveurs brésiliens pourraient augmenter leurs rendements sur des superficies restreintes tout en préservant l'environnement naturel[70].

Les chercheurs ont constaté que la production de bœuf au Brésil est inférieure à la moitié de son niveau potentiel, ce qui signifie que la superficie de terre requise pour l'élevage pourrait être massivement réduite. La forêt atlantique, la moins connue du Brésil, qui a été beaucoup plus déboisée que l'Amazonie, pourrait en bénéficier largement.

« Il y a suffisamment de terres pour une restauration à grande échelle de la forêt atlantique, la plus torride des zones chaudes, déclarait un groupe de scientifiques : jusqu'à dix-huit millions d'hectares (une superficie deux fois plus grande que le Portugal) pourraient être reboisés sans entraver l'expansion agricole nationale. Cela permettrait de faire plus que doubler la zone restante de ce biome, de ralentir les extinctions massives d'espèces, et de séquestrer 7,5 milliards de tonnes de CO2[71]. »

Nepstad est d'accord. « Il y a une immense superficie de terres improductives où l'on produit cinquante kilos de bœuf par hectare et par an qui devrait être entièrement rendue à la forêt. »

Dans le Cerrado, le gain de poids quotidien et la production de lait pourraient être triplés en semant des herbes à croissance plus rapide et en utilisant des engrais. Ce qui aurait en outre l'avantage de réduire de moitié les émissions de méthane (un gaz à effet de serre) par kilo de viande, tout en réduisant la superficie de terrain requise[72].

« Utilisons les territoires libérés par la réforme agraire, qui sont énormes et proches des villes, pour cultiver des légumes, des fruits et des produits de base pour les villes amazoniennes au lieu qu'elles importent des tomates et des carottes de São Paulo », souligne encore Nepstad[73].

La Banque mondiale et d'autres institutions devraient soutenir les agriculteurs qui essaient d'intensifier leur production agricole. Les recherches suggèrent que c'est pour l'essentiel l'assistance technique prodiguée aux agriculteurs brésiliens qui leur a fait adopter des méthodes éprouvées pour augmenter la productivité[74].

L'acharnement des journalistes-militants et des producteurs télé à peindre un tableau apocalyptique de la déforestation amazonienne était inexact et injuste. Pire, il a polarisé un peu plus la situation au Brésil, ce qui a compliqué la recherche de solutions pragmatiques, réconciliant agriculteurs et écologistes.

Quant au mythe selon lequel l'Amazonie fournit « 20 % de l'oxygène du monde », il semble provenir d'un article de 1966 d'un chercheur de l'université Cornell. Quatre ans plus tard, un climatologue expliquait dans la revue *Science* pourquoi il n'y avait rien à craindre. « Dans presque toutes les listes des problèmes écologiques de l'homme se trouve un item concernant la raréfaction de l'oxygène. Heureusement pour l'humanité, les réserves d'oxygène ne s'épuisent pas, contrairement aux prédictions[75]. »

Malheureusement les réserves d'alarmisme environnemental non plus.

Notes

1. Leonardo DiCaprio (@leonardodicaprio), « #Regram #RG @rainforest alliance: The lungs of the Earth are in flames..., » Photo Instagram, 22 août 2019, https://www.instagram.com/p/B1eBsWDlfF1/?utm_source=ig_web_button_share_sheet. Cristiano Ronaldo (@cristiano), « The Amazon Rainforest produces more than 20 % of the world's oxygen and its been burning for the past 3 weeks. It's our responsibility to help to save our planet. #prayforamazonia, » Twitter, 22 août 2019, https://twitter.com/Cris tiano/status/1164588606436106240?s=20. Les journalistes ont également décrit l'Amazonie comme le poumon du monde. « L'Amazonie reste aujourd'hui une source nette d'oxygène, » a déclaré un journaliste sur CNN. Susan Scutti, « Voici ce que nous savons des incendies dans la forêt amazonienne., » CNN, 24 août 2019, https://www.cnn.com.

2. Alexandria Symonds, « Amazon Rainforest Fires: Here's What's Really Happening, » *New York Times,* 23 août 2019, https://www.nytimes.com.

3. Max Fisher, « "It's Really Close": How the Amazon Rainforest Could Self-Destruct, » *New York Times*, 30 août 2019, https://www.nytimes.com.

4. Symonds, « Amazon Rainforest Fires: Here's What's Really Happening. »

5. Franklin Foer, « The Amazon Fires Are More Dangerous than WMDs, » *The Atlantic*, 24 août 2019. Alexander Zaitchik, « Rainforest on Fire, » *The Intercept*, 6 juillet 2019, https://theclimatecenter.org/rainforest-on-fire.

6. Emmanuel Macron, « Notre maison brûle. Littéralement. L'Amazonie, le poumon de notre planète qui produit 20 % de notre oxygène, est en feu. C'est une crise internationale. Membres du G7, rendez-vous dans deux jours pour

parler de cette urgence.#ActForTheAmazon. » Twitter, 22 août 2019, 12 h 15, https://twitter.com/emmanuelmacron/status/1164617008962527232.

7. Kendra Pierre-Louis, « The Amazon, Siberia, Indonesia: A World of Fire, » *New York Times*, 28 août 2019, https://www.nytimes.com.

8. « Communication to the Committee on the Rights of the Child in the Case of Sacchi et al. v. Argentina et al., » 23 septembre 2019, https://childrenvs-climatecrisis.org/wp-content/uploads/2019/09/2019.09.23-CRC-communication-Sacchi-et-al-v.-Argentina-et-al-2.pdf.

9. « Land Use, » Food and Agriculture Organization of the United Nations, http://www.fao.org/faostat/en/#data/RL.

10. Jane Brody, « Concern for the Rainforest Has Begun to Blossom, » *New York Times*, 13 octobre 1987, https://timesmachine.nytimes.com.

11. Habitant des bidonvilles (N. d. T.)

12. Michael Shellenberger, « An Interview with Founder of Earth Innovation, Dan Nepstad, » Environmental Progress, 25 août 2019, http://environmentalprogress.org/big-news/2019/8/29/an-interview-with-founder-of-earth-innovation-dan-nepstad.

13. Yadvinder Malhi, « Does the Amazon Provide 20 % of Our Oxygen? » 24 août 2019, http://www.yadvindermalhi.org/blog/does-the-amazon-provide-20-of-our-oxygen.

14. Doyle Rice, « What Would the Earth Be Like Without the Amazon Rainforest?, » *USA Today*, 28 août 2019, https://www.usatoday.com.

15. Valerie Richardson, « Celebrities Get Fact-Checked After Sharing Fake Photos of Amazon Rainforest Fire, » *Washington Times*, 26 août 2019, https://www.washingtontimes.com.

16. « Aerial View of the Taim Ecological Station on Fire, » *Baltimore Sun*, 29 mars 2013, http://darkroom.baltimoresun.com.

17. Niraj Chokshi, « As Amazon Fires Spread, So Do the Misleading Photos, » *New York Times*, 23 août 2019, https://www.nytimes.com.

18. « PRODES-Amazonia, » Instituto Nacional de Pesquisas Espaciais, 18 novembre 2019, consulté le 16 décembre 2019, http://www.obt.inpe.br/OBT/assuntos/programas/amazonia/prodes.

19. « Monitoramento dos Focos Ativos por Paises, » Queimadas Instituto Nacional De Pesquisas Espaciais, 1er janvier 2020, http://queimadas.dgi.inpe.br/queimadas/portal-static/estatisticas_paises.

20. Michael Shellenberger, « An Interview with Founder of Earth Innovation, Dan Nepstad, » Environmental Progress, 25 août 2019, http://environmental progress.org/big-news/2019/8/29/an-interview-with-founder-of-earth-innovation-dan-nepstad.

21. Luke Gibson, Tien Ming Lee, Lian Pin Koh et al., « Primary Forests Are Irreplaceable for Sustaining Tropical Biodiversity, » *Nature*, no. 478 (2011): 378– 381, https://doi.org/10.1038/nature10425.

22. *Years of Living Dangerously*, saison 2, épisode 4, « Fueling the Fire, » réalisé par Jon Meyersohn et Jonathan Schienberg, National Geographic, 16 novembre 2016.

23. Michael Williams, *Deforesting the Earth: From Prehistory to Global Crisis, an Abridgment* (Chicago: University of Chicago, 2006), 87, 106.

24. Les émissions de carbone par habitant de l'Allemagne en 2018 étaient de 10,0 tonnes par habitant, 82,8 millions d'Allemands ont en effet émis 830 millions de tonnes d'équivalent CO2. Les 211 millions d'habitants du Brésil ont émis 2 000 millions de tonnes de CO2 en 2018, notamment en raison de la déforestation et des incendies en Amazonie, soit un taux de 9,5 tonnes par habitant. Les données sur les émissions allemandes: Agence fédérale allemande pour l'environnement, « Indicator: Greenhouse gas emissions, » Umwelt Bundesamt, https://www.umweltbundesamt.de /en/indicator-greenhouse-gas-emissions. Données sur les émissions carbone brésiliennes : « Total Emissions, » SEEG Brazil, consulté le 2 février 2020, http://plata.forma.seeg.eco.br/total_emission.

25. N. Andela, D. C. Morton, L. Giglio et al., « A human-driven decline in global burned area, » *Science* 356, no. 6345 (30 juin 2017): 1356–1362, https://doi.org/10.1126/science.aal4108. Xiao Peng Song, M. C. Hansen, S. V. Stehman et al., « Global land change from 1982 to 2016, » *Nature*, no. 560 (8 août 2018): 639–643, https://doi.org/10.1038/s41586-018-0411-9.

26. Organisation des Nations unies pour l'alimentation et l'agriculture, FAO, « FAOSTAT Statistical Database, » FAOSTAT, consulté le 15 janvier 2020, http://www.fao.org/faostat/en/#data. Entre 1995 et 2015, la surface forestière en Europe a augmenté de plus de 17 millions d'hectares. La Belgique, les Pays-Bas, la Suisse, et le Danemark représentent ensemble 15,6 millions d'hectares.

27. Alex Gray, « Sweden's forests have doubled in size over the last 100 years, » *World Economic Forum*, 13 décembre 2018, https://www.weforum.org/agenda/2018/12/swedens-forests-have-been-growing-for-100-years.

28. Jing M. Chen, Weimin Ju, Philippe Ciais et al., « Vegetation Structural Change Since 1981 Significantly Enhanced the Terrestrial Carbon Sink, » *Nature Communications* 10, no. 4259 (Octobre 2019): 1–7, https://www.nature.com/articles/s41467-019-12257-8.pdf.

29. "« La réduction significative de la déforestation qui a eu lieu ces dernières années, malgré la hausse des prix des produits alimentaires de base, indique que les politiques mises en place pour freiner la conversion de la végétation indigène en terres agricoles pourraient être efficaces. Cela peut améliorer les perspectives de protection de la végétation indigène en investissant dans l'intensification agricole. ».Alberto G. O. P. Barretto, G. ran Berndes, Gerd Sparovek, et Stefan Wirsenius, « Agricultural Intensification in Brazil and Its Effects on Land-Use Patterns: An Analysis of the 1975–2006 Period, » *Global Change Biology* 19, no. 6 (2013): 1804–1815, https://doi.org/10.1111/gcb.12174.

30. Jing M. Chen et al., « Vegetation structural change since 1981 significantly enhanced the terrestrial carbon sink, » *Nature Communications* 10, no. 4259

(Octobre 2019): 1–7, https://www.nature.com/articles/s41467-019-12257–8.pdf.

31. Ibid.

32. Jon Lloyd et Graham D. Farquhar, « Effects of Rising Temperatures and Carbon Dioxide on the Physiology of Tropical Forest Trees, » *Philosophical Transactions of the Royal Society* 363, no. 1498 (Février 2008): 1811–1817, https://doi.org/10.1098/rstb.2007.0032.

33. Sean M. McMahon, Geoffrey G. Parker, et Dawn R. Miller, « Evidence for a Recent Increase in Forest Growth, » *Proceedings of the National Academy of Sciences of the United States of America* 107, no. 8 (February 2010): 3611–3615, https://www.ncbi.nlm.nih.gov/pmc/articles/PMC2840472.

34. Alex Gray, « Sweden's Forests Have Doubled in Size over the Last 100 Years, » *World Economic Forum*, 13 décembre 2018, https://www.weforum.org/agenda/2018/12/swedens-forests-have-been-growing-for-100-years.

35. Une étude majeure portant sur 111 pays fait apparaître une relation négative entre la température et la productivité du travail qui est statistiquement significative. En effet, les chercheurs ont découvert que le niveau de température d'un pays est le deuxième facteur qui influe le plus sur la productivité du travail en général. Le facteur le plus important était simplement le fait d'être déjà un pays hautement développée. Kemal Yildirim, Cuneyt Koyuncu, et Julide Koyuncu, « Does Temperature Affect Labor Productivity: Cross-Country Evidence, » *Applied Econometrics and International Development* 9, no. 1 (2009): 29–38, https://www.researchgate.net/profile/Cuneyt_Koyuncu/publication/227410116. Does-Temperature-Affect-Labor-Productivity-Cross-Country-Evidence.pdf.

36. Pedro Renaux, « Poverty Grows and Poor Population in 2017 Amounts to 54.8 Million, » Agencia IBGE, 6 décembre 2018, https://agenciadenoticias.ibge.gov.br/en/agencia-news/2184-news-agency/news/23316-poverty-grows-and-poor-population-in-2017-amounts-to-54-8-million.

37. « Amazon Tribes, » Survival International, consulté le 2 janvier 2020, https://www.survivalinternational.org/about/amazontribes.

38. « Brazilian Indians, » Survival International, consulté le 2 janvier 2020, https://www.survivalinternational.org/tribes/brazilian.

39. Linda Rabben, « Kayapo Choices: Short-Term Gain vs. Long-Term Damage, » *Cultural Survival Quarterly Magazine*, juin 1995, https://www.culturalsurvival.org/publications/cultural-survival-quarterly/kayapo-choices-short-term-gain-vs-long-term-damage.

40. Michael Williams, *Deforesting the Earth: From Prehistory to Global Crisis, an Abridgment*, Ibid., 21–23.

41. Ibid., 19.

42. Christopher Sandom et al., « Global late Quaternary megafauna extinctions linked to humans, not climate change, » *Proceedings of the Royal Society B, Biological Sciences* 281, no. 1787 (2014), https://doi.org/10.1098/rspb.2013.3254/.

43. Michael Williams, *Deforesting the Earth: From Prehistory to Global Crisis, an Abridgment*, Ibid., 24–26.

44. Ibid., 25–29.

45. J. A. J. Gowlett, « Discovery of Fire by Humans: A Long and Convoluted Process, » *Philosophical Transactions of the Royal Society* B 371, no. 1696 (Juin 2016), http://dx.doi.org/10.1098/rstb.2015.0164.

46. Ibid.

47. Michael Williams, *Deforesting the Earth: From Prehistory to Global Crisis, an Abridgment*, 146.

48. Keith Thomas, *Man and the Natural World: Changing Attitudes in England, 1500–1800* (Oxford University Press, 1983), 192. Selon un historien, en Angleterre, les animaux, « avaient été divisés en trois catégories: les sauvages, à apprivoiser ou à éliminer, les domestiques, à exploiter à des fins utiles, et les animaux de compagnie, à chérir pour la satisfaction émotionnelle ».

49. Michael Shellenberger, « An Interview with Founder of Earth Innovation, Dan Nepstad, » Environmental Progress, 25 août 2019, http://environmental progress.org/big-news/2019/8/29/an-interview-with-founder-of-earth-innovation-dan-nepstad.

50. « Brazil and the Amazon Forest, » Greenpeace, consulté le 20 janvier 2020, https://www.greenpeace.org/usa/issues/brazil-and-the-amazon-forest. Michael Shellenberger, « An Interview with Founder of Earth Innovation, Dan Nepstad, » Environmental Progress, 25 août 2019, http://environmentalprogress.org/big-news/2019/8/29/an-interview-with-founder-of-earth-innovation-dan-nepstad.

51. Michael Shellenberger, « An Interview with Founder of Earth Innovation, Dan Nepstad. »

52. Ibid.

53. John Briscoe, « Infrastructure First? Water Policy, Wealth, and Well-Being, » Belfer Center, 28 janvier 2012, https://www.belfercenter.org/publication /infrastructure-first-water-policy-wealth-et-well-being.

54. John Briscoe, « Invited Opinion Interview: Two Decades at the Center for World Water Policy, » *Water Policy* 13, no. 2 (février 2011): 151, https://doi.org/10.2166/wp.2010.000.

55. John Briscoe, « Infrastructure First? Water Policy, Wealth, and Well-Being. »

56. Rhett Butler, « Greenpeace Accuses McDonald's of Destroying the Amazon, » Mongabay, 7 avril 2006, https://news.mongabay.com.

57. Michael Shellenberger, « An Interview with Founder of Earth Innovation, Dan Nepstad. »

58. Ibid.

59. Ibid.

60. Ibid.

61. Ibid.

62. Ibid.

63. David P. Edwards et al., « Wildlife-Friendly Oil Palm Plantations Fail to Protect Biodiversity Effectively, » *Conservation Letters* 3 (2010): 236–42, https://doi.org/10.1111/j.1755-263X.2010.00107.x.

64. Michael Shellenberger, « An Interview with Founder of Earth Innovation, Dan Nepstad. »

65. Dave Keating, « Macron's Mercosur Veto—Are Amazon Fires Being Used as a Smokescreen for Protectionism?, » *Forbes*, 23 août 2019, https://www.forbes.com.

66. Ibid.

67. Ibid.

68. « Jair Bolsonaro to Merkel: Reforest Germany, Not Amazon, » Deutsche Welle, 15 août 2019, https://www.dw.com/en/jair-bolsonaro-to-merkel-reforest-germany-not-amazon/a-50032213.

69. « Brazil's Lula Blasts Rich Nations on Climate, » Reuters, 6 février 2007, https://www.reuters.com.

70. Les analyses montrent que dans les zones agricoles consolidées (principalement le sud et le sud-est du Brésil), l'intensification de l'exploitation des terres (à la fois sur les terres cultivées et les pâturages) a coïncidé soit avec une contraction des terres cultivées et des pâturages, soit avec une expansion des terres cultivées au détriment des pâturages, les deux cas entraînant une stabilité ou une contraction des terres agricoles. En revanche, dans les zones de frontière agricole (c'est-à-dire les zones de déforestation du centre et du nord du Brésil), l'intensification de l'utilisation des terres a coïncidé avec l'expansion des terres agricoles. Ces observations étayent la thèse selon laquelle (i) les améliorations technologiques créent des incitations à l'expansion dans les zones de frontière agricole et (ii) les agriculteurs ne sont susceptibles de réduire la superficie exploitée que si la terre devient une ressource rare. L'examen spatialement explicite des transitions de l'utilisation des terres depuis 1960 révèle une expansion et un déplacement progressif de la frontière agricole vers l'intérieur (centre-ouest du Cerrado) du Brésil. » Barretto et al., « Agricultural Intensification in Brazil and Its Effects on Land-Use Patterns: An Analysis of the 1975–2006 Period. »

71. Bernardo B. N. Strassburg, Agnieszka E. Lataweic, Luis G. Barioni et al., « When Enough Should Be Enough: Improving the Use of Current Agricultural Lands Could Meet Production Demands and Spare Natural Habitats in Brazil, » *Global Environmental Change* 28 (septembre 2014): 84–97, https://doi.org/10.1016/j.gloenvcha.2014.06.001.

72. Philip K. Thornton et Mario Herrero, « Potential for Reduced Methane and Carbon Dioxide Emissions from Livestock and Pasture Management in the Tropics, » *Proceedings of the National Academy of Sciences of the United States of America* 107, no. 46 (novembre 2010): 19667–72, https://doi.org/10.1073/pnas.0912890107.

73. Michael Shellenberger, « An Interview with Founder of Earth Innovation, Dan Nepstad. »

74. Juliana Gil, Rachael Garrett, et Thomas Berger, « Determinants of Crop-Livestock Integration in Brazil: Evidence from the Household and Regional Levels, » *Land Use Policy* 59, no. 31 (décembre 2016): 557–568, https://doi.org/10.1016/j.landusepol.2016.09.022.

75. LaMont C. Cole, « Man's Ecosystem, » *BioScience* 16, no. 4 (avril 1966): 243–48, https://doi.org/10.2307/1293563/. Wallace S. Broecker, « Man's Oxygen Reserves, » *Science* 168, no. 3939 (juin 1970), 1537–38, https://doi.org/10.1126/science.168.3939.1537. Broecker termine son article en disant : « Espérons que la presse populaire enterrera l'épouvantail qu'elle a créé. » Je suis reconnaissant à Mark Sagoff de m'avoir signalé cette histoire.

III

Marre des pailles en plastique !

1. La dernière paille

À l'été 2015, Christine Figgener, doctorante en biologie marine qui se trouvait dans un bateau au large des côtes du Costa Rica, et raclait les parasites sur la carapace d'une tortue de mer, remarqua qu'un objet était fiché dans l'une de ses narines. Mme Figgener, alors âgée de trente et un ans, sortit sa caméra vidéo et demanda à un collègue d'essayer de retirer ce corps étranger.

« D'accord, je filme. Tu peux y aller, dit-elle. Elle va être si heureuse[1] ! »

Alors que son collègue tire avec une pince sur l'objet, la tortue éternue.

« Avez-vous déjà entendu une tortue éternuer ? » demande-t-elle.

« Savez-vous ce que c'est ? » demande le collègue.

« Cerveau ? » répond un autre homme.

« C'est un vers », répond-il.

« Oh, c'est dégoûtant ! dit Figgener. Oh, mon Dieu ! »

La tortue se tord de douleur pendant que le chercheur tire sur un mince objet gris avec la pince.

« C'est quoi ce truc ? » dit Figgener.

Du sang s'écoule de la narine de la tortue.

« Oh, elle saigne, dit Figgener. Est-ce un ankylostome ? »

« Je pense que c'est un vers tubicole », répond l'homme qui tire sur l'objet.

La tortue ouvre la gueule comme si elle voulait mordre quelqu'un et siffle.

« Je suis désolé, ma petite, mais je pense que tu te sentiras mieux après, » dit Figgener.

« Je ne veux pas tirer trop fort. Je ne sais pas ce qui y est attaché », dit l'homme.

« Je comprends, dit Figgener. Je veux dire qu'elle saigne déjà. Peut être que c'est déjà dans son cerveau. »

« Eso es un gusano. » C'est un vers, fait l'un des matelots en espagnol.

« Si », dit Figgener.

Puis, l'homme reprend : « Es una concha rara ». C'est une espèce de coquillage rare.

Après avoir retiré une partie de l'objet, ils discutent pour savoir avec quelle force tirer sur l'objet partiellement extrait alors que le sang coule sur le bastingage du bateau.

« Es plastico », conclut l'homme. C'est du plastique.

« Est-ce une paille ? Ne me dis pas que c'est une fichue paille ! dit Figgener.

« Es un pajilla », l'interrompt l'homme. (C'est une paille en plastique).

« Une paille ! Une paille en plastique ! » s'exclame Figgener.

« Ya lo mordi y es plastico », dit l'homme. (Je l'ai mordu et c'est du plastique).

« N'avons-nous pas eu cette discussion l'autre jour sur l'inutilité totale de ces pailles ? demande Figgener. Voilà la raison pour laquelle on n'a pas besoin de pailles en plastique. »

Ils recommencent à tirer sur la paille.

« Je suis vraiment désolée mon chou, dit Figgener à la tortue. Je me demande simplement comment elle peut respirer correctement avec cette merde en elle ».

La tortue siffle et se tortille de douleur. À la huitième minute de la vidéo, on entend un son d'aspiration après que le chercheur a ôté le reste de la paille en plastique de sa gueule.

« Ah, ma vieille ! dit Figgener. Montre moi s'il te plaît. »

Dans les dernières secondes de la vidéo, on voit du sang s'écouler du museau de la tortue[2].

Lorsque Figgener est revenue à la maison ce soir-là, elle a téléchargé sa vidéo sur Youtube[3]. En deux jours, des millions de personnes l'avaient vue. En 2020, la vidéo avait plus de soixante millions de vues.

Peu de temps après que la vidéo de Figgener fut devenue virale, la ville de Seattle a annoncé qu'elle interdisait les pailles en plastique, suivie peu après par Starbucks, American Airlines et la municipalité de San Francisco[4].

Dans les mois et les années qui ont suivi, les gens lui ont dit qu'ils avaient réduit leur consommation de plastique, dont les pailles. « J'en suis bien sûr ravie », a-t-elle confié plus tard.

« Tout le monde peut faire quelque chose chez lui, même s'il s'agit juste d'une seule chose[5]. »

Peut-être. Mais quand on considère que les pailles ne représentent que 0,03 % des neuf millions de tonnes de déchets plastiques qui se retrouvent dans les océans chaque année, les interdire semble franchement dérisoire[6].

2. La persistance du plastique

Quand j'ai discuté avec Figgener au téléphone fin 2019, elle m'a dit que l'interdiction des pailles en plastique était « un excellent premier pas et un bonne incitation au débat, mais qui ne va pas résoudre nos problèmes. Beaucoup de choses que je trouve dans l'océan sont des plastiques à usage unique, polystyrène, gobelets à emporter, sacs en plastique[7]. »

« La raison pour laquelle j'ai filmé ce sauvetage de tortue c'est parce que je travaillais avec les tortues depuis treize ans, et que le plastique a accompagné mon travail toutes ces années », a déclaré Figgener, qui a obtenu un doctorat en biologie marine à l'Université du Texas A&M en 2019.

Les déchets plastiques peuvent augmenter considérablement les taux de mortalité des tortues marines. La moitié de toutes les tortues de mer ont ingéré des déchets plastiques et dans certaines régions du monde, 80 à 100 % d'entre elles en ont avalé. Le plastique ingéré peut tuer les tortues en réduisant leur capacité à digérer les aliments et en perforant leur estomac[8]. « Elles ingèrent des sacs en plastique entiers, me disait Figgener, mais également des morceaux plus petits, de cinq à dix centimètres, qui dans certains estomacs, peuvent causer des obstructions, des perforations, les faire mourir de faim ou causer des hémorragies internes[9]. »

En 2001, des scientifiques ont découvert que les déchets, principalement en plastique, étaient responsables de 13 % des décès de tortues vertes étudiées au large des côtes du Brésil[10]. En 2017, les scientifiques ont découvert qu'une tortue de mer ayant quatorze morceaux de plastique dans son intestin, n'avait que 50 % de chances de survivre[11].

Il ne s'agit pas que des tortues. Au printemps 2019, on a retrouvé en Italie un cachalot mort, dont l'estomac contenait plus de 25 kg de tubes, vaisselle et sacs en plastique. La plupart de ces détritus, non digérés, étaient intacts. Ils ont peut-être même tué son fœtus, qui, selon les experts, était « dans un état de décomposition avancé ».

Un mois plus tôt, des scientifiques philippins avaient trouvé une baleine échouée avec 44 kilos de plastique dans le ventre. En 2018, ce sont 30 kilos de déchets plastiques que des scientifiques en Espagne ont retrouvé dans un le cadavre d'un cachalot[12].

« Pour chaque livre de thon que nous retirons de l'océan, nous ajoutons deux livres de plastique dans l'océan », rapportait un océanologue[13].

Les populations d'oiseaux marins ont diminué de 70 % entre 1950 et 2010[14].

« Les oiseaux de mer sont pour l'essentiel en voie d'extinction », déclarait un scientifique de premier plan. « Ce n'est peut-être pas pour demain. Mais la pente est fortement inclinée vers le bas. Le plastique est l'une des menaces qu'ils affrontent[15]. Les oiseaux de mer peuvent manger jusqu'à 8 % de leur poids en plastique, ce qui représente « l'équivalent d'une femme moyenne qui aurait le poids de deux bébés dans son estomac », indiquait un autre scientifique[16].

En 2015, on estimait à environ 90 % la proportion des espèces d'oiseaux marins ayant ingéré du plastique. Les scientifiques qui travaillent sur ce problème prévoient une augmentation à 99 % des espèces ayant ingéré du plastique vers

2050[17]. Une des raisons pour lesquelles nous nous inquiétons des déchets plastiques est qu'il leur faut apparemment très longtemps pour se dégrader. En 2018, le Programme des Nations Unies pour l'Environnement estimait que le polystyrène met des *milliers* d'années à se désintégrer[18].

3. Pauvreté et déchets

La consommation de plastiques a explosé au cours des dernières décennies. La consommation des Américains a été multipliée par 10 depuis 1960[19]. Entre 1950 et 2015, nous sommes passés d'une production mondiale de 2 millions à près de 400 millions de tonnes[20]. Les scientifiques estiment que la masse des déchets plastiques aura été multipliée par dix entre 2015 et 2025[21].

Une étude révélait qu'à eux seuls quatre pays en développement, la Chine, l'Indonésie, les Philippines et le Vietnam produisent la moitié de l'ensemble des déchets plastiques mal gérés qui risquent de finir dans l'océan. La Chine génère à elle seule un quart de ces déchets[22].

La grande majorité des déchets plastiques présents dans le milieu marin provient de sources terrestres, déchets abandonnés, matériaux de fabrication ou déchets associés à des activités récréatives côtières. Le reste se compose de débris intra-océaniques comme les filets et les lignes de pêche[23].

Filets et lignes de pêche représentent la moitié de tous les déchets du tristement célèbre vortex de déchets du Pacifique nord[24]. Figgener rapporte avoir trouvé « des filets-fantômes dérivant dans nos océans, des sacs de riz et autres gros débris où les tortues peuvent être prises au piège »[25].

« Le recyclage n'est pas une réussite », explique Figgener. « Nous ne recyclons pas vraiment. Quand nous le faisons, c'est une sorte de "downcycling" (transformation en objets de qualité inférieure), et non un "upcycling" (transformation en objets de qualité supérieure). En fin de compte, vous savez, les plastiques seront recyclés à quelques reprises, s'ils le sont, contrairement aux objets en aluminium ou en verre indéfinimen recyclables, avant de finir dans des décharges[26]. »

Aux États-Unis, en 2017, près de 3 millions de tonnes de déchets plastiques ont été recyclées, 5,6 millions de tonnes ont été incinérées et près de 27 millions de tonnes envoyées en décharge[27]. Si l'on compare 2017 à 1990, les quantités mises en décharge et incinérées ont doublé tandis que les quantités de plastique recyclé ont été multipliées par huit. Plus de 25 millions de tonnes de déchets plastiques ont été produites en Europe en 2014, dont 39 % pour cent ont été incinérées, 31 % envoyées en décharge et 30 % recyclées[28].

« Même si vous les mettez dans votre bac de recyclage, cela ne signifie pas que les déchets resteront ici aux États-Unis, disait Figgener. Ils sont en fait expédiés en Chine et en Asie, Indonésie ou Malaisie, ou dans d'autres pays qui ne disposent pas des infrastructures adaptées pour gérer de telles quantités de déchets[29]. »

En 2017, la Chine a brusquement annoncé qu'elle n'accepterait plus de grandes quantités de déchets plastiques provenant de pays riches comme les États-Unis. À l'époque, la Chine importait annuellement pour 18 milliards de dollars de déchets solides. Ce refus d'importer des déchets, de la part de la Chine, témoignait d'un effort plus large en matière de santé et d'environnement[30].

Quelques mois plus tard, la Malaisie avait remplacé la Chine comme dépotoir mondial de déchets solides n° 1, mais la multiplication par six des importations de déchets solides en moins d'un an a suscité une opposition intérieure. « Tout le monde sait que ces décharges sont illégales, déclarait un boucher malais au *New York Times*. Nous ne les aimons pas[31]. »

D'autres pays semblent moins accueillants envers les déchets. Le Vietnam a annoncé qu'il cesserait d'importer des déchets plastiques d'ici 2025. Les Philippines ont refusé d'autoriser l'entrée d'un tanker de combustible à base de déchets plastiques venu d'Australie au printemps 2019 notamment du fait de l'odeur pestilentielle qu'il dégageait[32].

Cela ne veut pas dire que les pays développés sont tirés d'affaire. Même au Japon, pays si méticuleux, si 70 à 80 % des bouteilles, sacs et emballages en plastique utilisés sont collectés et incinérés ou recyclés, entre vingt et soixante mille tonnes de plastique finissent néanmoins dans l'océan[33].

Malgré deux décennies de montée en régime du recyclage, même dans les pays riches, moins d'un tiers des déchets plastiques sont recyclés[34]. Figgener – originaire d'Allemagne, qui incinère une grande partie de ses déchets – note que si « l'Allemagne "recycle", nous restons l'un des pays qui exportent leurs déchets à recycler vers les pays d'Asie et d'Afrique. Nous n'incinérons que les déchets qui n'ont plus de valeur sur le marché du recyclage[35]. »

Le facteur le plus important pour déterminer si les déchets se retrouvent dans l'océan, est la question de savoir si un pays dispose d'un dispositif performant de collecte et de gestion des déchets.

Donc, si la préoccupation est que le plastique finisse dans l'océan, les pays devront probablement se concentrer sur le stockage des déchets dans les décharges, ou sur leur incinération.

L'expérience des villes américaines qui ont instauré des systèmes de recyclage dans les années 1980 et 1990 nous apprend que les pratiques de collecte et les dispositifs de traitement ajoutent un surcoût énorme par rapport à la simple collecte des déchets – jusqu'à augmenter quatorze fois le coût de la tonne[36]. En fin de compte, pour les fabricants de plastique il est tout simplement moins onéreux de produire une nouvelle résine plastique à partir du pétrole[37].

Pour les pays à faible revenu dont les taux de collecte sont inférieurs à 50 %, la transition de la décharge à ciel ouvert vers une collecte efficace et la mise en décharge sanitaire devrait être la première étape. Un système de mise en décharge bien géré peut multiplier par dix le coût de la mise en décharge à ciel ouvert, mais il est indispensable pour éviter la pollution des rivières et des océans[38].

De nombreux experts estiment ainsi que les pays riches cherchant à réduire la quantité de déchets plastiques déversés dans les océans devraient améliorer la collecte des ordures dans les pays pauvres. « Améliorer les infrastructures de gestion des déchets dans les pays en développement est primordial, écrivaient les auteurs d'une importante étude en 2015. Pour ce faire, il faudrait investir dans les infrastructures principalement dans les pays à revenu faible et médian[39]. »

4. Les plastiques se désagrègent

Entre 2007 et 2013, une équipe de neuf scientifiques a lancé vingt-quatre expéditions à travers le monde pour tenter d'évaluer la quantité totale de plastiques présents dans la mer. Ils se sont rendus sur l'ensemble des cinq gyres subtropicaux, ces courants circulaires océaniques qui piègent les déchets plastiques. Leurs bateaux ont remorqué des filets à 680 reprises pour ramasser les déchets qu'ils ont séparés des débris naturels à l'aide de microscopes, avant de les dénombrer et de les peser au centième de milligramme près. Ils ont visuellement inspecté les déchets 891 fois. Et ils ont même développé un modèle du processus de dispersion des déchets plastiques dans l'océan qui intègre la façon dont le vent mélange verticalement ces plastiques.

Les scientifiques ont semblé stupéfaits par ce qu'ils ont découvert : « Le poids global de la pollution plastique à la surface de la mer, toutes catégories de tailles confondues, ne représente que 0,1 % de la production annuelle mondiale[40]. » Encore plus étonnant, ils ont trouvé *cent fois moins* de microplastiques qu'ils ne s'attendaient à en découvrir.

Alors, où vont tous les microplastiques ? Les scientifiques envisagent plusieurs possibilités.

Premièrement, à mesure que les déchets plastiques volumineux se décomposent en particules de plus en plus fines, leur dégradation s'accélère car la « relation au volume augmente considérablement et les niveaux d'oxydation sont plus élevés, ce qui améliore leur potentiel de biodégradation[41]. »

Deuxièmement, la vie marine qui ingère les déchets plastiques semble « enrober de fèces les microplastiques, ce qui accélère leur immersion. » Si l'ingestion de plastiques nuit à la santé des oiseaux marins et des mammifères, elle semble également contribuer à « l'élimination des petits microplastiques de la surface de la mer[42] ».

En fin de compte, les scientifiques ont souligné à quel point nous nous trouvons devant une énigme. « La question "où est passé tout ce plastique ? reste sans réponse", ont-ils conclu, soulignant la nécessité d'étudier les nombreux processus qui interviennent dans la dynamique des macro-, méso- et microplastiques dans les divers océans[43]. »

Cinq ans plus tard, un autre groupe de scientifiques a suggéré une autre possibilité, au moins pour le polystyrène, l'une des formes les plus problématiques de déchets plastiques. Ce plastique est utilisé dans la mousse de polystyrène, les ustensiles en plastique et d'innombrables autres produits.

En 2019, une équipe de scientifiques de la Woods Hole Oceanographic Institution (Massachusetts) et du Massachusetts Institute of Technology ont annoncé qu'ils avaient découvert que la lumière du soleil décompose le polystyrène dans l'eau de mer en quelques décennies, soit une période relativement courte[44].

On savait depuis longtemps que la lumière décompose les plastiques comme le polystyrène. Comme le soulignait l'un des scientifiques, « il suffit de regarder les jouets en plastique pour les aires de jeux, les bancs de parc ou les chaises de jardin qui peuvent rapidement se décolorer au soleil[45]. »

Les groupes environnementaux ont longtemps considéré les déchets de polystyrène dans l'océan comme ayant une durée de vie qui se chiffre en milliers d'années, sinon plus, car ce matériau ne peut pas être décomposé par les bactéries. Par conséquent, même si le polystyrène représente un petit pourcentage du plastique mondial, sa longue durée de vie dans la nature était considérée comme une menace environnementale – qu'on peut facilement visualiser en songeant aux morceaux de polystyrène flottant sur les vagues et les plages.

En laboratoire, des chercheurs ont exposé cinq échantillons de polystyrène baignant dans l'eau de mer à la lumière d'une lampe spéciale reproduisant les rayons du soleil. Ce qu'ils ont découvert c'est que la lumière du soleil décompose le polystyrène en carbone organique et en dioxyde de carbone. Le carbone organique se dissout dans l'eau de mer et le dioxyde de carbone se dissipe dans l'atmosphère. À la fin du processus, le plastique a disparu. « Nous avons utilisé plusieurs méthodes, et elles ont toutes produit le même résultat », a déclaré l'un des chercheurs.

La même propriété moléculaire qui rend les molécules de polystyrène difficilement assimilables par les microbes est la caractéristique même qui les rend vulnérables à la lumière du soleil, laquelle les décompose. Les scientifiques ont déclaré que leur étude était la première à démontrer comment et à quelle vitesse la lumière du soleil décompose le polystyrène d'abord en microplastiques, puis en molécules individuelles, enfin en particules indécomposables[46].

L'une des meilleures nouvelles qui ressortent de cette étude est que certains additifs utilisés pour influer sur la flexibilité, la couleur ou d'autres qualités du polystyrène peuvent accélérer ou au contraire ralentir sa désintégration par la lumière du soleil dans l'eau. Cette découverte ouvre la possibilité de modifier notre façon de fabriquer des plastiques pour en permettre une désintégration plus rapide[47].

5. L'éléphant dans la pièce

Pendant des milliers d'années, les humains du monde entier ont fabriqué des bijoux exquis et d'autres articles de luxe à partir des carapaces de tortues à écaille, l'espèce étudiée par Figgener et son équipage au Costa Rica. Les artisans plaçaient les tortues, parfois vivantes, au-dessus d'un feu afin de pouvoir arracher la mal nommée « écaille de tortue » à leur squelette. Parfois, ces tortues étaient rejetées à la mer après dépeçage. Les scientifiques estiment que depuis 1844, les humains ont tué neuf millions de tortues à écailles, à raison d'environ soixante mille par an. Les humains ont tué tellement de tortues que la réduction spectaculaire de l'espèce a altéré le fonctionnement des récifs coralliens et des écosystèmes d'herbiers marins du monde entier[48].

Partout dans le monde, artistes ou artisans aplatissaient et façonnaient l'écaille de tortue sur une source de chaleur pour fabriquer des articles de luxe, lunettes, peignes, lyres, bijoux, boîtes et, au moins au Japon, anneaux péniens, gaines péniennes et… préservatifs.

L'écaille de tortue était considérée comme précieuse dans la Rome antique. On sait que Jules César, après avoir envahi Alexandrie, en Égypte, fut enchanté d'y découvrir des entrepôts remplis de ce matériau. Il décida de faire de l'écaille de tortue un symbole de sa victoire[49].

Ce qui rendait si particulier le matériau tiré de la carapace des tortues de mer ce n'est pas seulement qu'il était lisse et beau mais aussi qu'il était malléable, plastique, un terme qui faisait à l'origine référence à des objets qu'il était aisé de mouler ou de façonner.

L'écaille de tortue se compose de kératine, une protéine durable qui protège les cellules du stress et des altérations. On trouve aussi de la kératine dans les ongles, les cornes, les plumes et les sabots. La particularité de l'écaille de tortue est de pouvoir être débitée en fines feuilles de façon à créer un placage tout en restant dure et résistante à l'eau. Une fois brisée, elle peut même être réparée par réapplication de chaleur et de pression[50].

Comme l'écaille de tortue, les défenses en ivoire d'éléphant étaient appréciées pour leur beauté et leur ductilité dans la fabrication d'articles artistiques et de luxe (peignes, touches de piano et boules de billard, entre autres). Le sculpteur grec ancien Phidias était célèbre pour avoir créé une statue faite d'or et d'ivoire, de 9 mètres de haut, représentant Athéna, fille de Zeus et déesse de la guerre,. Elle fut exposée durant de nombreuses années à l'intérieur du Parthénon[51].

Au Moyen Âge, l'ivoire était utilisé pour fabriquer des coffrets, des gobelets et des manches pour les épées et les trompettes. La demande d'ivoire a fortement augmenté au XIXe siècle, car le matériau a commencé à être utilisé à l'échelle industrielle. Les Américains, en particulier, adoraient l'ivoire. Des années 1830 aux années 1980, l'une des plus grandes usines de traitement de l'ivoire au monde se trouvait à Essex (Connecticut). Elle traitait jusqu'à 90 % de tout l'ivoire importé aux États-Unis[52].

Les inquiétudes concernant une éventuelle pénurie d'ivoire sont apparues peu après la fin de la guerre civile américaine. « Les marchands d'ivoire expriment une inquiétude considérable que l'approvisionnement en défenses d'éléphants puisse cesser d'ici quelques années, rapportait le *New York Times* en 1866, et ainsi les mettre en faillite ». Le journaliste estimait à vingt-deux mille le nombre d'éléphants tués chaque année, juste pour les établissements de coutellerie de Sheffield, en Angleterre, qui fabriquait des manches pour les couteaux et autres couverts[53].

Dès cette époque, la demande de boules de billard en ivoire avait dépassé les quantités disponibles. « Pour certains articles en ivoire – boules de billard, par exemple –, aucun substitut à ce matériau n'a été découvert », rapportait le *Times*. « Un grand détaillant en billards a offert une récompense de plusieurs centaines de dollars à toute personne qui produira une substance à partir de laquelle on pourra fabriquer des boules de billard aussi durables et moins chères que celles en ivoire. Pour l'instant, personne n'a répondu[54]. »

Sept ans plus tard, en 1873, un journaliste du *Times* découragé doutait qu'on invente un succédané viable de l'ivoire. « Pensez au silence dans le pays, si nous ne parvenons pas à trouver un substitut à l'ivoire pour fabriquer nos touches de piano ! » Le journaliste estimait que la demande d'ivoire aux États-Unis avait entraîné la mort de quinze mille éléphants[55]. Un peu plus tard, un autre journaliste du *Times* estimait quant à lui que les importations britanniques causaient le massacre de quatre-vingt mille éléphants par an[56].

La hausse des prix de l'ivoire encouragea les industriels à chercher des alternatives.

« Le prix élevé de l'ivoire, ainsi que sa tendance à se déformer et à rétrécir ont conduit à de multiples tentatives pour découvrir un substitut valable à ce matériau. On a envisagé les dents de morse, d'hippopotame ou l'albumen de palmiers cultivé dans les Andes, qu'on utilisait déjà pour fabriquer des chapelets, des jouets, et des crucifix.

En 1863, dans le nord de l'État de New York, un jeune homme du nom de John Wesley Hyatt eut vent de l'offre du fabricant de boules de billard qui offrait une récompense de 10 000 dollars à quiconque créerait un substitut adéquat. Il commença à expérimenter divers matériaux dans sa remise. Six ans plus tard, il avait inventé le celluloïd à partir de la cellulose du coton.

En 1882, le *New York Times* alertait sur la hausse des prix. « Au cours du dernier quart de siècle l'ivoire n'a cessé de se renchérir, il se vend à ce jour à plus du double de son prix d'il y a vingt ans[57]. » L'Europe et les États-Unis consommaient annuellement deux millions de livres d'ivoire, ce qui représentait environ 160 000 éléphants.

« Un éminent négociant en ivoire, pessimiste au sujet de l'épuisement des réserves, déclarait récemment qu'il avait la conviction que l'ivoire finirait par devenir si rare que dans les générations à venir une bague en ivoire serait considérée comme l'un des cadeaux les plus coûteux dont un riche prétendant pourrait orner la main de sa fiancée[58]. »

L'artisanat de l'écaille de tortue a obéi à une dynamique semblable. Après l'ouverture du Japon au commerce extérieur en 1859, ce pays a importé une grande quantité de produits bon marché fabriqués en Europe. « Avec l'industrialisation du Japon sur le modèle occidental, notait un historien, les plastiques ont remplacé l'écaille de tortue dans bon nombre de ses usages, notamment la production d'ornements capillaires[59]... »

Les peignes furent l'une des premières et des plus populaires utilisations du celluloïd. Pendant des milliers d'années, les hommes avaient fabriqué des peignes en écaille de tortue, ivoire, os, caoutchouc, fer, étain, or, argent, plomb, roseau, bois, verre et porcelaine. Le celluloïd les a pour la plupart remplacés[60].

À la fin des années 1970, l'ivoire n'était plus utilisé pour les touches de piano. Tandis que certains musiciens revendiquaient un penchant pour les touches plaquées d'ivoire, la plupart affirmaient la supériorité des plastiques. « J'étais content de le voir disparaître, déclarait en 1977 au *New York Times* un responsable du contrôle qualité chez un fabricant de claviers de piano. Les défenses devaient être manipulées très soigneusement pour prévenir les maladies. Le revêtement en plastique que nous utilisons aujourd'hui est un produit très supérieur en termes de durabilité. »

Et le plastique n'était nullement plus laid. « Le meilleur ivoire n'a pas de grain et ressemble strictement à du plastique[61]. »

Le celluloïd avait l'avantage d'être coloré de manière à imiter le caractère distinctif des marbrures des peignes en écaille de tortue. Hyatt a édité une brochure vantant les avantages environnementaux du produit, affirmant : « il ne sera plus nécessaire de sillonner la Terre à la recherche de substances qui se raréfient de plus en plus[62] ».

Au cours de notre conversation, après avoir raconté à Figgener l'histoire de la façon dont le plastique a aidé à sauver la tortue à écailles, elle s'est esclaffée. « Le plastique est un produit miracle, vous savez ? Je veux dire, les progrès technologiques que vous connaissez, accélèrent le développement. Il ne serait pas possible sans plastique. Je ne veux pas mentir à ce sujet. Je ne suis pas intransigeante à ce point[63].

6. Les vrais tueurs

En septembre 2019, Helen et moi avons parcouru l'Ile du Sud (Nouvelle Zélande), pour les vacances. Ne disposant pas d'assez de temps pour voir à la fois les vers luisants que les rares manchots de l'île, nous avons opté pour les manchots.

Avant de nous diriger vers le bureau d'accueil des visiteurs, nous nous sommes arrêtés pour déjeuner au restaurant conseillé par le guide. Des *fish and chips* étaient au menu, un plat que les Américains ne savent pas cuisiner et que je n'avais jamais apprécié jusqu'à ce que j'en ai goûté en Grande-Bretagne quelques années plus tôt. « Je parie que le *fish and chips* est bon ici », ai-je dit jetant un coup d'œil à Helen pour voir si elle était d'accord. Elle a acquiescé, et nous en avons commandé.

Le poisson, un cabillaud bleu, était délicieux. Il avait été parfaitement frit enrobé d'une panure légère. J'en ai dévoré la majeure partie, pendant qu'Helen mangeait un ragoût de poisson.

Une heure après nous étions à Penguin Place, une ferme privée qui protège les sites de nidification des manchots antipodes. Le propriétaire de la ferme a aménagé de vastes tranchées dotées de stores permettant aux touristes d'observer les manchots sans les effrayer. Ces tranchées se prolongent sur un kilomètre environ à travers les collines qui bordent la côte sauvage. Elle mesurent environ 1,50 m de profondeur et sont masquées par des stores verts.

Je n'avais rien lu sur les manchots à l'avance car j'étais en vacances et je voulais seulement admirer le paysage. Mais avant la visite, notre guide nous a expliqué à quel point l'espèce était en péril. Une carte collée sur le mur derrière notre guide présentait la population des manchots antipodes de l'île, laquelle oscille entre trois et quatre cents. Quand il a commencé à parler des causes du déclin de l'espèce, les touristes se sont tus, et j'ai commencé à éprouver un profond effroi. Il y a plusieurs causes, expliqua-t-il : des espèces invasives dont l'hermine, ainsi que les chiens et les chats, dévoraient les manchots. Mais la pire menace tardive, dit-il, était leur poids insuffisant : les manchots n'ont pas assez à manger.

Oh non, ai-je pensé. *Non.* Je savais ce qui m'attendait. Le grand problème, a déclaré notre guide – *on y est* ai-je pensé – venait de la surpêche dans les zones où les manchots trouvent leur pitance. Et quelle espèce de poisson les manchots préfèrent-ils ? Je connaissais d'avance la réponse : le cabillaud bleu. Comme c'est déprimant, ai-je pensé. Nous venions littéralement de manger le déjeuner des pauvres manchots.

Penguin Place a commencé à héberger des manchots en captivité dans le seul but de les engraisser. « Ils ne peuvent rester ici que trois mois, nous a confié notre guide, parce que s'ils restent plus longtemps, ils tombent malades et meurent. »

« Que leur arrive-t-il exactement ? » ai-je demandé. Le guide nous a dit qu'ils étaient très stressés en présence des gens et que ce stress semble reponsable du fait qu'ils tombaient malades à cause d'une espèce de bactérie déjà présente dans leur corps.

La liste rouge de l'Union internationale pour la conservation de la nature (UICN), qui fait autorité, classe le manchot antipode comme population en voie d'extinction. Il estime qu'entre 2528 et 3480 oiseaux, au total, vivent à l'état sauvage.

Les autres menaces majeures pour les manchots sont un habitat qui s'amenuise – la plupart des zones où nichent les manchots ont été colonisées par des ranchs et des fermes, ou encore par des prédateurs envahissants, sans parler de la capture par les pêcheurs. « Cette population a subi des fluctuations extrêmes, note l'UICN, et a potentiellement connu un déclin très rapide au cours des trois dernières générations (21 ans) en raison de menaces persistantes comme les prédateurs envahissants et les prises accessoires des chaluts » – ce qui signifie qu'ils sont tués accidentellement par des pêcheurs[64].

Les océans réchauffés par le changement climatique pourraient inciter les poissons à nager dans des eaux plus profondes obligeant à leur tour les manchots à plonger plus profondément, ce qui induira une dépense d'énergie accrue et aggravera leur malnutrition.

Le premier manchot antipode que nous avons vu était en captivité. En cure d'engraissement au poisson. Notre guide nous a demandé de rester absolument silencieux afin de ne pas l'alarmer. Il se reposait sur une planche dans un jardin. Il était bien reconnaissable et beau, avec ses marques jaunes autour des yeux formant une sorte de masque. Notre groupe d'une trentaine de personnes a jeté un coup d'œil par-dessus la clôture, les appareils photos ont émis toutes sortes de clics. J'ignore tout des manchots, mais il avait l'air stressé.

Nous sommes montés à bord de deux autobus scolaires et avons roulé jusqu'à l'entrée des tranchées.

Avec sa structure en forme de A fabriquée dans un matériau vert formant un toit et bordée de murs de terre de chaque côté, nous avions l'impression d'entrer dans un monde souterrain. Après avoir longé cette tranchée sur un demi-kilomètre environ, notre guide nous a désigné un manchot à environ deux cents mètres. Et à cinquante mètres environ dans la direction opposée, on apercevait un couple. Les manchots antipodes n'ont pas seulement une peur très aigue des gens, ils ont peur les uns les autres.

Le couple protégeait un œuf et se tenait presque immobile. Comme nous le regardions, le guide nous a expliqué que l'équipe avait étiqueté et baptisé tous les oiseaux. Sur les murs à l'intérieur de la tranchée, les scientifiques avaient posté des feuilles stratifiées décrivant chacun des oiseaux, accompagnées de photos pour les identifier.

Compte tenu des périls qu'ils encourent, Penguin Place suit de près les résultats de leur reproduction. Tash, une femelle de quinze ans, a élevé avec succès sept poussins. Jim, un mâle de vingt-cinq ans, en a élevé vingt et un.

Mais Tosh, qu'une photo montrait regardant en bas et vers la gauche, peut-être un peu abattu, n'avait pas élevé un seul poussin, malgré ses seize ans. « Il y a un couple gay parmi les manchots », nous a révélé notre guide. Un chercheur leur a confié un œuf, qu'ils ont réussi à faire éclore et ils ont élevé le poussin comme si c'était le leur.

Ensuite, nous sommes allés au centre d'accueil local pour regarder une vidéo et lire les panneaux explicatifs. Sur le mur on voyait le corps en décomposition d'un albatros mort, dont l'estomac était rempli de déchets plastiques. Mais l'une des vidéos de la présentation indiquait que les causes majeures de mortalité des albatros étaient les bateaux de pêche et les prédateurs envahissants, non les plastiques.

La vidéo était exacte. Dans les années 1970 et 1980, les pêcheurs utilisaient depuis longtemps des lignes de pêche avec des milliers d'hameçons appâtés. Les albatros qui se jetaient sur les appâts étaient piégés par les hameçons et mouraient. Les lapins, les vaches, les porcs et les chats ont aussi un impact négatif sur les populations d'albatros, et les scientifiques estiment que les chats et les porcs ont provoqué l'extinction locale de l'albatros royal du sud sur l'île d'Auckland Island, tout en empêchant le retour de l'espèce[65].

Quant au changement climatique, s'il s'agissait de la seule menace pour l'espèce, alertent les scientifiques, les manchots s'en tireraient probablement bien, car au moins une espèce d'albatros se porte mieux dans des eaux plus chaudes.

« Contrairement au changement climatique, ces facteurs pourraient être gérés à l'échelle régionale, notait un expert sur les manchots[66]. En 2017, des scientifiques ont publié une étude selon laquelle « les prises accessoires de pêche illégale surpassent l'impact du climat dans le déclin de la population d'albatros à sourcils noirs. » De plus, contrairement aux tortues de mer, les scientifiques ont découvert qu'une température de surface plus élevée « favorise un taux de reproduction élevé »[67].

Comme l'ont constaté les études, de nombreuses tortues de mer ont été tuées par la pêche comme par les déchets plastiques au large de la côte sud du Brésil[68]. « On enregistre des pertes de tortues de mer dues à la pêche commerciale et au braconnage, explique Figgener[69]. En dix ans, un peu plus d'un demi-million de tortues olivâtres sont mortes piégées dans des filets de pêche, et ce dans la seule zone économique, nous ne savons rien de ce qui se passe dans les eaux internationales. Des millions de tortues meurent probablement chaque année du fait de la pêche.

L'habitat des tortues olivâtres, note l'UICN, a été réduit à néant par le développement côtier, les étangs d'aquaculture et le stress causé par une population humaine croissante[70].

Pour ces raisons, la focalisation obsessionnelle des médias et du public sur le plastique et sur le changement climatique, risque de nous détourner d'autres sujets tout aussi importants – peut-être plus – à savoir les menaces pour les espèces marines en danger, qui sont peut-être plus faciles à contrer que le changement climatique, ou les déchets plastiques.

Par exemple, la surpêche, selon le GIEC, « est l'un des principaux facteurs non climatiques affectant la durabilité de l'industrie de la pêche[71]. »

La proportion de poissons et de produits de la pêche destinés à la consommation humaine est passée de 11 % en 1976 à

27 % en 2016 et devraient augmenter de 20 % supplémentaires d'ici 2030. Selon la FAO, « Depuis 1961, l'augmentation annuelle moyenne de la consommation mondiale apparente de poisson destiné à l'alimentation (3,2 %) a dépassé la croissance démographique (1,6 %) et la consommation de viande de l'ensemble des animaux terrestres combinée (2,8 %)[72]. »

Selon l'UICN, quarante-deux espèces de requins sont en danger critique d'extinction, directement menacées par la pêche. Et les grands prédateurs comme les dauphins et les requins sont lents à se reproduire. Leurs populations ne peuvent pas résister à de si lourdes pertes[73].

Quant aux tortues marines, leur mise à mort directe par les humains reste une menace. « Il y a encore beaucoup de pays au monde où la viande, la carapace et la graisse de tortue sont toujours consommées », selon Figgener. « Il y a des plages où l'on prend littéralement 100 % des œufs qui y sont pondus, ce qui empêche la venue d'une nouvelle génération. Ils prennent également les nids[74].

7. Le plastique c'est le progrès

Aujourd'hui, Figgener craint que les pailles ne nous empêchent de traiter le problème à la racine. « Je ne veux pas que les entreprises croient s'en tirer facilement en éliminant les pailles en plastique. » Elle ajoute : « J'espère que dans cinq ans, nous n'aurons même plus besoin de discuter des pailles en plastique car il y a tellement d'alternatives[75]… » Elle ajoute qu'en Allemagne, on utilise souvent le verre au lieu du plastique[76].

Mais les alternatives aux plastiques d'origine fossile sont-elles vraiment plus bénéfiques pour l'environnement ?

Certainement pas en termes de pollution atmosphérique. En Californie l'interdiction des sacs plastique a entraîné leur remplacement par des sacs en papier et d'autres sacs plus épais, ce qui aggrave les émissions de carbone en raison d'une fabrication très énergivore[77]. Les sacs en papier devraient être réutilisés quarante-trois fois pour avoir un impact moindre sur l'environnement[78]. En outre les sacs plastique ne constituent que 0,8 % des déchets plastiques dans les océans[79].

Les bouteilles en verre peuvent être plus agréables à boire, mais leur fabrication et leur recyclage nécessite elle aussi davantage d'énergie : de 170 à 250 % d'énergie supplémentaire et des émissions de carbone de 200 à 400 % plus élevées que les bouteilles en plastique, en raison principalement de l'énergie thermique requise par le processus de fabrication[80].

Bien sûr, si l'énergie supplémentaire requise pour la fabrication du verre était produite à partir de sources neutres sur le plan carbone, il importerait peu que des bouteilles en verre nécessitent plus d'énergie à fabriquer et à transporter. « Si l'énergie provient du nucléaire ou des énergies renouvelables, l'impact environnemental devrait être moindre », note Figgener[81].

Quant aux bioplastiques, ils ne se dégradent pas toujours plus vite que des plastiques ordinaires fabriqués à partir de combustibles fossiles. Certains bioplastiques, dont la cellulose, sont aussi durables que les plastiques fabriqués à partir de produits pétroliers. Les bioplastiques, qui se dégradent plus rapidement que les plastiques fossiles, ne sont pas réutilisés aussi souvent que les plastiques ordinaires, et leur recyclage est plus délicat[82]. Les insuffisances en matière de réutilisation et d'infrastructures de recyclage réduisent la productivité en ressources des bioplastiques, ce qui accroit leur impact environnemental comme leur coût économique[83].

« Les gens supposent simplement que parce que c'est "bio", cela signifie que c'est mieux, souligne Figgener, et ce n'est tout simplement pas vrai. Ça dépend clairement aussi de l'endroit d'où vient la matière première. Ce n'est pas nécessairement parce qu'il est fabriqué à partir de sucre de canne qu'un plastique est biodégradable[84]. »

Une étude du cycle de vie des bioplastiques fabriqués à partir du sucre révélait un impact négatif plus élevé sur la santé respiratoire, le smog, l'acidification, les substances cancérogènes et l'appauvrissement de la couche d'ozone que les plastiques fossiles. Lorsque les bioplastiques à base de sucre se décomposent, ils émettent davantage de méthane, un puissant gaz à effet de serre, que les plastiques fossiles.

En conséquence, la décomposition des bioplastiques se révèle souvent plus polluante pour l'atmosphère que la mise en décharge des plastiques ordinaires[85].

Et parce que les bioplastiques proviennent de cultures plutôt que de sous-produits (résines) de l'industrie pétrolière et gazière, ils ont un impact important sur l'utilisation des sols, tout comme les biocarburants – de l'éthanol de maïs aux États-Unis à l'huile de palme en Indonésie et Malaisie, où ils ont détruit l'habitat de l'orang-outan, une espèce de primates en voie de disparition[86].

Les plastiques sont fabriqués à partir de sous-produits de déchets de la production de pétrole et de gaz et ne nécessitent donc d'exploiter aucun terrain supplémentaire. En revanche, passer des plastiques fossiles aux bioplastiques nécessiterait d'augmenter la superficie des terres agricoles aux États-Unis de 5 à 15 %. Remplacer le plastique fossile par du bioplastique à base de maïs nécessiterait 12 à 18 millions d'hectares de maïs, ce qui équivaut à 40 % de toute la récolte de maïs aux États-Unis, ou encore à 12 millions d'hectares de millet vivace[87].

Figgener m'a dit qu'elle espérait que les entreprises développeraient de meilleures alternatives dans les cinq ans. Après avoir exprimé son scepticisme, elle a admis : « Le rythme auquel les entreprises essaient de changer est trop lent pour moi et mes tortues. Je suis sans doute juste un peu impatiente[88]. »

8. Ne pas gaspiller, ne pas désirer

La parabole des plastiques nous enseigne que nous sauvons la nature en *ne* l'exploitant *pas*, et que nous évitons de l'exploiter en passant à des substituts artificiels. Ce modèle d'économie de la nature est l'opposé de celui promu par la plupart des écologistes, qui se concentrent soit sur l'utilisation des ressources naturelles sur un mode plus durable, ou réclament une transition vers les biocarburants et les bioplastiques.

Nous devons surmonter notre tendance spontanée à considérer les produits naturels comme supérieurs aux artificiels, si nous voulons sauver des espèces comme les tortues marines et les éléphants. Voyez combien cette pente a été périlleuse dans le cas de l'écaille de tortue.

Du fait d'une rapide croissance économique, la classe moyenne japonaise s'est enrichie, qu'on se réfère à une norme planétaire ou historique. Cette prospérité a accru son désir d'articles de luxe, y compris l'écaille de tortue naturelle, que le Japon importait, pour une grande part, d'Indonésie.

La Convention sur le commerce international des espèces de faune et de flore sauvages menacées d'extinction (CITES) a finalement prohibé le commerce des tortues imbriquées en 1977.

Le Japon qui avait initialement refusé d'adhérer à l'interdiction ne s'y est résigné qu'en 1992[89]. Les scientifiques estiment qu'au cours des 150 ans de commerce de l'écaille de tortue, 75 % des volumes commercialisés l'ont été dans une période de quinze ans, entre 1970 et 1985. La demande émanait pour une très large part du Japon[90].

En tant que tels, les substituts artificiels sont nécessaires mais pas suffisants pour sauver des espèces comme la tortue à écailles ou les éléphants d'Afrique. Il faut aussi trouver un moyen de nous habituer à considérer les produits artificiels comme supérieurs aux naturels.

La bonne nouvelle c'est que, dans une certaine mesure, ce processus est déjà en cours. Dans de nombreux pays développés, les consommateurs réprouvent la consommation de produits naturels, comme les objets en ivoire, la fourrure, le corail ou l'écaille de tortue.

L'humanité est donc prête à admettre une vérité paradoxale mais essentielle : ce n'est qu'en embrassant l'artificiel que nous pourrons sauver ce qui est naturel.

Vers la fin de notre conversation, Christine Figgener et moi nous avons ferraillé sur sa proposition que de grandes entreprises comme Coca-Cola supportent la responsabilité de la gestion des déchets dans les pays pauvres comme le Nicaragua.

— Si on a une situation politique instable, m'a-t-elle demandé, qui va s'occuper de la gestion des déchets ?

— Eh bien, on doit avoir un gouvernement qui fonctionne, évidemment, ai-je répondu.

— Le Nicaragua est le meilleur exemple. Je veux dire, combien de changements de gouvernements ? Et dans les pays africains, combien de changements de gouvernement ? On veut toujours renvoyer la responsabilité au gouvernement mais les pays pauvres ignorent souvent la stabilité politique.

— Alors vous allez demander à chaque entreprise de gérer ses déchets, plutôt que d'avoir un système unique de gestion des déchets ?

— Dans les pays qui n'ont pas d'alternatives, la plupart des choses sont produites par Coca-Cola, Pepsi, ou encore Nestlé, soit deux ou trois entreprises au maximum. Alors elles devraient prendre leurs responsabilités là-dessus. Le premier tremplin pourrait être de travailler ensemble pour contourner des gouvernements souvent corrompus.

— Alors on va leur dire : parce que votre gouvernement est tellement minable, on va demander aux entreprises...

— Pensez-vous vraiment que le fardeau financier de la gestion des déchets produits par les entreprises devrait incomber aux gouvernements ?

— Partout dans le monde, c'est ce qui se pratique..

— Vous dites que pour résoudre le problème des déchets plastiques, les pays pauvres devraient s'y prendre différemment. Je ne suis pas sûr de comprendre pourquoi, corruption gouvernementale mise à part.

— Mais c'est toujours au consommateur de supporter cette charge, dit-elle. Quand on y réfléchit, c'est fou : je veux dire, on paye pour les déchets générés par les industries, et on ne peut pas s'y soustraire parce que bien souvent il n'y a pas d'alternative.

— Si on fait payer la collecte des déchets par Coca-Cola est-ce qu'ils ne répercuteront pas ce coût sur le consommateur sous forme d'une augmentation de prix ?

— Oui ! Et alors, les gens consommeront moins de Coca-Cola ? Qu'est-ce qu'il y aurait de si mauvais à ça ?

— Vous voulez que les gens consomment moins de Coca-Cola ? Parce que je pensais que ce que vous vouliez, c'était qu'ils gèrent mieux leurs déchets.

— Eh bien, on arrivera à la réduction autrement, dit-elle. Car peut-être que le problème ne se pose pas seulement en termes de commodité ou désagrément, non ?

— Je pensais que nous essayions de résoudre le problème des déchets plastiques.

— J'ai toujours dit que je voulais une réduction. Et ce qui subsiste, je veux le voir géré de manière responsable.

— Mais la grande différence s'agissant du problème qui nous préoccupe tous est de savoir s'il existe ou non un système de collecte et de gestion des déchets. Il me semble que votre impatience vous conduit à chercher une solution que vous considérez comme plus rapide et plus facile.

— Les pays d'Afrique, d'Amérique centrale et d'Asie ne s'en sortent pas très bien relativement à la pauvreté, la corruption et l'instabilité gouvernementale, répond Figgener. Donc, ce qui fonctionne en Europe ne fonctionnera pas toujours dans ces pays[91].

Bien que nous différions sur les solutions, j'appréciais le travail de Figgener. Quand je suis allé pour la première fois au Nicaragua à la fin des années 80, j'étais horrifié par les ordures répandues partout. Je reste gêné par les déchets plastiques que je vois quand je voyage dans des pays pauvres.

En tant que défenseur de l'environnement, il y a peu de choses plus démoralisantes que de randonner ou de nager dans un lieu d'une grande beauté naturelle pour y découvrir des déchets plastiques abandonnés par des personnes irresponsables, ou qui y ont été apportés par les rivières et les océans.

Mais pour les personnes qui luttent souvent pour leur survie dans des pays pauvres et en développement, il y a des réalités plus démoralisantes que la collecte des déchets. À Delhi, en Inde, en 2016, j'ai visité une communauté qui vivait juste à côté de l'une des principales décharges de la ville. Même avec un masque et des lunettes on pouvait difficilement supporter l'odeur pestilentielle. Mais les personnes que j'ai interviewées, plus que sur l'odeur, étaient évidemment concentrées sur la récupération de ferraille et d'autres matériaux en quantité suffisante pour manger ce jour-là.

Le développement économique implique une gestion sérieuse des déchets. Début 2020, la principale agence de planification économique chinoise a présenté un plan quinquennal pour réduire la production et l'utilisation de plastiques. D'ici la fin de 2020, les supermarchés, les centres commerciaux, les magasins alimentaires et les services de livraison des plus grandes villes chinoises n'utiliseront plus de sacs en plastique.

Il est remarquable que la Chine prenne cette décision longtemps après avoir créé un système de collecte et de gestion des déchets[92].

Pour les pays pauvres, créer des infrastructures modernes pour la distribution de l'énergie, le traitement des eaux usées et des eaux de crue sera une priorité plus urgente que les déchets plastiques, tout comme ce fut le cas pour les États-Unis et la Chine avant eux. L'absence d'un système de collecte et de gestion des déchets humains par le biais de canalisations, égouts et systèmes d'épuration représente une menace bien plus grave pour la santé humaine. L'absence d'un système de régulation des eaux de crue représente une menace bien plus sérieuse pour les habitations, les fermes et la santé publique que l'absence de système de gestion des déchets – comme on le constate au Congo. Et, comme le montre le chapitre suivant, l'absence d'un système de production et de distribution énergétique moderne dans les pays pauvres constitue l'une des pires menaces pour les humains comme pour les espèces en voie de disparition.

Notes

1. Christine Figgener, « Sea Turtle with Straw up Its Nostril – "NO" TO PLASTIC STRAWS, » YouTube, August 10, 2015, https://www.youtube.com/watch?v=4wH878t78bw.

2. Ibid.

3. Michael A. Lindenberger, « How a Texas A&M Scientist's Video of a Sea Turtle Soured Americans on Drinking Straws, » *Dallas Morning News,* 19 juillet 2018, https://www.dallasnews.com.

4. Hilary Brueck, « The Real Reason Why So Many Cities and Businesses Are Banning Plastic Straws Has Nothing to Do with Straws at All, » *Business Insider,* 22 Octobre 2018, https://www.businessinsider.com.

5. Sophia Rosenbaum, « She Recorded That Heartbreaking Turtle Video. Here's What She Wants Companies like Starbucks to Know About Plastic Straws, » *Time*, 17 juillet 2018, https://time.com.

6. Jenna R. Jambeck, Roland Geyer, Chris Wilcox et al., « Plastic Waste Inputs from Land into the Ocean, » *Science* 347, no. 6223 (Février 2015): 768–771, http://doi.org/10.1126/science.1260352.

7. Christine Figgener (biologiste spécialiste des tortues de mer) conversation avec l'auteur, 6 Novembre 2019.

8. Chris Wilcox, Melody Puckridge, Gamar A. Schuyler et al., « A Quantitative Analysis Linking Sea Turtle Mortality and Plastic Debris Ingestion, » *Scientific Reports* 8 (septembre 2018): article no. 12536, https://www.nature.com/articles/s41598-018-30038-z.pdf. Chris Wilcox, Nicholas J. Mallos, George H. Leonard et al., « Using Expert Elicitation to Estimate the Impacts of Plastic Pollution on Marine Wildlife, » *Marine Policy* 65 (mars 2016): 107–14, https://doi.org/10.1016/j.marpol.2015.10.014.

9. Christine Figgener (biologiste spécialiste des tortues de mer), conversation avec l'auteur, 6 Novembre 2019.

10. Leandro Bugoni, L'igia Krause, et Maria Virginia Petry, « Marine Debris and Human Impacts on Sea Turtles in Southern Brazil, » *Marine Pollution Bulletin* 42, no. 12 (décembre 2001): 1330–1334, https://doi.org/10.1016/S0025-326X(01)00147-3.

11. Chris Wilcox, Melody Puckridge, Gamar A. Schuyler et al., « A Quantitative Analysis Linking Sea Turtle Mortality and Plastic Debris Ingestion. »

12. Iliana Magra, « Whale Is Found Dead in Italy with 48 Pounds of Plastic in Its Stomach, » *New York Times*, 2 avril 2019, https://www.nytimes.com. Matthew Haag, « 64 Pounds of Trash Killed a Sperm Whale in Spain, Scientists Say, » *New York Times*, 12 avril 2018, https://nytimes.com. Daniel Victor, « Dead Whale Found With 88 Pounds of Plastic Inside Body in the Philippines, » *New York Times*, 18 mars 2019.

13. Seth Borenstein, « Science Says: Amount of Straws, Plastic Pollution Is Huge, » Associated Press, 21 avril 2018, https://apnews.com.

14. Michelle Paleczny, Edd Hammill, Vasiliki Karpouzi, et Daniel Pauly, « Population Trend of the World's Monitored Seabirds, 1950–2010, » *PLOS ONE* 10, no. 6 (juin 2015): e0129342, https://journals.plos.org/plosone/article/file?id=10.1371/journal. pone.0129342&type=printable.

15. Laura Parker, « Nearly Every Seabird on Earth Is Eating Plastic, » *National Geographic*, 2 septembre 2015, https://www.nationalgeographic.com.

16. Seth Borenstein, « Science Says: Amount of Straws, Plastic Pollution Is Huge. »

17. Chris Wilcox, Erik Van Sebille, et Britta Denise Hardesty, « Threat of Plastic Pollution to Seabirds Is Global, Pervasive, and Increasing, » *Proceedings of the National Academy of Sciences of the United States of America* 112, no. 38 (août 2015): 11899–904, https://doi.org/10.1073/pnas.1502108112.

18. Claudia Giacovelli, Anna Zamparo, Andrea Wehrli et al., *Single-Use Plastics: A Roadmap for Sustainability*, United Nations Environment Programme, 2018, https://wedocs.unep.org/bitstream/handle/20.500.11822/25496/singleUsePlastic_sustainability.pdf?sequence=1&isAllowed=y, 12.

19. Susan Freinkel, *Plastics: A Toxic Love Story* (New York: Houghton Mifflin Harcourt, 2011), 7–8.

20. Roland Geyer, Jenna R. Jambeck, et Kara Lavender Law, « Production, Use, and Fate of All Plastics Ever Made, » *Science Advances* 3, no. 7 (19 juillet 2017): e1700782, http://advances.sciencemag.org/content/3/7/e1700782.

21. Jambeck et al., « Plastic Waste Inputs from Land into the Ocean. »

22. Ibid.

23. W. C. Li, H. F. Tse, et L. Fok, « Plastic Waste in the Marine Enviro ment: A Review of Sources, Occurrence and Effects, » *Science of the Total Environment* 566–567 (2016): 333–49, http://dx.doi.org/10.1016/j.scitotenv.2016.05.084.

24. L. Lebreton, B. Slat, F. Ferrari et al., « Evidence That the Great Pacific Garbage Patch Is Rapidly Accumulating Plastic, » *Scientific Reports*, 2018, no. 8 (22 mars 2018), article no. 4666, https://doi.org/10.1038/s41598-018-22939-w.

25. Christine Figgener (biologiste spécialiste des tortues de mer), conversation avec l'auteur, 6 Novembre 2019.

26. Ibid.

27. « Facts and Figures About Materials, Waste and Recycling, » Environmental Protection Agency, 30 octobre, 2019, consulté le 2 janvier 2019, https:// www.epa.gov/facts-and-figures-about-materials-waste-and-recycling/plastics-material-specific-data#PlasticsTableandGraph.

28. Une nouvelle approche pour l'utilisation des matières plastiques 2018, https://op.europa.eu/fr/publication-detail/-/publication/e6f102e3-0bb9-11e8-966a-01aa75ed71a1

29. Christine Figgener (biologiste spécialiste des tortues de mer), conversation avec l'auteur, 6 Novembre 2019.

30. Mike Ives, « China Limits Waste. "Cardboard Grannies" and Texas Recyclers Scramble, » *New York Times*, 25 novembre 2017, https://www.nytimes.com.

31. Mike Ives, « Recyclers Cringe as Southeast Asia Says It's Sick of the West's Trash, » *New York Times*, 7 juin 2019, https://www.nytimes.com.

32. Ibid.

33. Motoko Rich, « Cleansing Plastic from Oceans: Big Ask for a Country That Loves Wrap, » *New York Times*, 27 juin 2019, https://www.nytimes.com.

34. Roland Geyer et al., « Production, use, and fate of all plastics ever made, » *Science Advances* 3, no. 7 (19 juillet 2017), http://advances.sciencemag.org/content/3/7/e1700782.

35. Christine Figgener (biologiste spécialiste des tortues de mer), conversation avec l'auteur, 6 Novembre 2019.

36. Harvey Black, « Rethinking Recycling, » *Environmental Health Perspectives* 103, no. 11 (1995): 1006–1009, https://www.ncbi.nlm.nih.gov/pmc/articles/PMC1519181/pdf/envhper00359-0034-color.pdf.

37. Benjamin Brooks, Kristen Hays, and Luke Milner, *Plastics recycling: PET and Europe lead the way, Petrochemicals special report* (S&P Global Platts, septembre 2019), https://www.spglobal.com/platts/plattscontent/_assets/_files / en/specialreports/petrochemicals/plastic-recycling-pet-europe.pdf.

38. Daniel Hoornweg and Perinaz Bhada-Tata, *What a Waste: A Global Review of Solid Waste Management*, World Bank Urban Development Series, Knowledge Papers no. 15, mars 2012, https://openknowledge.worldbank.org/bitstream/handle/10986/17388/68135.pdf?sequence=8&isAllowed=y/, 46.

39. Jambeck et al., « Plastic Waste Inputs from Land into the Ocean. »

40. Marcus Eriksen, Laurent C. M. Lebreton, Henry S. Carson et al., « Plastic Pollution in the World's Oceans: More than 5 Trillion Plastic Pieces Weighing over 250,000 Tons Afloat at Sea, » *PLOS ONE* 9, no. 12 (10 décembre, 2014): e111913, https://journals.plos.org/plosone/article/file?id=10.1371/journal.pone.0111913&type=printable. Comme indiqué dans le titre, l'estimation finale du nombre total de morceaux de plastique dans l'océan s'élève à 5 trillions de particules – macroplastiques et microplastiques – pour un poids total de 269 000 tonnes.

41. Ibid.

42. Ibid.

43. Ibid.

44. Ibid.

45. Collin P. Ward, Cassia J. Armstrong, Anna N. Walsh, Julia H. Wash, et Christopher M. Reddy, « Sunlight Converts Polystyrene to Carbon Dioxide and Dissolved Organic Carbon, » *Environmental Science Technology Letters* 6, no. 11 (10 octobre 2019): 669–674, https://doi.org/10.1021/acs.estlett.9b00532.

46. Collin P. Ward, « Sunlight Converts Polystyrene to Carbon Dioxide and Dissolved Organic Carbon. »

47. Ibid.

48. Emily A. Miller, Loren McClenachan, Roshikazu Uni et al., « The Historical Development of Complex Global Trafficking Networks for Marine Wildlife, » *Science Advances* 5, no. 3 (mars 2019): eaav5948, http://dx.doi.org/10.1126/sciadv. aav5948.

49. Martha Chaiklin, « Imports and Autarky: Tortoiseshell in Early Modern Japan, » in *Luxury and Global Perspective: Objects and Practices, 1600–2000*, edited by Bernd-Stefan Grewe et Karen Hoffmeester (Cambridge, UK: Cambridge University Press, 2016), 218–21, 230, 236.

50. Ibid.

51. Stephanie E. Hornbeck, « Elephant Ivory: An Overview of Changes to Its Stringent Regulation and Considerations for Its Identification, » *AIC Objects Specialty Group Postprints* 22 (2015): 101–22, http://resources.conservation-us.org/osg-postprints/wp-content/uploads/sites/8/2015/05/osg022-08vII.pdf.

52. Ibid.

53. « Ivory: Where It Comes From, Its Uses and the Modes of Working It, » *New York Times*, 14 août 1866, https://timesmachine.nytimes.com.

54. Ibid.

55. Ibid.

56. « The World's Ivory Trade, » *New York Times*, 23 juillet 1882, https://timesmachine.nytimes.com.

57. Ibid.

58. Ibid.

59. Chaiklin, « Imports and Autarky: Tortoiseshell in Early Modern Japan. »

60. Freinkel, Plastics: A Toxic Love Story.

61. Terri Byrne, « Ivoryton's Keys Are Musical, » *New York Times,* 25 décembre, 1977, https://timesmachine.nytimes.com.

62. Susan Freinkel, « A Brief History of Plastic's Conquest of the World, » *Scientific American,* 29 mai 2011, https://www.scientificamerican.com.

63. Christine Figgener (biologiste spécialiste des tortues de mer), conversation avec l'auteur, 6 Novembre 2019.

64. Selon l'IUCN, « La maladie semble être un problème dans certaines populations certaines années, avec la stomatite diphtérique (causée par la bactérie Corynebacteriumspp.) et le parasite sanguin Leucocytozoon tawaki, autrefois observé uniquement sur les manchots du Fiordland, causes de mortalité pour les poussins....Les perturbations humaines, en particulier les touristes non autorisés dans les zones de reproduction affectent négativement les bilans énergétiques, le poids des oisillons et les chances de survie ». « Yellow-Eyed Penguin, Megadyptes antipodes, » IUCN, Liste rouge mondiale des espèces menacéess 2018, BirdLife International, 2018, http://dx.doi.org/10.2305/IUCN.UK.2018-2.RLTS.T22697800A132603494.en.

65. « Southern Royal Albatross, Diomedea epomophora, » IUCN Liste rouge mondiale des espèces menacées 2018, BirdLife International, 2018, http://dx.doi.org/10.2305/IUCN.UK.2018-2.RLTS.T22698314A132641187.en.

66. Thomas Mattern, « New Zealand's Mainland Yellow-Eyed Penguins Face Extinction Unless Urgent Action Taken, » University of Otago, May 17, 2017, https://www.otago.ac.nz/news/news/otago648034.html.

67. P. E. Michael, R. Thomson, C. Barbraud et al., « Illegal Fishing Bycatch Overshadows Climate as a Driver of Albatross Population Decline, » Marine Ecology Progress Series 579 (septembre 2017): 185–99, http://dx.doi.org/10.3354/meps12248.

68. Bugoni et al., « Marine Debris and Human Impacts on Sea Turtles in Southern Brazil. »

69. Christine Figgener (biologiste spécialiste des tortues de mer), conversation avec l'auteur, 6 Novembre 2019.

70. A. Abreu-Grobois et P. Plotkin (IUCN SSC Marine Turtle Specialist Group), « Olive Ridley, *Lepidochelys olivacea,* » IUCN, Liste rouge mondiale des espèces menacéess 2008, BirdLife International, http://dx.doi.org/10.2305/IUCN.UK.2008.RLTS.T11534A3292503.en.

71. Nathaniel L. Bindoff, William W. L. Cheung, James G. Kairo et al., « Changing Ocean, Marine Ecosystems, and Dependent Communities, » in Rapport spécial du GIEC sur l'océan et la cryosphère dans un climat en évolution, Groupe d'experts intergouvernemental sur l'évolution du climat (GIEC), 2019, https://www.ipcc.ch/site/assets/uploads/sites/3/2019/11/09_SROCC_Ch05_FINAL-1.pdf.

72. *The State of World Fisheries and Aquaculture: Meeting the Sustainable Development Goals*, Food and Agriculture Organization of the United Nations, 2018, http://www.fao.org/3/I9540EN/i9540en.pdf, vii.

73. « Sharks, » IUCN Red List of Threatened Species, https://www.iucnredlist.org/search?query=sharkspercent20&searchType=species. Sandra Altherr et Nicola Hodgins, *Small Cetaceans, Big Problems: A Global Review of the Impacts of Hunting on Small Whales, Dolphins and Porpoises*, Pro Wildlife, Animal Welfare Institute, and Whale and Dolphin Conservation, novembre 2018, https://awionline.org/sites/default/files/publication/digital_download/AWI-ML-Small-Cetaceans-Report.pdf.

74. Christine Figgener (biologiste spécialiste des tortues de mer), conversation avec l'auteur, 6 Novembre 2019.

75. Sophia Rosenbaum, « She Recorded That Heartbreaking Turtle Video. Here's What She Wants Companies like Starbucks to Know About Plastic Straws, » *Time*, 17 juillet 2018, https://time.com.

76. Christine Figgener (biologiste spécialiste des tortues de mer), conversation avec l'auteur, 6 Novembre 2019.

77. Rebecca L. C. Taylor, « Bag Leakage: The Effect of Disposable Carryout Bag Regulations on Unregulated Bags, » *Journal of Environmental Economics and Management* 93 (janvier 2019): 254–71, https://doi.org/10.1016/j.jeem.2019.01.001.

78. Bjørn Lomborg, « Sorry, Banning Plastic Bags Won't Save Our Planet, » *The Globe and Mail*, 20 juin 2019, https://www.theglobeandmail.com.

79. Eriksen et al., « Plastic Pollution in the World's Oceans: More than 5 Trillion plastic Pieces Weighing over 250,000 Tons Afloat at Sea. »

80. For the specific case of carbonated drinks, see Franklin Associates, *Life Cycle Inventory of Three Single-Serving Soft Drink Containers*, report prepared for PET Resin Association, 2009, http://www.petresin.org/pdf/FranklinLCISodaContainers2009.pdf. For a general review, see Pan Demetrakakes, « This Ma-

terial, or That?, » *Packaging Digest,* 11 mars 2015, www.packagingdigest.com/beverage-packaging/material-or.

81. Christine Figgener (biologiste spécialiste des tortues de mer), conversation avec l'auteur, 6 Novembre 2019.

82. Frida Royne and Johanna Berlin, « The Importance of Including Service Life in the Climate Impact Comparison of Bioplastcs and Fossil-Based Plastics, » Research Institutes of Sweden, Report no. 23, 2018, http://ri.diva-portal.org/smash/get/diva2:1191391/FULLTEXT01.pdf.

83. Une analyse de son cycle de vie a révélé qu'une boîte de rangement de pièces de moteur fabriquée en plastique classique pouvait durer six fois plus longtemps qu'une boîte en bioplastique en cours de développement. Ibid.

84. Christine Figgener (biologiste spécialiste des tortues de mer), entretien avec l'auteur, 6 Novembre 2019.

85. « Le compostage du PLA et du TPS a des impacts plus élevés que la mise en décharge dans sept catégories : smog, acidification, substances cancérigènes, substances non cancérigènes, effets respiratoires, écotoxicité et épuisement des combustibles fossiles. » Troy A. Hottle, Melissa M.

Bilec, et Amy E. Landis, « Biopolymer Production and End of Life Comparisons Using Life Cycle Assessment, » Resources, Conservation and Recycling 122 (juillet 2017): 295–306, https://doi.org/10.1016/j.resconrec.2017.03.002.

86. Kunnika Changwichan, Thapat Silalertruksa, et Shabbir H. Gheewala, « Eco-Efficiency Assessment of Bioplastics Production Systems and Endof-Life Options, » *Sustainability* 10, no. 4 (mars 2018): 952, https://doi.org/10.3390/su10040952.

87. Daniel Posen, Paulina Jaramillo, Amy E. Landis, et W. Michael Griffin, « Greenhouse Gas Mitigation for U.S. Plastics Production: Energy First, Feedstocks Later, » *Environmental Research Letters* 12, no. 3 (décembre 2017), https://doi.org/10.1088/1748-9326/aa60a7.

88. Christine Figgener (biologiste spécialiste des tortues de mer), conversation avec l'auteur, 6 Novembre 2019.

89. Marydele Donnelly, « Trade Routes for Tortoiseshell, » State of the World's Sea Turtles (SWOT), Report Volume 3, 1er février 2008, https://www.seaturtlestatus.org/articles/2008/trade-routes-for-tortoiseshell. Associated Press, « Japan Agrees to End Endangered Hawksbill Turtle Imports After '92, » *Los Angeles Times,* 19 juin 1991, https://www.latimes.com.

90. Tina Deines, « Endangered hawksbill turtle shell trade is much bigger than scientists ever suspected, » *National Geographic*, 27 mars 2019, https://www.nationalgeographic.com.

91. Christine Figgener (biologiste spécialiste des tortues de mer), conversation avec l'auteur, 6 Novembre 2019.

92. « World's Biggest Producer of Plastic to Curtail Its Use, » *Bloomberg News*, 19 janvier 2020, https://www.bloomberg.com.

IV

La sixième extinction est annulée

1. « Nous mettons notre propre survie en danger »

Lorsque l'un des plus de six millions de visiteurs annuels pénètre dans l'American Museum of Natural History à New York, il est accueilli par une confrontation préhistorique imaginaire entre un prédateur et sa proie : un énorme barosaure protégeant ses petits d'un allosaure menaçant.

Il y a aussi un message plus inquiétant pour les visiteurs sur une plaque de bronze dans la Rotonde Theodore Roosevelt, le grand hall d'entrée du musée. « Cinq événements d'extinction majeurs ont frappé la biodiversité depuis l'origine de la vie animale complexe il y a 535 millions d'années », indique la plaque.

« Les changements climatiques globaux, entre autres causes, sans doute dûs à des collisions entre des objets extraterrestres et la Terre, sont responsables des extinctions de masse du passé. Aujourd'hui, nous nous trouvons au milieu de la sixième extinction, cette fois causée uniquement par la transformation humaine du paysage écologique[1]. »

Un million d'espèces animales et végétales risquent de disparaître à cause des humains, selon un rapport de 2019 de l'IPBES (la plate-forme intergouvernementale scientifique et politique sur la biodiversité et les services écosystémiques). Le taux d'extinction des espèces « est déjà au moins des dizaines, voire des centaines de fois supérieur à la moyenne des 10 derniers millions d'années », déclare la présentation de l'IPBES[2]. La Terre pourrait perdre 40 % de tous les amphibiens, 30 % des mammifères marins, 25 % des mammifères et 20 % des reptiles, a averti l'IPBES[3].

Un rapport de 1 500 pages a été préparé par 150 experts internationaux de premier plan au nom de 50 gouvernements. C'est l'examen le plus complet du déclin de la biodiversité dans le monde et de la menace qu'il représente à ce jour pour les humains[4].

« La perte d'espèces, d'écosystèmes et de diversité génétique est déjà une menace générationnelle pour le bien-être humain », a déclaré le président de l'IPBES. Selon de nombreux avertissements c'est nous qui seront les victimes ultimes. Elizabeth Kolbert, auteur de *La Sixième extinction, une histoire antinaturelle* (2015), écrit : « En perturbant ces systèmes – par l'abattage des forêts tropicales humides, l'altération de la composition de l'atmosphère, l'acidification des océans – nous mettons en danger notre propre survie. » Selon l'anthropologue Richard Leakey, co-auteur du livre *La Sixième Extinction – Evolution et catastrophes* (2011) : « Homo sapiens pourrait non seulement être l'agent de la sixième extinction, mais il risque aussi d'être l'une de ses victimes[5].

L'affirmation selon laquelle le taux d'extinction s'accélère et qu'« un demi-million d'espèces terrestres... pourraient déjà être vouées à l'extinction » repose sur un modèle dénommé « relation zone-espèces ». Les biologistes de la conservation Robert H. MacArthur et EO Wilson ont créé ce modèle en 1967. Il repose sur l'hypothèse que le nombre de nouvelles espèces migrant vers une île diminue avec le temps. L'idée était qu'une augmentation des espèces se disputant des ressources en diminution signifiait que seul un petit nombre d'entre elles survivrait[6].

Heureusement, les suppositions du modèle relation zone-espèce se sont avérées fausses. En 2011, la revue scientifique britannique *Nature* publiait un article intitulé « Les relations zone-espèce surestiment toujours les taux d'extinction liés à la perte d'habitat. » Il montrait que les extinctions « nécessitent une perte d'habitat supérieure à ce que l'on pensait jusqu'alors[7]. Partout dans le monde, la biodiversité des îles a en fait doublé en moyenne, grâce à la migration des « espèces invasives ». L'introduction des nouvelles espèces végétales a surpassé de cent fois les extinctions de plantes[8]. Les « envahisseurs » n'ont pas évincé les « indigènes », comme le craignaient Wilson et MacArthur.

« Davantage de nouvelles espèces végétales sont apparues en Europe au cours des trois siècles écoulés qu'on a documenté d'espèces végétales en voie d'extinction au cours de la même période », note un biologiste britannique[9].

Kolbert reconnaît l'échec du modèle de relation zone-espèces. « Vingt cinq ans après, il est maintenant généralement admis que les chiffres de Wilson... ne correspondent pas aux observations », écrit-elle[10]. Kolbert dit que l'échec du modèle « devrait faire réfléchir les journalistes scientifiques peut-être plus encore que les chercheurs »[11]. Et pourtant il ne l'a pas fait assez réfléchir pour qu'elle modifie l'affirmation contenue dans le titre de son livre.

En vérité, personne n'avait besoin de connaître le bon fonctionnement du modèle pour savoir qu'il était faux. Si le modèle zone-espèce avait été pertinent, la moitié des espèces de la planète aurait dû s'éteindre au cours des deux cents dernières années, note un spécialiste de l'environnement[12].

2. Ils exagèrent l'extinction

Il se trouve que l'IPBES n'est pas la principale organisation scientifique qui étudie espèces, extinction et biodiversité. Cette prééminence revient à l'Union internationale pour la conservation de la nature (UICN), laquelle indique que 6 % sont en danger critique d'extinction, 9 % sont en danger et 12 % sont susceptibles de le devenir[13].

L'UICN estime que 0,8 % des 112 432 espèces de végétaux, animaux, et insectes figurant dans sa banque de données ont disparu depuis 1500. C'est un taux de moins de deux espèces perdues chaque année, soit un pourcentage d'extinction annuel de 0,001 %[14].

L'énorme augmentation de la biodiversité au cours des 100 millions d'années écoulées l'emporte massivement sur les espèces perdues lors des extinctions massives passées. Le nombre de genres, mesure de la biodiversité plus performante que le seul décompte des espèces, a presque triplé au cours de cette période[15]. Après chacune de ces cinq extinctions de masse, la biodiversité selon nos archives fossiles, a plongé entre 15 et 20 %, mais chaque extinction est suivie d'une augmentation beaucoup plus importante[16].

Certains disent que les affirmations erronées sur une sixième extinction de masse compromettent les efforts des conservationnistes. « Dans une certaine mesure, leur affirmation se veut un moyen d'effrayer les gens pour les forcer à agir alors qu'en fait, s'il est vrai que nous sommes dans une sixième extinction de masse, la biologie de la conservation perd tout sens, remarquait un scientifique. Les gens qui prétendent que la sixième extinction de masse a commencé n'en savent pas assez sur les extinctions de masse pour comprendre la faille logique de leur argument[17]. »

Il s'avère que les conservationnistes parviennent à maintenir de petites populations d'animaux, qu'il s'agisse des manchots antipodes de Nouvelle-Zélande ou des gorilles de montagne d'Afrique centrale. Le vrai défi est d'élargir la taille de leurs populations.

Il est faux de prétendre que l'humanité a échoué à préserver leur habitat. En 2019, les régions qui ont accédé au statut de zones protégées représentent 15 % de la surface de la Terre, soit un territoire plus vaste que l'Afrique tout entière[18].

Le nombre des zones protégées dans le monde est passé de 9214 en 1962 à 102102 en 2003 et à 244 869 en 2020[19].

La même chose est vraie du rift albertin, cette vallée bordée de montagnes qui traverse le Congo, l'Ouganda et le Rwanda. La superficie protégée est passée de 49 % à 60 % entre 2000 et 2016[20].

Le vrai problème n'est pas l'extinction mais plutôt le déclin des populations animales et de leur habitat global. Les populations de mammifères, d'oiseaux, de poissons, de reptiles et d'amphibiens sauvages ont diminué d'environ 50 % entre 1970 et 2010. Les pires impacts concernent l'Amérique latine, avec une chute de 83 % des populations d'animaux sauvages ainsi que l'Asie du Sud et du Sud-Est, qui a connu une baisse de 67 %[21].

Cette réalité a conduit certains écologistes à affirmer que les espèces sont menacées par l'exploitation des combustibles fossiles et la croissance économique. En 2014, le film documentaire *Virunga* nominé aux Oscars dépeignait la possibilité d'un forage pétrolier dans le parc des Virunga comme une menace majeure pour les gorilles de montagne, et donc le tourisme qui s'intéresse à cette espèce. Mais *Virunga* est trompeur. « Les zones où se trouvent les gorilles n'ont jamais été considérées comme pétrolifères », me confiait le primatologue Alastair

McNeilage, de la Wildlife Conservation Society. McNeilage s'est rendu pour la première fois en Ouganda en 1987 pour étudier les papillons.

« Les gorilles vivent sur un escarpement donc il n'y a aucun danger ou désir de forer ou de perturber la zone qu'ils habitent, confirmait-il. Mais personne ne veut le dire clairement. Beaucoup de gens ont combattu les compagnies pétrolières au nom des gorilles, mais elles ne sont tout simplement pas intéressées par ces secteurs.

La véritable menace pour les gorilles et autres animaux sauvages n'est pas la croissance économique ou les énergies fossiles, ai-je appris lors de mon séjour de décembre 2014, mais la pauvreté et la surexploitation des combustibles ligneux. Au Congo, le bois et le charbon de bois constituent plus de 90 % de l'énergie primaire résidentielle. « Le site où vivent les gorilles, notait Caleb lors de notre appel téléphonique, « est situé près de villages qui ont besoin de charbon de bois pour cuisiner[22]. »

En effet, lorsqu'Helen et moi sommes arrivés au parc des Virunga, on apercevait de loin les panaches de plusieurs feux à l'intérieur du parc.

3. Le bois tue

Personne ne sait avec certitude si Senkwekwe, un gorille dos argenté de 230 kilos a flairé, entendu ou vu les hommes qui l'ont tué lui et les quatre femelles de son groupe en juillet 2008. Même dans ce cas, Senkwekwe n'avait aucune raison de s'alarmer. Après tout, lui et les autres membres de sa famille de douze membres étaient habitués à l'odeur des biologistes de la conservation, des gardes du parc, et des touristes.

Les rangers du parc des Virunga qui ont découvert leurs corps le lendemain ont aussitôt supposé que les tueurs n'étaient pas à la recherche d'organes de ces gorilles. On ne leur avait coupé ni les pattes ni la tête. Ces hommes ne recherchaient pas non plus des bébés gorilles pour un zoo étranger ; on a trouvé un bébé gorille traumatisé recroquevillé dans la jungle. Les gorilles semblaient avoir été assassinés par une bande mafieuse.

Ce n'était pas le premier meurtre de ce genre. Le mois précédent, les gardes du parc avaient trouvé une femelle gorille tuée d'une balle dans la tête avec son bébé, toujours vivant, accroché à sa poitrine. Une autre femelle gorille qui avait disparu a été présumée morte. Ces hommes avaient tué sept gorilles de montagne en tout.

Les villageois locaux ont transporté les gorilles, y compris Senkwekwe, un géant à dos argenté sur une civière de leur fabrication. Certains sanglotaient[23].

Quelques mois plus tard, le directeur du Parc de Virunga a été accusé d'avoir accepté des pots-de-vin pour fermer les yeux sur la production de charbon de bois dans le parc. Les tueries semblaient être des représailles de la mafia du charbon de bois après que ce même directeur, sous la pression des écologistes européens, a intensifié ses efforts pour stopper la production de charbon de bois[24].

Les gens préfèrent le charbon de bois pour cuisiner car il est plus léger, brûle plus proprement, et n'est pas infesté d'insectes, comme le bois. Et le charbon de bois n'est pas accaparant : vous pouvez mettre un pot de haricots sur un feu de charbon et vaquer à d'autres occupations. Contrairement au feu de bois, vous n'avez pas à souffler constamment pour attiser les flammes.

Des secteurs entiers du parc des Virunga ont été investis par les fabricants de charbon de bois, lesquels écoulent ce charbon de bois à Goma, une ville de deux millions d'habitants.

Pour fabriquer du charbon de bois, vous devez faire brûler lentement du bois sous terre pendant trois jours. Au moment des meurtres de gorilles, le commerce du charbon de bois rapportait 30 millions de dollars par an, tandis que le tourisme des gorilles ne rapportait que 300 000 dollars. Au début des années 2000, 25 % de la forêt ancienne de feuillus qui occupe la moitié sud du parc national des Virunga avait été perdu à cause de la production de charbon de bois[25]. En 2016, la valeur du commerce du charbon de bois était passée à 35 millions de dollars par an[26].

90 % du bois récolté dans le bassin du Congo est utilisé comme combustible. « Dans un scénario 'business as usual', ont conclu des chercheurs en 2013, l'approvisionnement en charbon de bois pourrait représenter la plus grande menace pour les forêts du bassin du Congo dans les décennies à venir[27]. »

Caleb était d'accord. « Le seul endroit où les gens peuvent se fournir en bois est le Parc des Virunga, me disait-il en 2014. Dans un tel contexte, on ne peut s'attendre à ce que la sécurité des gorilles soit préservée. »

Le gouvernement congolais a nommé Emmanuel de Merode directeur du parc des Virunga quelques mois après que la mafia du charbon de bois eut abattu Senkwekwe. Merode est un primatologue belge qui approche de la quarantaine. Dans le projet qu'il a adressé au gouvernement congolais, il traçait des perspectives de développement économique pour les communautés vivant autour du parc, l'ensemble étant financé par les gouvernements européens et le philanthrope américain Howard Buffett, fils du légendaire investisseur Warren Buffett[28]. C'est ainsi qu'il a décroché le job.

Le projet de Merode comportait la construction d'un petit barrage hydroélectrique, d'écoles, et d'une fabrique de savon à base d'huile de palme. L'Union européenne, la Buffett Foundation et divers autres donateurs ont financé le projet de Merode à hauteur de 40 millions de dollars entre 2010 et 2015[29].

« Ce que fait Emmanuel est impressionnant et admirable, a déclaré Michael Kavanagh, qui vit au Congo et fait des reportages sur le pays depuis des années. « Un barrage de quatre mégawatts ne nous impressionne pas beaucoup, mais pour ce pays, c'est énorme. Emmanuel dira toujours que ce qui se fait actuellement au Congo, c'est récolter l'huile de palme et l'envoyer en Ouganda pour qu'elle soit transformée et réexpédiée, ce qui est aberrant. Si le Congo produisait son énergie, il pourrait construire ces usines et offrir des emplois aux locaux[30]. »

L'un des avantages du barrage est qu'il réduira l'incitation économique à forer dans le parc des Virunga. « Le Congo est dirigé par un petit groupe d'élites et si vous pouvez les inciter à ne pas faire de forages pétroliers, alors il leur sera possible de s'abstenir. »

Un jour, Caleb et moi avons visité le barrage hydroélectrique en construction près de la ville de Matebe. Nous avons rencontré Daniel, l'ingénieur espagnol de vingt-neuf ans qui supervisait la construction du barrage. Caleb avait des bouffées d'enthousiasme enfantin. « Une fois ce projet édifié, a déclaré Caleb, Buffett sera comme Jésus. » Alors que nous marchions du bureau de Daniel au barrage, Caleb a pris la main de Daniel, comme le font les hommes congolais quand ils sont amis.

J'ai demandé à Daniel s'il était marié. Il s'est esclaffé : « Oui, à mon travail ! ». Cette construction est ma femme, ma maîtresse et mes enfants ! Daniel a dit qu'il finirait le projet dans les délais et en respectant le budget.

Les personnes que nous avons interviewées autour du parc des Virunga connaissaient le projet de Merode concernant la construction d'un barrage et ils étaient enchantés d'avoir l'électricité, qu'ils envisageaient d'utiliser pour l'éclairage, recharger leurs portables, le repassage ou encore les cuisinières électriques. Et pourtant, la menace de violences restait omniprésente, y compris lorsqu'Helen et moi avons visité le site en 2014. Cette même année, Merode en avait fait l'expérience : Quittant le palais de justice de Goma il avait regagné le Parc des Virunga dans sa Land Rover. Il était seul avec un AK-47 à ses côtés. À mi-chemin du siège du Parc, après un virage, Merode a aperçu un homme armé à 200 mètres. « En approchant, je l'ai vu lever son fusil, et j'ai vu deux autres hommes accroupis dans la forêt », a déclaré Merode à un journaliste. À ce moment, les balles ont commencé à arroser le véhicule alors j'ai esquivé[31].

Merode a été touché, tout comme le moteur ou les circuits électroniques de sa Land Rover qui a calé. Merode a saisi son AK-47, ouvert la portière et il a plongé. Une fois dans les buissons, il a commencé à mitraillé ses agresseurs. Quand les tueurs ont été hors de vue, Merode est revenu sur la route en boitant et il a appelé à l'aide. Bien qu'il fût couvert de sang, les voitures des agences humanitaires sont passées sans s'arrêter.

Deux paysans à moto se sont finalement arrêtés, ont jeté bas leur chargement et l'ont attaché à l'arrière. « Le moment vraiment douloureux a été ce trajet à l'arrière de la moto sur les routes congolaises, qui sont extrêmement cahoteuses », se souvient Merode[32].

Les hommes l'ont emmené à un point de contrôle de l'armée et l'ont chargé sur un camion. Mais ce même camion est tombé en panne d'essence peu après. « J'ai dû fouiller dans ma poche et leur donner vingt dollars », dit Mérode, qui était couvert de sang[33]. Puis le camion est tombé en panne, mécanique cette fois. Il a été transféré dans un autre véhicule de l'armée, qui l'a emmené jusqu'à un véhicule du parc. Finalement, il est arrivé à l'hôpital. Mérode, 44 ans, a subi une intervention chirurgicale d'urgence et il a survécu.

Son aventure soulève cette question évidente : pourquoi, alors que Merode déployait autant d'efforts pour les gens qui habitent autour du parc des Virunga, avait-on essayé de le liquider ?

4. Conservation et colonialisme

En 470 avant notre ère, Hanno le Navigateur, un explorateur originaire de Carthage, une ville nord-africaine voisine de l'actuelle Tunis, a rencontré un groupe de gorilles qu'il a pris pour des hommes. Au pied des montagnes de la Sierra Leone actuelle, les guides locaux d'Hanno l'ont conduit sur une île au milieu d'un lac « habité par des gens d'aspect très fruste, écrit Hanno. Les femelles étaient beaucoup plus nombreuses que les mâles et avaient la peau rugueuse. Nos interprètes les appelaient *Gorillae.* »

Hanno décida qu'il avait besoin de spécimens et donc lui et ses hommes pourchassèrent les gorilles. « Nous avons poursuivis les mâles mais n'avons pu en attraper aucun ; ils se sont tous enfuis au sommet des précipices, qu'ils grimpaient avec facilité, et nous ont jeté des pierres ; nous avons pris trois des femelles, mais elles se sont si violemment débattues, mordant et déchirant leurs ravisseurs, que nous les avons tuées et dépouillées de leurs fourrures que nous avons rapportées à Carthage : étant à court de provisions, nous ne pouvions pas aller plus loin[34].

Les compagnons carthaginois de Hanno devaient être tout aussi fascinés que lui par ces créatures, car lorsque les Romains ont envahi Carthage 300 ans plus tard, ces fourrures étaient toujours exposées au public.

La fascination pour les gorilles de montagne s'est développée chez les colonisateurs européens des XIXe et XXe siècles. Les gorilles des montagnes d'Afrique centrale doivent le nom de leur espèce (Gorilla gorilla Berengei) à un officier allemand qui en abattit deux en 1902. En 1921, un prince suédois tue quatorze gorilles de montagne. Entre 1922 et 1924, un Américain en tue et en remporte neuf. Au cours des vingt-cinq années suivantes, les chasseurs ont tué environ deux gorilles chaque année, officiellement pour la recherche scientifique[35].

Un tournant s'est produit lorsqu'un naturaliste travaillant pour le Museum d'Histoire Naturelle américain a tué cinq gorilles en 1921, un acte qui lui a laissé de vifs remords. « Comme il gisait à la base de l'arbre, écrit Carl Akeley, il m'a fallu toute mon ardeur scientifique pour ne pas me sentir un meurtrier. C'était une magnifique créature au faciès d'aimable géant incapable d'aucun mal sauf peut-être pour se défendre ou pour défendre ses amis. »

Akeley s'est rendu en Belgique où il a rencontré le roi Albert. Par coïncidence, le roi venait de visiter le parc national de Yellowstone nouvellement ouvert aux États-Unis et le témoignage d'Akeley l'a décidé à protéger les gorilles en leur allouant une réserve naturelle qu'il a baptisée Parc national des Virunga[36].

Mais la chasse aux gorilles ne s'est pas arrêtée pour autant. En Europe, aux États-Unis et dans d'autres pays, les zoos voulaient présenter des gorilles à leur public. Akeley avait raison sur un point : les gorilles donnent leur vie pour défendre leurs petits et les membres de leur groupe.

Dans la seule année 1948, soixante gorilles ont été tués en essayant d'empêcher la capture de onze de leurs nourrissons traqués pour être revendus à des zoos étrangers.

Même si les auteurs de ces meurtres de gorilles étaient des étrangers et non des autochtones, les colonisateurs européens cherchèrent à expulser les habitants des zones qu'ils avaient désignées pour en faire des parcs. Les écologistes américains, dont John Muir, fondateur du Sierra Club, avaient d'ailleurs plaidé avec succès auprès du gouvernement américain pour qu'il expulse les autochtones des parcs de Yellowstone et de Yosemite dans les années 1860 et 1890.

Le roi Albert de Belgique s'inspira de ce même modèle pour le Rift Albertin, baptisé d'après son nom, et où vivait déjà une nombreuse population. Le rift albertin se trouve être le berceau de l'humanité, qui y est apparue il y a 200 000 ans.

Cette région est d'une beauté spectaculaire et d'une grande biodiversité, avec des forêts, volcans, marécages, vallées d'érosion et montagnes recouvertes de glaciers. Elle héberge 1757 espèces de vertébrés terrestres, la moitié de l'ensemble des oiseaux d'Afrique et 40 % de ses mammifères[37]. Les trois principaux sites où l'on trouve aujourd'hui des gorilles de montagne sont le Parc national des volcans du Rwanda, le parc congolais des Virunga et l'impénétrable Parc national Bwindi en Ouganda.

Mais la création de ces parcs impliquait d'expulser les communautés locales, ce qui a engendré des conflits et des violences. « Le parc des Virunga a été créé pendant l'époque coloniale, note Helga Rainer, une chercheuse du Great Ape Project. « La terre est l'enjeu du conflit, et ce sont les colons européens qui ont modifié ou confondu les régimes fonciers[38]. »

Les scientifiques estiment qu'entre cinq et « des dizaines de millions » de personnes ont été déplacées de leurs maisons par des défenseurs de l'environnement depuis 1864, date de la création du Parc national de Yosemite en Californie. Un sociologue de l'Université Cornell estimait que les Européens avaient provoqué l'exode d'au moins quatorze millions de personnes en Afrique uniquement[39].

Ces déplacements de populations n'étaient pas fortuits, ils appartenaient intrinsèquement au projet conservationniste.

« Le déplacement des indigènes qui élevaient des troupeaux et vivaient de cueillette dans les forêts ou cultivaient des terres fut une caractéristique centrale de la préservation de la nature au XXe siècle, en Afrique et en Inde du Sud et de l'Est, notaient deux spécialistes du sujet[40].

Le gouvernement ougandais et les défenseurs de l'environnement ont expulsé les Batwa du Parc Bwindi (Ouganda) au début des années 1990. Les défenseurs de l'environnement estimaient que le braconnage d'animaux sauvages pour leur viande menaçait les gorilles[41]. « Des sociétés entières telles les Batwa d'Ouganda, écrivait Mark Dowie, l'auteur de *Conservation Refugees*, un ouvrage paru en 2009, ont été transformées, ces populations jadis indépendantes et autosuffisantes, sont devenues des communautés profondément dépendantes et appauvries[42]. »

Les réfugiés écologiques peuvent souffrir d'un stress très élevé et d'une mauvaise santé. Les scientifiques ont prélevé des échantillons de salive sur huit mille autochtones en Inde qui avait été expulsés de leurs villages par le gouvernement pour créer une réserve-sanctuaire pour les lions. Les scientifiques ont découvert que ces gens souffraient de télomères raccourcis, signe de vieillissement prématuré dû au stress, alors qu'ils avaient été indemnisés et avaient reçu des habitations neuves[43].

Les Batwa ougandais ont vécu une expérience similaire. Comme ils dépendaient depuis des siècles de la récolte de viande, de miel et de fruits dans le parc Bwindi, ils ne savaient pas comment réinventer une nouvelle existence d'agriculteurs. « Par conséquent, notaient les chercheurs, dix ans plus tard, les autres membres de la communauté ont profité de la dépossession des Batwa ougandais pour les exploiter[44]. »

De retour des États-Unis au Congo, j'ai interviewé Francine Madden, une défenseure de l'environnement qui a œuvré pour réduire les conflits entre les hommes et la faune en Ouganda au début des années 2000. Je lui ai raconté l'épisode des babouins qui avaient dévoré les patates douces de Bernadette, et les plaintes unanimes que j'avais entendues sur les ravages des récoltes.

« Les gens demandent aux responsables des parcs une compensation pour les intrusions des animaux qui détruisent leurs récoltes, me confiait Madden, ce qui à bien des égards est tout à fait raisonnable. Si les vaches de votre voisin venaient brouter vos récoltes, vous voudriez être indemnisé. Mais peu de parcs peuvent mettre en place des systèmes de compensation qui soient gérables. » D'autres défenseurs de l'environnement ont convenu que cette dévastation des récoltes était un problème majeur.

« En Ouganda, les pillages de récoltes étaient l'un des plus épineux problèmes que rencontraient les défenseurs de l'environnement, me disait McNeilage, et il constituait la plus sérieuse source de conflit avec les populations, avec l'accès aux ressources. Les plaintes qu'on vous a rapportées ne sont donc pas surprenantes[45].

En 2004, des chercheurs de la Wildlife Conservation Society ont constaté que les deux tiers des personnes interrogées dans les parages du parc des Virunga déclaraient que leurs récoltes étaient pillées par des babouins chaque semaine. Un nombre assez important faisaient état de ravages des cultures par les gorilles, les éléphants et les buffles[46].

Une autre primatologue, Sarah Sawyer, a étudié les gorilles à la fois en Ouganda et au Cameroun, pays qui, comme le Congo, est trop pauvre pour bénéficier de l'écotourisme.

« La notion de la population camerounaise sur l'écologie c'est qu'on est expulsé de ses terres et qu'on n'est pas dédommagé. Alors que je m'habituais à être appelé « homme blanc », tant au Cameroun que dans d'autres pays, sur mon terrain de recherche on était surnommés « écolos », d'une façon très désobligeante. c'était vraiment blessant. « On ne veut pas d'écologie ici », disaient-ils[47].

« Parler de conservation là-bas semblait totalement déplacé parce que les locaux considéraient la conservation simplement comme un moyen de leur prendre leurs ressources. Leur parler de la préservation des gorilles ne signifiait rien dans leur propre langue. Cela m'a rappelé ce que j'avais lu à l'école sur l'écologie comme attitude néocoloniale[48]. »

5. « Combattre les locaux est une bataille perdue d'avance »

Dans les années 1990, il semblait que la plupart des défenseurs de l'environnement avaient intériorisé l'idée que « combattre les habitants est une bataille perdue d'avance ». Les ONG environnementalistes ont fait des déclarations fortes affirmant leur engagement à protéger les populations locales. Ils ont travaillé à améliorer leur traitement des gens qui vivent dans ou à proximité d'aires protégées. Les agences de développement international comme l'Agence des États-Unis pour le développement international (USAID) ont dépensé des millions pour protéger les populations autochtones impactées ainsi que d'autres vivant au voisinage de parcs et d'aires protégées.

En 1999, l'Union internationale pour la conservation de la nature (UICN) a officiellement reconnu le droit des peuples autochtones à « l'usage traditionnel soutenable de leurs terres ». En 2003, le Congrès mondial des parcs a adopté le principe d'une action non préjudiciable et promis d'indemniser financièrement les pays pauvres en développement qui protègent des zones naturelles et sauvages comme les Virunga. En 2007, les Nations Unies ont adopté une ferme déclaration de soutien aux droits des autochtones lésés par les efforts des environnementalistes.

Aujourd'hui, les défenseurs de l'environnement soulignent les efforts des ONG pour promouvoir des alternatives au charbon de bois et au succès touristique des gorilles à titre de preuve que la conservation peut être rentabilisée et réduire la pression sur les habitats[49].

Mais, dit le primatologue Sawyer, « il existe peu d'espèces comme le gorille des montagnes pour lesquelles des étrangers relativement riches soient disposés à dépenser des milliers de dollars juste pour les apercevoir. » Au Rwanda aujourd'hui, il en coûte 1 500 dollars pour observer les gorilles pendant une heure[50]. « Et même avec ces espèces, l'opportunité de l''écotourisme est perdue lorsqu'il n'y a pas de répercussion sur les infrastructures, la sécurité et le développement économique[51]. »

Au début des années 2000, Andrew Plumptre et son équipe de la Wildlife Conservation Society, ont mené des entretiens avec des personnes représentant 3907 foyers du Rift Albertin vivant aux abords du parc. Il en est ressorti qu'ils avaient peu profité du tourisme : « Quand les gens ont été interrogés sur les avantages de la forêt pour eux ou leurs communautés, le tourisme était classé très bas, constate-t-il. Le tourisme était seulement perçu comme profitable au pays dans son ensemble[52].

Pendant ce temps, les efforts des ONG pour promouvoir des alternatives au charbon de bois, telles que les granulés de bois et les poêles spéciaux, ont échoué. « Les granulés n'ont pas été un grand succès, où que ce soit, déclarait McNeilage. Je ne connais pas un seul endroit où ils ont été adoptés et sont devenus populaires[53]. »

Plumptre était d'accord. « Le WWF a depuis longtemps un projet de reforestation pour une utilisation durable, mais cela n'a pas eu un grand impact sur l'incitation à faire du charbon de bois en dehors du parc, m'a-t-il dit. La raison en est que les habitants ont utilisé la plantation pour fabriquer des poteaux plus lucratifs pour la construction, plutôt que du bois à transformer en combustible[54]. »

« La nécessité de passer aux combustibles modernes est un de mes sujets de litige », déclarait le Dr Helga Rainer du programme Great Ape (Grands Singes). « Il est décevant de devoir encore parler de poêles à économie d'énergie[55]. »

La situation est de plus en plus désespérée. Dans l'étude de Plumptre sur les populations qui résident autour du Parc des Virunga, lui et ses collègues ont constaté que la moitié des personnes interrogées disaient ne pas avoir un accès suffisant au bois de chauffage[56].

Le fait de travailler dans des régions où les défenseurs de l'environnement ne sont pas les bienvenus a conduit la chercheuse en écologie Sawyer à se demander si ses efforts en valaient la peine. « Quand je suis entrée pour la première fois en biologie de la conservation, je pensais : *trouve les zones les plus vulnérables et protège-les*, confiait-elle. « Maintenant, je vois que ce n'est peut-être pas une cause perdue, mais dans bien des endroits, la conservation est la dernière des priorités. Vous devez être attentif aux situations que vous essayez de préserver.

« Les endroits où vous pouvez obtenir le meilleur rapport investissement/résultat ne sont pas toujours ceux où les choses fonctionnent. Je me disais : « On ne peut pas perdre d'espèces terrestres, mais on doit ensuite se demander : Vaut-il la peine de sauver cette espèce au prix du coût social, politique et économique que cela représente ? Ou bien devons-nous dire : Espérons que l'espèce survivra, mais il y a d'autres priorités dans cette région à présent[57] ? »

Plumptre craint que la gestion du parc des Virunga par des étrangers affaiblisse le soutien local. « Mon problème, c'est que les gens considèrent le projet uniquement sous l'angle de l'intrusion d'étrangers qui débarquent et prennent tout en mains. Le risque c'est qu'ils voient le parc comme un terrain de jeu pour expats. Et donc quand surviennent les menaces, il y a peu de soutien de leur part.

Merode, le directeur du parc national des Virunga, est lui-même un prince belge qui s'est marié dans la « caste conservationniste ». Sa femme, Louise, est la fille de Richard Leakey, lanceur d'alerte contre une sixième extinction, et petite-fille de Louis Leakey, le primatologue qui a découvert que l'humanité avait pris naissance dans le Rift Albertin[58].

Le premier acte majeur de Merode en devenant directeur fut de sévir contre les petits agriculteurs qui cultivaient des parcelles à l'intérieur du parc des Virunga. Rappelons que, faute d'engrais, de routes et d'irrigation, les habitants de la région ont désespérément besoin de terres.

« Il a réduit le nombre des Rangers de 650 à 150, puis essayé d'entrer en guerre avec les gens et de les expulser sous la menace des armes », constatait Plumptre[59].

La ligne dure de Merode a surpris la communauté environnementaliste. « Il a fait tout son doctorat sur la conservation communautaire et cela a donc été un choc pour nous quand il a militarisé ses effectifs et chassé les gens du parc sous la menace des armes, a déclaré Plumptre. Historiquement, il avait travaillé avec les communautés[60]. »

La répression de Merode s'est retournée contre lui. L'idée était d'utiliser les mêmes fonds pour mieux rémunérer les employés, mais ils ont tellement réduit le nombre de rangers qu'ils ne pouvaient pas contrôler le parc[61]. »

Madden, la scientifique qui a étudié le pillage des cultures/récoltes, soulignait que des démarches conservationnistes agressives avaient, dans le passé, poussé la population locale à des représailles sur la faune. « Si les gens ne se sentent pas respectés et reconnus, ils riposteront, et peuvent riposter de manière disproportionnée », a-t-elle déclaré. Journalistes et scientifiques ont documenté de tels comportements depuis des décennies[62].

Plumptre a déclaré que l'animosité suscitée par Merode parmi les locaux avait pu entraîner la mort de 250 éléphants. « Nous avons effectué un recensement et n'avons trouvé que trente-cinq éléphants dans le parc des Virunga, contre 300 éléphants en 2010, soulignait-il. Certains ont peut-être élu domicile au Parc Reine Elizabeth en Ouganda, mais nous n'avons pas recensé 240 ou 250 nouveaux éléphants en Ouganda, alors que nous avons réalisé des enquêtes des deux côtés de la frontière[63]. »

« Il est impossible pour un individu de s'en prendre au gouvernement », m'a dit Madden. « Mais vous pouvez vous en prendre à la faune que le gouvernement s'efforce de protéger. C'est une vengeance symbolique. C'est une réplique psychologique qui signifie « on vous emmerde ».

J'ai demandé à Plumptre pourquoi Merode avait opté pour une attitude si dure envers les autochtones. « Il pensait que beaucoup de ceux qui vivaient dans le parc n'avaient rien à faire là et que l'une de ses priorités était d'essayer de contrôler le parc. Je pense qu'il n'a pas réalisé à quel point il avait besoin du soutien des chefs traditionnels locaux. Ils étaient impliqués dans des activités illégales, et il pensait probablement qu'il lui serait beaucoup plus aisé d'arriver à ses fins sans avoir à traiter avec eux[64]. »

Madden estime que les personnalités de nombreux scientifiques de la conservation nuisent à leurs relations avec les habitants. Les scientifiques de la conservation « sont très introvertis et analytiques » selon ses dires. « Ils veulent prendre de grandes décisions seuls dans un coin avec des gens qui pensent comme eux, puis les imposer aux gens qui ont le sentiment qu'on ne leur laisse pas le choix. On ne peut pas dire qu'ils se conduisent comme des imbéciles. Ils veulent bien faire. Ils n'ont pas les mêmes valeurs, ont l'air irrespectueux et ça explose. »

Entre 2015 et 2019, les raids des animaux du parc des Virunga sur les cultures se sont aggravés. Fin 2019, un agriculteur local déclarait à Caleb : « Nous avons besoin que le parc protège nos fermes en installant une clôture électrique pour empêcher les animaux de venir piller nos cultures. »

« Le parc doit faire tout son possible pour prévenir les intrusions d'animaux dans les fermes, déclarait Madden. Il y a eu une insurrection à grande échelle contre les pillages des récoltes quand j'étais là-bas. Des gorilles ont été tués et envoyés au Congo pour un barbecue. Des gens agressés sauvagement, l'un d'eux avait eu la moitié de la cuisse arrachée. On était au bord du chaos.

Le Cameroun, lui aussi, offre aux Congolais l'exemple d'une situation qui dégénère, expliquait la primatologue Sarah Sawyer. « Quand je suis arrivé à la réserve (au Cameroun), on parlait de lui attribuer une protection supplémentaire, dit-elle. Quand je suis partie, il était question d'en faire une éventuelle concession forestière. »

Toute personne ayant lu des ouvrages comme *La Sixième Extinction* [E. Kolbert], ou des rapports comme la Plateforme 2019 de l'IPBES, ou encore vu des films comme *Virunga*, avec la publicité qu'ils génèrent, pourrait raisonnablement se dire que la protection de la faune nécessite de freiner la croissance économique, de faire strictement respecter les limites du parc et de lutter contre les compagnies pétrolières. Pire encore, ils pourraient donner aux opinions publiques des pays développés l'impression que les Européens sont de meilleurs gestionnaires des parcs animaliers africains que les officiels locaux.

« Quand le parc des Virunga était géré par les Congolais, a déclaré Plumptre, il y avait plus de grands mammifères, moins de problèmes politiques et moins de personnes qui envahissaient le parc, même s'ils n'avaient qu'une fraction du budget actuel. Aujourd'hui, il y a des infrastructures, mais le nombre de mammifères s'est effondré et il y a beaucoup de cultures dans le parc qui n'étaient pas là il y a cinq ou six ans. »

6. Le gorille de 800 livres

En 2018, le parc des Virunga a fermé ses portes après le meurtre d'une garde forestière de vingt-cinq ans abattue par un groupe armé et l'enlèvement de trois personnes dont deux touristes britanniques. Les ravisseurs ont libéré les touristes et leur chauffeur congolais deux jours plus tard. La victime était l'une des vingt-six femmes rangers travaillant dans le parc à l'époque[65].

Après avoir fermé pendant huit mois, le parc des Virunga a rouvert aux touristes début 2019, mais quelques semaines plus tard seulement, un groupe armé local tuait un autre garde forestier[66].

Quant à Bernadette, des hommes armés ont fait irruption chez elle avec l'intention apparente de kidnapper ou tuer son mari, et le couple a été forcé de fuir. J'ai découvert cet épisode après avoir engagé Caleb à la fin 2019 pour faire un entretien de suivi avec elle. Après quelques recherches, Caleb a pu la retrouver. Ils se sont rencontrés et Bernadette lui a dit que son mari avait été ciblé pour des raisons politiques. « Mon mari est le petit-fils du chef que les bandits ont emmené dans la brousse et tué. » Son fils a pris la relève mais les bandits l'ont tué lui aussi. Le frère du chef assassiné plus âgé a pris la suite mais les bandits l'ont aussi tué. Le suivant dans la ligne de succession s'est enfui vers Goma. C'est alors que les bandits sont venus chercher le mari de Bernadette[67]. « Nous avons été réveillés par le bruit de gens qui essayaient de s'introduire par effraction. Mon mari a eu peur, moi j'étais encore profondément endormie. Il s'est levé lentement et est allé dans la chambre de notre fille. Je me suis réveillée. Personne n'a répondu. J'ai eu peur.

« Ensuite, je les ai entendus essayer d'ouvrir la porte, et je me suis dit : Il y a une autre femme qui est morte à la place de son mari alors qu'il était pourchassé. Moi aussi je peux me faire tirer une balle dans la tête. »

« Alors, je me suis levée lentement, j'ai pris mon bébé, qui s'est mis à pleurer. Ils ont entendu que j'étais dans la chambre de ma fille. J'ai trouvé mon mari là-bas. Je me suis placée à côté de lui. Je ne sais pas pourquoi mais Dieu lui a inspiré de prendre le téléphone, il a fait comme s'il parlait à quelqu'un. Quand ils l'ont entendu parler au téléphone, ils ont pris peur et sont partis.

« Ils se sont éloignés de l'entrée et sont allés derrière la maison. Nous les avons entendus s'appeler. Nous sommes restés silencieux, sans crier. Nous sommes restés assis toute la nuit jusqu'au matin car nous avions encore peur. »

« Trois jours plus tard, nous nous sommes réveillés et la même scène s'est reproduite. Encore une fois mon mari a fait mine de téléphoner.

Le lendemain, la belle-mère de Bernadette les a exhortés à fuir. "Mon mari a dit non. Mon père est décédé ! Comment pourrais-je te laisser seule ? Avec qui vais-je te laisser ? Sa mère a répondu : « On a déjà trop ramassé de cervelles de tes frères et ça suffit. Va t'en, Dieu prendra soin de moi. »

Bernadette a laissé sept de leurs enfants avec sa belle-mère, et elle est partie avec son mari et trois enfants pour travailler dans les fermes d'autres personnes. Lorsque Caleb l'a interviewée,

Bernadette avait l'air déprimée. « Pour pouvoir survivre ici, il faut travailler pour quelqu'un, a-t-elle dit à Caleb. Tu dois faire le ménage ou cultiver pour obtenir de la nourriture. Ma vie est un calvaire. On n'est pas tirés d'affaire. »

Quand j'ai demandé à Caleb ce qui pourrait arriver à Bernadette si elle était kidnappée, Il m'a répondu : « Quand ils kidnappent les femmes, ils les violent. Les hommes ils les battent. Ils appellent vos proches et mettent le haut-parleur, pour que votre famille puisse entendre qu'on vous torture. »

Mais comment des personnes aussi pauvres peuvent-elles bien payer une rançon ? Il a dit qu'il leur faudrait céder leurs terres et emprunter à leurs parents.

7. Pourquoi le Congo a besoin de combustibles fossiles

En fin de compte, pour que les gens arrêtent d'utiliser le bois et le charbon de bois comme combustibles, ils ont besoin d'une part d'un accès au gaz de pétrole liquéfié ou GPL fabriqué à partir du pétrole, et d'autre part d'électricité bon marché. Des chercheurs indiens ont prouvé que subventionner les villageois dans l'Himalaya avec le GPL réduit la déforestation et permettait à l'écosystème forestier de se reconstituer[68].

Certains défenseurs de l'environnement, dont la Wildlife Conservation Society de McNeilage, jugent qu'il est inévitable que le gouvernement congolais décide de forer dans le parc national des Virunga pour extraire du pétrole, et que les résultats pourraient être positifs. « Je pense que les chances qu'ils laissent le pétrole indéfiniment dans le sous-sol sont assez minimes. Le prix du pétrole a considérablement baissé et c'est peut-être pourquoi ils ne se décident pas aussi vite qu'en Ouganda. Les estimations étaient de deux à trois milliards de barils. La totalité ne serait pas récupérable mais on peut espérer extraire de 30 000 à 60 000 barils et jusqu'à 250 000 barils par jour. Cela pourrait faire une grande différence pour les besoins régionaux en carburant[69]. »

Le collègue de McNeilage, Plumptre, est d'accord. « S'ils avaient de l'électricité et du pétrole, et si cela peut être fait de manière propre, si l'on peut utiliser l'électricité et le gaz à la place du charbon de bois ce sera bon pour l'environnement. »

McNeilage reconnaît que son point de vue reste controversé parmi les écologistes. « Il y a deux lignes de pensée, souligne-t-il. L'une est que c'est illégal. C'est un site du patrimoine mondial des Nations Unies. Dans un monde idéal, faire tout ce qu'on peut pour empêcher de forer est la meilleure chose à faire[70].

« L'autre ligne de pensée – et là je n'engage que moi – c'est que si les pétroliers ont gain de cause, il vaudrait mieux que British Petroleum ou la compagnie pétrolière la plus responsable fasse le meilleur travail possible avec le minimum d'impact et un bénéfice maximum pour les populations locales en toute transparence[71]. »

« Si vous réussissez à faire décamper Soco, une société pétrolière basée à Londres qui a cherché à forer à l'intérieur du parc des Virunga, cela signifie que vous devrez affronter un cas de figure pire et que vous aurez, je ne sais pas, une société asiatique à la place. Une entreprise moins responsable qui prend le pétrole et se fiche pas mal de ce que pense le reste du monde. Je crois que souvent on finit par avoir quelqu'un de pire, qui se soucie moins des dangers[72]. »

McNeilage a aidé la compagnie pétrolière française Total à installer un forage pétrolier durable dans le parc national de Murchison Falls en Ouganda, au nord-est du Parc des Virunga, un parc majeur du Rift albertin. « Je suis toujours parti de l'idée de renforcer la capacité des pays dans lesquels je travaille à faire ce travail eux-mêmes et à en comprendre l'importance, me disait-il. Voilà l'approche fondamentalement juste[73]. »

Ce qui pousse McNeilage à travailler avec les compagnies pétrolières tient à un mélange de réalisme et d'humanisme. « J'ai réalisé que nous vivions une crise plus grave à bien des égards que je ne le pensais. L'industrie pétrolière a le potentiel, et ses revenus sont plus que suffisants pour payer l'entretien du parc.

Potentiellement, les compagnies pétrolières impliquées peuvent générer d'énormes revenus si elles s'engagent à protéger les zones qu'elles exploitent. Si elles le font bien, cela peut entraîner une bonne publicité, mais aussi bien une mauvaise, si elles échouent quelque part[74]. »

Le forage pétrolier n'a eu qu'un impact étonnamment limité. « On peut estimer le niveau de la perturbation, déclare McNeilage. Les animaux auront tendance à s'éloigner du périmètre immédiat de la zone d'opérations. Mais si l'entreprise prend des précautions pour minimiser l'impact de son activité ce ne sera pas une grosse perturbation au niveau du parc dans son ensemble. Et ils ont montré qu'ils pouvaient faire de gros efforts pour limiter leur impact au maximum. Les effets que nous avons constatés sur la faune ont été transitoires[75]. »

Cela dit, McNeilage dit que cela n'a pas été facile. « Les modalités pratiques concrètes pour amener les entreprises à faire le nécessaire ont été délicates. Il a été frustrant de travailler avec Total car c'est une énorme bureaucratie et il a été parfois difficile d'obtenir qu'elle s'acquitte de ses obligations. »

J'ai demandé à McNeilage en quoi l'expérience l'avait changé depuis son arrivée au Congo plus d'un quart de siècle plus tôt, pour étudier les papillons. « Je ne pense pas être une personne fondamentalement différente, a-t-il dit, juste beaucoup moins naïve. »

8. L'énergie, condition du progrès

Quant au barrage des Virunga construit par Merode avec Howard Buffett et l'argent de l'Union européenne, la plupart des experts estiment qu'il peut difficilement être reproduit. « Ce projet n'est pas un projet durable et il ne peut pas être copié dans tout le pays », me confiait Kavanagh, le journaliste. « Vous avez un riche donateur qui verse de l'argent. Vous avez une situation particulière à cause des gorilles, du parc, et à cause d'Emmanuel. Le parc est en pratique un fief de l'ICCN dirigé par Emmanuel. Ils peuvent obtenir des passe-droits qu'une entreprise moyenne n'obtiendra jamais[76]. »

Finalement, le barrage fournira de l'électricité à vingt mille personnes, mais c'est une goutte d'eau si l'on considère que la grande ville de Goma compte à elle seule deux millions d'habitants[77]. Et le coût élevé de l'électricité du barrage des Virunga signifie que seuls les relativement riches peuvent se l'offrir. Le coût initial de 292 dollars pour obtenir un branchement au réseau est prohibitif pour la plupart[78]. Rappelons que le revenu annuel moyen est de 561 dollars[79].

« Cela aide les gens à ouvrir des usines, des garages, à alimenter des machines, mais les catégories défavorisées ne peuvent pas se le payer, expliquait un homme à Caleb. Et donc ca ne stoppe pas l'exploitation du parc pour le charbon de bois, qui continue à sortir du parc. L'objectif était d'arrêter l'abattage d'arbres dans le parc pour fabriquer du charbon. Mais pour l'instant, l'électricité est très chère. Tant qu'elle le restera, les gens continueront à fabriquer du charbon de bois à partir des arbres du parc. »

Les experts conviennent que le moyen le plus simple et le moins cher pour le Congo d'obtenir une électricité abondante et bon marché sera de construire le Grand barrage d'Inga sur le fleuve Congo. « Inga a un potentiel de 100 000 mégawatts, selon Kavanagh. Vous pouvez fournir de l'énergie à toute l'Afrique. »

Le barrage d'Inga serait cinquante fois plus grand que le barrage Hoover, qui alimente huit millions de personnes en Californie, en Arizona et au Nevada[80].

Mais pour que l'électricité et le GPL bon marché s'autofinancent et ne dépendent pas de dons caritatifs, des gouvernements européens ou des philanthropes américains, le Congo a besoin de sécurité, de paix et d'une industrialisation similaire à celle qui par le passé a sorti tant de pays de la pauvreté.

Notes

1. Elizabeth Kolbert, The Sixth Extinction: An Unnatural History (New York: Henry Holt & Company, 2014), 266–267. (La Sixième Extinction, Livre de Poche).

2. « World Is "on Notice" as Major UN Report Shows One Million Species Face Extinction, » UN News, 6 mai 2019, https://news.un.org/en/story/2019/05/1037941. « UN Report: Nature's Dangerous Decline "Unprecedented" ; Species Extinction Rates "Accelerating," » Sustainable Development Goals, 6 mai 2019, https://www.un.org/sustainabledevelopment/blog/2019/05/nature-decline-unprecedented-report.

3. « UN Report: Nature's Dangerous Decline "Unprecedented." »

4. Ibid.

5. Kolbert, *La Sixième Extinction.*

6. Luke J. Harmon et Susan Harrison, « Species Diversity Is Dynamic and Unbounded at Local and Continental Scales, » *American Naturalist* 185, no. 5 (2015): 584–93, https://doi.org/10.1086/680859. See also Thomas J. Stohlgren, John D. Barnett, et John T. Kartesz, « The Rich Get Richer: Patterns of Plant Invasions in the United States, » *Frontiers in Ecology and the Environment* 1, no. 1 (2003): 11–14, https://doi.org/10.2307/3867959. Les scientifiques savent depuis des décennies que les preuves « soutiennent massivement l'ouverture des communautés à de nouvelles espèces, même aux petites échelles spatiales où les espèces interagissent et où les influences de la compétition et de l'approvisionnement en ressources devraient être les plus fortes. » Pour une discussion récente, voir Rub. n G. Mateo, Karel Mokany, et Antoine Guisan, « Biodiversity Models: What If Unsaturation Is the Rule?, » Trends in Ecology & Evolution 32, no. 8 (2017): 556–66, https://doi.org/10.1016/j.tree.2017.05.003.

7. Fangliang He et Stephen P. Hubbell, « Species–Area Relationships Always Overestimate Extinction Rates from Habitat Loss, » *Nature* 473 (2011): 368–371, https://doi.org/10.1038/nature09985.

8. Dov F. Sax, Steven D. Gaines, et James Brown, « Species Invasions Exceed Extinctions on Islands Worldwide: A Comparative Study of Plants and Birds, » *The American Naturalist* 160, no. 6 (2002): 766–783, https://doi.org/10.1086/343877.

9. Chris D. Thomas, « Rapid Acceleration of Plant Speciation During the Anthropocene, » *Trends in Ecology & Evolution* 30, no. 8 (2015): 448–455, https://doi.org/10.1016/j.tree.2015.05.009.

10. Kolbert, *The Sixth Extinction*, 186.

11. 11. Ibid., 186–187.

12. Mark Sagoff, « Welcome to the Narcisscene, » *Breakthrough Journal* no. 9 (Summer 2018), https://thebreakthrough.org/journal/no-9-summer-2018/welcome-to-the-narcisscene.

13. The IUCN Red List of Endangered Species, https://www.iucnredlist.org.

14. Ibid.

15. Le nombre d'espèces d'animaux marins est passé de 2 000 à 5 500 en 100 millions d'années. Le genre (p. genera) est le rang taxonomique antérieur à l'espèce. Les fossiles d'animaux marins étant plus résistants et plus faciles à étudier, ils sont utilisés par les spécialistes pour estimer les extinctions et l'augmentation globales des espèces dans l'histoire géologique de la Terre. J. J. Sepkoski, « A Compendium of Fossil Marine Animal Genera », *Bulletins of American Paleontology* 363 (2002). American Paleontology 363 (2002): 1-560.

16. Ibid.

17. Peter Brannen, « Earth Is Not in the Midst of a Sixth Mass Extinction, » *The Atlantic*, 13 juin 2017, https://www.theatlantic.com

18. *Protected Planet Report 2018*, United Nations Environment Programme, 2018, https://livereport.protectedplanet.net/pdf/Protected_Planet_Report_2018.pdf.

19. Marine Deguignet, Diego Juffe-Bignoli, Jerry Harrison et al., *2014 United Nations List of Protected Areas*, United Nations Environment Programme, 2014, www.unep-wcmc.org.

20. A. J. Plumptre, S. Ayebare, D. Segan et al., « Conservation Action Plan for the Albertine Rift, » Wildlife Conservation Society and Its Partners, 2016, http://conservationcorridor.org/cpb/Plumptre_et_al_2016.pdf, 12.

21. « Living Planet Index, » 2018, Zoological Society of London and WWF, www.livingplanetindex.org.

22. Hannah Behrendt, Carole Megevand, et Klas Sander, « Deforestation Trends in the Congo Basin: Reconciling Economic Growth and Forest Protection, » Working Paper 5, « Wood-Based Biomass Energy, » Regional Commission in Charge of Forestry in Central Africa, avril 2013, https://www.profor.info/sites/profor.info/files/Biomass%20Energy_Sectoral%20Report_Final%5Bweb%5D_may13_0.pdf.

23. Mark Jenkins, « Who Murdered the Virunga Gorillas?, » *National Geographic*, juillet 2008, www.nationalgeographic.com.

24. Ibid.

25. Ibid.

26. Holly Dranginis, « Congo's Charcoal Cartel, » *Foreign Affairs*, 12 mai 2016, https://www.foreignaffairs.com.

27. Behrendt et al., « Deforestation Trends in the Congo Basin, » 1.

28. Sophie Lewisohn, « Virunga: Preserving Africa's National Parks Through People-Centred Development, » Capacity4dev, European Union, 3 avril, 2018, https://europa.eu/capacity4dev/articles/virunga-preserving-africas-national-parks-through-people-centred-development. Amy Yee, « The Power Plants That May Save a Park, and Aid a Country, » *New York Times*, 30 août 2017, https://www.nytimes.com..

29. Andrew Plumptre (coordination scientifique, Africa Program, Wildlife Conservation Society), discussion avec l'auteur, 10 Février 2015, et 6 Novembre 2019.

30. Michael J. Kavanagh (journaliste), discussion avec l'auteur, 29 Novembre 2014.

31. Abe Streep, « The Belgian Prince Taking Bullets to Save the World's Most Threatened Park, » *Outside*, 5 Novembre 2014, https://www.outsideonline.com.

32. Ibid.

33. Jeffrey Gettlemen, « Oil Dispute Takes a Page from Congo's Bloody Past, » *New York Times*, 15 Novembre 2014, https://www.nytimes.com.

34. George Schaller, *The Year of the Gorilla* (Chicago: University of Chicago Press, 1988), 3.

35. Ibid., 8.

36. Paul Raffaele, « Gorillas in Their Midst, » *Smithsonian*, Octobre 2007, https://www.smithsonianmag.com.

37. Andrew J. Plumptre et al., « Conservation Action Plan for the Albertine Rift » (rapport inédit pour la Wildlife Conservation Society et ses partenaires, 2016), 5, 7.

38. « Ce que j'entendais au milieu des années 90 et au début des années 2000, alors que je travaillais pour le PICG, c'est que le conflit en RDC n'était qu'une question de cupidité et de personnes voulant exploiter les minerais. D'autres disaient que les causes essentielles étaient les griefs et le conflit rwandais. En faisant mon doctorat, je suis arrivé à la conclusion que les deux aspects jouent un rôle, mais que les causes du conflit proviennent des griefs ». Michael Shellenberger, « Violence, the Virungas, and Gorillas: An Interview with Conservationist Helga Rainer, » Breakthrough Institute, 20 novembre 2014, https://thebreakthrough.org/issues/conservation/violence-the-virungas-and-gorillas.

39. Mark Dowie, *Conservation Refugees: The Hundred-Year Conflict Between Global Conservation and Native Peoples* (Cambridge, MA: MIT Press, 2009), xxi.

40. Mahesh Rangarajan et Ghazala Shahabuddin, « Displacement and Relocation from Protected Areas, » *Conservation and Society* 4, no. 3 (Septembre 2006): 359, https://www.conservationandsociety.org.

41. Mark Dowie, *Conservation Refugees: The Hundred-Year Conflict Between Global Conservation and Native Peoples.*

42. Ibid., xxvi.

43. Sammy Zahran, Jeffrey G. Snodgrass, David G. Maranon et al., « Stress and Telomere Shortening Among Central Indian Conservation Refugees, » *Proceedings of the National Academy of Sciences of the United States of America* 112, no. 9 (3 mars 2015): E928–E936, https://doi.org/10.1073/pnas.1411902112.

44. A. J. Plumptre, A. Kayitare, H. Rainer et al., « The Socio-economic Status of People Living near Protected Areas in the Central Albertine Rift, » *Albertine Rift Technical Reports* 4 (2004), https://www.researchgate.net/publication/235945000_Socioeconomic_status_of_people_in_the_Central_Albertine_Rift, 28.

45. Alastair McNeilage (primatologue, Wildlife Conservation Society) discussion avec l'auteur, 5 Fevrier 2015.

46. Plumptre et al., « The Socio-economic Status of People Living near Protected Areas in the Central Albertine Rift, » 98.

47. Michael Shellenberger, « Postcolonial Gorilla Conservation: An Interview with Ecologist Sarah Sawyer, » Breakthrough Institute, 19 Novembre 2014, https://thebreakthrough.org/issues/conservation/postcolonial-gorilla-conservation.

48. Ibid.

49. Andrew Plumptre (Chef de projet scientifique, Africa Program, Wildlife Conservation Society) discussion avec l'auteur, 6 Novembre 2019.

50. « 2019–2020 Gorilla Tracking Permit Availability Uganda/Rwanda, » Kisoro Tours Uganda, https://kisorotoursuganda.com/2019-2020-gorilla-tracking-permit-availability-uganda-rwanda. L'Ouganda reste une relative bonne affaire à seulement 600 $.

51. Michael Shellenberger, « Postcolonial Gorilla Conservation: An Interview with Ecologist Sarah Sawyer, » https://thebreakthrough.org/issues/conser vation/violence-the-virungas-and-gorillas.

52. Plumptre et al., « The Socio-economic Status of People Living near Protected Areas in the Central Albertine Rift, » *Albertine Rift Technical Reports* 4 (2004): 116, https://albertinerift.wcs.org.

53. Alastair McNeilage (primatologue, Wildlife Conservation Society) discussion avec l'auteur, 5 Fevrier 2015.

54. Andrew Plumptre (Chef de projet scientifique, Africa Program, Wildlife Conservation Society) discussion avec l'auteur, 10 février 2015 et 6 Novembre 2019.

55. Michael Shellenberger, « Violence, the Virungas, and Gorillas: An Interview with Conservationist Helga Rainer. »

56. Andrew Plumptre et al., « The Socio-economic Status of People Living near Protected Areas in the Central Albertine Rift, » 25.

57. Michael Shellenberger, « Postcolonial Gorilla Conservation: An Interview with Ecologist Sarah Sawyer. »

58. Andrew Plumptre (Chef de projet scientifique, Africa Program, Wildlife Conservation Society) discussion avec l'auteur, 10 fébrier 2015.

59. Andrew Plumptre (Chef de projet scientifique, Africa Program, Wildlife Conservation Society) discussion avec l'auteur, 6 Novembre 2019.

60. Ibid.

61. Ibid.

62. « Autrefois habitués à chasser le gibier à l'aide d'armes traditionnelles pour les besoins de leur propre communauté, les autochtones expulsés achètent souvent des fusils, réintègrent leurs anciens terrains de chasse et commencent à braconner un plus grand nombre de ces mêmes animaux pour le commerce croissant de la « viande de brousse », ou viande de gibier sauvage, qui, comme presque tout le reste, s'est mondialisé », notait le journaliste environnemental. Au Cameroun, en 2003, « des réfugiés appauvris et aigris ont envahi les deux réserves et pillé leurs ressources naturelles ». Dowie, *Conservation Refugees*, xxvi-xxvii.

63. Andrew Plumptre (Chef de projet scientifique, Africa Program, Wildlife Conservation Society) discussion avec l'auteur, 10 février 2015.

64. Andrew Plumptre (Chef de projet scientifique, Africa Program, Wildlife Conservation Society) discussion avec l'auteur, 6 Novembre 2019.

65. Shannon Sims, « After Violence, Congo's Virunga National Park Closes for the Year, » *New York Times*, 14 juin 2018, https://www.nytimes.com.

66. Jason Burke, « Ranger Killed Weeks After Reopening of Virunga National Park, » *The Guardian*, 8 mars 2019, www.theguardian.com.

67. Mamy Bernadette Semutaga, interviewée par Caleb Kabanda, 11 Décembre 2019.

68. Sunil Nautiyal et Harald Kaechele, « Fuel Switching from Wood to LPG Can Benefit the Environment, » *Environmental Impact Assessment Review* 28, no. 8 (November 2008): 523–32, https://doi.org/10.1016/j.eiar.2008.02.004.

69. Alastair McNeilage (primatologue, Wildlife Conservation Society) discussion avec l'auteur, 5 Fevrier 2015.

70. Ibid.

71. Ibid.

72. Ibid.

73. Ibid.

74. Ibid.

75. Ibid.

76. Michael J. Kavanagh (journaliste), discussion avec l'auteur, 29 Novembre 2014.

77. Amy Yee, « The Power Plants That May Save a Park, and Aid a Country, » *New York Times*, 30 août 2017, https://www.nytimes.com.

78. Ibid.

79. *Sub-Saharan Africa: Macro Poverty Outlook*, World Bank Group, Octobre 2019, http://pubdocs.worldbank.org/en/720441492455091991/mpo-ssa.pdf, 222.

80. « History of Hoover, » Arizona Power Authority, consulté le 20 janvier 2020, http://www.powerauthority.org/about-us/history-of-hoover.

V

Les ateliers de misère sauvent la planète

1. La guerre contre la mode

À l'automne 2019, lors de la London Fashion Week, des centaines de militants d'Extinction Rébellion ont manifesté contre les effets délétères de l'industrie sur le climat. Certains se sont couverts eux-mêmes de faux sang et se sont allongés dans la rue. Devant le défilé de mode de Victoria Beckham, ils ont brandi des pancartes sur lesquelles on pouvait lire : « Mode = écocide » et « Les affaires comme d'habitude » égalent la fin de la vie sur Terre[1]. Un porte-parole du groupe a déclaré : « En tant qu'espèce, nous sommes – littéralement – confrontés à la fin du monde[2] ».

Environ deux cents manifestants d'Extinction Rebellion ont organisé une marche funèbre avec cercueil géant et fanfare. Ils ont défilé dans le Strand, au centre de Londres, immobilisant la circulation. Ils ont scandé des slogans et distribué des tracts. Les militants ont fait état d'estimations selon lesquelles l'industrie de la mode était responsable de 10 % de l'ensemble des émissions de carbone.[3]

Plus d'une demi-douzaine de manifestants vêtus de robes rouge sang et le visage peint en blanc, ont protesté devant H&M, un détaillant qui commercialise une « mode rapide » à bas prix[4]. Un article sur la page Facebook d'Extinction Rebellion, disait : « L'industrie adhère encore à un système archaïque de mode saisonnière, maintenant sa pression pour créer sans relâche une nouvelle mode à partir de nouveaux matériaux[5]. »

Sur son site Web, Extinction Rebellion écrit : « À l'échelle mondiale, nous produisons jusqu'à cent milliards de vêtements par an, au prix de terribles ravages pour la planète et les ouvriers du textile. Pire encore, de nouveaux rapports prédisent que l'industrie du vêtement et de la chaussure grossira de 81 % d'ici 2030, ce qui créera une pression sans précédent sur des ressources planétaires déjà dévastées. »

Ces manifestations semblent avoir eu un impact. Une enquête récente a révélé que plus de 33 % des clients ont opté pour des marques qu'ils estiment plus durables, et 75 % ont indiqué que la soutenabilité environnementale est un critère important pour eux lors d'achats vestimentaires[6].

D'autres soutiennent que la mode et les autres industries des produits de consommation sont intrinsèquement insoutenables, parce que basées sur une croissance de la consommation.

« Empêcher les gens de consommer est vraiment le seul moyen d'avoir un impact à ce stade, ce qui est un message difficile à admettre pour de nombreuses personnes », déclarait un militant d'Extinction Rébellion. « En tant qu'outil de communication, la mode a une telle influence, soulignait un autre activiste. Nous devons tous porter des vêtements et cela a du pouvoir[7]. »

Les écologistes ciblent toute une gamme de produits de consommation, pas seulement les chaussures et les vêtements. En 2011, des militants de Greenpeace ont manifesté contre Mattel, le fabricant des poupées Barbie en Californie. Dans un communiqué, Greenpeace déclarait au *Washington Post* et à d'autres journalistes avoir ciblé Mattel parce que le fabricant de divertissements et de jouets s'approvisionnait chez Asie Pulp and Paper, qui selon Greenpeace achète de la pâte à bois fabriquées à partir d'essences provenant des forêts tropicales indonésiennes[8].

Pendant la manifestation, une militante de Greenpeace déguisée en Barbie conduisait un bulldozer rose. « Pensez-vous qu'ils me laisseront garer ça au centre commercial ? » a-t-elle demandé aux spectateurs. À El Segundo, en Californie, un militant est monté sur le toit du siège de Mattel, où il a déployé une banderole ornée du visage d'un Ken qui disait, l'air découragé : « Barbie, c'est fini. Je ne sors pas avec des filles qui soutiennent la déforestation[9]. »

Mais Mattel n'est pas vraiment un agent majeur de la déforestation. Par rapport à celle des quotidiens, la consommation de papier de Mattel est insignifiante. Greenpeace a ciblé Mattel non du fait de sa grande consommation de papier, mais parce que Barbie est une marque très connue. Attaquer l'entreprise de jouets était un sûr moyen d'attirer l'attention des médias.

La vérité sur les vêtements et autres articles de consommation fabriqués dans les usines de pays pauvres et en développement est en fait à l'opposé de ce qu'Extinction Rébellion et Greenpeace claironnent. Plutôt que d'être le principal coupable de la destruction des forêts, les usines ont été et restent un facteur de sauvegarde.

2. Quitter la ferme

En 1996, j'ai arrêté les études supérieures que je suivais à Santa Cruz, en Californie, et je suis retourné à San Francisco travailler sur des campagnes militantes avec les ONG Global

Exchange, Rainforest Action Network et d'autres organisations progressistes et écologistes.

À l'époque, les gens nourrissaient des inquiétudes croissantes quant à l'impact de la fabrication des vêtements – parmi d'autres produits, poupées Barbie ou chocolats – sur le travail et l'environnement. Nous avons donc décidé de lancer ce que nous avons appelé une « campagne d'entreprise » contre l'une des multinationales les plus importantes et les plus rentables au monde. Notre modèle était le boycott de Rainforest Action Network contre Burger King, pour lequel j'avais collecté des fonds au lycée. Notre stratégie était de cibler une grande marque réputée. Nous avons rapidement opté pour Nike.

À l'époque, la marque venait de commencer à promouvoir ses chaussures en misant sur l'autonomisation des femmes et des jeunes filles par le sport. Mes collègues de Global Exchange et moi avons décidé de nous concentrer sur les droits des femmes. Déjà, Global Exchange avait organisé une tournée américaine avec un ouvrier indonésien de Nike pour décrire publiquement le quotidien dans les usines de vêtements du groupe, générant une énorme publicité nationale.

Nous avons rédigé une lettre ouverte à Phil Knight, le fondateur et président de Nike à l'époque. Nous avons fait circuler la lettre parmi les leaders des mouvements féministes et en avons envoyé une copie au *New York Times*. Dans la lettre, nous avons demandé à Nike d'autoriser des enquêteurs indépendants locaux à inspecter ses usines en Asie, et réclamé des augmentations de salaires. Par exemple, ses ouvriers vietnamiens ne gagnaient que 1,60 dollar par jour à l'époque. À l'automne 1997, le *Times* a publié un article dont le titre était « Nike soutient la cause des femmes dans ses publicités mais pas dans ses usines, selon certaines organisations. » Le journaliste écrivait : « Une coalition de groupes féministes a dénoncé l'hypocrisie de Nike dont les nouvelles publicités télévisées mettent en vedette des athlètes féminines, affirmant que quelque chose cloche lorsque l'entreprise appelle à autonomiser les femmes américaines mais sous-paye sa main-d'œuvre étrangère, en grande partie féminine[10]. »

Notre campagne a semblé un succès. Nous avons généré une telle publicité négative que nous avons causé du tort à la marque. Tout aussi important, nous avons envoyé le message à d'autres entreprises qu'elles seraient tenues responsables des conditions de travail des sous-traitants avec lesquels elles passaient des accords à l'étranger. « Il faut remonter à 1997 pour trouver le premier événement clairement lié à la responsabilité sociale des entreprises dont je me souvienne – le boycott de Nike – qui a eu un impact réel sur l'entreprise », déclarait Geoffrey Heal, professeur à la Columbia University Business School[11].

Cette campagne Nike a laissé un arrière-goût de demi-échec. Certains, comme Jeff Ballinger, dont le travail avec les ouvriers indonésiens remonte à 1988, estime que l'accent mis par Nike sur la « durabilité environnementale » n'était qu'une stratégie de *com* pour éclipser une exploitation humaine qui n'avait jamais cessé. « Le paradigme d'une externalisation qui broie les ouvriers règne toujours chez la plupart des fabricants peu qualifiés », notait ainsi Ballinger[12].

Pendant ce temps, experts environnementaux et militants affirment que les entreprises qui fabriquent des produits de grande consommation n'ont rien fait de significatif pour améliorer leurs pratiques environnementales. « La promotion d'une mode durable a été un échec total, et tous les changements mineurs et graduels obtenus ont été submergés par la croissance explosive d'une économie d'extraction, de consommation, de gaspillage et d'abus continuels envers la main-d'œuvre », déclaraient des militants en 2019[13].

En juin 2015, quelques mois après notre séjour au Congo, au Rwanda et en Ouganda, j'ai décidé de partir pour l'Indonésie et de voir par moi-même à quoi ressemblait la situation des ouvriers d'usine là-bas. J'ai embauché une journaliste indonésienne de vingt-quatre ans, Syarifah Nur Aida, qui se faisait appeler Ipeh. Elle avait rendu compte des conditions de travail dans les usines et avait récemment révélé la corruption des militaires[14].

« J'ai été tabassée l'an dernier après avoir raconté que des officiers de l'armée avaient acheté des terrains à bas prix, m'a-t-elle confié. C'était très effrayant pour mes parents, mais ils n'ont jamais insisté pour que j'arrête. »

Ipeh avait organisé des entretiens avec plusieurs ouvriers d'usine pour moi. Notamment Suparti, vingt-cinq ans, originaire d'un petit village côtier. Elle avait obtenu son premier emploi dans une usine Barbie, et son second dans une chocolaterie. Nous nous sommes rencontrés deux fois, d'abord au bureau du syndicat de Suparti, puis de nouveau chez elle. Elle portait un hijab rose vif, qu'elle fermait avec un grande broche.

« Nous passions chaque dimanche à jouer dans l'eau, mais je n'ai jamais appris à nager et n'y suis jamais entrée complètement, dit-elle. J'ai vécu dans une communauté islamique rigoriste où nous ne pouvions même pas prendre part à des événements collectifs s'il y avait des hommes présents. »

Les moments à la plage étaient rares. « Nous allions rarement à la mer parce qu'il y avait toujours beaucoup de travail[15]. » Après l'école, Suparti travaillait aux champs avec ses parents, ses frères et sœurs. « Nous étions pauvres par rapport aux autres foyers du village. Notre maison faite de bambou comptait quatre pièces. Nous n'avions ni l'électricité ni la télé. Nous faisions la cuisine sur un feu de balles de riz. »

Sa famille faisait pousser du riz, des aubergines, des piments et des haricots verts. Ils alternaient les cultures de riz et de soja pour fertiliser le sol. Elle aidait ses parents à lier les épinards en bottes pour les vendre sur le marché local.

Les pires dangers auxquels Suparti et sa famille étaient confrontés étaient les animaux sauvages, les maladies et les catastrophes naturelles. Un jour, des chiens sauvages ont envahi les village. « Mes parents craignaient qu'ils dévorent nos lapins », a-t-elle expliqué. « Pendant l'épidémie de grippe aviaire, mes parents se sont inquiétés pour leurs poulets mais ils n'ont pas été touchés ».

« Tout le monde redoutait les tsunamis et les tremblements de terre parce que nous vivions près de la mer, m'a confié Suparti. Certaines personnes avaient tellement peur qu'elles ont déménagé dans les montagnes. Mais par la suite, le volcan Merapi est entré en éruption. Les gens riches qui avaient déménagé dans les collines ont tout perdu à cause des coulées de lave. Nous nous sentions très vulnérables car exposés à la Nature. »

Finalement, Suparti a été attirée par la ville. « En tant qu'enfant, j'avais entendu ma tante décrire le travail en usine, et j'imaginais que j'y travaillerais. Mes parents ne voulaient pas. « Reste ici, fais ton travail, et attends qu'un homme bon t'épouse, me disaient-ils. Ma mère en particulier ne voulait pas que j'y aille. Je leur ai expliqué que je voulais leur envoyer de l'argent. »

C'est ainsi que, peu après ses dix-sept ans, Suparti a quitté son foyer[16].

3. Les progrès de la fabrication

Quand des jeunes gens comme Suparti quittent la ferme pour la ville, ils doivent acheter la nourriture au lieu de la cultiver. Avec pour conséquence que les agriculteurs, en nombre décroissant dans les pays pauvres et en développement, doivent augmenter leur rendements.

En Ouganda, j'ai eu une conversation avec une femme d'âge moyen qui travaillait à notre écolodge, où nous sommes allés observer des gorilles une seconde fois. Je lui ai dit que seulement deux Américains sur cent travaillent dans l'agriculture – alors que deux Ougandais sur trois sont des agriculteurs.

— Comment pouvez-vous faire pousser suffisamment de nourriture ? m'a-t-elle demandé.

— Avec de très grosses machines, ai-je répondu.

Depuis plus de 250 ans, l'industrialisation ajoutée aux gains de productivité de l'agriculture a été le moteur de la croissance économique des pays du monde entier. Les ouvriers d'usine comme Suparti dépensent leur argent pour acheter de la nourriture, des vêtements et d'autres produits et services, avec pour résultat une main-d'œuvre et une société plus riches et une diversité d'emplois accrue. La diminution du nombre de travailleurs requis pour la production alimentaire et énergétique, grâce à l'utilisation d'énergie et de machines modernes, accroît la productivité, donc le dynamisme de l'économie et permet de diversifier la main-d'œuvre.

S'il est vrai que quelques pays riches en pétrole comme l'Arabie saoudite ont atteint un niveau de vie très élevé sans s'être jamais industrialisés, presque tous les autres pays développés du monde, Grande-Bretagne, États-Unis, Japon, Corée du Sud et Chine, ont transformé leur économie en misant sur l'industrie.

La prospérité découlant de l'industrialisation est ce qui permet aux nations de construire routes, centrales électriques, réseaux électriques, systèmes de contrôle des inondations, réseaux d'assainissement et de traitement des déchets, autant de dispositifs qui distinguent les pays nantis, comme les États-Unis, des pauvres comme le Congo.

Les grandes villes, quant à elles, concentrent les populations humaines et laissent davantage d'espaces naturels à la faune. Les villes couvrent un peu plus de 0,5 % des zones libres de glace de la Planète[17]. Moins d'un demi pour cent de la Terre est couvert de trottoirs ou bâtiments[18].

À mesure que les fermes gagnent en productivité, les prairies, les forêts et la faune se portent mieux. À l'échelle mondiale, le taux de reboisement rattrape un taux de déforestation qui décélère[19].

L'utilisation du bois par l'humanité a atteint un pic et pourrait bientôt diminuer considérablement[20]. Et la superficie des terres cultivées par l'humanité est probablement proche de son plus haut et devrait commencer à décliner bientôt[21]. Voilà autant d'excellentes nouvelles pour tous ceux qui se soucient de la prospérité universelle et de la protection de l'environnement.

La clé c'est de produire davantage sur des superficies plus réduites. Alors que les terres exploitées par l'agriculture ont vu leur superficie croître de 8 % depuis 1961, les volumes alimentaires produits ont augmenté de 300 %[22].

Bien que les pâturages et les terres cultivées aient augmenté de 5 à 16 %, entre 1961 et 2017, l'étendue maximale dévolue aux terres agricoles totales a atteint son pic dans les années 90, pour diminuer ensuite de manière significative, principalement du fait d'une baisse de 4,5 % des pâturages depuis 2000[23]. Entre 2000 et 2017, la production de viande bovine et de lait de vache a augmenté respectivement de 19 et 38 % alors même que la superficie totale des pâturages diminuait au niveau mondial[24].

Le remplacement des animaux de ferme par des machines a massivement réduit les surfaces nécessaires à la production alimentaire. En passant des chevaux et des mulets aux tracteurs et moissonneuses-batteuses, les États-Unis ont réduit de 500 000 km2 (la taille de la Californie) la superficie des terres requises pour produire des aliments destinés aux animaux. Cette économie représente le quart du total des terres exploitées par l'agriculture américaine[25].

Aujourd'hui, des centaines de millions de chevaux, bovins, bœufs et autres animaux sont toujours utilisés comme animaux de trait pour l'agriculture en Asie, en Afrique et en Amérique latine. En finir avec la production d'aliments pour le bétail permettrait de libérer des terres pour les espèces menacées, tout comme c'est le cas en Europe et en Amérique du Nord.

À mesure des avancées technologiques, les rendements des cultures continueront d'augmenter, en dépit de l'élévation des températures. La modernisation des techniques agricoles et les intrants pourraient multiplier par cinq les rendements du riz, du blé et du maïs en Afrique subsaharienne, en Inde et dans les pays en développement[26]. Les experts affirment qu'en Afrique subsaharienne, les fermes pourraient augmenter leurs rendements de près de 100 % d'ici 2050 simplement grâce à l'accès aux engrais, à l'irrigation et aux machines agricoles[27].

Si chaque pays élevait sa productivité agricole au niveau atteint par ses agriculteurs les plus prospères, les rendements alimentaires mondiaux augmenteraient de 70 %[28].

Si chaque pays augmentait le nombre de cultures par an à son plein potentiel, les rendements mondiaux des cultures vivrières pourraient augmenter de 50 % supplémentaires[29].

Les choses vont dans la bonne direction en ce qui concerne les autres mesures environnementales. La pollution de l'eau diminue en termes relatifs, par unité de production, et en termes absolus dans certains pays. L'utilisation d'eau par unité de production agricole a diminué à mesure que les agriculteurs ont gagné en efficacité dans leurs méthodes d'irrigation.

L'agriculture à haut rendement engendre beaucoup moins de rejets de pollution azotée que l'agriculture à faible rendement. Alors que les pays riches atteignent des rendements 70 % plus élevés que les pays pauvres, ils n'utilisent que 54 % d'azote supplémentaire[30]. Les nations s'améliorent peu à peu dans leurs techniques d'utilisation des engrais azotés. Depuis le début des années 1960, les Pays-Bas ont multiplié leurs rendements par deux tout en utilisant la même quantité d'engrais[31].

L'agriculture à haut rendement est également meilleure pour les sols. 80 % des sols dégradés se trouvent dans les pays pauvres et en développement d'Asie, d'Amérique latine et d'Afrique. Le taux de perte des sols est deux fois plus élevé dans les pays en développement que dans les pays développés. Grâce à l'utilisation d'engrais, les prospères pays européens et les États-Unis ont adopté des méthodes de conservation des sols et d'autres techniques culturales simplifiées, qui empêchent l'érosion. Aux États-Unis, l'érosion des sols a diminué de 40 % en seulement quinze ans, entre 1982 et 1997, tandis que les rendements augmentaient[32].

Voilà pourquoi acheter des vêtements bon marché et augmenter ainsi la productivité agricole, est l'une des choses les plus importantes que nous puissions faire pour aider les gens comme Suparti en Indonésie et Bernadette au Congo, tout en créant les conditions pour la régénération des milieux naturels et leur protection, y compris les forêts tropicales.

4. La grande évasion

Suparti était heureuse et impatiente de quitter sa maison à la campagne pour la grande ville. « Je me souviens de l'excitation que j'ai ressentie en prenant un bus toute seule », raconte-t-elle. « Nous sommes partis à 17 heures et arrivés à 8 heures le lendemain. Je n'ai dormi que deux heures parce que j'étais tellement excitée... J'ai été accueillie par ma tante et ma sœur, qui habitait à trente minutes et travaillait en usine. Ma première entrevue a eu lieu deux heures plus tard à 10 heures du matin, et j'ai raté parce qu'ils m'ont demandé mon adresse et je ne la savais pas ! J'ai passé une semaine chez ma tante, puis je suis allée à une entrevue à l'usine Mattel.

Des centaines de jeunes femmes avaient commencé à faire la queue à 5 heures du matin juste pour obtenir un billet pour participer à une loterie, à partir de laquelle les candidats seraient sélectionnés pour des entrevues.

Suparti est arrivée avec quelques heures de retard, alors que les billets étaient déjà écoulés, mais elle a pu se faufiler dans l'usine avec une amie profitant d'un instant d'inattention du vigile.

« Une part de l'interview consistait à enfiler des vêtements et des accessoires sur une poupée Barbie », dit-elle. « Nous avons été jugés sur la vitesse. En tant que fille, j'avais joué avec de fausses poupées Barbie. De plus, je savais que ce serait le test et j'étais mentalement préparée. Les autres tests consistaient à nouer une queue de cheval à la poupée et à lui enfiler des chaussures. »

Les tests ont commencé à 10 h. Cinq heures plus tard, ils ont annoncé qui était embauchée. « J'ai été plus rapide que les autres et j'ai obtenu le poste, J'étais heureuse mais pas surprise car je pensais que j'y arriverais. »

Mais le travail – ainsi que la culture à l'intérieur de l'usine Mattel – n'était pas ce que Suparti avait imaginé. « Il n'y a jamais eu de violence physique, mais il y avait des cris constants et je n'avais jamais été engueulée de ma vie. Les Javanais parlent lentement et calmement. Les gens de Sumatra parlent fort. Ils ne veulent pas crier, mais c'est comme ça qu'ils parlent. Je ne pouvais pas le supporter. J'avais l'habitude de me coucher à 19 heures, mais désormais je travaillais tard. Une fois, je me suis endormie sur la chaine, et un responsable est passé, a soulevé ma chaise et m'a dit : « Réveillez-vous ! » Je pleurais tous les jours après le travail.

« Ma famille m'a encouragée : « Ça va aller. Essaie patiemment de trouver un nouvel emploi. Ils n'ont jamais dit : On te l'avait dit. »

Peu de temps après que Suparti a eu dix-huit ans, elle a trouvé un emploi dans une chocolaterie. Son premier travail a été de verser du chocolat liquide dans des moules et de les emballer. Puis elle a été promue pour livrer du chocolat et des fournitures à d'autres secteurs de l'usine par chariot, et finalement elle a obtenu un poste derrière un bureau, l'impression d'étiquettes de produits, d'emballages plastiques, de dates d'expiration et de codes-barres pour détaillants[33].

Partout dans le monde, depuis des centaines d'années, les jeunes femmes votent avec leurs pieds. Elles ont déménagé des campagnes vers les villes non parce que les zones urbaines sont idylliques mais parce qu'elles offrent bien plus d'opportunités de vie meilleure.

L'urbanisation, l'industrialisation et la consommation d'énergie ont été massivement positives pour l'être humain dans son ensemble. De l'époque préindustrielle à aujourd'hui, l'espérance de vie est passée de trente à soixante-treize ans[34]. La mortalité des nourrissons a été ramenée de 43 à 4 %[35].

Avant 1800, notait Steven Pinker de l'Université Harvard, la plupart des gens était désespérément pauvre : « Le revenu moyen était équivalent à celui des pays africains les plus pauvres d'aujourd'hui (environ 500 dollars par an en dollars internationaux), et près de 95 % de la population mondiale vivait dans ce qu'on considère aujourd'hui comme « l'extrême pauvreté » (moins de 1,90 dollar par jour). » La révolution industrielle a permis ce que Pinker appelle la « Grande Évasion » de la pauvreté[36].

La Grande Évasion se poursuit aujourd'hui. **De 1981 à 2015, le nombre d'humains vivant dans l'extrême pauvreté a chuté de 44 % à 10 %**[37].

Notre prospérité est rendue possible par l'utilisation d'énergie et de machines afin que nous soyons de moins en moins nombreux à devoir produire des aliments, de l'énergie et des produits de grande consommation, et qu'un nombre toujours croissant d'entre nous puisse faire un travail qui sollicite davantage son esprit et offre ainsi sens et finalité à son existence.

Le fait de s'installer en ville donne aux femmes une liberté accrue quant au choix de leur conjoint. « Mes parents étaient partisans du *ta'aruf*, le mariage suivant les préceptes musulmans, confie Suparti. Cela consiste à s'en remettre à un enseignant religieux ou à un prédicateur qui vous présentera quelqu'un qui, selon lui, est un bon choix. Mais c'est vous qui décidez. Je suis toujours rebelle et j'aimerais donc connaître mon conjoint avant le mariage. »

Les villes et l'industrie manufacturière apportent d'autres bénéfices positifs. Le taux de croissance de la population humaine a culminé au début des années 1960 parallèlement à l'augmentation de l'espérance de vie et à la baisse de la mortalité infantile[38]. La population totale atteindra bientôt un sommet[39]. Et grâce à l'augmentation de la productivité agricole, la proportion des humains souffrant de malnutrition est passé de 20 % en 1990 à 11 % aujourd'hui, soit environ 820 millions de personnes[40].

Considérez les différences entre Bernadette, Suparti et Helen. Bernadette doit produire l'intégralité de sa nourriture et de son énergie alors que Suparti et Helen peuvent acheter les leurs. Et tandis que Suparti prépare ses repas elle-même, Helen, grâce à son standing professionnel, a la possibilité d'acheter des plats préparés et même de se les faire livrer à domicile.

Alors que Bernadette doit cultiver son potager pour vivre, Helen est assez riche pour pouvoir jardiner pour son plaisir. Et si Helen doit également tenir à distance la faune, à savoir les taupes, notre alimentation et notre vie ne sont pas menacées si les rongeurs mangent ses plantes, comme celle de Bernadette quand un babouin en fait autant.

Les machines libèrent les femmes de leurs corvées. J'ai demandé un jour à la sœur ainée de ma mère qui avait grandi dans une ferme de l'Indiana quels étaient ses plus beaux souvenirs d'enfance. Elle s'est souvenue du jour où est arrivée l'essoreuse que sa mère avait commandé chez Sears. Elle se composait en tout et pour tout de deux rouleaux et une manivelle, mais elle a épargné aux mains de ma grand-mère une part de son dur labeur, à savoir presser et tordre les vêtements pour en exprimer l'eau. Plus tard sont arrivées les machines à laver et sèche-linge électriques qui ont complètement libéré les femmes du labeur de laver, essorer et suspendre les vêtements du foyer[41].

Des chercheurs dont Benjamin Friedman et Steven Pinker de Harvard ont montré que la prospérité croissante est fortement corrélée à une liberté croissante, des violences réduites et une plus grande tolérance envers les femmes, les races et les minorités religieuses, gaies et lesbiennes. Tel est bien le cas en Indonésie[42].

« Mon chanteur préféré est Morrissey », m'a dit Ipeh. « Je suis allée l'écouter l'année dernière mais je craignais la menace d'un attentat d'extrémistes islamistes et l'annulation du spectacle. C'est ce qui s'était passé avec Lady Gaga, qui a dû annuler son spectacle. »

« Pourquoi ne l'ont-ils pas fait ? » ai-je demandé.

« Peut-être qu'ils n'ont pas réalisé que Morrissey est gay ? » dit-elle.

J'ai demandé à Ipeh si elle désapprouvait l'homosexualité. « Est-ce que je pense que c'est un péché ? Oui. On voit que quelqu'un est gay quand il porte des vêtements super moulants. Mais je suis cool avec les gens qui sont gays. Ça ne me dérange pas[43]. »

5. Le pouvoir de la richesse

Au XVIIIe siècle, la Grande-Bretagne a été une pionnière du système manufacturier, lequel associait travailleurs, machines et énergie afin d'accélérer la fabrication des vêtements, chaussures et produits de consommation pour un coût bien moindre que le système artisanal de fabrication à domicile qui l'avait précédé. Dans le premier chapitre de son livre de 1776, *La Richesse des Nations*, Adam Smith explique qu'un travailleur est cinquante fois plus productif lorsqu'il se concentre sur une seule tâche dans la fabrication d'une épingle que s'il fabriquait lui-même l'épingle entière[44].

Le fonctionnement d'une usine implique une maîtrise de l'énergie qui alimente ses machines. Les industriels bâtissaient leurs fabriques en bord de rivière afin de pouvoir utiliser l'énergie produite par les moulins à eau. Avec le temps, on est passé à l'utilisation de la vapeur issue de la combustion du charbon puis à l'électricité[45].

Aujourd'hui, les économistes soulignent trois raisons pour lesquelles le système manufacturier, par opposition à d'autres secteurs de l'économie, a permis aux pays pauvres de devenir riches.

D'abord, les pays pauvres peuvent devenir aussi efficients que les pays riches dans la fabrication de certains produits, et même les surpasser. Il est relativement facile à un pays pauvre de voler leurs secrets de fabrication aux riches. Les Américains ont volé son « savoir-faire » à l'industrie anglaise aux XVIIIe et XIXe siècles, tout comme la Chine a copieusement pillé celui des États-Unis et d'autres pays ces dernières décennies[46].

Ensuite, les produits fabriqués en usine sont faciles à exporter. Cela permet aux pays en développement de fabriquer des produits qu'ils n'ont pas encore les moyens d'acheter, et d'acheter des objets qu'ils ne sont pas encore capables de fabriquer eux-mêmes. Même quand d'autres secteurs économiques sont dysfonctionnels en raison de niveaux élevés de corruption dans l'administration ou pour d'autres motifs, l'histoire montre que les usines peuvent continuer à être productives et, de fait, stimuler la croissance économique.

Enfin, les usines requièrent une abondante main-d'œuvre, ce qui leur permet d'absorber un grand nombre de petits paysans non qualifiés. Les ex-agriculteurs comme Suparti n'ont pas besoin d'apprendre une nouvelle langue ou d'avoir des compétences spéciales pour travailler en usine. « C'est comparativement facile de transformer un riziculteur en ouvrier d'usine de confection », note Dani Rodrik, économiste à Harvard[47].

Au cours des deux derniers siècles, les pays pauvres ont constaté qu'ils n'avaient pas besoin de mettre fin à la corruption ou d'éduquer tous leurs citoyens pour se développer. Tant que les industriels étaient autorisés à entreprendre librement et que les politiciens ne les volaient pas trop, le secteur manufacturier pouvait stimuler le développement économique. Et, au fil du temps, à mesure que les nations s'enrichissaient, beaucoup d'entre elles, y compris les États-Unis voyaient régresser la corruption.

« Vous pouviez commencer avec des conditions initiales très médiocres, réussir à stimuler la production nationale d'une gamme étroite de produits manufacturés à forte intensité de main-d'œuvre et voilà ! Vous aviez un moteur de croissance qui fonctionnait », déclare Rodrik[48].

Tel fut le cas de l'Indonésie. Dans les années 1960, elle était aussi pauvre que le sont aujourd'hui beaucoup de nations d'Afrique subsaharienne. Une guerre civile et les massacres perpétrés en 1965 et 1966 ont entraîné la mort de plus d'un million de personnes, peut-être davantage selon des estimations récentes[49]. Le gouvernement était et reste notoirement corrompu[50]. Rappelons qu'Ipeh a été molestée après avoir découvert que des militaires étaient impliqués dans une transaction immobilière véreuse.

Et pourtant, si dysfonctionnelle et corrompue qu'était l'Indonésie, et le demeure à bien des égards, elle a réussi à attirer assez d'usines pour stimuler son développement, comme l'atteste un revenu annuel par habitant passé de 54 dollars en 1967 à 3 800 dollars en 2017[51].

Pour Suparti, cela s'est traduit par un salaire plus que triplé depuis qu'elle s'est installée en ville. En tant qu'ouvrière d'usine, elle a pu acheter une télévision à écran plat, un scooter et même une maison à l'âge de vingt-cinq ans.

Au début des années 2000, un jeune économiste néerlandais du nom d'Arthur van Benthem travaillait pour le compte de Shell-Pays-Bas sur des scénarios permettant de prédire l'évolution de l'offre et de la demande en matière d'énergie.

Dans les années 1960, Shell a été le pionnier de la planification de scénarios, qui vise essentiellement à élaborer des récits plausibles bien distincts sur ce que l'avenir pourrait apporter. Ces synopsis ont aidé Shell à anticiper les augmentations des prix du pétrole dans les années 1970 puis les baisses enregistrées dans les années 80, et ainsi de compenser ses pertes. Pour anticiper les chutes brutales des marchés, la planification de scénarios élaborée chez Shell s'appuyait sur une réflexion contre-intuitive, au besoin paradoxale, et recherchait continuellement des preuves supplémentaires, plutôt que de se reposer sur des hypothèses[52].

Comme de nombreux analystes énergétiques à l'époque, van Benthem supposait que l'utilisation d'ampoules, de réfrigérateurs, d'ordinateurs et de tant d'autres technologies plus économes en énergie signifiait que les pays pauvres deviendraient riches en dépensant beaucoup moins d'énergie que les économies riches. « Parce que toutes ces technologies écoénergétiques sont également disponibles en Chine et en Asie aujourd'hui, soulignait van Benthem, on pouvait s'attendre à une croissance de la consommation d'énergie inférieure à celle observée aux États-Unis ou en Europe lorsqu'ils étaient au même niveau de PIB[53]

Van Benthem a décidé d'essayer de déterminer si cette croissance peu énergivore a effectivement eu lieu. Il a créé une base de données à partir de données sur le PIB, les tarifs et la consommation d'énergie de soixante-seize pays. Il a entré les chiffres dans son logiciel. Et n'a trouvé aucune preuve de ce profil de croissance.

"En fait", m'a-t-il dit, j'ai découvert que c'était légèrement l'inverse, que le développement des pays pauvres est plus consommateur d'énergie au même niveau de PIB que les pays développés[54]. »

Grâce à l'efficacité énergétique, des services comme l'éclairage, l'électricité en général et l'air conditionné sont beaucoup moins chers. Les gens les utilisent donc davantage, ce qui réduit d'autant les économies d'énergie qui auraient été réalisées si les niveaux de consommation n'avaient pas augmenté[55]. L'éclairage revient cinq mille fois moins cher qu'en 1800. Par conséquent, nous en utilisons beaucoup plus à la maison, au travail et à l'extérieur. Les diodes électroluminescentes (LED) bon marché permettent à Suparti de consommer beaucoup plus d'électricité pour s'éclairer que ses grands-parents avec un niveau de revenu similaire[56].

La même chose s'est produite pour les produits gros, chers et énergivores que sont les voitures. « Si vous examinez l'Inde actuelle, une voiture très vendue comme la Suzuki Maruti Alto est très économe en énergie. Vendue 3 500 dollars, elle consomme 6 litres aux 100, a expliqué van Benthem. « Ce modèle est bien plus performant que les voitures américaines d'il y a un siècle[57]. »

Mais en abaissant le prix d'achat des voitures, on augmente le vivier d'acheteurs potentiels, ce qui accroît la consommation d'énergie. « Le prix beaucoup plus bas de la Suzuki Maruti Alto et ses meilleures performances permettent à un plus grand nombre d'Indiens relativement pauvres de l'utiliser », note van Benthem[58].

Cette découverte de Van Benthem n'avait rien de très neuf. Le fait que la performance énergétique, une forme de productivité de la ressource, fait baisser les prix, et donc augmente la demande, illustre un axiome économique de base. Et les économistes ont démontré qu'un éclairage moins onéreux avait entraîné une augmentation de la consommation en 1996 puis de nouveau en 2006[59].

Notre opulence se reflète donc dans les volumes d'énergie que nous consommons. Le Congolais moyen consomme l'équivalent énergétique de 1,1 kg de pétrole/jour. L'Indonésien moyen consomme l'équivalent énergétique de 2,5 kg / jour. Le citoyen américain moyen consomme 19 kg / jour[60].

Mais ces chiffres masquent d'énormes différences de qualité de l'énergie. La quasi-totalité de l'énergie consommée par un Congolais moyen est issue de la combustion de bois et de biomasse, qui ne compose que 24 % de celle d'un indonésien moyen, et reste pratiquement inexistante chez l'Américain moyen. Dans les sept années écoulées depuis que nous avons acheté notre maison, Helen et moi n'avons pas allumé de feu dans notre cheminée une seule fois, et je n'ai pas l'intention de le faire à l'avenir, en raison de la pollution que cela provoquerait.

Les pays à forte densité de population, comme l'Allemagne, la Grande-Bretagne et le Japon, consomment moins d'énergie par personne que les régions à population disséminée comme la Californie, grâce à une utilisation réduite de la voiture, mais restent loin du niveau de personnes comme Suparti, et plus encore de Bernadette.

À mesure que s'industrialisent des pays comme l'Indonésie, ils ont d'abord besoin de plus d'énergie par unité de croissance économique, mais à mesure qu'ils se désindustrialisent, leurs besoins diminuent.

À l'échelle mondiale, l'histoire de l'évolution et du développement de l'humanité est celle de la conversion de quantités toujours croissantes d'énergie en richesse et en pouvoir, selon des modalités qui permettent aux sociétés humaines de se sophistiquer.

6. La densité énergétique est importante

Lorsqu'on interroge les femmes qui ont de petites exploitations sur ce qu'elles pensent de la cuisine au feu de bois, on pourrait supposer qu'elles se plaindraient des fumées toxiques qu'elles doivent inhaler. Après tout, une telle pollution de l'air dans un espace clos raccourcit la vie de quatre millions de personnes par an, selon l'OMS[61].

Mais partout dans le monde, ce dont elles se plaignent le plus souvent, c'est du temps passé à couper le bois, à le transporter, à allumer le feu et l'entretenir.

Après avoir emménagé en ville, Suparti a pu utiliser, au lieu des balles de riz, du gaz de pétrole liquéfié comme combustible pour cuisiner. Cela produit beaucoup moins de pollution, avec un tiers d'émissions carbonées en moins[62]. Mais plus important encore, le gaz GPL lui fait gagner un temps qu'elle peut consacrer à autre chose.

L'utilisation de l'énergie produite par une centrale à charbon située à des kilomètres permet d'éliminer entièrement les fumées toxiques de la maison, notamment grâce à la cuisson et au chauffage par gaz naturel.

Mais même les poêles à charbon, avec une cheminée bien conçue, dégagent moins de pollution à l'intérieur que la combustion de bois[63].

Cela fait des siècles que les humains sont passés du bois aux combustibles fossiles. À l'échelle mondiale, le bois qui représentait la quasi-totalité de l'énergie primaire en 1850 était passé à 50 % en 1920 pour chuter à seulement 7 % aujourd'hui[64]. En cessant d'utiliser le bois comme combustible, nous permettons aux prairies et aux forêts de repousser et à la faune de revenir. À la fin du XVIIIe siècle, l'utilisation du bois comme combustible pour la cuisine et le chauffage constituaient une des principales causes de déforestation en Grande-Bretagne. Aux États-Unis, la consommation de bois de chauffage par habitant a atteint son apogée dans les années 1840, elle était alors quatorze fois plus élevée qu'aujourd'hui.

Les combustibles fossiles furent donc essentiels pour sauver les forêts aux États-Unis et en Europe aux XVIIIe et XIXe siècles. Le bois qui représentait 80 % de toute l'énergie primaire aux États-Unis dans les années 1860 était passé à 20 % en 1900, avant d'atteindre 7,5 % en 1992[65].

Les avantages environnementaux et économiques des combustibles fossiles résident dans leur densité en énergie et dans leur abondance. Un kilogramme de charbon recèle/libère presque deux fois plus d'énergie qu'un un kilo de bois, tandis qu'un kilogramme de GPL, celui qu'utilise Suparti, recèle trois fois plus d'énergie que la biomasse des balles de riz dont elle se servait pour cuisiner à la ferme[66].

La centralisation de la production d'énergie a été essentielle pour réserver de plus vastes superficies de la planète aux paysages naturels et aux animaux sauvages. Aujourd'hui, tous les barrages hydroélectriques, toute la production de combustibles fossiles et toutes les centrales nucléaires nécessitent moins de 0,2 pour cent des terres non recouvertes de glace sur Terre. La production alimentaire terrestre nécessite 200 fois plus de terres que cela[67].

Alors que la densité énergétique du charbon est deux fois plus élevée que la densité énergétique du bois, la densité de *puissance* des mines de *charbon* est jusqu'à vingt-cinq mille fois supérieure à celle des forêts[68]. Même les mines de charbon du XVIIIe siècle étaient quatre mille fois plus denses que les forêts anglaises et seize mille fois plus denses en énergie que les résidus de récolte, du genre de ceux que la famille Suparti utilisait[69].

Plus une région recèle de personnes et de richesses, plus sa densité de puissance est élevée. Manhattan a une densité de puissance vingt fois supérieure à celle des quartiers périphériques de New York et la prospère nation insulaire de Singapour affiche une densité de puissance sept fois plus élevée que la moyenne urbaine mondiale[70].

Grâce aux engrais, à l'irrigation, aux tracteurs et aux autres machines agricoles, la densité de puissance des exploitations agricoles décuplent lorsqu'elles délaissent les techniques à forte intensité de main-d'œuvre, qu'utilisaient les parents de Suparti, pour adopter des techniques culturales du type de celles qui ont cours dans les rizières californiennes[71].

Les usines et les villes à forte densité énergétique ont besoin de combustibles denses en énergie, plus aisés à transporter et à stocker, qui sont aussi moins polluants.

Les calèches et fiacres avaient rendu New York invivable dans les années précédant l'introduction de l'automobile. Les rues étaient sales et poussiéreuses, elles puaient l'urine et les excréments, ce qui attirait des mouches et favorisait les maladies. Les véhicules à essence ont rendu possible des densités de puissance beaucoup plus élevées avec une pollution bien moindre[72].

Au cours des deux siècles et demi écoulés, la densité de puissance des usines a augmenté spectaculairement. Dans les années 1920, l'usine Ford de Détroit, River Rouge, avait une densité de puissance cinquante fois supérieure à celle de la première grande usine de vêtements intégrée, la Merrimack Manufacturing Company, fondée cent ans plus tôt[73].

Cette multiplication par cinquante de la densité de puissance entre Merrimack et River Rouge a été rendue possible grâce à l'électricité, qui est un flux d'électrons, de particules subatomiques qui sont, techniquement, de la matière mais agissent comme une sorte de pure énergie sans matière. L'électricité est, techniquement, un « vecteur d'énergie », non un carburant ou une énergie primaire. Néanmoins, une telle augmentation montre l'évolution de l'humanité, depuis les combustibles denses en *matière* vers les combustibles denses en *énergie*.

Les gens sont d'ailleurs souvent prêts à accepter des niveaux élevés de pollution atmosphérique pour profiter des avantages de l'électricité. En 2016, j'ai interviewé des personnes vivant autour d'une vieille centrale au charbon très polluante en Inde. L'usine leur fournissait une électricité gratuite, mais émettait aussi parfois des cendres toxiques, qui irritaient et brûlaient leur peau. Même s'ils détestaient la pollution, aucun d'eux ne se disait prêt à abandonner l'électricité gratuite et sale pour une électricité plus propre mais payante.

Même la combustion du charbon est devenue considérablement plus propre au cours des deux derniers siècles. Un correctif technique simple ajouté dès 1950 aux centrales à charbon dans les pays développés a réduit de 99 % l'émission de particules nocives. Les centrales au charbon à haute température sont presque aussi propres que les centrales au gaz naturel, hormis pour leur plus haute teneur en émissions carbonées. Le gaz naturel reste, en règle générale, supérieur au charbon, pour des raisons physiques intrinsèques. Mais sur la question de la pollution atmosphérique, les énormes progrès réalisés dans les centrales à charbon en matière de pollution sont remarquables[74].

Rien de tout cela ne signifie que brûler du charbon soit « bon », mais seulement que cela vaut mieux, selon la plupart des mesures humaines et environnementales, que de brûler du bois. Comme on va le voir, le gaz naturel est aussi meilleur que le charbon pour la plupart des paramètres considérés. Les gens brûlent du bois plutôt que du charbon, et du charbon de préférence au gaz naturel quand ces combustibles sont tout ce qu'ils peuvent se payer et non parce que ce sont les carburants qu'ils préfèrent[75].

Résultat de la combustion moins polluante du charbon, de la transition vers le gaz naturel, des véhicules eux aussi moins polluants, ainsi que d'autres changements technologiques, les pays développés ont connu des progrès décisifs en ce qui concerne la qualité de l'air. Entre 1980 et 2018, aux États-Unis, le taux atmosphérique de monoxyde de carbone a diminué de 83 %, celui du plomb de 99 %, le dioxyde d'azote de 61 %, l'ozone de 31 % et le dioxyde de soufre de 91 %. Si les taux de mortalité dus à la pollution atmosphérique augmentent souvent du fait de l'industrialisation, ils diminuent avec la hausse des revenus, un meilleur accès aux soins de santé et une réduction de la pollution atmosphérique[76].

Malgré cette tendance positive, le passage de la biomasse aux combustibles fossiles est loin d'être achevé. L'homme utilise aujourd'hui plus de bois comme combustible qu'à n'importe quelle autre époque de l'histoire, même s'il représente une part moins importante de l'énergie totale. **Mettre fin à l'utilisation de bois comme combustible devrait donc être l'une des plus grandes priorités pour les institutions qui recherchent à la fois la prospérité universelle et le progrès environnemental**[77].

7. L'échelle de fabrication

Le véritable risque pour les forêts ne vient pas de l'expansion des usines à forte intensité énergétique dans les pays pauvres, comme le prétendent Greenpeace ou Extinction Rebellion, mais plutôt d'un moindre besoin de celles-ci.

D'une part, l'Afrique a fait de réels progrès au cours du demi-siècle écoulé. La productivité agricole a augmenté, mais la part du secteur industriel dans l'économie était plus importante au milieu des années 70 qu'aujourd'hui. « La plupart des pays d'Afrique sont trop pauvres pour supporter une désindustrialisation, écrit Rodrik, c'est pourtant précisément ce qui semble se passer[78]. »

Avec pour exception l'Éthiopie, qui a attiré Calvin Klein, Tommy Hilfiger, et le leader de la mode rapide H&M[79], à la fois en raison de ses bas salaires comparés à ceux de la Chine et de l'Indonésie, où ils ont augmenté, ainsi que du fait de ses investissements dans les barrages hydroélectriques, les réseaux électriques et routiers[80]. « L'Éthiopie a connu une croissance de son PIB de plus de 10 % par an au cours de la dernière décennie, note Rodrik, en grande partie à cause de la croissance des investissements publics, passés de 5 % à 19 % du PIB[81]. »

L'Éthiopie a dû mettre fin à une sanglante guerre civile (même s'il semble qu'un nouveau conflit interethnique ravage cette fois le Tigré en 2021), qui aura duré dix-sept ans et causé au moins 1,4 million de morts, dont un million de la famine, avant que son gouvernement ne soit en capacité d'investir dans des infrastructures. Selon Rodrik, « les fonds investis dans les infrastructures de base, routes et barrages, semblent avoir été judicieusement dépensés. Les investissements dans les infrastructures « ont augmenté la productivité globale de l'économie et réduit la pauvreté rurale[82]. »

Le leadership est important. « Pour réussir, l'industrialisation doit être décidée tout en haut », me disait Hinh Dinh, un ex-économiste de la Banque mondiale qui a conseillé le Gouvernement éthiopien. Depuis plus de vingt ans, Dinh étudie et écrit sur la façon dont les pays pauvres peuvent attirer les investissements industriels. « L'Éthiopie a obtenu de bons résultats grâce au Premier ministre aujourd'hui décédé (Meles Zenawi) qui s'est rendu en Chine pour acheter des usines de vêtements et de chaussures[83]. »

J'ai demandé à Dinh s'il partageait l'opinion de Rodrik selon laquelle les pays pauvres pourraient trouver une voie de développement autre que l'industrialisation. « Aux États-Unis, l'emploi manufacturier a culminé à vingt millions de personnes en 1978 », selon Dinh, et depuis lors, le pays a abandonné ses industries de bas de gamme pour se concentrer sur des fabrications spécialisées. C'est bien différent de la désindustrialisation du Nigeria, de 7 à 8 % (part de l'industrie manufacturière dans le PIB), qui intervient avant même que son industrie ait atteint sa maturité. »

Et il ajoute : « Dans de nombreux pays en développement, la désindustrialisation est la conséquence de carences des politiques, d'une mauvaise gouvernance ou de la négligence, et non du déclin consécutif à un pic comme c'est le cas des États-Unis ou de l'Europe. »

Dinh rejette l'idée que la productivité élevée de la Chine serait responsable de l'arrêt de l'industrialisation dans les pays africains. « Dans les pays en développement, tout le monde, riche ou pauvre, a besoin de choses simples comme des chaises ou des chaussures, m'expliquait-il. Quand je vivais en Zambie, je suis allé m'acheter des chaussures, mais pas une seule paire n'avait été fabriquée en Zambie ! Tout pays, pauvre ou riche, doit produire chez lui un grand nombre de biens de consommation », a-t-il expliqué. « La quantité de marchandises produites sur place ne fait qu'augmenter avec le temps et le niveau de revenu, cette tendance ne s'infléchit jamais. Je fais référence aux besoins de base en vêtements, chaussures et articles ménagers. »

Dinh a observé le même phénomène que Van Benthem. « Ce que nos grands-parents possédaient n'a rien à voir avec ce que nous possédons, et nous allons produire beaucoup plus. Je n'ai aucune crainte qu'à un moment donné, l'industrialisation puisse caler du fait d'une demande saturée. »

J'ai demandé à Dinh si les nations pauvres pouvaient devenir riches grâce à l'agriculture, une voie que le Brésil a tenté de suivre.

« Il n'y a rien d'erroné à fonder sa croissance sur l'agriculture, m'a répondu Dinh. Mais historiquement, les nations n'ont pas emprunté cette voie parce que le potentiel d'innovation reste assez limité. Nous sommes meilleurs pour produire un boisseau de blé aujourd'hui que nous ne l'étions il y a cinquante ans. Mais le blé est à peu près le même. Par contre, un téléviseur d'aujourd'hui et un poste d'il y a trente ans sont deux produits complètement différents. »

Dinh souligne la différence entre la Corée du Sud, dont le PIB par habitant est de 30 000 $ et celui de l'Argentine, où il est de 14 000 $. « En 1920, l'Argentine affichait un revenu par habitant plus élevé que l'Italie – et que la Corée. Si les facteurs en jeu sont multiples, on ne peut s'empêcher d'observer que la croissance coréenne a été basée sur l'industrie et celui de l'Argentine sur d'autres secteurs, en particulier l'agriculture. »

Si le Congo parvenait à se ressaisir, ai-je demandé à Dinh, que devrait-il faire ? « On a fait appel à moi pour conseiller l'État d'Osun (au Nigéria) », a-t-il répondu. « Je leur ai conseillé de s'ouvrir aux investissements directs étrangers et d'essayer de créer autant d'emplois que possible. Pour l'instant, oubliez qui les emploie. Contentez-vous d'apporter ces emplois. Contactez les Chinois, les Vietnamiens ou les Malaisiens et demandez-leur d'implanter des usines. »

Il n'y a pas de raccourci vers le succès, souligne Dinh. « Lors d'une conférence que j'ai donnée au Harvard Africa Business Club, quelqu'un m'a dit : « Nous ne voulons pas produire de vêtements et commencer avec des produits bon marché comme la Chine. Nous voulons aller directement à la valeur ajoutée supérieure. » Mais on ne peut pas passer directement de la fabrication de vélos à la fabrication de satellites. D'abord on fait des vélos et cela vous permet de fabriquer des motos. De là, on peut passer aux automobiles. Et à partir des automobiles, on peut commencer à penser aux satellites. »

« L'objectif en Éthiopie est de créer le plus d'emplois possibles et d'avoir un système éducatif qui forme les ouvriers d'usine dont on a besoin. C'est pourquoi je milite en faveur d'industries peu qualifiées. Pas seulement pour les compétences mais aussi pour le sens de la discipline inculquée aux employés. Plus tard, lorsque le pays atteindra la deuxième étape, le système éducatif devrait produire plus de travailleurs qualifiés capables de fabriquer des produits de technologie moyenne, etc.

Les gouvernements devraient former les petits agriculteurs à devenir des ouvriers d'usine, fait valoir Dinh. « Lors des débuts de l'industrialisation au Vietnam au début des années 90, on voyait des femmes et des filles à la campagne qui quittaient les champs pour aller faire des travaux de couture dans les magasins informels du village. Ces vêtements étaient ensuite vendus sur le marché intérieur et à l'exportation. La tradition de la couture voulait que quand un vêtement est déchiré, on le recouse avec une aiguille et du fil. Cela a vraiment aidé.

8. Fast-Fashion pour l'Afrique

Contrairement à ce que, avec d'autres, j'ai longtemps cru, les effets positifs de l'industrie textile l'emportent sur les effets négatifs. Nous devrions donc ressentir de la fierté, non de la culpabilité, lorsque nous achetons des produits fabriqués par des personnes comme Suparti. Les écologistes et les médias devraient par ailleurs cesser de suggérer que les marques de mode éphémère comme H&M agissent de manière contraire à l'éthique en passant des commandes à des usines de pays pauvres.

Cela ne veut pas dire que nous ne devrions pas réclamer que des entreprises comme Mattel, Nike et H&M améliorent les conditions de leurs ouvriers. Les consommateurs peuvent jouer un rôle positif en incitant les entreprises à faire ce qu'il faut. Mais cela suppose d'abord qu'ils continuent à acheter des produits bon marché fabriqués dans les pays en développement.

De nombreux démographes estiment que la rapidité de l'arrivée au pic puis l'amorce du déclin démographique de l'humanité, à l'échelle mondiale, dépendra de la rapidité avec laquelle des nations comme le Congo s'industrialiseront ce qui permettra à des citoyens comme Bernadette de s'installer en ville, de trouver un emploi en usine, de gagner décemment leur vie et de choisir d'avoir moins d'enfants.

L'intelligence de ce processus pourrait conduire à une conclusion apparemment contre-intuitive. « Si vous voulez minimiser le dioxyde de carbone dans l'atmosphère en 2070, vous choisirez peut-être d'accélérer la combustion du charbon en Inde aujourd'hui », déclarait le climatologue du MIT Kerry Emanuel. « Cela ne semble pas logique. Le charbon est terrible pour le carbone. Mais c'est en brûlant beaucoup de charbon qu'ils s'enrichiront et en s'enrichissant, ils feront moins d'enfants. La population cesse d''augmenter et il y a moins de gens qui émettent du carbone. On vivra peut-être mieux en 2070[84]. »

Les économies tardivement développées comme le Congo ont beaucoup plus de mal à s'imposer sur les marchés internationaux que celles qui les ont précédées comme les États-Unis et l'Europe. Ce qui signifie que les pionnières en développement, les nations riches d'aujourd'hui, devraient tout faire pour aider les pays pauvres à s'industrialiser. Au lieu de cela, comme nous le verrons, beaucoup d'entre eux font quelque chose de plus proche du contraire : chercher à rendre la pauvreté soutenable plutôt que de faire de la pauvreté un phénomène du passé.

Avant de partir, j'ai demandé à Suparti ce qu'elle pensait avoir accompli comme représentante syndicale.

« Ma plus grande fierté a été d'obtenir un congé menstruel, m'a-t-elle confié. Lorsque vous avez vos règles, vous pouvez avoir deux jours de congé. C'était bien car nous avions des collègues qui souffraient tellement de leurs règles qu'elles pleuraient et l'une d'elles s'est même évanouie. »

Je lui ai demandé si elle se sentait seule et songeait à retourner au village. « La maison me manque vraiment, a-t-elle avoué, surtout les moments où je parle avec ma mère, et ses plats. Mais je n'ai aucune envie de revenir en arrière. Je suis reconnaissante de mener cette vie. »

J'ai demandé à Suparti si elle s'inquiétait pour ses parents. « Je ne suis pas encore inquiète à propos de leur retraite, mais j'économise de l'argent pour pouvoir leur offrir un voyage à La Mecque. »

Suparti m'a confié qu'une fois mariée, elle préférerait demeurer à la maison et s'occuper de son ménage. Elle aimerait avoir quatre enfants. « Avant, je voulais avoir deux enfants, mais maintenant je pense que la maison sera trop calme, et je ne veux pas être seule. »

Avant de partir, j'ai demandé à Suparti si je pouvais prendre une photo d'elle.

« Où ? » m'a-t-elle demandé.

Je lui ai dit de choisir la pièce de la maison qu'elle préférait. Elle s'est placée à côté d'une machine à coudre qu'elle utilisait rarement. Devant et au-dessus du bras de la machine à coudre, Suparti avait placé des photographies encadrées de sa famille et de ses amis, des fleurs en plastique et de toutes petites guitares électriques-jouets.

Sur la photo que j'ai prise, elle a le bras gauche posé sur le casque de son scooter. Accroché au mur derrière elle, on voit un tapis de prière musulman. Suparti arbore un sourire fier[85].

Notes

1. Elizabeth Paton, « Extinction Rebellion Takes Aim at Fashion, » *New York Times*, 6 octobre 2019, https://www.nytimes.com.

2. Olivia Petter, « Extinction Rebellion: 'Why We're Targeting London Fashion Week, » *The Independent*, 12 septembre 2019, https://www.independent.co.uk.

3. Elizabeth Paton, « Extinction Rebellion Takes Aim at Fashion, » *New York Times*, 6 octobre 2019, https://www.nytimes.com.

4. Ibid.

5. XR Boycott Fashion, « On Friday 26th of July, we wrote to the British Fashion Council begging them to cancel London Fashion Week, » Facebook, 4 août 2019, https://www.facebook.com/XRBoycottFashion/posts/113234513352496?__tn__=K-R.

6. « Pulse of the Fashion Industry, » Global Fashion Agenda, Boston Consulting Group and Sustainable Apparel Coalition, 2019, consulté le 26 octobre 2019, https://www.globalfashionagenda.com/pulse-2019-update.

7. Elizabeth Paton, « Extinction Rebellion Takes Aim at Fashion. »

8. Sarah Anne Hughes, « Greenpeace Protests Barbie at Mattel Headquarters, » *Washington Post*, 8 juin 2011, https://www.washingtonpost.com.

9. Ibid.

10. Steven Greenhouse, « Nike Supports Women in Its Ads but Not Its Factories, Groups Say, » *New York Times*, 26 octobre 1997, https://www.nytimes.com.

11. Jeff Ballinger, « Nike, Sexual Harassment and the "Corporate Social Responsibility" Racket: How the Company Shut Down the *New York Times*, » *Washington Babylon*, 9 novembre 2017, https://washingtonbabylon.com.

12. Ibid.

13. « Statement on 2019 Copenhagen Fashion Summit, » Union of Concerned Researchers in Fashion, 5 mai 2019, consulté le 26 octobre 2019, http://www.concernedresearchers.org/ucrf-on-2019-copenhagen-fashion-summit. See also, « The changes we are seeing from some brands remain extremely superficial, » said one XR activist. Paton, « Extinction Rebellion Takes Aim at Fashion. »

14. Syarifah Nur Aida (journaliste, Ipeh) discussion avec l'auteur, 8 juin, 2015.

15. Suparti (ouvrière d'usine), discussion avec l'auteur, 8-9 juin 2015.

16. Ibid.

17. Xiaoping Liu, Guohua Hu, Yimin Chen et al., « High-Resolution Multitemporal Mapping of Global Urban Land Using Landsat Images Based on the Google Earth Engine Platform, » *Remote Sensing of Environment* 209 (mai 2018): 227–39, https://doi.org/10.1016/j.rse.2018.02.055.

18. Christopher D. Elvidge, Benjamin T. Tuttle, Paul C. Sutton et al., « Global Distribution and Density of Constructed Impervious Surfaces, » *Sensors* 7, no. 9 (2007): 1962-79, https://dx.doi.org/10.3390%2Fs7091962.

19. La FAO constate une reforestation en Europe, en Asie, en Amérique du Nord et dans les Caraïbes, alors que l'Amérique centrale, l'Amérique du Sud, l'Afrique et l'Océanie continuent de déboiser. Le taux mondial de déforestation a été réduit de plus de moitié depuis 1990, passant de 7,3 millions d'hectares à 3,3 millions d'hectares par an grâce à l'accélération du reboisement.

20. « Data, » Food and Agriculture Organization of the United Nations, http://www.fao.org/faostat/en/#data. Russell Warman, « Global Wood Production from Natural Forests Has Peaked, » *Biodiversity and Conservation* 23, no. 5 (2014): 1063–78, https://doi.org/10.1007/s10531-014-0633-6.

21. La FAO prévoit que la superficie des terres arables et des cultures permanentes restera pratiquement inchangée jusqu'en 2050, comme l'indique son rapport sur le sujet. NikosAlexandratos et Jelle Bruinsma, « World Agriculture Towards 2030/2050: The 2012 Revision, » ESA Working Paper no. 12-03, Division de l'économie du développement agricole, Organisation des Nations Unies pour l'alimentation et l'agriculture, juin 2012, http://www.fao.org/3/a-ap106e.pdf.

22. Selon la FAO, la production mondiale de kilocalories par habitant était de 2 196 en 1961 contre 2 884 en 2013. Parallèlement à l'augmentation de la population mondiale de 3,1 à 7,2 milliards d'habitants entre 1961 et 2013, la production alimentaire mondiale a triplé. La superficie mondiale des terres utilisées pour l'agriculture est passée de 4,5 à 4,8 milliards d'hectares au cours de la même période. « Données », FAO.

23. Ibid.

24. Ibid.

25. *Changes in Farm Production and Efficiency: A Summary Report*, United States Department of Agriculture, Statistical Bulletin 233 (Washington, DC: USDA, 1959), 12–13.

26. A. Bala, « Nigeria, » Global Yield Gap and Water Productivity Atlas, http:// www.yieldgap.org/en/web/guest/nigeria. Nikolai Beilharz, « New Zealand farmer sets new world record for wheat yield, » ABC News, 3 avril 2017, https://www.abc.net.au. Matthew B. Espe, Haishun Yang, Kenneth G. Cassman et al., « Estimating Yield Potential in Temperate High-Yielding, Direct-Seeded US Rice Production Systems, » *Field Crops Research* 193 (juillet 2016): 123–32,

https://doi.org/10.1016/j.fcr.2016.04.003. Bien que les rendements moyens de certaines cultures, comme le blé, aient atteint un plateau, il est encore possible de les augmenter.

En 2017, un agriculteur néo-zélandais a produit une quantité de blé huit fois (!) supérieure à la moyenne australienne et cinq fois supérieure à la moyenne mondiale.

27. FAO, L'avenir de l'alimentation et de l'agriculture – Parcours alternatifs d'ici à 2050 (Rome: Food and Agriculture Organization of the United Nations, 2018), 76–77.

28. Nathaniel D. Mueller, James S. Gerber, Matt Johnston et al., « Closing Yield Gaps Through Nutrient and Water Management, » *Nature* 490 (2012): 254–57, https://doi.org/10.1038/nature11420.

29. Deepak K. Ray, « Increasing Global Crop Harvest Frequency: Recent Trends and Future Directions, » *Environmental Research Letters* 8 (2013), https://iop science.iop.org/article/10.1088/1748-9326/8/4/044041/pdf.

30. Luis Lassaletta, Gilles Billen, Bruna Grizzetti et al., «50 Year Trends in Nitrogen Use Efficiency of World Cropping Systems: The Relationship between Yield and Nitrogen Input to Cropland, » *Environmental Research Letters* 9, no. 10 (Octobre 2014), https://doi.org/10.1088/1748-9326/9/10/105011.

31. Ibid.

32. « Changes in Erosion 1982–1997, » U.S. Department of Agriculture, 4 janvier 2001, https://www.nrcs.usda.gov/wps/portal/nrcs/detail/soils/ref/?-cid=nrcs143_013911 ; Les données de la FAO sur le rendement des cultures montrent que presque toutes les grandes cultures ont vu leur rendement augmenter aux États-Unis entre 1982 et 1997. Données, FAO.

33. Suparti (ouvrière d'usine), discussion avec l'auteur, 8-9 juin 2015.

34. James C. Riley, « Estimates of Regional and Global Life Expectancy, 1800–2001, » *Population and Development Review* 31, no. 3 (2005), 537–543, consulté le 16 janvier 2020, www.jstor.org/stable/3401478, « World Population Prospects 2019: Highlights, » United Nations, consulté le 14 janvier 2020, https://www.un.org/development/desa/publications/world-population-prospects-2019-highlights.html.

35. Max Roser, Hannah Ritchie et Bernadeta Dadonaite, « Child and InfantMortality », Our World in Data, novembre 2019, https://ourworldindata.org/child-mortality. La série mondiale pour la période 1800 à 1960 a été calculée par les auteurs sur la base des estimations Gapminder de la mortalité infantile et de la série Gapminder sur la population par pays. Pour chaque estimation de cette période, on a calculé une moyenne mondiale pondérée par la population. Le taux de mortalité infantile de 2017 a été tiré de la mise à jour 2019 des données de la Banque mondiale.

36. Steven Pinker, *Enlightenment Now: The Case for Reason, Science, Humanism, and Progress* (New York: Penguin Publishing Group, 2019), 86–87.(Le triomphe des lumières, les Arènes, 2018.)

37. « PovcalNet: An Online Analysis Tool for Global Poverty Monitoring, » World Bank Group, consulté le 29 octobre 2019, http://iresearch.worldbank.org/PovcalNet/home.aspx.

38. Max Roser, Hannah Ritchie, et Esteban Ortiz-Ospina, « World Population Growth, » Our World In Data, mai 2019, consulté le 16 janvier 2020, https://ourworldindata.org/world-population-growth.

39. Ibid.

40. Pour les données de 1990 : U.N. Food and Agriculture Organization, « Undernourishment around the world, » *The State of Food Insecurity in the World*, 2006 (Rome: FAO, 2006), http://www.fao.org/3/a0750e/a0750e02.pdf. Pour les données de 2018 : FAO, « Suite of Food Security Indicators, » FAOSTAT, consulté le 28 janvier 2020, http://www.fao.org/faostat/en/#data/FS.

41. Emanuela Cardia, « Household Technology: Was It the Engine of Liberation?, » Society for Economic Dynamics, *2008 Meeting Papers* no. 826, https://EconPapers.repec.org/RePEc:red:sed008:826.

42. Benjamin Friedman, *The Moral Consequences of Economic Growth* (New York: Vintage, 2005). Steven Pinker, *The Better Angels of Our Nature: Why Violence Has Declined* (New York: Penguin, 2012). (La part d'ange en nous, les Arènes, 2017).

43. Syarifah Nur Aida (journaliste, Ipeh) discussion avec l'auteur, 8 juin, 2015.

44. Adam Smith, The Wealth of Nations (New York: Penguin, 1982), 109-110. (New York: Penguin, 1982),(Adam Smith, *La Richesse des Nations*).

45. Michael Lind, *Land of Promise: An Economic History of the United States* (New York: Harper, 2012).

46. Ibid.

47. Margaret McMillan, Dani Rodrik, et Claudia Sepulveda, « Structural Change, Fundamentals, and Growth: A Framework and Case Studies, » NBER Working Paper 23378, National Bureau of Economic Research, mai 2017, https://www.nber.org/papers/w23378.pdf, 10.

48. Dani Rodrik, « New Technologies, Global Value Chains, and the Developing Economies, » Pathways for Prosperity Commission Background Paper 1, septembre 2018, https://drodrik.scholar.harvard.edu/files/dani-rodrik/files/new_technologies_global_value_chains_developing_economies.pdf, 7.

49. Robert Gellatelly et Ben Kiernan, *The Specter of Genocide: Mass Murder in Historical Perspective* (Cambridge, UK: Cambridge University Press, 2003), 290–91.

50. « Corruption Perceptions Index 2019, » Transparency International, https://www.transparency.org/cpi2019.

51. « GDP per Capita (Current US$) – Indonesia, » World Bank Group, https://data.worldbank.org/indicator/NY.GDP.PCAP.CD?locations=ID

52. Art Kleiner, « The Man Who Saw the Future, » *Strategy + Business*, 12 février 2003, https://www.strategy-business.com.

53. Michael Shellenberger, « Leapfrog or Backfire? » entretien avec Arthur van Benthem, The Breakthrough Institute, 18 novembre 2014, https://thebreakthrough.org.

54. Ibid.

55. Ibid.

56. Roger Fouquet et Peter Pearson, « The Long Run Demand for Lighting: Elasticities and Rebound Effects in Different Phases of Economic Development, » *Economics of Energy and Environmental Policy* 1, no. 1 (2012): 83–100, https://doi.org/10.5547/2160–5890.1.1.8.

57. Ibid.

58. Shellenberger, « Leapfrog or Backfire? »

59. William D. Nordhaus, « Do Real-Output and Real-Wage Measures Capture Reality? The History of Lighting Suggests Not, » in *The Economics of New Goods*, edited by Timothy F. Bresnahan et Robert J. Gordon (Chicago: University of Chicago Press, 1996), 27–70, https://www.nber.org/chapters / c6064.pdf. Roger Fouquet et Peter J. G. Pearson, « Seven Centuries of Energy Services: The Price and Use of Light in the United Kingdom (1300–2000), » *The Energy Journal* 27, no. 1 (Janvier 2006): 139–77, https://doi.org/10.2307/23296980.

60. Les données sur l'énergie par habitant proviennent de l'Agence internationale de l'énergie. L'approvisionnement total en énergie primaire (ATEP) par habitant de la RDC et de l'Indonésie renvoient aux données de l'AIE de 2017, tandis que les données américaines sont celles de 2018.

61. « Household Air Pollution and Health, » OMS, 8 mai 2018, https://www.who.int/news-room/fact-sheets/detail/household-air-pollution-and-health.

62. Eric Johnson, « Charcoal versus LPG grilling: A Carbon-Footprint Comparison, » *Environmental Impact Assessment Review* 29 (Novembre 2009): 370–78, https://doi.org/10.1016/j.eiar.2009.02.004.

63. *The Potential Air Quality Impacts from Biomass Combustion*, Air Quality Expert Group, 2017, https://uk-air.defra.gov.uk/assets/documents/reports / cat11/1708081027_170807_AQEG_Biomass_report.pdf, 37, 38.

64. Vaclav Smil, *Power Density: A Key to Understanding Energy Sources and Uses* (Cambridge, MA: MIT Press, 2015), 403.

65. « Energy Sources Have Changed Throughout the History of the United States, » Today in Energy, U.S. Energy Information Administration, 3 juillet 2013, https://www.eia.gov/todayinenergy/detail.php?id=11951.

66. Vaclav Smil, *Power Density.*

67. 67. FAO, « Data » FAOSTAT, consulté le 27 janvier 2020, http://www.fao.org/faostat/en/#data. For hydro, fossil, and nuclear plant area, see Vaclav Smil, *Power Density*, 210. Pour les terres utilisées pour l'agriculture, FAOSTAT rapporte que 37 % de la masse terrestre, ou 41 % de la masse terrestre libre de glace, est utilisée pour l'agriculture.

68. Le Wyoming et l'Australie produisent 15 000 watts d'énergie par mètre carré, contre seulement 0,6 watts par mètre carré pour le bois de chauffage des forêts tempérées. Vaclav Smil, *Power Density*.

69. La densité de puissance des forêts anglaises était de 0,2 W/m2, celle des résidus de culture de 0,05 W/m2 et celle des mines de charbon du Wyoming de 11 000 W/m2. Vaclav Smil, *Power Density*.

70. Vaclav Smil, *Power Density*.

71. Ibid.

72. Jennifer Lee, « When Horses Posed a Public Health Hazard, » *City Room* (blog), *New York Times*, 9 juin 2008, https://cityroom.blogs.nytimes.com/2008/06/09/when-horses-posed-a-public-health-hazard.

73. Vaclav Smil, *Power Density*.

74. Xiliang Hong et al., « Exergoenvironmental Evaluation for a Coal-Fired Power Plant of Near-Zero Air Pollutant Emission, » *Applied Thermal Engineering* 128 (5 janvier 2018), https://doi.org/10.1016/j.applthermaleng.2017.08.068. Danilo H. D. Rocha et al., « Exergoenvironmental analysis of a ultra-supercritical coal-fired power plant, » *Journal of Cleaner Production* 231 (10 septembre 2019): 671–682, https://doi.org/10.1016/j.jclepro.2019.05.214. Jingwei Chen et al. « Thermodynamic and environmental analysis of integrated supercritical water gasification of coal for power and hydrogen production, » *Energy Conversion and Management*198 (15 octobre 2019): 1–12, https://doi.org/10.1016/j.enconman.2019.111927.

75. David Hosanky, s.v. « Flue gas treatment, » *Encyclopedia Britannica*, 27 juin 2014, consulté le 16 janvier 2020, https://www.britannica.com/technology/flue-gas-treatment.

76. United States Environmental Protection Agency, « Air Quality—National Summary, » 8 juillet 2019, consulté le 25 mars 2020, www.epa.gov.

77. Hannah Ritchie et Max Roser, « Energy, » Our World in Data, Juillet 2018, https://ourworldindata.org/energy.

78. Dani Rodrik, « An African Growth Miracle?, » *Journal of African Economies* 27, no. 1 (9 décembre 2016), 10–27, https://doi.org/10.1093/jae/ejw027.

79. Aisha Salaudeen, « Ethiopia's Garment Workers Make Clothes for Some of the World's Largest Clothing Brands but Get Paid the Lowest, » CNN, 13 mai 2019, https://www.cnn.com.

80. Rodrik, « An African Growth Miracle? »

81. Ibid.

82. Ibid.

83. Hinh Dinh (former World Bank economist), discussion avec l'auteur, 21 février 2016.

84. Kerry Emanuel (MIT climate scientist), discussion avec l'auteur, 15 novembre 2019.

85. Suparti (ouvrière d'usine), discussion avec l'auteur, 8-9 juin 2015.

VI

C'est la cupidité qui a sauvé les baleines, pas Greenpeace

1. Greenpeace et les baleines

Si une créature peut être considérée comme un miracle de la nature, c'est bien la baleine bleue. Le baleineau grossit de cinq kilos *à l'heure* en tétant le lait de sa mère. Il lui faut dix ans pour atteindre sa taille adulte. À maturité, la baleine bleue est la plus grande créature connue à avoir habité la Terre – près de trois fois plus volumineuse que le dinosaure le plus gros[1].

Une baleine bleue peut mesurer plusieurs dizaines de mètres de long et peser 30 tonnes[2]. Alors que nous en savons beaucoup plus sur elles qu'il y a cinquante ans, les baleines restent des créatures fascinantes, énigmatiques. On sait que les baleines à bosse coopèrent pour former de grandes poches d'air qui servent à piéger des bancs de harengs ou d'autres poissons dans une sphère avant de foncer vers le haut, la gueule ouverte, et de les engloutir.

Mais on ne sait pas si elles utilisent l'acoustique, les étoiles, les champs magnétiques terrestres ou quelque autre outil pour définir le trajet qui les emmène chaque année d'Hawaï jusqu'en Alaska[3].

Les peuples autochtones traitaient les baleines avec respect. Au Vietnam, ceux qui prenaient la mer lui dédiaient des prières, s'adressant à une créature qu'ils avaient baptisée « ngaï », « seigneur » – une tradition toujours vivace aujourd'hui[4].

Les pêcheurs autochtones célèbrent des funérailles élaborées pour les baleines échouées, aussi grandioses que pour un roi[5]. Dans une version d'un mythe inuit sur la création, un pêcheur ayant trouvé une baleine échouée s'entend sommer par le Grand Esprit de manger des champignons magiques afin d'avoir la force nécessaire pour ramener la baleine à la mer et rétablir l'ordre dans le monde.

Mais au milieu du XXe siècle, avec la montée en puissance des navires de pêche industrielle, les humains ont chassé les baleines presque jusqu'à l'extinction. Les scientifiques ont sonné l'alarme sur la baisse des populations de baleines et un petit noyau de jeunes militants engagés a décidé de les sauver. Ces militants ont entrepris de révéler au monde la brutalité de la chasse à la baleine et l'humanité de celles-ci.

La situation a pris une tournure épineuse à l'été 1975. Un petit groupe de militants anti-baleiniers est parti du port de Vancouver sur un bateau de pêche au flétan de vingt mètres. Ils ont fait route vers une zone de pêche du Pacifique Nord avec l'intention de s'opposer aux baleiniers russes.

Une fois sur place, les militants sont montés à bord d'un Zodiac, une embarcation pneumatique équipée d'un puissant moteur et se sont dirigés vers un chalutier soviétique, le Vlastny, et un groupe de cachalots. Un activiste a saisi sa caméra Super 8, pour filmer ce qui allait suivre. Le canon du Vlastny a fait entendre une détonation et un harpon à grenade de 100 kilos a sifflé à proximité des militants barbus. Il a explosé dans le dos d'une petite femelle à bosse.

Un des jeunes hommes impliqués dans l'incident de 1975 à Vancouver a décrit ensuite la confrontation avec les baleiniers.

« La baleine a vacillé et est restée immobile au-dessus de nous. J'ai regardé au-dessus des dents échelonnées de 15 cm, son œil massif, un œil de la taille de mon poing, brillant d'intelligence, un œil qui parlait de compassion sans mot dire, qui indiquait que cette baleine pouvait discriminer et comprendre ce que nous avions essayé de faire... Ce jour-là, j'ai su émotionnellement et spirituellement que mon allégeance allait avant tout aux baleines et qu'elles primaient sur les intérêts des hommes qui les tuaient[6]. »

Quelques nuits plus tard, Walter Cronkite diffusait le petit film Super 8 tourné par l'équipage du Zodiac sur l'émission *CBS Evening News*, et des millions de gens apprenaient le nom d'une nouvelle organisation : Greenpeace.

En 1982, après sept autres années de publicité médiatique, d'organisation de la base militante, et de pression politique, les militants écologistes ont fini par réussir à obtenir une interdiction complète de la chasse commerciale à la baleine dans les océans. Aujourd'hui, des baleines de toutes les espèces, y compris la puissante baleine bleue, prolifèrent.

2. « Grand bal donné par les baleines »

Cette histoire d'un petit groupe d'amoureux de la nature qui s'engagent pour sauver l'environnement nous interpelle. C'est le synopsis que ressassent les documentaires télé et cinéma, les livres et reportages. C'est un drame passionnant avec des héros et des méchants bien reconnaissables. D'un côté, des gens avides et lâches qui détruisent la nature par appât du gain, en face des jeunes idéalistes courageux. C'est une histoire qui a incité des millions de gens à agir.

Le seul problème c'est qu'elle ne saurait nous servir de guide de protection de l'environnement car ici presque tout est faux. Quelle que soit la vénération que certaines traditions ont pour les baleines, les humains du monde entier les ont principalement traitées comme des proies et ont cherché à les manger, pas à les adorer. Les Inuits ont peut-être libéré des baleines échouées, mais ils ont également survécu en les chassant.

Au début des années 1600, un explorateur anglais a observé la chasse à la baleine amérindienne aux alentours de l'actuel Cape Cod, dans le Massachusetts. « Ils partaient en compagnie de leur roi, écrit-il, avec une multitude de bateaux, et la frappaient avec un os sculpté en forme de fer de harpon attaché à une corde.

Après avoir lancé des flèches sur la baleine, puis l'avoir noyée ou saignée à mort – les Indiens retournaient à terre avec elle et “entonnaient un chant de joie”[7]. »

Un explorateur jésuite espagnol a décrit une équipe audacieuse de guerriers indigènes aux abords de la Floride actuelle. Ils pagaient dans leurs canoës juste à côté d'une baleine. Puis, un chasseur saute sur le mastodonte et enfonce sa lance dans son évent. À ce moment, affirme le jésuite, l'animal plonge dans la mer. Au moment où il réapparaît à la surface, il aperçoit l'homme qui s'accroche de toutes ses forces, poignardant la créature à mort[8].

La chasse organisée à la baleine remonte au moins au VIIIe siècle. C'est alors que le peuple basque, dans ce qui est l'Espagne actuelle, a imaginé des techniques pour les repérer et les chasser[9]. Au XVIIe siècle, au Japon, au cours de la même décennie, six entreprises ont formé un consortium pour chasser les baleines. Dix à douze bateaux formaient un demi-cercle et tendaient un filet près du rivage pour piéger les cétacés. « Cette chasse trouvait son point culminant lorsqu'un des hommes administrait le coup de grâce avec une longue épée, écrit un historien. Comme dans la corrida, ces toréadors baleiniers étaient célébrés comme des héros nationaux[10]. »

Aux États-Unis, aux XVIIIe et XIXe siècles, les baleines étaient pourchassées par des voiliers de haute mer. Une fois le mastodonte repéré, deux groupes de six hommes, répartis dans deux petites barques, étaient descendus à la surface de l'eau. Ils ramaient silencieusement jusqu'à leur cible. Quand les petites barques se trouvaient juste à côté de leur proie, « le bois contre la peau noire », l'un des hommes lançait un harpon. En règle générale, la baleine partait droit devant elle, entraînant les équipages dans une course folle. Finalement, la baleine se fatiguait. À ce moment les hommes se rapprochaient d'elle et lui enfonçaient une lance d'acier affûtée dans un poumon, lui imprimant un mouvement de torsion. Parfois, les baleines plongeaient dans les profondeurs, entraînant leurs prédateurs humains vers la mort[11].

Parfois, les hommes tuaient les baleines facilement mais d'autres fois la baleine « tenait les pêcheurs en haleine près d'une demi-journée avec leurs lances », écrivait un naturaliste en 1725 : « Parfois elles fuyaient après avoir été frappées et se mettaient à cracher du sang. Un geyser rouge jaillissait de l'évent de la baleine, galvanisant les hommes. La cheminée est en feu ! », criaient-ils[12].

En 1830, les États-Unis étaient le n° 1 mondial de la chasse à la baleine[13]. L'huile de baleine était un produit de luxe car sa flamme éclairait mieux que les bougies et polluait moins que les feux de bois. De plus les produits fabriqués à partir des baleines étaient nombreux : aliments, savon, lubrifiants pour machines, base pour les parfums, et de leurs fanons on tirait corsets, parapluies ou cannes à pêche[14].

La demande croissante d'huile de baleine a conduit les entrepreneurs à rechercher des alternatives[15]. L'un d'eux s'appelait Samuel Kier. En 1849, un médecin prescrivit à l'épouse de Kier un sirop, l'American Medicinal Oil, en fait du pétrole, pour traiter une maladie. Son idée n'était pas nouvelle. Les Iroquois utilisaient le pétrole comme insectifuge, pommade, et tonique depuis des siècles[16].

Lorsque sa femme se sentit mieux, Kier comprit le parti qu'il pouvait tirer de cet exemple. Il lança alors sa propre marque, « Kier's Petroleum, or Rock Oil », et commercialisa sa potion magique sous forme de flacon vendu cinquante cents grâce à une force de vente qui sillonnait la région en chariot.

Kier était ambitieux et cherchait d'autres utilisations pour son produit. Un chimiste lui recommanda de le distiller et de l'utiliser comme fluide d'éclairage. La contribution notable de Kier à la révolution pétrolière naissante fut la construction de la première raffinerie industrielle au centre-ville de Pittsburgh[17].

Un groupe d'investisseurs new-yorkais comprit quelle formidable opportunité commerciale représentait le marché que venait de créer Kier. Ils embauchèrent un ingénieur itinérant possédant une solide expertise dans le forage de sel pour prospecter du pétrole en Pennsylvanie. En 1859, l'homme, dénommé Edwin Drake, détecta et fora un puits de pétrole près de Titusville, Pennsylvanie.

La découverte du puits Drake fut le premier jalon d'une fabrication de kérosène qui s'imposa rapidement sur le marché américain des huiles d'éclairage, contribuant ainsi à sauver les baleines dont on cessa de rechercher l'huile. À son apogée, la chasse à la baleine produisait 600 000 barils d'huile par an[18].

L'industrie pétrolière atteignit ce niveau moins de trois ans après la découverte du pétrole par Drake[19]. En une seule journée, la seule Pennsylvanie produisait autant de pétrole qu'un navire de chasse à la baleine en trois ou quatre ans, exemple spectaculaire de la très haute densité de puissance du pétrole[20].

En 1861, deux ans après la découverte pétrolière de Drake, le magazine *Vanity Fair* publia un dessin animé montrant des cachalots debout sur leurs nageoires et en smoking et robe de bal, entrechoquant leurs flûtes de champagne lors d'une élégante soirée. Avec cette légende : « Grand bal donné par les baleines pour célébrer la découverte des puits de pétrole en Pennsylvanie[21]. »

Alors que les baleiniers surpêchaient les baleines, les historiens concluent qu'« on n'a pas de preuve que la chasse à la baleine américaine ait décliné en raison d'une grave pénurie de baleines. » La création d'un substitut présentant une densité de puissance beaucoup plus élevée suffisait. Voilà encore une importante leçon qui signifie que nous n'avons pas besoin d'attendre que des produits inférieurs, écologiques ou autres, s'épuisent pour leur trouver des substituts[22].

3. Comment le Congo a sauvé les baleines

La fatalité a voulu que les baleines aient dû leur salut au capitalisme non pas à une, mais à deux reprises.

En 1900, la chasse à la baleine avait tout d'une industrie agonisante. La production baleinière américaine était réduite à moins de 10 % de ce qu'elle avait été à son apogée[23]. Deux raisons expliquent que la chasse à la baleine n'ait pas purement et simplement disparu : d'une part, les Norvégiens ont pu continuer à chasser certaines espèces à faible coût et d'autre part la demande de fanons est restée soutenue[24]. Les gens n'avaient pas encore inventé les plastiques à base de pétrole qui devaient remplacer les fanons prélevés dans la gueule des baleines, dont les consommateurs appréciaient l'élasticité.

Mais peu après, la chasse à la baleine a repris à grande échelle. Entre 1904 et 1978, les baleiniers ont tué environ un million de baleines, soit près de trois fois plus qu'au XIXe siècle[25].

Une série de progrès techniques avaient offert divers débouchés à l'huile de baleine. En 1905, les chimistes européens ont inventé un procédé permettant de solidifier l'huile liquide pour fabriquer du savon. Baptisé hydrogénation il consistait à souffler de l'hydrogène gazeux dans l'huile avec une catalyse au nickel[26]. Puis, en 1918, des chimistes ont découvert comment solidifier l'huile de baleine tout en éliminant odeur et goût, ce qui permit de l'utiliser pour la première fois comme margarine[27]. Mais au même moment, des chimistes de l'industrie ont réussi à fabriquer de la margarine presque uniquement à partir d'huile de palme en éliminant le recours à l'huile de baleine. En 1940, l'huile de palme, provenant pour une grande part du Congo, était moins onéreuse que l'huile de baleine. Entre 1938 et 1951, la part des huiles végétales transformées en margarine a quadruplé, tandis que l'utilisation d'huile de baleine et de poisson était réduite des deux tiers. La proportion d'huile de baleine en tant qu'ingrédient du savon est passée de 13 % à seulement 1 %[28]. La part de l'huile de baleine dans le commerce mondial des graisses est passée de 9,4 % dans les années 1930 à 1,7 % en 1958, entraînant une baisse du prix de l'huile de baleine à la fin des années 1950[29].

Les journalistes ont bien compris cette évolution. En 1959, le *New York Times* rapportait que « la production croissante d'huile végétale... a fait baisser la valeur marchande de l'huile de baleine et pourrait, en fin de compte, sauver les baleines[30]. » En 1968, les baleiniers norvégiens en étaient réduits à vendre de la viande de baleine aux fabricants d'aliments pour animaux de compagnie. Le *Times* expliquait que « le marché de l'huile de baleine autrefois prisée est passé de 238 $ la tonne en 1966 à 101,50 $. Elle a été supplantée par l'huile de poisson péruvienne et les huiles végétales africaines[31]. »

Cette fois, la raréfaction croissante des baleines a fortement incité à remplacer l'huile de baleine par de l'huile végétale. Un groupe d'économistes concluait que « la croissance économique a entraîné une baisse de la demande en produits baleiniers, tandis que la baisse des stocks rendait ce type de pêche de plus de plus en plus coûteux[32]... »

La chasse à la baleine a culminé en 1962, treize ans avant l'action très médiatisée de Greenpeace à Vancouver, puis a décliné spectaculairement pendant la décennie suivante. L'ONU a appelé à un moratoire de dix ans en 1972, et les États-Unis ont interdit la chasse à la baleine au titre de la loi sur la protection des mammifères marins.

En 1975, année de l'action célébrée de Greenpeace à Vancouver, un accord international entre quarante-six nations interdisant toute chasse du rorqual à bosse, de la baleine bleue, de la baleine grise et de quelques autres espèces de rorquals, avait déjà pris effet[33].

C'est donc bien l'huile végétale, et non un traité international, qui a sauvé les baleines.

99 % de toutes les baleines tuées au XXe siècle l'avaient déjà été au moment où la Commission baleinière internationale (CBI) imposa un moratoire en 1982[34]. Ce dernier, selon les économistes qui ont réalisé l'étude la plus approfondie, était un « coup de tampon » sur une « situation déjà acquise... La réglementation n'avait plus guère d'importance pour stabiliser les populations. »

La Commission baleinière internationale avait fixé des quotas de chasse à la baleine, mais ils n'étaient pas assez bas pour empêcher la surpêche des cétacés. « En théorie, l'IWC était destiné à réglementer le massacre des baleines ; en pratique, l'IWC fonctionnait plus comme un club de chasse international, conclut le principal historien de l'époque, les trente ans de travail de la CBI se sont avérés un fiasco[35]. »

Les pays qui ont tonné le plus fort contre la chasse à la baleine après l'action de Greenpeace n'étaient pas eux-mêmes impliqués dans cette activité. « Une forte opposition à la pêche à la baleine est devenue un moyen plutôt pratique d'afficher une façade verte, puisque elle n'entrainait pratiquement aucun coût matériel pour les pays qui ne pratiquaient pas cette pêche[36]. »

C'est la demande de produits de substitution, portée par une prospérité et un niveau de vie en constante augmentation, qui a sauvé les baleines. On les a laissées vivre parce qu'on n'en avait plus besoin, et l'on n'en avait plus besoin parce qu'il existait des alternatives disponibles en abondance, moins chères et plus performantes.

Aujourd'hui, les populations de baleines bleues, de baleines à bosse et de baleines boréales, trois espèces pour lesquelles on a nourri de grandes inquiétudes, sont toutes en train de se reconstituer, quoique lentement, comme on pouvait s'y attendre en raison de leur grande taille et donc de leur rythme reproductif lent[37]. Aucune espèce de baleine n'est aujourd'hui menacée d'extinction. La pêche, tous pays confondus, concerne deux mille spécimens par an, soit 97 % de moins que les quelque soixante-quinze mille baleines tuées en 1960[38].

La morale de l'histoire, pour les économistes qui ont étudié comment l'huile végétale a sauvé les baleines, c'est que, « dans certaines limites, une forte croissance économique peut avoir un impact salutaire sur l'environnement[39]. »

4. Bon système, mauvais calendrier

Alors qu'il travaillait comme consultant pour General Electric au début des années 1970, un physicien nucléaire italien d'une quarantaine d'années, homme enjoué du nom de Cesare Marchetti, s'est lié d'amitié avec l'un des économistes internes de GE. Celui-ci avait récemment co-signé un article intitulé « A Simple Substitution Model of Technological Change »[40] (un modèle de substitution simple du changement technologique). Ce modèle calculait la rapidité avec laquelle les nouveaux produits deviennent substituables aux plus anciens afin de prévoir la rapidité avec laquelle ces nouveaux produits satureront le marché. Pour une entreprise comme GE, qui fabrique un très large éventail de produits technologiques, un tel modèle était potentiellement intéressant.

Marchetti n'avait en général pas une grande estime pour la modélisation économique. « En tant qu'ex-physicien, écrit-il, j'ai toujours eu tendance à taquiner mes amis économistes pour leur suprême aptitude à élaborer des modèles magnifiquement construits qui ne seront jamais utilisés dans la pratique et ne seront jamais souillés par la boue de ce bas-monde[41]. »

Cette fois, c'était différent. Les économistes de GE ont entré des données réelles dans le modèle pour voir s'il fonctionnait. « J'ai été impressionné par le fait que le modèle pataugeait joyeusement dans la boue » écrit Marchetti[42]. Il était tellement absorbé par son modèle qu'il l'a emporté avec lui lorsqu'il a quitté GE pour travailler à l'International Institute for Applied Systems Analysis (IIASA), une rare collaboration sur un projet de recherche financé par l'Organisation pour la Coopération et le Développement Économique (OCDE), en 1974.

Les États-Unis et l'Union soviétique ont créé l'IIASA (prononcé « yahsaw ») comme outil de coopération scientifique afin de favoriser le rapprochement de l'Est communiste et de l'Ouest capitaliste. Il visait l'élimination des barrières, non seulement entre les pays mais entre les disciplines. L'IIASA a été le pionnier d'un programme interdisciplinaire d'approche de *l'analyse des systèmes*, dont une version a plus tard été adoptée par le GIEC.

L'image de l'évolution comme série de remplacements a inspiré Marchetti. Pendant une grande partie de sa vie, il a collectionné des machines à écrire, des premiers aux derniers modèles, une illustration de sa fascination pour l'innovation technologique comme un genre d'évolution darwinien.

À l'IIASA, Marchetti a testé le modèle de remplacement ou de substitution sur des sources d'énergie primaires, qu'il a traitées comme des « matières premières pour un marché[43]. » Par énergie primaire, Marchetti entendait les ressources naturelles, ou les combustibles qui peuvent être utilisés de diverses manières, à savoir le bois, le charbon, le pétrole, le gaz naturel et l'uranium. (Les énergies secondaires, en revanche, comme l'électricité, le kérosène, l'hydrogène, le GPL et l'essence, sont toutes fabriquées à partir d'énergies primaires.)

Tout au long de l'été suivant, Marchetti et un collègue ont saisi des données à partir de trois cents cas de transitions énergétiques étudiés dans le monde entier. Des transitions du bois au charbon, de l'huile de baleine au pétrole, du charbon au pétrole entre autres nombreuses combinaisons. « Je n'en croyais pas mes yeux, écrit-il, mais ça a fonctionné[44] ». Il ajoutait : « Toute la destinée d'une source d'énergie semble être complètement prédéterminée dans sa petite enfance[45]. Le domaine que nous appelons aujourd'hui la *transition énergétique* était né.

D'après Marchetti, les guerres, les variations importantes des prix de l'énergie et même les crises économiques n'ont eu aucun effet sur le rythme de la transition énergétique. « C'est comme si le système comportait son horaire, sa volonté et son horloge internes[46] », écrit-il.

Des exemples plus anciens révélaient le rôle de la rareté dans l'augmentation des prix et pour stimuler l'innovation, témoin la nécessité pour les Européens d'importer du bois prélevé dans des forêts de plus en plus lointaines, ce qui en renchérissait le coût, et rendait le combustible récemment apparu, le charbon, comparativement avantageux[47]. Mais Marchetti a découvert que « le marché s'était souvent éloigné d'une source d'énergie primaire donnée, bien avant qu'elle ne soit épuisée, au moins au niveau mondial[48]. »

Alors que la rareté contribue à inciter les entrepreneurs, comme les investisseurs de Drake, à rechercher des alternatives, c'est souvent la croissance économique et la demande grandissante d'un service énergétique spécifique, éclairage, transport, chauffage ou industrie, qui ont imposé les combustibles fossiles contre les énergies renouvelables, puis le pétrole et le gaz contre le charbon.

C'est ce qui s'est passé avec les baleines. Des succédanés, principalement la graisse de porc et l'éthanol, sont apparus avant la découverte de champs pétrolifères en Pennsylvanie et la transformation de pétrole en kérosène. C'est l'abondance du pétrole et sa densité de puissance supérieure qui l'ont finalement fait triompher des biocarburants[49].

La part du charbon dans le mix énergétique a commencé à décliner à l'époque de la Première Guerre mondiale, alors que « les réserves de charbon étaient en un sens infinies », lorsqu'on a commencé à lui substituer pétrole et gaz naturel[50].

Les transitions énergétiques se sont produites de la manière prédite par Marchetti, passant de combustibles plus dilués en énergie et denses en carbone à des combustibles plus denses en énergie et en hydrogène. De même que le charbon est deux fois plus dense en énergie que le bois, le pétrole est plus dense en énergie que le charbon, tout comme le gaz naturel, lorsqu'il est converti sous forme liquide.[51]

La chimie est simple à comprendre. Le charbon se compose d'environ un atome de carbone pour un atome d'hydrogène. Le pétrole se compose d'un atome de carbone pour deux atomes d'hydrogène. Et le gaz naturel, ou plutôt son principal composant, le méthane, recèle quatre atomes d'hydrogène pour un atome de carbone, d'où son expression moléculaire en CH_4[52].

Conséquence de ces transitions énergétiques, l'intensité carbone de l'énergie a décliné pendant plus de 150 ans. Entre 1860 et le milieu des années 1990, l'intensité en carbone de l'énergie primaire mondiale a diminué d'environ 0,3 % par an[53].

Marchetti avait raison d'affirmer que les sociétés humaines tendent à remplacer des combustibles plus dilués en énergie par des combustibles plus denses en énergie, mais tort de dire que « le système avait un calendrier... et une horloge. » Alors que sa prédiction sur la direction des transitions énergétiques a été globalement correcte, le timing de Marchetti était erroné. Ainsi, aux États-Unis, la part de l'électricité issue du charbon a chuté, passant de plus de 45 % en 2010 à un peu moins de 25 % en 2019[54]. L'Europe a connu une baisse tout aussi importante en électricité issue du charbon et une augmentation du gaz naturel au cours des deux dernières décennies[55]. En prédisant que la transition du charbon au gaz se produirait dans les années 1980 et 1990, Marchetti était donc en avance de deux décennies. Et il a prédit avec optimisme que peu d'humains, aujourd'hui, brûleraient encore du bois et d'autres formes de biomasse alors qu'en réalité plus de 2,5 milliards de personnes le font encore[56]. Ce qui détermine le rythme de ces transitions, c'est la politique. Et, comme nous le verrons, la politique peut parfois éloigner les sociétés des carburants à forte densité énergétique pour les ramener vers des combustibles à faible densité énergétique.

5. La tromperie de Gasland

Au printemps 2010, un documentariste a diffusé la bande-annonce de *Gasland*, son dernier film, sur l'essor du gaz naturel aux États-Unis. Le son de la musique de fond, très similaire à ce qu'on peut entendre dans les bandes-annonces de films d'horreur-fantastique, devient vite assourdissant et le rythme frénétique. On entend des gens dire que la fracturation hydraulique du schiste, une formation rocheuse souterraine, empoisonne leur eau et provoque maladies neurologiques et lésions cérébrales. Il montre des documents décrivant des maladies pulmonaires et des cancers.

Aux trois quarts de la bande-annonce, nous entendons un thème sinistre, qui accompagnerait idéalement l'envol d'une horde de ptérosaures. Un homme est debout devant son évier au-dessus duquel on peut voir un panneau écrit à la main : Ne Buvez Pas Cette Eau. On voit alors un membre du Congrès dire avec un accent du sud et une frustration perceptible, « Ce que nous faisons, c'est chercher un problème qui n'existe pas ! »

La bande-annonce revient ensuite à l'homme devant l'évier. Il approche un briquet du robinet qu'il ouvre, faisant jaillir d'énormes flammes qui l'obligent à faire un bond en arrière[57].

Le *New York Times* et d'autres médias nationaux, ont relayé cette histoire et décrit la fracturation hydraulique pour exploiter le gaz de schiste comme une grave menace pour l'environnement naturel ce qui a contribué à déclencher une campagne d'opinion pour mettre fin à ce type de forages[58].

Mais la séquence de l'eau inflammable que l'on voyait dans ce film était trompeuse. En 2008 et 2009, le personnage du film et deux autres résidents du Colorado ont déposé plainte devant le principal régulateur pétrolier et gazier du Colorado, la Colorado Oil and Gas Conservation Commission. La commission a prélevé des échantillons d'eau dans ces trois maisons et les a envoyées dans un laboratoire privé. Le laboratoire a constaté que le gaz du robinet de l'homme précité et celui provenant d'une autre maison était à 100 % « biogénique », ou naturel, et n'avait jamais posé aucun problème de sécurité aux consommateurs durant des décennies. Il n'avait pas été créé par des forages mais par Dame Nature. Dans la troisième maison, on a trouvé un mélange de méthane biogénique et thermogénique ; le propriétaire et l'opérateur sont parvenus à un règlement du litige[59].

Le régulateur indépendant de l'industrie pétrolière et gazière du Colorado s'est vivement opposé à *Gasland*, faisant remarquer qu'il avait informé le producteur Josh Fox sur les faits relatés dans le film bien avant la réalisation de celui-ci, et que ce dernier avait choisi de les ignorer[60].

Les gens du cru ont témoigné que l'eau prenait feu naturellement depuis des siècles. On dispose de témoignages similaires sur l'eau qui s'enflamme depuis les Grecs, les Indiens, et les Perses de l'Antiquité. Nous savons maintenant qu'il s'agissait d'infiltrations de méthane naturel. En 1889, un foreur s'est brûlé la barbe après avoir enflammé de l'eau d'un puits qu'il forait à Colfax (Louisiane). Un panneau relatant l'anecdote sur le site du puits, a été présenté dans une émission de télé populaire[61].

Un réalisateur de documentaires irlandais nommé Phelim McAleer a appelé Fox au sujet de sa présentation fallacieuse de la fracturation hydraulique lors d'une projection de *Gasland* en 2011.

McAleer : Il y a un rapport sur l'eau qui prend feu datant de 1976...

Fox : Eh bien, je me fiche du rapport de 1976. Il y avait des rapports dès 1936 avec des témoignages de gens disant qu'ils peuvent enflammer leur eau dans l'État de New York.

McAleer : Je suis curieux de savoir pourquoi vous n'avez pas inclus les rapports pertinents de 1976 ou de 1936 dans le documentaire ? La plupart des gens qui voient votre film peuvent croire que l'inflammabilité de l'eau a commencé avec la fracturation. Vous vous êtes dit que les gens enflammaient leur eau bien avant les débuts de la fracturation. N'est-ce pas vrai ?

Fox : Oui, mais ce n'est pas pertinent[62].

Le cinéaste irlandais a posté l'échange sur YouTube. Fox a protesté, arguant d'une violation du copyright. Dans un premier temps, YouTube a obéi à la demande de Fox et retiré la vidéo, avant de la rétablir par la suite[63].

6. Fracture du climat

Pendant près d'une décennie, les militants pour le climat, sous la houlette de Bill McKibben de 350.org, ont affirmé que le gaz naturel était pire pour le climat que le charbon[64].

Pourtant, si l'on considère les chiffres, le gaz naturel est plus propre que le charbon. Le gaz naturel émet entre 17 et 40 fois moins de dioxyde de soufre, une fraction de l'oxyde d'azote qu'émet le charbon, et presque pas de mercure[65]. Le gaz naturel est huit fois moins mortel que le charbon, si l'on cumule les accidents et la pollution atmosphérique[66]. Et la production d'électricité à partir de gaz plutôt que de charbon est moins consommatrice d'eau (25 à 50 % de moins)[67].

La révolution technologique qui a permis aux entreprises d'extraire de grandes quantités de gaz naturel du schiste ou des fonds océaniques est la principale raison pour laquelle les émissions de carbone ont baissé de 13 % entre 2005 et 2018 aux États-Unis, et explique en partie pourquoi il est peu probable que la hausse des températures mondiales dépasse 3 degrés centigrades au-dessus des niveaux préindustriels[68].

L'allégation de McKibben selon laquelle le charbon est meilleur que le gaz naturel se base sur un recul temporel de vingt ans seulement, un délai trop bref pour évaluer sérieusement le réchauffement climatique.

Le gouvernement des États-Unis et la plupart des experts conviennent que l'échelle de temps pertinente est d'un siècle. Le créneau de vingt ans retenu amplifie donc l'impact du piégeage de la chaleur par le gaz naturel[69].

Malgré une augmentation de près de 40 % de la production de gaz naturel depuis 1990, l'EPA a signalé une diminution de 20 % des émissions de méthane en 2013, en partie due à l'amélioration des joints, de la surveillance et de la maintenance[70].

La fracturation au gaz naturel a également entraîné une baisse de 62 % de l'extraction du charbon des sommets montagneux entre 2008 et 2014[71].

Tandis que la fracturation pour exploiter le gaz naturel fissure le schiste sous la surface de la Terre, entraînant des impacts minimes au niveau du sol, l'exploitation du charbon dévaste les écosystèmes montagneux. Plus de 500 montagnes, ce qui représente plus de 400 000 ha, ont été détruits dans le centre et le sud des Appalaches par la suppression des sommets montagneux[72]. Lorsque les sociétés minières démolissent des montagnes à l'explosif pour en extraire du charbon, ils déversent des millions de tonnes de roches concassées dans les vallées voisines, détruisant forêts et cours d'eau. Ces roches exposées libèrent des métaux lourds et d'autres substances toxiques, qui nuisent à la faune, aux insectes et aux humains. Les nuages de poussière que provoquent les explosions résultant de telles opérations peuvent nuire à la santé des mineurs et des personnes vivant aux alentours[73].

Il n'existe pas de transition énergétique qui n'ait un impact humain et environnemental. La fracturation ne va pas sans pipelines, plates-formes et camions, et peut perturber des paysages paisibles dont les gens se soucient à juste titre. Les entreprises responsables ont créé de petits tremblements de terre et et se sont débarrassées de manière inadéquate des eaux usées de fracturation. Ces problèmes sérieux doivent être résolus, mais ils ne sont absolument pas aussi graves que ceux qu'entraîne l'exploitation du charbon, laquelle s'est d'ailleurs aggravée à bien des égards au fil des décennies, au lieu de progresser, comme l'illustre l'arasement des sommets montagneux et la destruction des écosystèmes fluviaux[74].

Ce qui explique l'impact environnemental moindre de la fracturation du gaz naturel par rapport à l'extraction du charbon c'est la densité énergétique. Un gisement de gaz naturel aux Pays-Bas a une densité énergétique trois fois supérieure à celle des mines de charbon les plus productives au monde[75].

Aujourd'hui, de nombreux scientifiques et écologistes, sinon la plupart, soutiennent le remplacement du charbon par le gaz. « Les gens accordent trop d'importance au méthane », déclarait le climatologue Ray Pierrehumbert au *Washington Post.* « Les gens devraient démontrer que l'on peut effectivement réduire les émissions de CO_2, avant de s'inquiéter de savoir si on fait assez d'efforts pour réduire les émissions de méthane[76]. »

Les réglementations sur la pollution ont contribué à rendre les centrales au charbon plus coûteuses à construire et à faire fonctionner. Mais, comme l'avait prédit Marchetti, et de façon similaire à ce que nous avons observé avec les baleines, le facteur décisif fut la création d'une alternative à densité énergétique accrue, mais aussi plus abondante et moins chère. Ce que Marchetti n'avait pas prévu, c'était, dans le cas des transitions énergétiques, la force de l'opposition d'un large public aux nouvelles technologies, en particulier dans les classes sociales supérieures.

7. Les poissons deviennent fous

Fin 2015, la Food and Drug Administration américaine a approuvé un saumon génétiquement modifié, qui présente des avantages environnementaux majeurs par rapport aux saumons d'élevage existants. « Sa chair est exquise, selon un critique gastronomique. Onctueux, léger, juteux. Exactement ce que devrait être le saumon atlantique[77]. »

Le saumon AquAdvantage, développé par AquaBounty Technologies en 1989, grandit deux fois plus vite et mange 20 % d'aliments en moins que le saumon de l'Atlantique. Alors que huit livres d'aliments sont nécessaires pour récolter une livre de bœuf, une seule livre de nourriture est nécessaire pour une livre de saumon AquAdvantage.

Contrairement à la majorité des saumons d'élevage, qui sont produits dans des cages flottantes immergées dans les zones côtières, AquAdvantage est produit à terre dans des couveuses et des fermes piscicoles. Il minimise ainsi l'impact de l'aquaculture sur les milieux océaniques et empêche d'éventuelles interactions nuisibles avec les espèces sauvages susceptibles de provoquer des maladies. Et AquaBounty estime qu'il produira 23 à 25 % d'émissions de carbone de moins que le saumon d'élevage traditionnel[78].

Le saumon de l'Atlantique est déjà l'un des aliments les plus sains au monde. Recelant peu de calories et de graisses saturées et trans, il est une bonne source de protéines et d'acides gras polyinsaturés Oméga-3. En modifiant génétiquement le saumon, AquaBounty a aussi supprimé l'usage d'antibiotiques, lesquels, préviennent les responsables de santé publique, peuvent susciter chez les humains le développement de résistances. « Le saumon AquAdvantage est un aliment aussi sûr que n'importe quel saumon de l'Atlantique non génétiquement modifié, et aussi nutritif », affirme la FDA[79].

Si la pisciculture est essentielle pour sauver les poissons sauvages et d'autres espèces marines, comme le manchot antipode et l'albatros, c'est que la population totale des poissons de mer que les humains pêchent et mangent a diminué de près de 40 % depuis 1970. La surpêche a entraîné de nombreuses extinctions locales, y compris d'espèces de requins.

Aujourd'hui, 90 % des stocks de poissons du monde sont soit surexploités, soit en surcapacité, ce qui signifie qu'ils sont proches ou à peine au-dessus de leur niveau de pêche maximal avant de voir leur population s'effondrer complètement[80]. Alors que 15 % de la surface du globe est protégée, un peu moins de 8 % des océans du monde le sont[81].

Depuis 1974, l'humanité a triplé la proportion des stocks de poissons pêchés, la ponction a atteint un niveau insoutenable[82]. Et la pression sur les poissons sauvages continue de croître : d'ici 2050, grâce à l'augmentation de la richesse et à une démographie galopante, la demande mondiale de poisson devrait doubler[83].

La bonne nouvelle est que la pisciculture, ou aquaculture, se développe rapidement. La production aquacole a doublé entre 2000 et 2014, et elle produit actuellement la moitié de la quantité totale de poissons destinés à la consommation humaine[84]. Selon un rapport de l'Organisation des Nations

Unies pour l'alimentation et l'agriculture (FAO) de 2018, ce secteur « continue de croître plus rapidement que les autres grands secteurs de production alimentaire et d'ici à 2030, le monde mangera 20 % de plus de poisson qu'en 2016[85]. »

L'un des grands avantages environnementaux de l'aquaculture est le déplacement des fermes piscicoles des océans vers l'intérieur des terres. Cela réduit leur impact sur les environnements marins et permet des systèmes fermés ou quasi-fermés où l'eau est continument nettoyée et recyclée[86].

Les technologies mises au point pour créer des poissons génétiquement modifiés apportent des avantages secondaires. Selon certains experts une telle modification génétique offre ainsi la possibilité d'éliminer le virus mortel de la grippe aviaire[87].

Et pourtant, les critiques les plus virulents du remplacement des poissons sauvages par des poissons d'élevage sont les mouvements écologistes, notamment le Natural Resources Defence Council (NRDC) et le Sierra Club, qui a déclaré que le saumon AquAdvantage était susceptible de contaminer les populations de saumons sauvages[88]. Après l'approbation d'AquAdvantage par la FDA le dirigeant d'un autre groupe environnementaliste, le Centre pour la sécurité alimentaire, a annoncé qu'il intentait une action en justice pour stopper « l'introduction de ce dangereux contaminant[89]».

En réponse, plusieurs grandes chaînes de supermarchés, dont Trader Joe's et Whole Foods, ont annoncé qu'ils ne commercialiseraient pas le poisson AquaBounty, alors que les porte-paroles des deux chaînes avaient admis que leurs magasins proposaient d'autres aliments produits avec des ingrédients ou des aliments génétiquement modifiés[90].

La pisciculture n'est pas sans risques. Les premières fermes piscicoles, comme les élevages de crevettes, étaient assez destructrices, entraînant le défrichage des forêts de mangrove et la pollution des cours d'eau par les produits chimiques et les nutriments[91]. Mais, avec le temps, leur impact environnemental négatif a considérablement diminué grâce à une implantation plus judicieuse et au co-élevage d'espèces comme les pétoncles et les moules avec des algues et des microalgues.

Le scientifique qui a exprimé le premier l'inquiétude que les poissons génétiquement modifiés puissent menacer les stocks de poissons sauvages est aujourd'hui l'un de leurs plus fervents défenseurs.

« Je ne dirai pas qu'aucun saumon génétiquement modifié ne se retrouvera jamais dans l'océan, dit-il. Mais – rien dans ce poisson ne pourra durer plus d'une seule génération en raison de sa faible résistance physique[92]. »

Quant à Trader Joe's et Whole Foods, l'ex-PDG d'AquaBounty, Ron Stotish, était optimiste sur le fait qu'ils finiraient par changer d'avis. « Nous avons bon espoir qu'avec le temps, ils adopteront notre produit[93]. »

Mais cinq ans plus tard, ni les groupes environnementaux en principe inquiets de l'avenir des poissons sauvages, ni Trader Joe's, Whole Foods, Costco, Kroger ou Target n'ont changé d'avis[94].

8. Guerre de classe

À 90 ans passés, Cesare Marchetti vit sa vie de « gentleman-farmer près de Florence », déclare son ami et co-auteur, Jesse Ausubel, « avec oliviers, vignes, chèvres, chats noirs » sans oublier sa collection de machines à écrire[95].

Ausubel, qui travaille au Woods Hole Research Institute et à l'université Rockefeller est l'ami de Marchetti depuis leur rencontre dans les années 1970 à IIASA. Aujourd'hui, les deux hommes tentent de séquencer le génome de Leonardo da Vinci à partir des traces d'ADN qu'ils ont pu recueillir dans les livres ou d'autres objets ayant appartenu au grand artiste de la Renaissance. « Si vous regardez les dessins d'orages et de nuages de Vinci, il a compris l'immense indifférence de la nature, a déclaré Ausubel, et une grande part de ce qu'est l'entreprise humaine. »

J'ai demandé à Ausubel pourquoi il estimait que le modèle de transition énergétique de Marchetti avait connu de tels retards, même s'il était globalement pertinent sur la direction. « Vous pouvez regarder le long terme et la dynamique l'emporte, m'a-t-il répondu. Mais si vous observez n'importe quel phénomène vous découvrirez des interruptions, des hiatus, des digressions et des diversions. C'est ce qui s'est produit avec l'énergie. »

L'opposition aux nouveaux carburants vient généralement des riches. En Grande-Bretagne, les élites avaient baptisé le charbon « l'excrément du diable, ce que beaucoup de gens tenaient pour littéralement vrai, du fait de son odeur souffrée[96]. L'odeur dégagée par la fumée de charbon était mauvaise comparée à l'agréable arôme du feu de bois. La classe supérieure de l'Angleterre victorienne a résisté à la transition du bois au charbon tant qu'elle le pouvait[97].

Ce sont ces mêmes élites éduquées qui ont également mené la guerre contre la fracturation hydraulique. Les antagonistes-clé furent le *New York Times*, Bill McKibben et certains mouvements écologistes, dont le Sierra Club ou le Natural Resources Defense Council.

Ausubel décrit la bataille livrée par les lobbies du charbon contre une exploration accrue du gaz naturel dans les années 1970. « Les gens se sont battus avec ténacité pour conserver leurs acquis. Ce fut vrai aux États-Unis pour l'industrie du charbon, qui développa une alliance entre, à l'ouest, le sénateur républicain Alan Simpson dans le Wyoming et à l'est, le sénateur démocrate Robert Byrd en Virginie-Occidentale. Au niveau national les responsables politiques ont mené une série d'actions qui ont contribué à pérenniser l'industrie du charbon. »

Ausubel pointe l'élection du président Jimmy Carter en 1976, qui, avec le soutien de grands mouvements écologistes, a œuvré pour renforcer le charbon au lieu du nucléaire et du gaz naturel.

Ausubel estime que le souci d'indépendance énergétique des années 1970 a fait long feu. Il explique que « les craintes que l'exportation de gaz ne nuisent à notre sécurité nationale étaient insensées. En fait, posséder une importante industrie saine renforce votre pouvoir national. »

Il note que les scientifiques connaissaient l'existence d'immenses gisements de gaz, en particulier dans les océans. « Dès le début, au milieu des années 80, tout le monde au sein de l'Association américaine des géologues pétroliers, savait qu'il y avait de grandes quantités de gaz sur les marges continentales ainsi que des hydrates de méthane. Je me suis exprimé sur ce sujet dans un rapport de l'Académie nationale des sciences de 1983. »

Les géologues ont laissé persister l'idée que le gaz naturel était rare et qu'on devait le sauvegarder car il n'y en avait pas beaucoup. Aujourd'hui, les grandes compagnies pétrolières et gazières voient leur avenir plutôt dans le gaz que dans le pétrole. Mais dans de nombreux endroits, cela aurait pu arriver il y a vingt ou trente ans et ça ne s'est pas produit[98].

Heureusement, la guerre contre la fracturation a échoué. En ce qui concerne la fracturation du schiste pour l'exploitation du gaz naturel, les États-Unis ont moins multiplié les obstacles réglementaires que d'autres pays, une attitude qui leur a considérablement profité. Les États-Unis accordent aux propriétaires fonciers des droits miniers et de forage dans le sous-sol. Dans la plupart des autres pays, ces droits appartiennent au gouvernement, ce qui a beaucoup contribué à freiner l'essor de la fracturation. La politique a même interféré avec le sauvetage des baleines. Alors que les écologistes tiennent souvent le capitalisme pour responsable des problèmes environnementaux, c'est bien le communisme qui a encore aggravé les ravages de la chasse à la baleine. Après la chute du communisme, les historiens ont découvert des documents attestant que l'Union soviétique avait supprimé beaucoup plus de baleines qu'elle ne l'avait reconnu. Elle persévérait, bien que cette pêche ne fut plus rentable, du fait de la planification centrale soviétique. « 98 % des baleines bleues tuées dans le monde après l'interdiction de 1966 l'ont été par des baleiniers soviétiques, notait un historien, tout comme 92 % des 1 201 baleines à bosse tuées entre 1967 et 1978 pour leur utilisation industrielle[99].

Et si leurs marchés avaient été plus libres, des pays comme le Japon et la Norvège seraient passés de l'huile de baleine à l'huile végétale beaucoup plus tôt. « Ce qui soutient sans doute l'industrie baleinière contre les incursions de l'huile végétale, rapportait le *New York Times* en 1959, c'est le désir des nations baleinières de conserver leurs devises étrangères. En général, elles ne produisent pas assez d'huile végétale pour satisfaire leurs propres besoins et doivent donc soit capturer des baleines, soit acheter des graisses et de l'huile à l'étranger[100]. »

Morale de l'histoire, la croissance économique et la demande croissante de nourriture, d'éclairage et d'énergie stimulent les transitions énergétiques et industrielles, mais la politique peut en revanche les empêcher. Les transitions énergétiques dépendent de la volonté populaire. Lorsqu'il s'agit de protéger l'environnement en passant à des alternatives supérieures, l'attitude du public et l'action politique comptent.

Notes

1. John P. Rafferty, « Titanosaurs: 8 of the World's Biggest Dinosaurs, » *Encyclopaedia Britannica*, https://www.britannica.com/list/titanosaurs-8-of-the-worlds-biggest-dinosaurs.

2. Lance E. Davis, Robert E. Gallman, et Karin Gleiter, *In Pursuit of Leviathan: Technology, Institutions, Productivity, and Profits in American Whaling* (Chicago: University of Chicago Press, 1997), 21.

3. Neil Pyenson, Spying on Whales: The Past, Present, and Future of Earth's Most Awesome Creatures (New York: Penguin, 2018), 176.

4. Nguyen Van Vinh, « Vietnamese Fisherman Worship Whale for Safety, » Reuters, 22 juin 2007, https://www.reuters.com.

5. « Vietnamese Fishermen Drag Giant Whale Carcass Inland for Burial, » Newsflare, 29 mai 2019, https://www.newsflare.com/video/296461/animals/vietnamese-fishermen-drag-giant-whale-carcass-inland-for-burial.

6. Andrew Darby, Harpoon: Into the Heart of Whaling (Cambridge, MA: Hachette Books, 2009), 106.

7. George Francis Dow, Whale Ships and Whaling: A Pictorial History (New York: Dover Publications, 2013), 7.

8. John E. Worth, « Fontaneda Revisited: Five Descriptions of Sixteenth-Century Florida, » *The Florida Historical Quarterly 73*, no. 3 (janvier 1995): 339–352, https://www.jstor.org/stable/30150454.

9. Davis et al., *In Pursuit of Leviathan.*

10. Johan Nicolay Tonnessen et Arne Odd Johnsen, *The History of Modern Whaling* (Berkeley: University of California Press, 1982), 129.

11. Taylor Kate Brown, « Hunting Whales with Rowing Boats and Spears, » BBC, 26 avril 2015, https://www.bbc.com.

12. Glover Morrill Allen, *The Whalebone Whales of New England* (Boston: Printed for the Society with Aid from the Gurdon Saltonstall Fund, 1916), 161.

13. Walter S. Tower, *A History of the American Whale Fishery* (Philadelphia: University of Pennsylvania, 1907), 50.

14. Davis et al., *In Pursuit of Leviathan.*

15. Johan Nicolay T. nnessen et Arne Odd Johnsen, *The History of Modern Whaling* (Berkeley: University of California Press, 1982), 129.

16. « Development of the Pennsylvania Oil Industry, » National Historic Chemical Landmark, American Chemical Society, 2009, https://www.acs.org/

content/acs/en/education/whatischemistry/landmarks/pennsylvaniaoilindustry.html.

17. « Samuel Kier, » Pennsylvania Center for the Book, 2007, consulté le 5 décembre 2019, https://www.pabook.libraries.psu.edu/literary-cultural-heritage-map-pa/bios/Kier Samuel_Martin.

18. In 1845. W. S. Tower, *A History of the American Whale Fishery* (Philadelphia, PA: University of Pennsylvania, 1907), 127.

19. « Development of the Pennsylvania Oil Industry. »

20. Davis et al, *In Pursuit of Leviathan*, 355-63. Si le pétrole n'avait pas remplacé l'huile de baleine, il est possible que le gaz de houille l'aurait fait. Des entreprises de New York, Boston, La Nouvelle-Orléans et Philadelphie ont copié les Britanniques au début des années 1800 et ont commencé à fabriquer de l'hydrogène et à l'acheminer dans les logements pour en assurer l'éclairage. Elles fabriquaient l'hydrogène à partir du charbon. « Le charbon était moins cher que l'huile de baleine », notent les historiens, mais il présentait d'autres problèmes. Ces problèmes ont pu être résolus au fil du temps, jusqu'à l'arrivée du pétrole qui a fourni une alternative bon marché et plus performante dans la plupart des lieux. Pendant quelques années, et dans certains endroits, le camphre, une sorte de térébenthine redistillée, a également concurrencé l'huile de baleine. Dans d'autres endroits, l'huile de saindoux semblait moins chère, et aussi abondante. Pendant une brève période, elle a remplacé l'huile de cachalot (baleine) dans les phares américains, mais elle a finalement été remplacée par le pétrole, qui a fini par dominer le marché. Les historiens ont conclu que « à la veille de la découverte du petrole au puits Drake, l'industrie baleinière était déjà en quelque sorte en recul ». Comme l'ont noté les historiens, « la naissance d'une industrie pétrolière à grande échelle a été le signal de la mort définitive de l'industrie baleinière américaine ». Davis et al. expriment l'avis unanime. « Pour la lubrification et l'éclairage, l'huile de baleine a été évincée du marché par l'huile minérale [pétrole] et, pour divers autres usages, elle a pu être remplacée par des huiles végétales, en particulier l'huile de coton et l'huile de lin. »

21. « Grand Ball Given by Whales, » *Vanity Fair*, 20 avril 1861.

22. Davis et al., *In Pursuit of Leviathan*, 516.

23. Ibid., 514.

24. Ibid., 498–499, 522. « Des salaires plus bas, des coûts d'opportunité du capital plus faibles et le manque d'alternatives entrepreneuriales ont poussé les Norvégiens à exploiter les stocks de baleines. Des salaires plus élevés, des coûts d'opportunité du capital plus élevés et une pléthore d'alternatives entrepreneuriales ont poussé les Américains – même ceux de New Bedford – à se tourner vers l'économie nationale ».

25. Johan Nicolay Tønnessen et Arne Odd Johnsen, *The History of Modern Whaling* (Berkeley: University of California Press, 1982), 12. Là encore, il y a accord sur ce point. « Aux États-Unis, il n'y avait tout simplement aucune incitation à relancer la chasse à la baleine. »

Ibid., 508.

26. Ibid., 11.

27. « New Butter Substitute, » *New York Times*, 4 août 1918, https://www.nytimes.com. En 1929, les scientifiques avaient tellement amélioré le processus que la margarine pouvait être fabriquée à partir de la seule huile de baleine. Davis et al., *In Pursuit of Leviathan*, 503.

28. Tønnessen et Johnsen, *The History of Modern Whaling*, 529.

29. Walter Sullivan, « Extinction of Blue Whale Feared, » *New York Times*, 18 mai 1959, https://www.nytimes.com.

30. Ibid.

31. « Whaler Tells of Industry Shift from Oil to Production of Food, » *New York Times*, 12 mai 1968, https://www.nytimes.com.

32. Viktoria Schneider et David Pearce, « What Saved the Whales? An Economic Analysis of 20th Century Whaling, » *Biodiversity and Conservation* 13 (2004): 453562, https://doi.org/10.1023/B:BIOC.0000009489.08502.1a.

33. Ibid.

34. Ibid.

35. Tønnessen et Johnsen, *The History of Modern Whaling*, 136.

36. Viktoria Schneider et David Pearce, « What Saved the Whales? An Economic Analysis of 20th Century Whaling, »

37. Davis et al., *In Pursuit of Leviathan*, 512.

38. Linus Blomqvist, Ted Nordhaus, et Michael Shellenberger, *Nature Unbound: Decoupling for Conservation*, The Breakthrough Institute, 2015, consulté le 5 décembre 2019, 29, https://s3.us-east 2.amazonaws.com/uploads.thebreakthrough.org/legacy/images/pdfs/Nature_Unbound.pdf.

39. Schneider et Pearce, « What Saved the Whales? An Economic Analysis of 20th Century Whaling. » Les économistes soulignent que la réglementation environnementale peut encore avoir un rôle à jouer. Si les accords internationaux ont peut-être une efficacité limitée, de nombreuses preuves suggèrent que les politiques nationales sont des méthodes efficaces pour « franchir » la courbe de Kuznets.

40. J. C. Fisher et R. H. Pry, « A Simple Substitution Model of Technological Change, » *Technological Forecasting and Social Change* 3 (1971–72): 75–88, https://doi.org/10.1016/S0040-1625(71)80005-7.

41. Cesare Marchetti, « A Personal Memoir: From Terawatts to Witches, » *Technological Forecasting and Social Change* 37, no. 4 (1990): 409–414, https://doi.org/10.1016/0040-1625(90)90049-2.

42. Ibid.

43. C. Marchetti et N. Nakiccenovic, *The Dynamics of Energy Systems and the Logistic Substitution Model*, International Institute for Applied Systems Analysis, décembre 1979, http://pure.iiasa.ac.at/id/eprint/1024/1/RR-79-013.pdfc

44. Marchetti, « A Personal Memoir: From Terawatts to Witches. »

45. Cesare Marchetti, « Primary Energy Substitution Models: On the Interaction Between Energy and Society, » *Technological Forecasting and Social*

Change 10, no. 4 (1977): 345–56, https://doi.org/10.1016/0040-1625(77)90031-2.

46. Marchetti et Nakiccenovic, *The Dynamics of Energy Systems and the Logistic Substitution Model.*

47. Michael Williams, *Deforesting the Earth: From Prehistory to Global Crisis, An Abridgment* (Chicago: University of Chicago Press, 2006), 162.

48. Marchetti, « Primary Energy Substitution Models. »

49. Richard Rhodes, Energy: *A Human History* (New York: Simon & Schuster, 2018).

50. Cesare Marchetti, « Primary Energy Substitution Models. »

51. Sous forme liquide, le gaz naturel a une valeur de 54 MJ/kg, mais la liquéfaction du gaz naturel requiert d'importantes quantités d'énergie. Smil, *Power Density*, 13.

52. Ibid. 13, 122. Les calculs originaux du rapport carbone-hydrogène pour les combustibles fossiles sont tirés de Nebojša Nakiceovic, « Freeing Energy from Carbon », *Daedalus 125*, no. 3 (été 1996), 95-112, http://pure.iiasa.ac.at/id/eprint/4850/1/RR-97-04.pdf. Le gaz naturel est généralement composé de méthane, d'éthane et de propane. Le méthane représente 73 à 95 % du gaz naturel extrait de la terre et produit 35 MJ/kg, contre 25 MJ/kg pour le charbon.

53. Nebojša Nakiceovic, « Freeing Energy from Carbon, » 99.

54. Tyler Hodge, « EIA Forecasts Slower Growth in Natural Gas–Fired Generation While Renewable Energy Rises, » Today in Energy, U.S. Energy Information Administration, 16 janvier 2020, https://www.eia.gov/todayinenergy/detail.php?id=42497.

55. *BP Statistical Review of World Energy 2019, 68th édition,* BP, juin 2019, https://www.bp.com/content/dam/bp/businesssites/en/global/corporate/pdfs/energyeconomics/statistical-review/bp-stats-review-2019-full-report.pdf. « Accès à des techniques de cuisson salubres », SDG7 : données et projections, Agence internationale de l'énergie, novembre 2019, https://www.iea.org/reports/sdg7-data-and-projections/access-to-clean-cooking. *Energy AccessOutlook 2017*, Agence internationale de l'énergie, octobre 2017, https://webstore.iea.org/download/direct/274. En 2018, le charbon a fourni 27 % de l'énergie primaire, et non les 4 % prévus par Marchetti. Le gaz naturel a fourni 24 %, et non 65 % comme il l'avait prévu. L'énergie nucléaire a fourni 4 % et non les 10 % qu'il avait prévus.

56. Ibid.

57. *Gasland,* écrit et dirigé par Josh Fox, HBO, 2010.

58. Ian Urbina, « Regulation Lax as Gas Wells' Tainted Water Hits Rivers, » *New York Times*, 26 février 2011, https://www.nytimes.com.

59. State of Colorado Oil and Gas Conservation Commission, Department of Natural Resources, *Gasland* (Denver: Department of Natural Resources, June 2013), consulté le 15 janvier 2020, https://www.energyindepth.org /wp-content/uploads/2018/02/GASLAND-DOC.pdf.

60. Ibid.

61. kwashnak, « The Famous Burning Well of Colfax—Louisiana Historical Markers, » Waymarking, consulté le 8 novembre 2019, https://www.waymarking.com/waymarks/WM8XQ8_The_Famous_Burning_Well_of_Colfax.

62. Phelim McAleer, Ann McElhinney, et Magdalena Segieda, dirs., *FrackNation* (Ann et Phelim Media, 2013), quoted in Forrest M. Mims III, « How flaming tap water ignited the fracking controversy: Gasland vs. FrackNation, » *The Quad*, 18 septembre 2018, https://thebestschools.org/magazine/flaming-tap-water-fracking-controversy-gasland-fracknation.

63. Forrest M. Mims III, « How flaming tap water ignited the fracking controversy: Gasland vs. FrackNation. »

64. Bill McKibben, « Bad News for Obama: Fracking May Be Worse Than Coal, » *Mother Jones*, 8 septembre 2014, https://www.motherjones.com ; Bill McKibben, « The Literal Gaslighting That Helps America Avoid Acting on the Climate Crisis, » *New Yorker*, 9 octobre 2019, https://www.newyorker.com.

65. Paulina Jaramillo, « Landfill-Gas-to-Energy Projects? Analysis of Net Private and Social Benefits, » *Environmental Science and Technology* 39, no. 19 (2005): 7365–7373, https://doi.org/10.1021/es050633j.

66. Anil Markandya et Paul Wilkinson, « Electricity Generation and Health, » *The Lancet* 370, no. 9501 (15 septembre 2007): 979–90, https://doi.org/10.1016/S0140-6736(07)61253-7.

67. Bridget R. Scanlon, Robert C. Reedy, Ian Duncan et al., « Controls on Water Use for Thermoelectric Generation: Case Study Texas, US, » *Environmental Science & Technology* 47, no. 19 (2013): 11326–34, https://doi.org/10.1021/es4029183.

68. BP Energy Economics, « BP Statistical Review of World Energy 2019, 68th Edition », BP, juin 2019, consulté le 16 janvier 2020, https://www.bp.com/con.tent/dam/bp/business-sites/en/global/corporate/pdfs/energy-economics./statistical-review/bp-stats-review-2019-full-report.pdf ; Perry Lindstrom, « Les émissions de dioxyde de carbone du secteur électrique américain ont diminué de 28 % depuis 2005 », EIA, 29 octobre 2018, https://www.eia.gov/todayinenergy/detail..php?id=37392.

69. Sophie Dejonckheere, Mari Aftret Mørtvedt, et Eilif Ursin Reed, « Methane: A Climate Blind Spot? », Center for International Climate Research, 25 mars 2019, https://www.cicero.oslo.no/en/posts/klima/methane-a-climate-blind-spot. Zeke Hausfather, « Bounding the Climate Viability of Natural Gas as a Bridge Fuel to Displace Coal, » *Energy Policy* 86 (Novembre 2015): 286-94, https://doi.org/10.1016/j.enpol.2015.07.012. AdamVoiland, « Methane Matters », National Air and Space Association, https://earthobservatory.nasa.gov/features/MethaneMatter. Gunnar Mhyre et Drew Shindell, « Anthropogenic and Natural Radiative Forcing, » in *Climate Change* 2013: *The Physical Science Basis*, Groupe d'experts intergouvernemental sur l'évolution du climat. 2013, 659–740, http://www.climatechange2013.org/images/report/WG1AR5_Chapter08_FINAL.pdf.

70. La plupart des molécules de méthane qui s'échappent aujourd'hui dans l'atmosphère n'y seront plus dans dix ans. En revanche, la plupart du dioxyde de carbone restera dans l'atmosphère pendant des siècles. Par conséquent, même si le méthane s'échappait à un taux plus élevé que celui estimé par l'EPA, comme certains le prétendent, son impact sur le réchauffement de la planète serait toujours relativement faible comparé aux avantages de la réduction des émissions de carbone issues du charbon.

Kevin Begos, « EPA Methane Report Further Divides Fracking Camps, » *Yahoo! News*, 28 avril 2013, https://news.yahoo.com.

71. JenAlyse Arena, « Coal production using mountaintop removal mining decreases by 62 % since 2008, » U.S. Energy Information Association, 7 juillet 2015, https://www.eia.gov/todayinenergy/detail.php?id=21952.

72. Appalachian Voices, « Ecological Impacts of Mountaintop Removal, » consulté le 16 janvier 2020, http://appvoices.org/end-mountaintop-removal/ecology.

73. Editorial Board, « The dirty effects of mountaintop removal mining, » *Washington Post*, 21 octobre 2014, https://www.washingtonpost.com.

74. Richard Schiffman, « A Troubling Look at the Human Toll of Mountaintop Removal Mining, » Yale Environment 360, 21 novembre 2017, https://e360.yale.edu/features/a-troubling-look-at-the-human-toll-of-mountaintop-removal-mining.

75. En moyenne, les densités de puissance du pétrole sont bien inférieures. Les champs pétrolifères irakiens ont une densité de puissance de seulement 5 000 W/m2. Ce qui est tout de même deux fois plus que les mines de charbon australiennes. Comme toujours, l'éventail est large, certains champs pétroliers ne produisant que 100 W/m2. Un puits de gaz naturel typique de l'Alberta, au Canada, a une densité de puissance de 2 300 W/m2, tandis que les champs de gaz des Pays-Bas ont une densité de puissance de 16 000 W/m2. Un terminal de gaz naturel liquéfié (GNL) a une densité de puissance de 4 600 W/m2, tandis qu'un terminal de regazéification a une densité de puissance étonnante de 60 000 W/m2. Smil, *PowerDensity*, 197.

76. Chris Mooney, « Why We're Still So Incredibly Confused About Methane's Role in Global Warming, » *Washington Post*, 2 mai 2016, https://www.washingtonpost.com.

77. « Our salmon, » AquaBounty, consulté le 6 octobre 2019, https://aquabounty.com/our-salmon.

78. « Durable », AquaBounty, consulté le 2 février 2020, https://aquabounty.com/sustainable.

79. « FDA Has Determined That the AquAdvantage Salmon Is as Safe to Eat as Non-GE Salmon, » U.S. Food and Drug Administration, 19 janvier 2016, https://www.fda.gov/consumers/consumer-updates/fda-has-determined-aquadvantage-salmon-safe-eat-non-ge-salmon.

80. FAO, « The State of World Fisheries and Aquaculture, » FAO, 2016, consulté le 16 janvier 2020, http://www.fao.org/3/a-i5555e.pdf.

81. UNEP-WCMC, IUCN, et NGS, *Protected Planet Report 2018* (Cambridge, UK; Gland, Switzerland; and Washington, D.C.: UNEP-WCMC, IUCN,, and NGS, 2018), https://livereport.protectedplanet.net/chapter-2.

82. FAO, « The State of World Fisheries and Aquaculture, » FAO, 2016, consulté le 16 janvier 2020, http://www.fao.org/3/a-i5555e.pdf.

83. Richard Waite et al., « Improving Productivity and Environmental Performance of Aquaculture, » World Resources Institute, June 2014, consulté le 16 janvier 2020, https://www.wri.org/publication/improving-aquaculture.

84. FAO, « The State of World Fisheries and Aquaculture » FAO, 2016, consulté le 16 janvier 2020, http://www.fao.org/3/a-i5555e.pdf/ ; FAO, « The State of World Fisheries and Aquaculture, » FAO, 2014, consulté le 16 janvier 2020, http://www.fao.org/3/a-i3720e.pdf. [Voir *La situation mondiale des pêches et de l'aquaculture 2020 : La durabilité en action* http://www.fao.org/publications/sofia/2020/fr/]

85. U.S. Soybean Export Council, « Aquaculture Is Fastest Growing Food Production Sector, According to FAO Report, » 16 juillet 2018, consulté le 15 janvier 2020, https://ussec.org/aquaculture-fastest-growing-food-production-sector-fao-report.

86. Martin Heller et Center for Sustainable Systems, University of Michigan, *Food Product Environmental Footprint Literature Summary: Land-Based Aquaculture*, State of Oregon Department of Environmental Quality, Septembre 2017, https://www.oregon.gov/deq/FilterDocs/PEF-Aquaculture-FullReport.pdf.

87. Fong Yang Looi et al., « Creating Disease Resistant Chickens: A Viable Solution to Avian Influenza? » *Viruses 10*, no. 10 (octobre 2018): 561, https://doi.org/10.3390/v10100561 ; Bruce Y. Lee, « Can Gene Editing Stop the Bird Flu? Here Is the Latest With Chickens, » *Forbes*, 5 juin 2019, https://www.forbes.com.

88. William Robert Irvin et al., lettre à Margaret A. Hamburg, M.D., commissaire aux aliments et aux médicaments, FDA, « Re: Draft Environmental Assessment andPreliminary Finding of No Significant Impact Concerning a Genetically EngineeredAtlantic Salmon », 26 avril 2013, https://www.nrdc.org/sites/default/files/hea_13042901a.pdf.

89. Center for Food Safety, « FDA approves first genetically engineered animal for human consumption over the objections of millions, » Center for Food Safety, November 19, 2015, https://www.centerforfoodsafety.org/press-releases/4131/fda-approves-first-genetically-engineered-animal-for-human-consumption-over-the-objections-of-millions.

90. Sustainable Business, « Whole Foods, Trader Joe's say no to genetically modified fish » GreenBiz, 21 mars 2013, https://www.greenbiz.com.

91. Alister Doyle, « Mangroves under threat from shrimp farms: UN, » Reuters, 14 novembre 2012, https://www.reuters.com.

92. Michael Shellenberger, « Victory for Frankenfish and for Mother Earth, » *USA Today*, 19 novembre 2015, https://www.usatoday.com.

93. Ibid.

94. AquaBounty, « Ask your supermarket to stock GMO salmon, » AquaBounty, 20 mars 2019, consulté le 8 octobre 2019, https://aquabounty.com/ask-your-supermarket-to-stock-gmo-salmon.

95. Jesse Ausubel (spécialiste de l'environnement), conversation avec l'auteur, 6 novembre 2019.

96. Richard Rhodes, « Yale Environment 360: Why nuclear power must be a part of the energy solution, » *Anthropocene Institute*, 19 juillet 2018, https://www.anthropoceneinstitute.com/2018/07/yale-environment-360-why-nuclear-power-must-be-part-of-the-energy-solution.

97. R.B. Allen, « Backward into the future: The shift to coal and implications for the next energy transition, » *Energy Policy* 50 (2012): 17–23, https://doi.org/10.1016/j.enpol.2012.03.020.

98. Jesse Ausubel (spécialiste de l'environnement) en conversation avec l'auteur, 6 novembre 2019.

99. Robert C. Rocha, Jr., Phillip J. Clapham, et Yulia Ivaschenko, « Emptying the Oceans: A Summary of Industrial Whaling Catches in the 20th Century, » *Marine Fisheries Review* 76 (mars 2015): 46, https://dx.doi.org/10.7755/MFR.76.4.3.

100. Walter Sullivan, « Extinction of Blue Whale Feared, » *New York Times*, 18 mai 1959, https://www.nytimes.com.

VII

Payez-vous un steak et mangez-le !

1. Manger des animaux

Jonathan Safran Foer, alors âgé de neuf ans, demanda un jour à sa baby-sitter pourquoi elle ne touchait pas au poulet qu'on leur servait à lui et son frère Frank.

— Je ne veux pas faire de mal, fit-elle.

— Faire de mal à quoi ? Demanda Foer.

— Tu sais que ce poulet est un poulet, non ? dit-elle.

« J'ai reposé ma fourchette », écrit Foer dans son manifeste végétarien de 2009, *Faut-il manger les animaux* ?

Et son frère ? « Frank a terminé son repas et il est probablement en train de manger un poulet pendant que j'écris ces mots[1]. »

Beaucoup d'entre nous qui sont finalement devenus végétariens ont des histoires similaires à raconter. Quand j'avais quatre ans, j'ai dit à mes parents que je ne mangerais plus de porc parce que je venais d'en croiser un.

Le plaidoyer écologiste en faveur du végétarisme semble n'avoir fait que se renforcer. En 2019, le GIEC a publié un rapport spécial sur l'alimentation et l'agriculture. « Les scientifiques disent que pour enrayer la crise climatique nous devons changer immédiatement la façon dont nous gérons la terre, produisons de la nourriture, et manger moins de viande », rapportait CNN[2].

Les scientifiques du GIEC s'attendent à ce que les besoins alimentaires dépassent le taux de croissance de la population de plus de 50 % d'ici à 2050. Si tel est le cas, les Américains et les Européens doivent réduire leur consommation de bœuf et de porc de 40 % et 22 %, respectivement, afirment-ils, afin de nourrir dix milliards de gens[3].

« Nous ne voulons pas dire aux gens quoi manger, déclarait le scientifique qui présidait le groupe de travail du GIEC sur les impacts climatiques et l'adaptation. « Mais il serait clairement bénéfique, pour le climat comme pour la santé humaine, que de nombreux pays riches consomment moins de viande, et que les politiques créent des incitations judicieuses à cet effet[4]. »

« Pour aller vers un usage global des terres et un système alimentaire mondial qui répondent à nos besoins climatiques, nous avons besoin d'une transformation radicale, pas de modifications graduelles, déclarait le dirigeant d'une organisation humanitaire écologiste. Il est vraiment encourageant que le GIEC fasse passer un message si fort[5]. »

Si tout le monde suivait un régime végétalien, qui exclut non seulement la viande mais aussi les œufs et produits laitiers, les émissions d'origine terrestre pourraient être réduites de 70 % en 2050, déclarait le GIEC[6].

Pour réduire la consommation de viande, la meilleure stratégie est d'en renchérir le coût, avancent certains groupes environnementaux[7]. L'un d'eux estime que le coût de la viande de bœuf et des produits laitiers pour les consommateurs augmenterait de 30 %, si l'on intégrait le coût de son impact climatique[8].

Réduire sa consommation de viande bénéficierait non seulement au climat mais aussi à la santé humaine, affirment de nombreux scientifiques. En 2018, selon le département américain de l'Agriculture, un Américain moyen a consommé le chiffre record de 100 kilos de viande rouge et de volaille, contre 98,5 en 2017. En fait, les Américains mangent environ 285 grammes de viande par jour, soit environ deux fois plus que les recommandations des nutritionnistes gouvernementaux[9].

« Manger moins de viande rouge pourrait être bon pour la planète, mais ce pourrait aussi être un bon choix pour votre santé, expliquait CNN. Des recherches antérieures ont montré que la consommation de viande rouge est corrélée à des risques accrus de diabète, de maladies cardiaques et de certains cancers[10]. »

En réponse aux études liant la consommation de viande au changement climatique, certains militants, dont Greta Thunberg, ont juré de renoncer à la viande et ont persuadé leurs parents de devenir végétariens et même végétaliens.

En réduisant la consommation de viande, en mettant fin à l'agriculture industrielle et en nous engageant nous-mêmes à élever le bétail en liberté dans des pâturages, en le laissant paître libement disent de nombreux scientifiques et écologistes, nous restituerons davantage de terres à la nature[11].

Vraiment ?

2. Le hamburger sans viande

Alors même que je poursuis des recherches et que j'écris ouvrages et articles sur les politiques climatiques et énergétiques depuis près de deux décennies je n'avais pas compris que le chiffre présenté en gros titre dans le rapport 2019 du GIEC – évoquant une réduction de 70 % des émissions en 2050 – renvoyait uniquement aux *émissions d'origine agricole*, qui ne représentent qu'une fraction des émissions totales de gaz à effet de serre. Je présume que beaucoup d'autres lecteurs ont eux aussi pensé que ce chiffre exprimait la totalité des émissions[12].

Une étude a révélé que la conversion au végétarisme serait susceptible de réduire de 16 % la consommation d'énergie individuelle, de 20 % les émissions de gaz à effet de serre *liées à l'alimentation*, mais la consommation d'énergie personnelle *totale* de seulement 2 % et les émissions *totales* de gaz à effet de serre de 4 %[13].

En tant que tel, si le scénario « le plus extrême » de véganisme planétaire du GIEC se réalisait – dans lequel, d'ici 2050, les humains cesseraient complètement de consommer des produits animaux et où toutes les terres d'élevage seraient reboisées – les émissions totales de carbone ne baisseraient que de 10 %[14].

Une autre étude révélait que si chaque Américain réduisait d'un quart sa consommation de viande, les émissions de gaz à effet de serre n'en seraient réduites que de 1 %. Si tous les Américains devenait végétariens, les émissions américaines chuteraient de seulement 5 %[15].

Toutes les études aboutissent aux mêmes conclusions. On a constaté que pour les particuliers des pays développés, la conversion au végétarisme réduirait les émissions de seulement 4,3 %, en moyenne[16]. Et une autre encore constatait que, si chaque Américain devenait végan, ces mêmes émissions ne chuteraient que de 2,6 %[17].

Selon les chercheurs, les régimes alimentaires à base de plantes sont moins chers que ceux qui contiennent de la viande. En conséquence, les gens finissent souvent par dépenser le reliquat en achetant des biens dont la fabrication est énergétiquement coûteuse, ce qui est le cas des produits de consommation. Ce phénomène est connu sous le nom d'*effet rebond*. Si les consommateurs dépensent leur épargne en biens de consommation énergivores, les économies d'énergie nettes ne seront que de 0,07 %, et la réduction nette de l'empreinte carbone de seulement 2 %[18].

C'est pour cette raison que la réduction des émissions de carbone dans la *production d'énergie*, et non dans l'alimentation ou plus largement l'exploitation des terres, est le facteur décisif. Et cette production énergétique englobe l'électricité, le transport, la cuisine et le chauffage, alimentés à près de 90 % dans le monde par des combustibles fossiles. Rien de tout cela ne signifie qu'il serait impossible de persuader les consommateurs des pays riches de modifier leur alimentation. Ainsi, depuis les années 1970, les Américains et les citoyens des pays développés mangent davantage de poulet et moins de bœuf. Entre 1961 et 2017, la production globale de viande de poulet a été multipliée par près de quatorze, passant de 8 à 109 mégatonnes métriques[19].

Mais le facteur qui rend la production de poulet plus écologique que la production de viande bovine est ce que déplore le plus Foer : la plus grande densité de production de viande permise par l'élevage industriel. Après avoir visité un élevage de ce genre, Foer écrit : « Il est difficile de se faire une idée de l'énormité de cette population de trente-trois mille oiseaux réunis dans une salle[20]. »

3. La nature de la viande

Si la production de viande est un facteur relativement modeste du changement climatique, elle représente l'impact le plus important de l'humanité sur les paysages naturels.

Aujourd'hui, l'homme alloue plus d'un quart de la surface terrestre à la production de viande. Et la conversion de terres en pâturages pour le bétail et les autres animaux domestiques continue de menacer de nombreuses espèces en voie de disparition, dont les gorilles de montagne et les manchots antipodes. Au cours des 3 derniers siècles, une superficie de forêts et de prairies presque aussi vaste que l'Amérique du Nord a été convertie en pâturages, ce qui a entraîné des pertes d'habitat massives et causé un déclin important des populations d'animaux sauvages. Entre 1961 et 2016, les surfaces des pâtures ont augmenté d'une superficie équivalente à celle de l'Alaska (1 717 854 km2)[21].

La bonne nouvelle est que la superficie totale des terres dévolues par l'humanité à la production de viande a culminé en 2000. Depuis lors, selon la FAO, les terres dédiées à l'élevage sur l'ensemble de la planète, ont reculé d'environ 1 400 000 km2, une superficie qui représente 80 % de l'Alaska[22].

Tout ceci s'est produit sans révolution végétarienne. Aujourd'hui, seuls 2 à 4 % des Américains sont végétariens ou végétaliens. Environ 80 % de ceux qui essaient de devenir végétariens ou végétaliens abandonnent finalement leur régime, et plus de la moitié le font au cours de la première année[23].

Les pays développés comme les États-Unis ont vu les surfaces dévolues à la production de viande plafonner dans les années 1960. Les pays en développement, dont l'Inde et le Brésil, ont vu les terres allouées aux pâtures culminer et décliner suivant une courbe similaire[24].

Cela est dû en partie à la substitution du poulet au bœuf. Un gramme de protéines de bœuf nécessite deux fois plus d'énergie sous forme d'aliments pour animaux qu'un gramme de porc, et huit fois plus qu'un gramme de poulet[25].

Mais c'est surtout dû à l'efficacité. Entre 1925, date à laquelle les États-Unis ont commencé à produire des poulets en intérieur, et 2017, les éleveurs ont réduit de plus de moitié le temps d'alimentation tout en faisant plus que doubler le poids des poulets[26].

La production de viande a pratiquement doublé aux États-Unis depuis le début des années 1960, et pourtant les émissions de gaz à effet de serre dues au bétail ont *baissé* de 11 % durant la même période[27].

Dans *Faut-il manger des animaux ?* Foer soutient que les fermes industrielles sont bien pires pour l'environnement naturel que le bœuf fermier. Il écrit : « Si nous les consommateurs pouvons limiter notre désir de porc et de volaille à la capacité de la terre (un grand si), il n'y a pas d'arguments écologiques irréfutables contre l'élevage de plein air[28] ». Mais le passage à l'élevage de plein air serait-il vraiment meilleur pour la nature dans un monde « surpeuplé » comme le qualifie Foer[29] ?

Considérez que le bœuf de pâturage nécessite *quatorze à dix-neuf fois* plus de terres par kilo que le bœuf industriel, selon une compilation de quinze études[30]. Il en va de même pour les autres intrants, notamment l'eau. L'agriculture industrielle très efficace des pays riches nécessite moins d'eau par produit que l'agriculture des petits agriculteurs des pays pauvres[31]. Le bœuf de pâturage génère 300 à 400 % d'émissions de carbone en plus par kilo que le bœuf industriel[32].

Cette différence d'émissions est due au régime alimentaire et à la durée de vie. Les vaches élevées dans des fermes industrielles passent généralement des pâturages aux parcs d'engraissement à l'âge de neuf mois environ, puis sont envoyées à l'abattoir entre quatorze et dix-huit mois. Les bovins nourris à l'herbe passent toute leur vie au pâturage et ne sont abattus qu'entre dix-huit et vingt-quatre mois. Comme les vaches nourries à l'herbe prennent du poids plus lentement et vivent plus longtemps, elles produisent plus de fumier et de méthane.

Outre une longévité supérieure, les régimes à forte teneur en fourrage typiques des fermes bio et des élevages de plein air font que les bovins rejettent davantage de méthane. Ces faits combinés nous indiquent que le potentiel de réchauffement planétaire des bovins nourris aux concentrés est de 4 à 28 % inférieur à celui de leurs congénères nourris aux fourrages grossiers[33].

Tenter de passer de l'agriculture industrielle à l'agriculture biologique de plein air nécessiterait beaucoup plus de terres et détruirait donc l'habitat nécessaire aux espèces menacées, gorilles de montagne, manchots antipodes et autres. Foer préconise involontairement des méthodes agricoles du XIXe siècle qui, si elles étaient adoptées, nécessiteraient de transformer des zones protégées riches en faune, comme les Virunga, en gigantesques ranchs de bétail.

Les agriculteurs font cette objection à Foer dans son livre. « Vous ne pouvez tout simplement pas nourrir des milliards de poulets en plein air.... C'est moins cher de produire un œuf dans un hangar de ponte massive avec des poulets en cage, dit l'un. C'est plus efficace et cela signifie que c'est plus durable.... Croyez-vous que les fermes familiales vont nourrir un monde de dix milliards d'habitants[34] ? »

4. Viande = Vie

En 2000, la journaliste Nina Teicholz signe des critiques gastronomiques pour un petit journal new yorkais. Le journal « n'ayant pas de budget pour me payer ces repas je mangeais généralement ce que le chef avait décidé de me servir », raconte

Teicholz qui a donc dû déguster des aliments qu'elle avait longtemps évités, comme le bœuf, la crème et le foie gras[35].

Depuis vingt ans, elle suivait un régime essentiellement végétarien. « Quand on a commencé à vanter les bénéfices du régime méditerranéen dans les années 1990, j'ai ajouté de l'huile d'olive et des portions supplémentaires de poisson tout en réduisant la viande rouge, dit-elle. Éviter les graisses saturées présentes dans les aliments d'origine animale, en particulier, semblait être la mesure qui s'imposait pour être en bonne santé[36]. »

Elle avait pourtant mené une âpre lutte de deux ans pour se débarrasser de ses quelques kilos superflus, alors même qu'elle avait adopté le régime recommandé à base de légumes, de fruits, de céréales et d'exercice quotidien. Puis, à force de manger les repas riches en graisses que les chefs lui servaient, elle a noté une évolution étrange : elle a perdu cinq kilos en deux mois malgré la consommation de produits animaux riches en graisses saturées. De plus, Teicholz a découvert qu'elle aimait manger des plats riches en matières grasses. « Ils étaient complexes et remarquablement satisfaisants », comparés au régime méditerranéen riche en glucides qu'elle suivait[37].

À peu près à la même époque, le magazine *Gourmet* a demandé à Teicholz d'écrire un article sur la controverse montante concernant les graisses trans, fabriquées à partir d'huiles végétales. Mais plus elle se documentait sur le problème, plus elle était « persuadée que le sujet était bien plus vaste et plus complexe que celui des graisses trans[38]. » Elle a donc décidé de creuser la question.

Neuf ans plus tard, en 2014, Simon & Schuster publiait le best-seller de Teicholz : *The Big Fat Surprise : Why Butter, Meat and Cheese belong to a healthy diet.* (La grande surprise du gras : pourquoi le beurre, la viande et le fromage sont nécessaires dans un régime alimentaire sain).

Elle y livre de multiples preuves, en particulier une série d'essais cliniques menés dans les années 1950 et 1960, qui remettent en question le consensus nutritionnel selon lequel les régimes riches en graisses animales entraînent maladies cardiaques et obésité. Ces études suggèrent que les régimes riches en graisses saturées n'ont aucun effet négatif voire qu'ils pourraient être bénéfiques. « Il existe maintenant au moins dix-sept recensions systématiques de ces essais et presque toutes concluent que les graisses saturées n'ont aucun impact sur la mortalité », explique-t-elle.

Le livre de Teicholz s'appuie sur un important corpus de recherches mis au jour par le journaliste scientifique Gary Taubes, dont le livre de 2007, *Good Calories, Bad* Calories, a été l'un des premiers à contester la sagesse conventionnelle anti-gras.

Dans ses articles du début des années 2000 pour *Science* et le *New York Times Magazine*, Taubes présentait les résultats d'études montrant qu'un régime riche en graisses entrainait une perte de poids et une amélioration des facteurs de risque de pathologies cardiaques par rapport au type de régime pauvre en gras et riche en légumes préconisés par l'American Heart Association et le gouvernement américain depuis les années 1960 et 1980, respectivement.

« Des spécialistes de l'obésité nous ont dit pendant des décennies que celle-ci était sans doute due à un dysfonctionnement hormonal, avant la révélation dans les années 1960 que l'insuline régulait l'accumulation de graisse, notait Taubes, ce qui a valu un prix Nobel aux chercheurs. L'un d'eux résumait ainsi son point de vue : « Si l'insuline régule l'accumulation de graisse, alors plutôt que d'incriminer l'obésité comme cause du diabète, ne faut-il pas voir dans un diabète léger la cause de l'obésité ? ».

Pourtant, pendant des décennies, on en est resté au consensus scientifique selon lequel les régimes riches en graisses étaient néfastes. Cette doctrine a conduit de nombreux gouvernements à promouvoir un régime riche en glucides, pauvre en protéines animales et très réduit en graisses animales.

Teicholz et Taubes estiment que la sagesse conventionnelle selon laquelle « une calorie est une calorie », qui est connue sous le nom de théorie de l'équilibre énergétique, est erronée car notre corps traite les graisses d'une manière radicalement différente de la façon dont il traite les glucides.

Lorsque nous mangeons des glucides, estiment-ils, le corps travaille à stocker les graisses. Obésité et diabète sont le résultat d'un déséquilibre hormonal causé par la consommation d'un excès de glucides que le corps ne peut assimiler, selon eux.

Les scientifiques qui contestaient l'orthodoxie étaient minoritaires, mais n'étaient en aucun cas des marginaux. « Au milieu du XXe siècle, les spécialistes les plus autorisés de l'obésité infantile et les endocrinologues adhéraient au même point de vue », note Taubes.

« Des chercheurs britanniques ont montré que l'obésité, les maladies cardiaques et le cancer sont tous apparus dans des populations extra-occidentales lorsqu'elles ont adopté un modèle alimentaire occidental et se sont mises à manger du sucre et des céréales raffinées, ce qui aurait un impact unique sur la sécrétion d'insuline », a-t-il expliqué.

« Et puis on a découvert que le syndrome métabolique – un ensemble d'anomalies, comprenant entre autres la prise de poids et l'hypertension artérielle, qui affecte environ la moitié des hommes et des femmes d'âge moyen aux Etats-Unis – est lié à la teneur de l'alimentation en glucides, non en matières grasses. Ce syndrome est directement lié au diabète et à l'obésité. »

5. Mort pour la vie

Cuire la viande sur un feu plutôt que de la manger crue, a permis à nos ancêtres préhumains de consommer des quantités de protéines beaucoup plus importantes. Ce qui, selon la théorie émergente de l'évolution humaine, a sans doute réduit le volume de leurs intestins grâce à une digestion écourtée, et permis à leur cerveau de grossir.

L'augmentation du volume de leur cerveau explique que les préhumains aient commencé à accoucher précocement de leur bébé doté d'un gros cerveau à neuf mois au lieu de douze, comme les autres primates. Les mères portaient leurs bébés « prématurés » en les attachant à leur corps avec des vessies et des peaux de bêtes. Ces techniques ont efficacement permis aux bébés d'achever ce qu'on appelle parfois leur « quatrième trimestre » en dehors de l'utérus. Le résultat final fut le cerveau humain. Compte tenu de sa masse, il exige deux à trois fois plus d'énergie que le cerveau des autres primates[39].

Dans le monde entier, les chasseurs-cueilleurs, dont l'existence remonte à deux millions d'années, consommaient davantage de graisses animales que de protéines ou de glucides. La raison en est évidente : les graisses animales contiennent deux à cinq fois plus d'énergie pour leur masse que les protéines et dix à quarante fois plus que les fruits et légumes. Ces densités plus élevées ont permis aux premiers humains des apports énergétiques supérieurs aux glucides avec une dépense moindre[40].

« La consommation de viande a toujours été associée à la puissance masculine, à la carnalité, à la testostérone et à la sexualité, écrit Teicholz. Elle procure de la force. Elle nous apporte les protéines et les nutriments dont nous avons besoin pour être forts. C'est pourquoi elle est considérée comme liée aux désirs sexuels et masculins. »

Au fur et à mesure de leur sédentarisation, les chasseurs-cueilleurs ont domestiqué des animaux, gage de croissance rapide et efficace. Les hommes ont d'abord élevé des animaux qui consommaient des aliments que les humains ne mangent pas, comme les ruminants, qui hébergent des protozoaires dans leurs intestins pour digérer les herbes que les mammifères ne peuvent assimiler[41].

Aujourd'hui encore, la viande reste une source d'énergie essentielle pour la plupart des gens. « Mon métabolisme a besoin de viande et d'œufs », déclare Temple Grandin, spécialiste du bien-être animal. Si je ne mange pas de protéines animales, je suis prise de vertiges et j'ai du mal à réfléchir. J'ai essayé de suivre un régime végétalien mais je ne peux pas fonctionner avec cela[42]. » Il en va de même pour moi : pendant la décennie où j'étais végétarien, je traversais des moments de fatigue la plupart des après-midis après un déjeuner riche en glucides, quelle que soit la durée de ma nuit de sommeil. Ce n'est qu'après avoir recommencé à manger de la viande que j'ai pu travailler tout au long de l'après-midi sans accès de somnolence.

Certaines études montrent que les végétaliens et les végétariens sont davantage sujets à la fatigue, aux maux de tête et aux étourdissements du fait d'une carence en vitamines B12 et en fer que l'on trouve dans la viande rouge[43].

Les végétariens le sont pour de nombreuses raisons et de bien des façons différentes. Certains par choix éthique, d'autres pour raisons de santé, d'autres pour des motifs écologiques, et certains, comme Bernadette, parce qu'ils n'ont pas les moyens de s'offrir de la viande[44].

Comme beaucoup de végétariens, mes motivations ont changé avec le temps. D'une part, je voulais sauver les forêts tropicales. D'autre part, quand on me posait la question, je mettais volontiers en avant la santé, en partie parce que je voulais éviter la discussion qui pourrait s'ensuivre si j'avançais des mobiles éthiques.

Mon expérience n'est pas inhabituelle. Les libéraux et les écologistes sont beaucoup plus enclins à devenir végétariens que les conservateurs. Et si les femmes sont plus enclines au végétarisme que les hommes, les deux sexes s'y convertissent plutôt à l'adolescence ou à la vingtaine qu'à tout autre âge[45].

« J'ai arrêté la viande à quatorze ou quinze ans, me disait Eric, une relation professionnelle dans la quarantaine. J'étais dans un groupe de punk *straight edge*. Tu vois ce que c'est ? Fugazi ? » Fugazi était un groupe post-hardcore populaire des années 1990.

« Pas de filles. Pas d'herbe. Pas de bière. Végétarien, a poursuivi Eric. Mais ça n'a duré que quatre semaines parce que nous nous sommes liés d'amitié avec un dealer de beuh et nous sommes devenus un groupe ska. Mais je suis quand même resté fidèle au végétarisme parce qu'il a amélioré ma vie. »

Eric me disait qu'il était dégoûté par la texture de la viande. « Un chef m'a dit une fois que mon problème est que je n'aime pas broyer les aliments. Je suis dégoûté par la vue d'une tomate crue. Une fois, j'ai fait cuire un rôti et quand je l'ai pris dans ma main, j'ai éprouvé le même dégoût que si c'était un nouveau-né. Même le burger sans viande que j'ai commandé m'a dégoûté car il me rappelait toutes les choses que je déteste dans la viande. »

Depuis des décennies, les psychologues s'intéressent à la relation entre le végétarisme et la sensation de dégoût. Une étude sur les adolescentes britanniques a révélé que les végétariens associaient la viande à la cruauté, au meurtre, à l'ingestion de sang et au dégoût[46].

« Ouais, dégoûté, aquiesce Eric. Je suis végétarien et obsédé par la contamination. Je ne mangerai pas de pizza fromagepoivrons parce que les poivrons pourraient avoir été au contact du fromage. »

Une équipe italienne de psychologues a récemment montré que les végétariens considèrent la viande comme « une représentation de la mort, une substance contaminante[47]. » Le thème revient souvent dans la littérature végétarienne. « Quand nous mangeons de la viande produite en usine nous nous sustentons, littéralement, de chair torturée, écrit Foer. De plus, cette chair torturée devient la nôtre[48]. »

En 1989, lorsque je suis entré à l'université, les militants des droits des animaux partageaient fébrilement des vidéos horribles sur les conditions de vie des animaux dans les élevages industriels. Si quelqu'un propose de nous montrer un film sur la façon dont est produite notre viande, écrit Foer, nous savons qu'il s'agira d'un film d'horreur[49]. »

Ce sont des vidéos comme celles-là, réalisées et distribuées par des groupes comme PETA avant l'ère Internet, qui ont conduit des gens comme moi, ma petite amie de la fac et beaucoup de camarades de notre université Quaker de l'Indiana à arrêter de manger de la viande à la fin des années 1980.

Et ce sont des vidéos similaires qui continuent d'inciter les jeunes à devenir végétariens. « Je suis devenue végétarienne en CM 2, me confiait ma collègue Madison, qui vient de fêter ses vingt-cinq ans. Mon sujet d'exposé était le végétarisme et je voulais convaincre mes copains. J'ai regardé un tas de vidéos sur la cruauté envers les animaux, l'élevage, et ça m'a vraiment perturbée. C'était le problème essentiel pour moi. Douze ans se sont écoulés et la viande ne m'a jamais manqué. »

Dans les années 1990, PETA avait compris l'influence des campagnes de sensibilisation sur les stratégies des grandes marques. Le mouvement a diffusé des vidéos montrant les élevages des fournisseurs de McDonald's et les mauvais traitements qu'ils infligeaient aux animaux.

En 1999, McDonald's a embauché Temple Grandin, experte en bien-être animal, afin d'auditer les fermes de ses fournisseurs. Elle a été consternée par ce qu'elle a découvert. « C'était terrible, a-t-elle expliqué, le matériel d'étourdissement cassé, des cris, des hurlements, des bêtes que l'on frappait, que l'on piquait de façon répétée avec des aiguillons électriques[50]. »

Grandin était déjà une autorité reconnue en matière de traitement humain des animaux. Dans les années 1970, elle a conçu pour les abattoirs des équipements réduisant le stress des bovins destinés à l'abattage. En 1993, elle a publié un manuel sur les meilleures pratiques dans le traitement du bétail.

Grandin disait qu'il était facile pour elle d'imaginer ce que ressentaient les bovins parce qu'elle était autiste. « Mon système nerveux était hyper vigilant. N'importe quelle petite anomalie si minime soit-elle, comme une tache d'eau sur le plafond, déclenchait une réaction de panique, et les vaches éprouvent les mêmes peurs[51].

Les scientifiques définissent l'autisme comme un trouble du développement, caractérisé par des difficultés à communiquer et à interagir socialement, à penser et à se comporter de manière contrainte et répétitive.

Mais Grandin a découvert que son autisme lui donnait aussi des intuitions uniques. Elle s'est découvert une sensibilité aux bruits et aux stimuli visuels très semblable à celle des animaux, y compris les bœufs de boucherie. « Les animaux ne pensent pas en mots, dit-elle. Ils pensent en images[52]. »

Dans *Faut-il manger des animaux ?* Foer soutient que c'est « tout simplement mal de manger du porc... des volailles ou des animaux marins.... Avec du bœuf élevé en parc d'engraissement, l'industrie m'offense moins (et le bœuf élevé à 100 % en pâturage, si l'on écarte un instant la question de l'abattage, est probablement la moins perturbante de toutes les viandes...)[53].

Mais Grandin n'a pas constaté que le bétail avait besoin d'être élevé en pâturage et nourri à l'herbe pour être serein. Au contraire, elle a découvert que ce qui lui importait le plus était la propreté et la prévisibilité. « Garder les enclos au sec et assurer la propreté du bétail – est vraiment important[54]», dit-elle.

Elle a découvert que les bovins étaient rendus nerveux par des sensations visuelles et des sensations auditives jusque-là ignorées d'eux, comme les chaînes oscillantes ou des bruits sonores de chocs violents. Des détails inhabituels avertissent les bêtes d'un danger et les stressent[55].

Parce que « Les seules raisons éthiques n'étaient pas suffisantes pour convaincre les éleveurs de changer leurs pratiques », explique-t-elle, Grandin a dû trouver des arguments susceptibles de motiver un traitement plus humain des bêtes tout en améliorant la rentabilité des élevages. Aidée d'une étudiante, elle a démontré que sur les bovins restés calmes pendant les manipulations on observait des gains de poids plus rapides que sur les bovins stressés. En outre, les hormones de stress endommagent la viande, autre raison pour laquelle il est dans l'intérêt de l'éleveur d'éviter un climat anxiogène délétère[56].

Les audits de Grandin ont finalement permis d'améliorer l'humanité et l'efficacité de plus de cinquante exploitations[57]. Elle n'a certes pas éliminé tous les problèmes. En 2009, dix ans après le démarrage de ses audits, Grandin a constaté qu'un quart de tous les abattoirs de bœuf et de poulet auraient dû être recalés à l'inspection[58]. Malgré tout, les progrès étaient incontestables. « Par rapport à la période précédente, le système s'est spectaculairement amélioré, et je pèse mes mots », déclarait-elle[59].

6. La nature de la mort

L'une des questions que l'on pose souvent aux végétariens est de savoir pourquoi il serait immoral que des humains mangent des animaux mais pas que les animaux mangent d'autres animaux.

« Manger de la viande est peut-être « naturel » et la plupart des êtres humains trouvent cela acceptable – les hommes le font certainement depuis très longtemps – mais ce n'est pas un argument moral, déclarait un porte-parole de PETA. « En fait, l'ensemble de la société humaine et le progrès moral transcendent explicitement l'ordre 'naturel'[60]. »

En tant qu'étudiant de premier cycle essayant de donner un sens à mon végétarisme, je me souviens avoir jugé cet argument convaincant. Nous interdisons le viol et le meurtre non pas parce qu'ils sont anti-naturels, mais parce qu'ils sont immoraux.

Néanmoins, de nombreux arguments en apparence strictement moraux en faveur des droits des animaux sont en réalité des arguments relatifs au *bien-être* animal.

Prenez la comparaison souvent utilisée de l'esclavage et de la viande. Décider que l'esclavage est immoral a pour conséquence de libérer les esclaves. Décider que manger de la viande est immoral a pour conséquence non de *libérer* les animaux mais de ne pas *élever* d'animaux.

Est-il plus éthique de ne jamais donner la vie ou de la donner pour ensuite l'ôter ? Foer, à son crédit, ne prétend pas qu'il y ait une unique réponse, bonne ou mauvaise, à cette question. Il préfère revenir sur la question de la cruauté. Il cite le tout premier rapport de Grandin sur les fermes industrielles. Grandin avait constaté des « actes de cruauté délibérés, note Foer. Des actes *délibérés*, souligne-t-il, qui se *répètent*...[61] »

Mais on trouvera beaucoup plus d'actes de cruauté dans la nature que dans les abattoirs.

« Dans un ranch de l'Ouest, j'ai vu un veau dont la peau avait été complètement arrachée d'un côté par les coyotes, écrit Grandin. Il était toujours vivant et le l'éleveur a dû l'abattre pour abréger son calvaire. Si j'avais le choix, je préfèrerais mourir dans un abattoir moderne bien géré que de me faire déchiqueter[62]. »

Du point de vue du veau, un abattoir moderne, bien organisé, régulé et indolore vaudra sans doute mieux que la cruauté aléatoire, douloureuse et instinctive de la nature. Quoi qu'il en soit, l'éthique de la consommation de viande reste inévitablement subjective. C'est un sujet sur lequel on devrait éviter tout dogmatisme.

Et pourtant, certains journalistes, activistes et scientifiques végétariens ont tendance à exiger des autres qu'ils adoptent leurs préférences personnelles au nom de la protection de l'environnement, et notamment du changement climatique, souvent sans le dire clairement.

« 90 % des climatologues et environnementalistes que j'ai rencontrés sont végétariens, déclarait Foer au *Huffington Post* en 2019. Et ceux qui ne le sont pas mangent très peu de viande. C'est quelque chose qui semble aller de soi. Je souhaiterais qu'ils en parlent davantage, mais c'est un constat encourageant[63]. »

Il se peut que ces scientifiques n'en parlent pas parce que les gens pourraient se demander, à juste titre, si leur végétarisme risque de fausser leur objectivité scientifique. Dans mes recherches, je rencontrais sans cesse des cas de militants végétariens qui se gardaient bien d'avouer leurs mobiles.

« Un de mes amis a fait une expérience il y a quelques années : deux jeunes types sont venus lui demander s'ils pouvaient faire des captures vidéos pour un documentaire sur la vie à la ferme, confiait un agriculteur à Foer. Apparemment des gars sympas. Mais ensuite ils ont monté leur film de façon à donner l'impression que les volailles étaient maltraitées.... Des éléments ont été sortis de leur contexte[64]. »

« Lorsque j'ai commencé cette recherche dans les années 1990, et que je cherchais du sel diététique, relatait le journaliste scientifique Gary Taubes, j'ai interviewé un nutritionniste de Harvard qui m'a confié avoir opté pour la science de la nutrition à l'époque où il était étudiant végétarien à Berkeley à la fin des années 1960, avec l'intention de démontrer aux gens que son régime alimentaire était correct[65].

Foer note que les militants de PETA ont mis en avant l'autorité scientifique de Rajendra Pachauri l'ex-responsable du GIEC sur le changement climatique, car « il faisait valoir que le végétarisme est le régime que tout le monde devrait adopter dans le monde développé, uniquement pour des raisons environnementales[66]. »

Parfois Foer condamne l'élevage pour des raisons qui semblent davantage liées à l'idéologie anticapitaliste qu'aux questions environnementales.

« L'économie de marché conduit inévitablement à l'instabilité », écrit-il[67].

Une telle logique conduit Foer à condamner le saumon d'élevage comme pire pour l'environnement que le saumon sauvage, même si, comme nous l'avons vu, non seulement le saumon d'élevage a une valeur nutritive égale à celle du saumon sauvage mais il le remplace avantageusement, et ouvre des perspectives de réduction de la surpêche, un des impacts anthropiques parmi les plus néfastes et les moins contestés sur la faune sauvage[68].

« Je dois dire qu'il y a une partie de moi qui envie la pureté morale du végétarien », écrit Michael Pollan, professeur de journalisme à l'Université de Californie dans un passage de son livre de 2007, *The Omnivore's Dilemma.* « Pourtant, une partie de moi le plaint aussi. Les rêves d'innocence se limitent à cela ; ils révèlent d'ordinaire un déni de réalité qui expriment souvent une forme d'orgueil[69]. » Le problème du végétarisme dogmatique est le même que celui de l'écologie dogmatique. Il finit par s'aliéner ceux-là mêmes qui sont nécessaires pour améliorer les conditions de vie des animaux et réduire l'impact environnemental de l'élevage.

« Dans les années 80, l'industrie a tenté de communiquer avec des groupes spécistes et on a été très durement attaqués, déclarait un agriculteur à Foer. Les éleveurs de dindes ont alors mis fin à l'échange. On a dressé un mur et basta. On ne leur parle pas, on ne laisse pas leurs gars entrer dans les fermes. On applique un code opérationnel standard. PETA ne veut pas parler agriculture, ils veulent mettre fin à l'agriculture. Ils n'ont absolument aucune idée de la manière dont le monde fonctionne réellement[70]. »

À la fin de l'été 2019, Taubes et Teicholz ont semblé en partie confortés, lorsque le *British Medical Journal* a publié une étude sur la science nutritionnelle qui bouleversait des décennies d'orthodoxie.

« Les régimes qui remplacent les graisses saturées par des graisses polyinsaturées ne réduisent pas de manière convaincante les événements cardiovasculaires ni la mortalité, affirmaient les auteurs, ajoutant : « Nous devons considérer l'hypothèse régime-cœur comme invalide ou devant être amendée ».

Un des auteurs avait forgé l'expression de « paradoxe français » pour expliquer comment les Français pouvaient ingérer autant d'aliments gras sans grossir. L'article du BMJ et les données scientifiques recueillies par Taubes et Teicholz, suggérait qu'il ne s'agissait en rien d'un paradoxe, tout compte fait[71]. Un mois plus tard, alors que les critiques végétariens commençaient à répondre au *BMJ*, la prestigieuse revue scientifique américaine *Annals of Internal Medicine* publiait deux des études les plus importantes et les plus rigoureuses sur la consommation de viande parues à ce jour. Ils constataient que d'éventuels effets négatifs de la consommation de viande rouge sur la santé, s'ils existent, sont trop minimes pour avoir une quelconque signification[72].

« Ceci ne devrait certainement pas être interprété comme un encouragement à manger autant de viande que vous le souhaitez », écrivait un chroniqueur médical du *New York Times*, un journal qui depuis cinquante ans préconise des régimes pauvres en graisses saturées. « Mais la portée de ces travaux est vaste et confirme les recherches antérieures qui montrent que les arguments anti-viande sont loin d'être aussi solides que beaucoup semblent le croire[73]. »

La croisade pro-glucides et anti-graisses s'est avérée aussi mauvaise pour l'environnement qu'elle l'avait été pour les gens. En rendant les porcs moins gras, les éleveurs les ont rendus moins efficients dans la conversion des aliments en masse corporelle. Leur régime à faible teneur en matière grasse exigeait un apport en céréales supérieur et mobilisait donc davantage de terres que ce qui aurait été nécessaire pour un régime normal[74].

Les inquiétudes du public au sujet de la viande sont donc pour une large part erronées. Les consommateurs continuent d'exprimer leur anxiété face à des pratiques comme l'utilisation d'hormones de croissance pour le bœuf, alors que la Food and Drug Administration, l'OMS et la FAO ont toutes trois conclu que la viande produite avec ces hormones était sans danger pour la consommation humaine. Les études attestent que nous aurions dû être plus préoccupés par l'absence de graisse dans notre viande que par l'utilisation d'hormones dans sa production[75].

7. Ne mangez pas de gibier

La chasse et la consommation de gibier restent l'une des principales causes du déclin de la faune sauvage dans les pays pauvres et en développement. Rappelons que le nombre d'animaux sauvages dans le monde a diminué de moitié entre 1960 et 2010, en seulement cinquante ans. Les forêts d'Afrique, d'Asie et d'Amérique latine, naguère peuplées d'animaux sauvages, périclitent, atteintes du syndrome de la « forêt vide » du fait de la mise à mort de leurs populations animales[76]. Dans le bassin du Congo, plus de 50 % de tous les taxons de mammifères (unités de classification des organismes) sont chassés de manière non durable[77].

Les pays pauvres comme le Congo ont absolument besoin de fournir davantage de protéines à leur peuple et d'augmenter la productivité de leurs élevages afin d'alléger la pression qui s'exerce sur les habitats des espèces menacées. Alors que les habitants des pays en développement ont vu leur consommation de viande par habitant passer de 10 à 26 kilos par an entre 1964 et 1999, le Congo et les autres pays d'Afrique subsaharienne n'ont enregistré aucun changement dans leur consommation de viande par habitant[78]. Quand j'ai demandé à Bernadette si elle et sa famille mangeaient de la viande, elle a poussé un soupir mélancolique : « Peut-être une fois par an à Noël. »

Alors que les Congolais ne mangent pas de viande de gorille, ils continuent à tuer et manger 2,2 millions de tonnes de gibier sauvage chaque année – un chiffre impressionnant – parce qu'ils manquent de viande d'élevage bon marché[79].

Créer des substituts bon marché et facilement accessibles sous forme de viande domestique devrait donc être une priorité pour les défenseurs de l'environnement. Réduire la superficie des terres requises pour la production de viande permettra d'augmenter les surfaces allouées aux humains et à la faune sauvage.

« Dans certaines régions de l'est du Congo, afin de réduire la consommation de viande de brousse on a tenté d'introduire des alternatives, comme les fermes piscicoles, me confiait la primatologue Annette Lanjouw. « Même si les gens étaient heureux d'avoir choux et carottes dans leur assiette, le seul produit à disposition, assez précieux pour être transporté et vendu (échangeable contre de l'argent liquide) était la viande. Une fois fumée et séchée celle-ci pouvait être transportée sur de longues distances vers les centres urbains[80]. »

La production de viande la plus performante en Amérique du Nord nécessite vingt fois moins de terres que la production de viande la plus performante d'Afrique. Remplacer le gibier par des viandes modernes comme le poulet, le porc et le bœuf nécessiterait moins de 1 % du total des terres agricoles de la planète[81].

Les conditions techniques pour créer ce que les experts appellent « la révolution du bétail » sont simples. Les agriculteurs doivent améliorer l'élevage des animaux, leur régime alimentaire et la productivité des graminées dans les pâtures. Pour améliorer et accroître les ressources alimentaires, la hausse de la production de viande doit aller de pair avec celle des rendements agricoles.

Dans le nord de l'Argentine, les éleveurs ont pu réduire les superficies des terres allouées à l'élevage bovin de 99,7 % en remplaçant le bœuf nourri à l'herbe par des élevages industriels modernes[82].

Nous devons également faire évoluer nos habitudes de pensée. Tout comme nous avons dépassé notre attrait pour les fourrures authentiques, l'ivoire et l'écaille de tortue, nous devons apprendre à préférer les viandes d'élevage et à renoncer au gibier ainsi qu'à la pêche industrielle, afin que la faune sauvage puisse de nouveau prospérer.

8. Moralisme et alimentation

Quelles que soient ses origines psychologiques, le végétarisme semble moins découler d'un examen rationnel des preuves que d'un rejet émotionnel de la mise à mort des animaux, comme le reconnaît Foer. « Notre régime alimentaire n'est jamais un simple calcul visant à déterminer quels types d'aliments sont le moins consommateurs d'eau ou causent le moins de souffrances[83]. »

En effet, quand je me suis remis à manger de la viande, c'était presque entièrement instinctif, à l'opposé d'une décision intellectuelle. J'ai laissé de côté les lectures et les réflexions éthiques approfondies qui sous-tendent parfois une telle décision. Ma femme, alors enceinte, avait préparé du filet mignon, l'arôme était délicieux, j'en ai mangé. D'autres rationalisent leur désir de viande. « Quand j'ai déménagé dans la baie de San Francisco, je connaissais sa réputation de haut lieu gastronomique et j'ai senti que les limites que je m'imposais allaient beaucoup me frustrer, me confiait ma collègue Madison. J'ai pensé : Les fruits de mer ne posent pas de problème éthique aussi grave, je vais donc manger des fruits de mer. Mais ensuite j'ai fait un séjour à Paris où j'ai accidentellement essayé du pâté et mes dernières résistances sont tombées. »

— Mais le fait de tuer des animaux ne vous perturbe pas ? lui ai-je demandé.

— Si bien sûr, J'essaie de ne pas y penser.

— Mais vous avez dû décider que ça convenait, éthiquement ?

— Avec la maturité, les choses ne semblent plus aussi noires ou blanches que lorsque j'étais gamine. Quand j'ai appris que ça n'avait pas l'effet que je croyais dans la lutte contre le changement climatique, j'ai décidé que ça n'en valait pas la peine. Si tu n'aides pas vraiment la planète, le calcul change complètement. D'ailleurs, maintenant je vois plus clairement la démarcation entre humains et animaux. Tuer un poulet n'est pas comme tuer un homme. Il y a une importante différence. »

Foer est d'accord. Et même sur la question fondamentale de savoir s'il est éthique ou non de manger des animaux, Foer admet qu'il n'y a pas une seule réponse morale universellement valable, et il conclut : « S'il était malsain d'arrêter de manger des animaux, ce pourrait être une raison pour ne pas être végétarien... Bien sûr, il y a des circonstances que je peux imaginer dans lesquelles je mangerais de la viande – il y a même des circonstances dans lesquelles je mangerais du chien – mais ce sont des circonstances que je ne rencontrerai sans doute pas[84].

Tant et si bien que nous nous en remettons à nos préférences personnelles. Et, sur cette planète, la plupart des gens préfèrent manger de la viande.

D'ailleurs, la plupart des végétariens, à y regarder de près, ne sont pas rigoristes. Une majorité de végétariens occidentaux déclarent aux enquêteurs qu'il leur arrive de manger du poisson, du poulet, voire de la viande rouge[85].

Même après que Foer et sa femme ont fait vœu de végétarisme, la semaine de leurs fiançailles, ils leur arrivait « occasionnellement de manger des hamburgers, du potage au poulet, du saumon fumé et des steaks de thon. Mais seulement de temps à autre. Quand ça nous faisait envie, c'est tout[86]. »

Foer est à son meilleur lorsqu'il adopte une position plus empathique. « La question : *Faut-il manger des animaux ?* écrit-il, est finalement motivée par nos intuitions sur ce que cela peut signifier d'atteindre un idéal que nous avons nommé, peut-être incorrectement, « être humain[87]. »

Il en va de même pour PETA. « Comme le Dr Grandin nous l'a montré, déclarait sa fondatrice Ingrid Newkirk, donner un peu de réconfort et de soulagement aux animaux qui passeront leur vie entière dans ces cages vaut la peine de se battre, même si certains d'entre nous exigent que ces cages soient vidées de leurs occupants[88].

En fin de compte, Foer veut être lu comme un individu qui raconte son histoire, non comme un sermonneur. « Ma décision de ne pas manger d'animaux est nécessaire pour moi, mais elle est aussi limitée et personnelle, dit-il. C'est un engagement pris à partir du contexte de ma vie, non celle d'un d'autre. »

Notes

1. Jonathan Safran Foer, *Faut-il manger les animaux* ? L'Olivier, 2011.
2. Isabelle Gerretsen, « Change food production and stop abusing land, major climate report warns, » CNN, 8 août 2019, https://www.cnn.com.
3. Jen Christensen, « To help save the planet, cut back to a hamburger and a half per week, » CNN, 17 juillet 2019, https://www.cnn.com.
4. Quirin Schiermeier, « Eat Less Meat: UN climate-change report calls for change to human diet, » *Nature*, 8 août 2019, https://doi.org/10.1038/d41586-019-02409-7.
5. Ibid.
6. Cheikh Mbow et al., « Sécurité alimentaire », in Valérie Masson-Delmont et al (eds.), *Changement climatique et terres : Rapport spécial du GIEC sur le changement climatique, la désertification, la dégradation des terres, la gestion durable des terres, la sécurité alimentaire et les flux de gaz à effet de serre dans les écosystèmes terrestres*, GIEC, 2019, consulté le 21 janvier 2020, https://www.ipcc.ch/srccl.
7. Abigail Abrams, « How Eating Less Meat Could Help Protect the Planet From Climate Change », *Time*, 8 août 2019, https://time.com.
8. Katia Dmitrieva, « The Green New Deal Progressives Really Are Coming For Your Beef », *Bloomberg*, 13 mars 2019, https://www.bloomberg.com.
9. Livestock, Dairy, and Poultry Outlook, LDP-M-299, U.S. Department of Agriculture, Economic Research Service, 16 mai 2019.
10. Jen Christensen, « To help save the planet, cut back to a hamburger and a half per week, » CNN, 17 juillet 2019, https://www.cnn.com.

11. Foer, *Faut-il manger les animaux* ? ; « Why Go Organic, Grass-Fed and Pasture-Raised? » Meat Eater's Guide to Climate Change Health, Environmental WorkingGroup, 2011, consulté le 21 janvier 2020, www.ewg.org/meateatersguide.

12. Cheikh Mbow et al, « Food Security », in *Changement climatique et terres émergées : Un rapport spécial du GIEC sur le changement climatique, la désertification, la dégradation des sols, la gestion durable des terres, la sécurité alimentaire et les flux de gaz à effet de serre dans les écosystèmes terrestres* (GIEC, 2019), 487.

13. Janina Grabs, « The rebound effects of switching to vegetarianism. A microeconomic analysis of Swedish consumption behavior, » *Ecological Economics* 116 (2015): 270–279, https://doi.org/10.1016/j.ecolecon.2015.04.030.

14. Cheikh Mbow et al, « Food Security », in *Changement climatique et terres émergées* : *Un rapport spécial du GIEC sur le changement climatique, la désertification, la dégradation des sols, la gestion durable des terres, la sécurité alimentaire et les flux de gaz à effet de serre dans les écosystèmes terrestres*. (GIEC, 2019), 487.

15. Gidon Eshel, « Environmentally Optimal, Nutritionally Sound, Protein and Energy Conserving Plant Based Alternatives to US Meat », *Nature: Scientific Reports* 9, no 10345 (8 août 2019), https://doi.org/10.1038/s41598-019-46590-1.

16. Elinor Hallström et al, « Environmental impact of dietary change: A systematic review », *Journal of Cleaner Production* 91 (15 mars 2015), https://doi.org/10.1016/j.jclepro.201y4.12.008. L'estimation la plus favorable de la réduction des émissions découlant du passage au végétarisme est de 540 kg par personne et par an, alors que la moyenne des émissions de CO2 des pays développés (annexe I) est de 12,44 t de CO2 par personne et par an.

17. Robin R. White et Mary Beth Hall, « Nutritional and greenhouse gas impacts of removing animals from US agriculture, » *Proceedings of the National Academy of Sciences* 114, no. 48 (2017), https://doi.org/10.1073/pnas.1707322114.

18. Janina Grabs, « The rebound effects of switching to vegetarianism. A microeconomic analysis of Swedish consumption behavior, » *Ecological Economics* 116 (2015): 270–279, https://doi.org/10.1016/j.ecolecon.2015.04.030.

19. FAO, « Livestock Primary, » FAOSTAT, http://www.fao.org/faostat/en/#data/QL.

20. Foer, *Faut-il manger des animaux ?*

21. FAO, « Land Use, » FAOSTAT, consulté le 27 janvier 2020, http://www.fao.org/faostat/en.

Exactement 1.42 million km2.

22. FAO, *World Livestock: Transforming the livestock sector through the Sustainable Development Goals* (Rome: FAO, 2018), Licence: CC BY-NC-SA 3.0 IGO, http://www.fao.org/3/CA1201EN/ca1201en.pdf.

23. Charles Stahler, « How many people are vegan? » Vegetarian Resource Group, basé sur un sondage Harris effectué du 7 au 11 mars 2019, consulté le 31 décembre 2019, https://www.vrg.org/nutshell/Polls/2019_adults_veg.htm ;

Kathryn Asher et al., « Study of Current and Former Vegetarians and Vegans: Initial Findings, December 2014, » Humane Research Council and Harris International, consulté le 30 octobre 2019, https://faunalytics.org/wp-content/uploads/2015/06/Faunalytics_Current-Former-Vegetarians_Full-Report.pdf.

24. FAO, « Land Use, » FAOSTAT, consulté le 27 janvier 2020, http://www.fao.org/faostat/en.

25. A. Shepon et al., « Energy and Protein Feed-to-Food Conversion Efficiencies in the US and Potential Food Security Gains from Dietary Changes, » *Environmental Research Letters* 11, no. 10 (2016): 105002, https://doi.org/10.1088/1748-9326/11/10/105002. Le bœuf a une efficacité de conversion des protéines de 2,5 %, le porc de 9 % et la volaille de 21 %.

26. Vaclav Smil, Faut-il manger de la viande ? Évolution et conséquences de la carnivorie moderne (Oxford: John Wiley & Sons, Ltd., 2013), 92. Lorsque les États-Unis ont commencé à élever des poulets en intérieur, en 1925, il fallait 112 jours pour qu'un poulet arrive à maturité. En 1960, il fallait deux fois moins de temps et les poulets pesaient 30 % de plus. En 2017, les poulets élevés en intérieur ne nécessitaient que 48 jours pour arriver à maturité et leur poids avait plus que doublé depuis 1925.

27. FAO, « Données », FAOSTAT, http://www.fao.org/faostat/en/#data/RL, cited dans Frank Mitloehner, « Testimony before the Committee on Agriculture, Nutrition and Forestry US Senate », 21 mai 2019, consulté le 3 novembre 2019, https://www.agriculture.senate.gov/imo/media/doc/Testimony_Mitloehner_05.21.2019.pdf.

28. Foer, *Faut-il manger les animaux ?*

29. Ibid.

30. Durk Nijdam, Geertruida Rood, et Henk Westhoek, « The price of protein: Review of land use and carbon footprints from life cycle assessments of animal food products and their substitutes, » *Food Policy* 37 (2012): 760–770, https://doi.org/10.1016/j.foodpol.2012.08.002.

31. 32 Durk Nijdam, Geertruida Rood et Henk Westhoek, « The price of protein: Review of land use and carbon footprints from life cycle assessments of animalfood products and their substitutes », *Food Policy* 37 (2012): 760-770, https://doi.org/10.1016/j.foodpol.2012..08.002. « La production d'un kilo de bœuf issu de l'élevage extensif entraîne environ trois à quatre fois plus d'émissions de gaz à effet de serre que la quantité équivalente de bœuf issu de l'élevage intensif. »

32. C.D. Lupo, D. E. Clay, J. L. Benning, et J. J. Stone, « Life-Cycle Assessment of the Beef Cattle Production System for the Northern Great Plains, USA, » *Journal of Environment Quality*, 42(5), 1386, doi: 10.2134/jeq2013.03.0101.

33. M. de Vries, C. E. van Middelaar, et I. J. M. de Boer, « Comparing environmental impacts of beef production systems: A review of life cycle assessments, » *Livestock Science* 178 (août 2015): 279–288, https://doi.org/10.1016/j.livsci.2015.06.020.

34. Foer, op. cit.

35. Nina Teicholz, *The Big Fat Surprise: Why Butter, Meat and Cheese Belong in a Healthy Diet* (New York: Simon & Schuster, 2014), 1.

36. Ibid.

37. Ibid., 3.

38. Ibid., 2.

39. William R. Leonard, J. Josh Snodgrass, et Marcia L. Robertson, « Effects of brain evolution on human nutrition and metabolism, » *Annual Review of Nutrition* 27 (2007): 311–327, https://doi.org/10.1146/annurev.nutr.27.061406.093659.

40. Teicholz, *The Big Fat Surprise: Why Butter, Meat and Cheese Belong in a Healthy Diet*, 1.

41. Marshall E. McCollough, *Optimum Feeding of Dairy Animals: For Milk and Meat* (Athens: University of Georgia Press, 1973), 64–92.

42. Temple Grandin, « Avoid Being Abstract When Making Policies on the Welfare of Animals, » in *Species Matters: Humane Advocacy and Cultural Theory*, edited by Marianne DeKoven et Michael Lundblad (New York: Columbia University Press, 2010), 206.

43. Roman Pawlak, Scott James Parrott, Sudha Raj et al., « How Prevalent Is Vitamin B12 Deficiency Among Vegetarians?, » *Nutrition Reviews* 71, no. 2 (février 2013): 110–17, https://doi.org/10.1111/nure.12001.

44. Matthew B. Ruby, « Vegetarianism. A blossoming field of study, » *Appetite* 58 (2012): 144, https://doi.org/10.1016/j.appet.2011.09.019.

45. « What Percentage of Americans Are Vegetarian? » Gallup, 2018 ; Ruby, « Vegetarianism. A blossoming field of study, » 144; Maria Chiorando, « "Mind-Blowing" Rates of Vegans and Vegetarians Are Young People, Says New Poll, » *Plant-Based News,* 14 mars 2018.

46. Ruby, « Vegetarianism. A blossoming field of study, » 144.

47. Ines Testoni, « Representations of Death Among Italian Vegetarians: Ethnographic Research on Environment, Disgust and Transcendence, » *European Journal of Psychology* 13, no. 3 (août 2017): 378–395, https://doi.org/10.5964/ejop.v13i3.1301.

48. J. Foer, *Faut-il manger les animaux ?*

49. Ibid.

50. Nathanael Johnson, « Temple Grandin Digs In on the Practical Side of What Animals Want, » *Grist*, 22 juillet 2015, https://grist.org.

51. Ibid.

52. David Bianculli, « Temple Grandin: The Woman Who Talks to Animals, » NPR, 5 février 2010, https://www.npr.org.

53. Foer, *Faut-il manger les animaux* ?

54. Johnson, « Temple Grandin approfondit les aspetcs pratiques que peuvent désirer les animaux. »

55. Bianculli, « Temple Grandin: The Woman Who Talks to Animals. »

56. Temple Grandin, « Behavioral Principles of Livestock Handling, » *Applied Animal Science* 5, no. 2 (déecembre 1989): 1–11, https://doi.org/10.15232/S1080-7446(15)32304-4. Foer, *Faut-il manger les animaux* ?

57. Temple Grandin, « Avoid Being Abstract When Making Policies on the Welfare of Animals, » in *Species Matters: Humane Advocacy and Cultural Theory*, edited by Marianne DeKoven and Michael Lundblad (New York: Columbia University Press, 2010), 195–217.

58. Foer, *Faut-il manger les animaux* ?

59. Johnson, « Temple Grandin digs in on the practical side of what animals want. »

60. Foer, *Faut-il manger les animaux* ?

61. Ibid.

62. Temple Grandin et Catherine Johnson, *Animals Make Us Human: Creating the Best Life for Animals* (Boston: Houghton-Mifflin Harcourt, 2009), 297.

63. Tom Levitt, « Jonathan Safran Foer: If You Care About Climate Change, Cut Out Meat, » *Huffington Post*, 3 octobre 2019, https://www.huffpost.com.

64. Foer, *Faut-il manger les animaux* ?

65. Gary Taubes, discussion avec l'auteur, 1er novembre 2019.

66. Foer, *Faut-il manger les animaux* ?

67. Ibid., 192.

68. Ibid., 189–190.

69. Michael Pollan, *The Omnivore's Dilemma: A Natural History of Four Meals* (New York: Penguin, 2007), 361–362.

70. Foer, *Faut-il manger les animaux* ?

71. Robert DuBroff et Michel de Lorgeril, « Fat or fiction: The diet-heart hypothesis, » *British Medical Journal: Evidence-Based Medicine*, 29 mai 2019, https://doi.org/10.1136/bmjebm-2019-111180.

72. Mi Ah Han, Dena Zeraatkar, Gordon H. Guyatt et al., « Reduction of Red and Processed Meat Intake and Cancer Mortality and Incidence: A Systematic Review and Meta-analysis of Cohort Studies, » *Annals of Internal Medicine* 171, no. 10 (octobre 2019): 711–20, https://doi.org/10.7326/M19-0699. Dena Zeraatkar, Mi Ah Han, Gordon H. Guyatt et al., « Red and Processed Meat Consumption and Risk for All-Cause Mortality and Cardiometabolic Outcomes: A Systematic Review and Meta-analysis of Cohort Studies, » *Annals of Internal Medicine* 171, no. 10 (octobre 2019): 703–10, https://doi.org/10.7326/M19-0655.

73. Aaron E. Carroll, « The Real Problem with Beef, » *New York Times*, 1er octobre 2019, https://www.nytimes.com.

74. Smil, *Should We Eat Meat? Evolution and Consequences of Modern Carnivory*, 147. The difference is significant: « conversion of metabolizable energy to protein in pork peaks at about 45 percent, while the conversion of feed energy to fat can have efficiencies in excess of 70 percent. »

75. Ibid., 132; U.S. Food and Drug Administration, « Steroid Hormone Implants Used for Growth in Food-Producing Animals, » FDA, 23 juillet 2019, https://www.fda.gov/animal-veterinary/product-safety-information/steroid-hormone-implants-used-growth-food-producing-animals.

76. David S. Wilkie et al., « The Empty Forest Revisited, » *Annals of the New York Academy of Sciences* 1223, no. 1 (2011): 120–128, https://doi.org/10.1111/j.1749-6632.2010.05908.x.

77. John E. Fa, Carlos A. Peres, et Jessica J. Meeuwig, « Bushmeat Exploitation in Tropical Forests: An Intercontinental Comparison, » *Conservation Biology* 16 (2002): 232–237, https://doi.org/10.1046/j.1523-1739.2002.00275.x.

78. World Health Organization, « Availability and changes in consumption of meat products, » consulté le 23 janvier 2020, https://www.who.int/nutrition/topics/3_foodconsumption/en/index4.html.

79. John E. Fa, Carlos A. Peres, et Jessica J. Meeuwig, « Bushmeat Exploitation in Tropical Forests: An Intercontinental Comparison, » *Conservation Biology* 16, no. 1 (janvier 2002): 232–37, https://doi.org/10.1046/j.1523-1739.2002.00275.x.

80. Annette Lanjouw, discussion avec l'auteur, 21 novembre 2014.

81. Le rendement moyen mondial est de 14 m2/kg pour le poulet, de 17 m2/kg pour le porc et de 43 m2/kg pour le bœuf. Fa, et al, « Bushmeat Exploitation in Tropical Forests » ; 5 millions de tonnes de viande de brousse extraites dans les bassins du Congo et de l'Amazone : EmielV. Elferink et Sanderine Nonhebel, « Variations in Land Requirements for Meat Production, » *Journal of Cleaner Production* 15, no. 18 (2007): 1778-86, https://doi.org/10.1016/j.jclepro.2006.04.003.

82. Ricardo Grau, Nestor Gasparri, et T. Mitchell Aide, « Balancing Food Production and Nature Conservation in the Subtropical Dry Forests of NW Argentina, » *Global Change Biology* 14, no. 5 (2008): 985–97, https://doi.org/10.1111/j.1365-2486.2008.01554.x.

83. Foer, *Faut-il manger les animaux* ?

84. Ibid., 197.

85. Matthew B. Ruby, « Vegetarianism. A blossoming field of study, » 142.

86. Foer, *Faut-il manger les animaux* ?

87. Ibid., 198.

88. Ingrid Newkirk, « Temple Grandin: Helping the Animals We Can't Save, » PETA, 10 février 2010, consulté le 12 octobre 2019, https://www.peta.org/blog/temple-grandin-helping-animals-cant-save.

VIII

La Bombe sauvera la Nature

1 La fin de l'énergie nucléaire

Le 11 mars 2011, un tsunami déclenché par un tremblement de terre de forte intensité a frappé la Centrale nucléaire de Fukushima Daiichi sur la côte Est du Japon. La vague haute de 15 mètres a fait disjoncter les système d'alimentation électrique et inondé les générateurs diesel de secours.

Sans électricité, les pompes de l'usine ne pouvaient maintenir un flux d'eau continu nécessaire au refroidissement du combustible d'uranium dans les trois cœurs de réacteurs. En quelques heures, les barres de combustible d'uranium ont surchauffé et fondu, déclenchant le pire accident nucléaire depuis la catastrophe survenue en 1986 à Tchernobyl (Ukraine).

Mais l'énergie nucléaire était en déclin bien avant l'accident de Fukushima : on n'avait plus lancé la construction d'un seul nouveau réacteur nucléaire aux États-Unis depuis l'accident de la centrale de Three Mile Island en 1979 alors même que le parc nucléaire américain vieillissait déjà, sans renouvellement programmé. Malgré tout, Fukushima a accéléré la dégringolade du nucléaire en freinant les projets de construction de nouvelles usines, en ralentissant la construction de sites déjà entérinés et en incitant l'Allemagne, Taïwan et la Corée du Sud à se passer complétement d'énergie nucléaire. Et Fukushima a même accentué le divorce entre l'opinion publique et le nucléaire.

Selon les experts tous nos efforts pour rendre les centrales nucléaires plus sûres en renchérissent le coût, et entraînent donc une hausse des subventions publiques pour qu'elles restent rentables. Ces subventions qui grimpent en flèche, combinées aux coûts d'accidents comme Fukushima, estimées par un think tank japonais privé entre 35 et 81 trillions de yens (315 à 728 milliards de dollars) font du nucléaire l'une des filières de production d'électricité les plus onéreuses[1].

Pendant ce temps, en Finlande, en France, en Grande-Bretagne et aux États-Unis, les centrales nucléaires en construction accusent des retards considérables et d'exorbitants dépassements de budget. Les deux réacteurs nucléaires de Hinkley Point C en Grande-Bretagne dont la réalisation était estimée à 26 milliards de dollars coûteront sans doute aux alentours de 29 milliards de dollars[2]. L'agrandissement d'une centrale nucléaire à proximité d'Augusta, (Géorgie) qui devait durer quatre ans et coûter 14 milliards de dollars pour deux nouveaux réacteurs, devrait maintenant prendre dix ans et coûter la somme rondelette de 27,5 milliards de dollars[3]. Ces surcoûts et ces retards, selon de nombreux experts, rendent le nucléaire trop lent et onéreux pour lutter contre le changement climatique[4].

La plupart des technologies ont une courbe d'apprentissage positive. Le nucléaire, en revanche, présente ce que les experts en énergie appellent une « courbe d'apprentissage négative », ce qui signifie que plus nous construisons de centrales, moins nous sommes performants. Prenons les panneaux solaires et les éoliennes. Leurs coûts ont diminué respectivement de 75 % et 25 % depuis 2011[5]. Plus nous en faisons, mieux nous y arrivons et moins ils coûtent cher. Par contre, la durée moyenne de construction des réacteurs nucléaires aux États-Unis et en France, en cours ou achevés depuis 2000 est de douze ans – deux fois plus longtemps qu'avant la fusion de 1979 à Three Mile Island[6].

Aujourd'hui, le monde développé abandonne le nucléaire. L'Allemagne a presque achevé son élimination progressive. La France a réduit le nucléaire de 80 % à 71 % de son électricité et s'est engagée à la réduire à 50 %.

Aux États-Unis, la part du nucléaire dans le bilan énergétique pourrait passer de 20 % à 10 % d'ici 2030. La Belgique, l'Espagne, la Corée du Sud et Taïwan sont tous en train de supprimer progressivement leurs centrales nucléaires. L'industrie nucléaire promeut des réacteurs de nouvelle génération de taille réduite : à l'inverse, donc, d'un projet géant comme celui de Barakah (Émirats arabes unis) avec ses quatre grands réacteurs réunis sur un site, en cours de construction par la Corée du Sud. L'option désormais privilégiée par l'industrie représenterait une centaine de réacteurs répartis sur huit centrales de douze petits réacteurs chacune.

Les générations futures pourraient très bien considérer avec nostalgie l'année 1996 où le nucléaire représentait 18 % de l'électricité mondiale, comme un point culminant de la technologie. En 2018, il était descendu à seulement 10 %. Dans quelques années, il pourrait plonger à 5 %.

Avant que nous n'en prenions tous conscience, l'énergie nucléaire pourrait n'être qu'un lointain souvenir, ou un mauvais rêve collectif, celui d'une époque où l'humanité essayait de racheter son invention d'armes atomiques alors qu'elle aurait dû abandonner complètement cette technologie.

Voilà du moins l'histoire qu'on nous raconte. Bien que tout ce qui précède soit techniquement exact, j'ai soigneusement exclu les faits essentiels afin d'être aussi égarant que le sont les militants antinucléaires depuis cinquante ans.

2. « Ça pourrait être assez vilain »

« Je n'ai jamais douté que je serais une scientifique », m'assurait Gerry Thomas[7]. À l'époque, fin Juillet 2018, nous étions assis dans le jardin de la maison de ma sœur à Brookline, Massachusetts, un quartier de la périphérie de Boston. Gerry – diminutif de Geraldine – est expert sanitaire spécialisée dans les radiations et notamment dans les accidents nucléaires de Fukushima et de Tchernobyl. Elle est professeur de pathologie moléculaire à l'Imperial College de Londres, et a créé la banque de tissus de Tchernobyl.

« Mes parents se sont rencontrés à l'hôpital, dit-elle. Ma mère était spécialisée en histologie, l'étude des tissus, et mon père en hématologie, l'étude du sang – ou était-ce l'inverse ? (Elle rit.) Je ne me souviens pas. »

J'ai rencontré Gerry après l'avoir appelée plusieurs fois pour l'interroger sur des accidents nucléaires alors que je préparais des articles et des conférences. Nous nous trouvions à Boston au même moment, et je lui ai demandé si je pouvais l'interviewer sur son travail et sa vie.

Gerry a traversé une cruelle épreuve à l'âge de onze ans. « Après un cours de natation, une de mes camarades de classe s'est tournée vers moi dans le vestiaire et m'a dit : "Ta mère a une leucémie, elle va mourir". J'ai répondu : "Non, non, ce n'est pas un cancer, c'est une anémie secondaire". Elle a dit : "Oui, c'est vrai !" avant de s'enfuir. »

Quelques mois plus tard, pendant une trajet en voiture de quatre heures vers un camp d'été dans le Nord du Pays de Galles, le père de Gerry lui a annoncé l'horrible nouvelle : sa mère qui avait en effet contracté une leucémie allait bientôt mourir.

« J'ai pleuré pendant une heure, puis il m'a déposée, dit-elle. Je pense maintenant que c'était parce qu'il ne voulait pas s'encombrer d'une fillette qui sanglotait. »

En septembre, après la rentrée scolaire, Gerry pensait que sa mère allait mieux. En fait, elle approchait de sa fin.

« La dernière fois que je l'ai vue, elle ne m'a pas reconnue », se souvient Gerry. Elle était de ma taille mais elle n'avait plus que la peau sur les eaux à ce moment-là. Je l'ai aidée à se rendre aux toilettes. Quelques jours plus tard, elle est morte. »

Cette tragédie a inspiré à Gerry l'envie de faire quelque chose d'important dans sa vie.

« Je pense que vivre de telles expériences dans l'enfance peut vous insuffler la volonté de faire quelque chose de votre vie, dit-elle. On réalise que la vie peut être courte, et qu'il n'y a pas de temps à perdre. Et je n'ai pas perdu de temps. Je suppose que mes camarades de classe me trouvaient assez dure, mais j'avais besoin d'être courageuse pour mon frère cadet plus jeune de deux ans qui souffrait d'une grave déficience intellectuelle et ne comprenait pas ce qui s'était passé, comme pour mon père, qui devait tenir le coup et aller travailler chaque matin.

Gerry a décidé de se lancer dans des études de médecine. En tant qu'étudiante à l'université elle a appris les méfaits de la pollution atmosphérique. « Une partie de notre cours consistait à aller assister à des dissections de cadavres à la morgue de l'hopital et nous y allions en groupe – c'est là que j'ai vu le premier cadavre de ma vie, un homme âgé. Lors de la résection pulmonaire, l'employé a extrait les poumons, les a ouverts et on a vu suinter d'affreuses secrétions noirâtres. »

Gerry a demandé au pathologiste si le défunt avait été fumeur. L'homme lui a répondu, « Non, c'est juste l'effet de la pollution ». Tout notre groupe a été sidéré. Nous imaginions tous que c'était un gros fumeur, et nous avons découvert que son état s'expliquait parce qu'il vivait dans une sorte de cuvette, un quartier de la ville où les fumées stagnaient. »

En 1984, Gerry a développé une technique permettant d'évaluer les cancers de la thyroïde et du sein. Son superviseur lui a proposé d'étudier le cancer de la thyroïde.

« Nous étudiions les effets des pesticides sur les cellules animales, m'a-t-elle expliqué. On essayait de comprendre les effets secondaires indésirables sur les animaux, s'ils provenaient d'une seule cellule, et si nos observations étaient pertinentes pour la santé humaine. Nous avons constaté que pour provoquer des cancers chez les animaux, une exposition élevée et prolongée aux radiations était nécessaire. »

Quand elle avait vingt-six ans, en 1986, elle a vu à la télé les reportages sur la catastrophe de Tchernobyl.

« Je me souviens avoir pensé : 'Ça pourrait être assez vilain.' Je n'y ai pas consacré beaucoup plus de réflexions. Puis, en 1989, mon patron, un pathologiste endocrinien de premier plan, et un confrère italien, un clinicien, ont été invités à se rendre en Biélorussie. À son retour, mon patron était visiblement choqué par le nombre de cancers de la thyroïde apparus sur des enfants. »

L'accident nucléaire survenu en 1986 à Tchernobyl (dans une Ukraine qui appartenait encore à l'Union Soviétique) a été le pire accident nucléaire de l'histoire. Les opérateurs de la centrale, alors qu'ils effectuaient une expérience non autorisée ont perdu le contrôle, ce qui a provoqué l'incendie d'un réacteur.

Il n'y avait pas de chape de confinement et il y a eu des fuites de particules radioactives.

Gerry s'est rendue en Biélorussie et en Ukraine et y est retournée régulièrement pour suivre les patients qui avaient développé un cancer de la thyroïde. Elle a par la suite créé la banque de tissus de Tchernobyl pour préserver les glandes thyroïdes prélevées et les rendre largement disponible aux chercheurs souhaitant étudier l'impact des rayonnements.

Selon les Nations Unies, vingt-huit pompiers sont morts après avoir éteint l'incendie de Tchernobyl, et dix-neuf intervenants de première urgence sont morts dans les vingt-cinq années suivantes pour « diverses raisons », tuberculose, cirrhose du foie, crises cardiaques et divers traumatismes[8]. L'ONU a conclu : « la désignation des radiations comme cause des décès est devenue moins évidente. »

Bien que la mort de tout pompier soit tragique, il vaut la peine de mettre le chiffre ci-dessus en perspective : 84 pompiers américains sont morts en 2018, et 343 lors des attentats terroristes du 11 septembre 2001[9].

Gerry souligne que le seul impact de Tchernobyl sur la santé publique, au-delà de la mort des premiers intervenants, a été ces vingt mille cas documentés de cancer de la thyroïde survenus chez des personnes âgées de moins de 18 ans au moment de l'accident.

En 2017, l'ONU a conclu que seuls 25 % de ces cas, soit cinq mille, pouvaient être attribués aux radiations de Tchernobyl[10]. Dans des études antérieures, l'ONU estimait qu'il pourrait y avoir jusqu'à seize mille cas attribuables aux radiations de Tchernobyl d'ici 2065, alors qu'à ce jour, il n'y en avait que cinq mille.

Étant donné que le cancer de la thyroïde a un taux de mortalité de seulement 1 %, cela signifie que les décès attendus des cancers de la thyroïde causés par Tchernobyl ne seront que de 50 à 160 sur une durée de quatre-vingts ans[11].

« Le cancer de la thyroïde ne ressemble pas à ce que la plupart des gens comprennent sous le terme 'cancer', me disait Gerry, parce qu'il a un taux de mortalité très bas lorsqu'il est bien traité. Soudain le cancer devient quelque chose dont il n'y pas de raison d'avoir peur. Ce n'est pas une condamnation à mort. Cela ne devrait pas réduire la longévité d'un patient. On a la solution des hormones de remplacement, et ce n'est pas un problème car la thyroxine est bon marché. »

Qu'en est-il des cancers non thyroïdiens ? La minisérie HBO 2019 *Tchernobyl* affirmait qu'il y avait eu « une augmentation spectaculaire des taux de cancer en Ukraine et en Biélorussie[12]. » Cette affirmation est fausse : les citoyens de ces deux pays ont été « exposés à des doses légèrement supérieures aux niveaux de rayonnement naturels ambiants », selon l'Organisation mondiale de la santé (OMS). S'il y a des décès par cancer ils représenteront « environ 0,6 % des décès par cancer attendus dans cette population en raison d'autres causes[13]. »

L'OMS affirme sur son site Internet que Tchernobyl pourrait entraîner la mort prématurée de quatre mille liquidateurs, mais selon Gerry, ce chiffre est basé sur une méthodologie contestée. « Ce chiffre de l'OMS est basé sur un modèle MLS, explique-t-elle, l'acronyme de *modèle linéaire sans seuil,* une méthode d'extrapolation des décès dus aux rayonnements.

Le MLS suppose qu'il n'y a pas de seuil en dessous duquel les radiations sont sans danger, mais les personnes qui habitent des régions où l'exposition à la radioactivité est plus élevée, comme chez moi dans l'état du Colorado, ne souffrent pas pour autant de taux de cancer élevés. En fait, les résidents du Colorado, où les radiations sont plus élevées en raison de l'altitude et de la concentration d'uranium dans le sol, connaissent certains des taux de cancer les plus bas des États Unis[14].

À Fukushima, dit Thomas, personne ne mourra des radiations auxquelles il a été exposé des suites de l'accident nucléaire. Le gouvernement japonais a accordé un dédommagement financier à la famille d'un travailleur de Fukushima, après que celui-ci a déclaré que l'accident avait causé son cancer. Mais le cancer de cet homme n'était très probablement pas dû à la catastrophe de Fukushima, assure Gerry, car le niveau de rayonnement auquel les travailleurs étaient exposés était tout simplement trop faible.

Une fusion accidentelle semblable à celle de Fukushima s'est produite en 1979 dans le réacteur n° 2 de la Centrale nucléaire de Three Mile Island (Pennsylvanie). L'incident a créé une panique nationale qui a contribué à stopper l'expansion de l'énergie nucléaire, bien qu'elle n'ait jamais tué personne ni augmenté les risques de cancer pour qui que ce soit.

On serait bien en peine de citer d'autres accidents industriels majeurs qui n'auraient tué personne. Ainsi, en 2010, la plate-forme de forage pétrolier Deepwater Horizon a pris feu, tuant onze personnes et déversant plus de 490 millions de litres de pétrole dans le golfe du Mexique, dont les eaux ont été contaminées pendant des mois[15]. Quatre mois plus tard, l'explosion d'un gazoduc de Pacific Gas and Electric (PG&E), juste au sud de San Francisco, tuait huit personnes[16].

Le pire accident énergétique de tous les temps fut l'effondrement du barrage hydroélectrique de Banqiao en 1975, en Chine, qui a tué entre 170 000 et 230 000 personnes[17].

On ne saurait affirmer que l'énergie nucléaire n'a jamais tué personne. Mais le nombre de victimes qu'elle a causées est infime. Voici quelques chiffres de mortalité *annuels* : Déplacements à pied : 270 000, en voiture : 1,35 million, décès sur le lieu de travail : 2,3 millions, décès dus à la pollution de l'air : 4,2 millions[18]. Le nombre total de morts connues causées par le nucléaire est d'un peu plus de cent[19].

Les pires accidents nucléaires montrent que cette technologie a toujours été sûre pour la même raison intrinsèque qu'elle a toujours eu un impact environnemental très modéré : la haute densité énergétique de son combustible. Scinder des atomes pour créer de la chaleur, plutôt que de rompre les liaisons chimiques par le feu, nécessite de toutes petites quantités de combustible. L'équivalent d'une canette de Coca d'uranium peut suffire pour une vie entière de consommation intensive d'énergie[20].

En conséquence, lorsque le pire se produit et que le combustible nucléaire fond, la quantité de particules qui s'échappe de la centrale est insignifiante par rapport à la pollution atmosphérique des particules provenant de la combustion de fossiles et de biomasse, qu'il s'agisse des maisons, des voitures ou des centrales électriques, qui ont tué huit millions de personnes en 2016[21].

Le nucléaire est donc le moyen le plus sûr de produire une électricité fiable[22]. En fait, le nucléaire a sauvé plus de deux millions de vies à ce jour en empêchant la mort des ces individus du fait de la pollution atmosphérique, laquelle abrège la vie de sept millions de personnes par an[23].

Voilà pourquoi remplacer l'énergie nucléaire par des combustibles fossiles coûte des vies. Une étude publiée à la fin de 2019 a révélé que l'élimination du nucléaire en Allemagne coûte à ses citoyens 12 milliards de dollars par an, dont plus de 70 % résultent des 1 100 décès supplémentaires dus à « la pollution atmosphérique locale émise par des centrales au charbon fonctionnant à la place des centrales nucléaires fermées[24]. »

3. La France bat l'Allemagne

Avec la France et l'Allemagne, on peut comparer deux grands pays (cinquième et quatrième économies mondiales), qui sont très proches géographiquement et à des niveaux élevés de développement économique, sur une échelle de temps de plusieurs décennies[25].

Produire son électricité coûte à la France un peu plus de la moitié de ce que dépense l'Allemagne avec des émissions de carbone qui ne représentent qu'un dixième de la production électrique allemande[26].

La différence est que l'Allemagne abandonne progressivement le nucléaire au profit des énergies renouvelables, alors que la France maintient en exploitation la plupart de ses centrales nucléaires.

Si l'Allemagne avait investi dans de nouvelles centrales nucléaires les 580 milliards de dollars qu'elle a misés sur les énergies renouvelables comme les parcs solaires et éoliens, elle générerait 100 % de son électricité à partir de sources zéro émission et aurait suffisamment d'électricité zéro carbone pour alimenter toutes ses voitures et camions légers[27].

Le nucléaire a longtemps été l'un des moyens les plus économiques de produire de l'électricité dans le monde. Dans la plupart des pays du monde, y compris en Europe et en Asie, l'électricité nucléaire est généralement moins chère que l'électricité produite à partir du gaz naturel et du charbon[28].

Au niveau mondial, on connait les résultats de l'expérience naturelle conduite depuis 1965. Entre 1965 et 2018, le monde a dépensé environ 2000 milliards de dollars pour le nucléaire et 2300 milliards de dollars pour le solaire et le vent. À la fin de l'expérience, le monde a reçu environ deux fois plus d'électricité d'origine nucléaire que d'énergie solaire et éolienne[29].

Il est vrai que les chantiers de nouvelles centrales nucléaires souffrent de retards et de dépassements de budget, mais c'est un classique des grands projets de construction, et cela a souvent été le cas pour les centrales nucléaires, dont beaucoup, actuellement exploitées, s'avèrent très rentables. Comme l'exploitation des centrales nucléaires est relativement peu coûteuse, l'amortissement du coût des dépassements diminue avec le temps. C'est d'autant plus vrai lorsque la longévité des centrales est prolongée de quarante à quatre-vingts ans.

Quant aux déchets nucléaires, c'est le meilleur et le plus sûr type de déchets généré par la production d'électricité. Ils n'ont jamais nuit à personne et il n'y a aucune raison de penser que ce sera le cas un jour.

Lorsque la plupart des gens évoquent les déchets nucléaires, ils pensent aux barres de combustible nucléaire usagé. Après avoir refroidi pendant deux à trois ans dans des piscines de stockage, elles sont placées dans des fûts d'acier et de béton, et stockés à terre, c'est ce qu'on appelle le stockage en fût sec. Cela fait du nucléaire la seule forme d'électricité qui internalise sa production de déchets. Toutes les autres formes de production électrique rejettent leurs déchets dans le milieu naturel.

L'une des caractéristiques les plus séduisantes des déchets nucléaires est leur volume particulièrement réduit. Tout le combustible nucléaire usagé jamais produit aux États-Unis pourrait être empilé sur un unique terrain de football sur moins de vingt mètres de hauteur[30].

Si un avion s'écrasait sur des fûts de combustible usagé, l'avion exploserait mais les fûts en acier scellés par du ciment resteraient probablement intacts. Même si du combustible usagé s'en échappait, ce ne serait pas la fin du monde. Des techniciens spécialisés pourraient facilement le récupérer.

On ne voit pas comment, de façon plausible, des barres de combustible nucléaire usagé pourraient contaminer une rivière ou un autre plan d'eau. Les « crayons » sont étroitement surveillés et protégés à l'intérieur de centrales nucléaires elles-mêmes strictement gardées. Il est difficile d'imaginer comment un de ces fûts pourrait se retrouver un jour dans une rivière. Même dans ce cas, il y a peu de raisons de croire que le combustible entrerait en contact avec de l'eau. Et si c'était le cas, la contamination serait infinitésimale. Les employés des centrales nucléaires revêtent parfois des combinaisons de plongée et pénètrent dans les piscines de refroidissement où est stocké le combustible usagé. Ils sont en sûreté car l'eau les protège de doses de radiations dangereuses.

Quand je parle à des gens qui redoutent ces déchets, ils sont souvent incapables d'expliquer sur quoi se fonde la conviction de leur dangerosité, mais elle semble émaner d'une peur, consciente ou non, des armes nucléaires. Cependant, transformer des barres de combustible usagé en une bombe nécessiterait de transporter des fûts géants vers des installations énormes et complexes, lesquelles n'existent que dans quelques pays au monde, ou bien de construire de telles infrastructures afin de transformer ces matières en bombes.

Et il est impossible d'imaginer un scénario réaliste dans lequel des terroristes pénétreraient par effraction dans une centrale nucléaire, manoeuvreraient une grue pour soulever le fût de 100 tonnes empli de barres de combustible usé, le déposer sur un énorme camion, qui sortirait de l'usine avant d'emprunter une autoroute vers un port de la côte, de l'envoyer par bateau vers un site où il serait déchargé puis retraité. Dans le monde réel, les terroristes seraient abattus avant même d'avoir franchi l'entrée de la centrale nucléaire.

Entre 1995 et 2018, une période où solaire et éolien ont bénéficié de subventions d'une ampleur inédite, la part de l'énergie mondiale provenant de sources d'énergie zéro émissions n'a augmenté que de deux points de pourcentage, passant de 13 % à 15 %. La raison en est que l'augmentation de l'énergie solaire et éolienne a à peine compensé le déclin du nucléaire[31].

Et l'électricité ne représente qu'un tiers de la consommation totale d'énergie dans le monde. Les deux tiers restants de la consommation d'énergie primaire sont dominés par les combustibles fossiles, qui sont utilisés pour le chauffage, la cuisine et le transport.

Seul le nucléaire, et non l'énergie solaire et éolienne, peut fournir une chaleur abondante, fiable et peu coûteuse. Lui seul est capable de créer à moindre coût l'hydrogène, le gaz et l'électricité qui fourniraient des services tels que chauffage, cuisine et transports, pour lesquels on a actuellement recours aux combustibles fossiles.

Seul le nucléaire permettra de faire face à l'augmentation de la consommation d'énergie requise par la production d'engrais, la pisciculture, et l'élevage industriel – tous aussi bénéfiques pour les humains que pour l'environnement.

Ce constat n'empêche pas ceux qui professent les plus vives inquiétudes quant au changement climatique de nous expliquer que nous n'avons pas besoin du nucléaire.

Prenons le cas du militant climatique Bill McKibben. Avec Bernie Sanders, sénateur du Vermont et candidat démocrate à la présidentielle 2020, il a, en 2005, exhorté les législateurs du Vermont à prendre l'engagement de réduire les émissions de 25 % sous le niveau de 1990 d'ici 2012, et de 50 % sous le niveau de 1990, d'ici 2028 grâce à l'utilisation d'énergies renouvelables et à une meilleure efficacité énergétique[32]. Le principal fournisseur électrique du Vermont a aidé ses clients à se déconnecter du réseau en installant panneaux solaires et batteries[33], et les vigoureux programmes d'efficacité énergétique de l'État se sont classés au cinquième rang des États-Unis pendant cinq années consécutives[34]. Seul bémol, au lieu de chuter de 25 %, les émissions du Vermont ont en fait augmenté de 16 % entre 1990 et 2015[35].

Une des raisons de l'augmentation des émissions dans cet état tient à la décision des autorités de fermer la centrale nucléaire, ce que préconisait McKibben. « Je crois que le Vermont est complètement capable de compenser (et bien plus) sa puissance grâce aux énergies renouvelables, c'est pourquoi mon toit est recouvert de panneaux solaires », écrivait-il notamment[36].

J'ai envoyé un e-mail à McKibben début 2019 pour lui demander s'il regrettait d'avoir plaidé pour la fermeture de la centrale nucléaire de Vermont Yankee. Il m'a répondu que sa disparition « n'a pas, je pense, conduit à de fortes augmentations des émissions (carbone) générées par la production électrique du Vermont. »

Il a évoqué des données du *New York Times*, qui, selon lui, montrait que « l'État a remplacé l'énergie nucléaire en achetant beaucoup plus d'hydroélectricité au Québec[37]. »

Mais ce n'est pas ce que montrent les données en question. En réalité, les services publics du Vermont, dans l'incapacité de remplacer l'électricité perdue de Vermont Yankee par une production intérieure à l'État, ont opté pour des importations d'électricité du pool énergétique de la Nouvelle-Angleterre, électricité principalement dérivée du gaz naturel[38].

L'opposition de McKibben au nucléaire est la règle et non l'exception parmi les écologistes. La représentante de New York, Alexandria Ocasio-Cortez, faisant référence au Green New Deal, déclarait début 2019 que « le plan était d'effectuer la transition hors du nucléaire… dès que possible[39]. »

Quelques semaines plus tard, la militante écologiste Greta Thunberg écrivait sur Facebook que le nucléaire est « extrêmement dangereux, coûteux et chronophage[40] », alors même que, nous l'avons vu, les meilleures données scientifiques disponibles attestent du contraire.

« Ils ne peuvent pas jouer sur les deux tableaux, rétorquait le climatologue du MIT, Kerry Emanuel. Dire à la fois que le changement climatique est apocalyptique ou représente un risque inacceptable, et exclure ensuite l'un des moyens les plus évidents de l'éviter (l'énergie nucléaire)… ils ne sont pas seulement incohérents, ils sont insincères[41]. »

Tout cela soulève une question : si le nucléaire est bénéfique pour l'environnement et nécessaire pour remplacer les combustibles fossiles, pourquoi tant de gens qui disent redouter par-dessus tout le changement climatique sont-ils des antinucléaires si opiniâtres ?

4. Naturellement nucléaire

Au début des années 1960, Kathleen Jackson, une artiste vivant sur la côte centrale de Californie, lançait une campagne pour protéger les dunes voisines de Nipomo. Sa stratégie consista à faire découvrir la beauté de ce site aux personnages les plus puissants de l'État. L'un d'eux, Will Siri, était le président du Sierra Club. Lors de sa visite, en 1965, ce biophysicien de l'Université de Californie (Berkeley) lui confia : « Je ne savais pas que ça ressemblait à ça, c'est magnifique[42]. »

Siri devait à sa notoriété d'alpiniste mondialement connu son prestige dans les cercles écologistes. En 1954, il avait dirigé la première expédition américaine dans l'Himalaya, en gravissant avec ses compagnons le Makalu, le cinquième plus haut sommet du monde. En chemin, Siri avait rencontré un membre de l'équipe d'escalade de Sir Edmund Hillary, qui l'année précédente était entré dans l'histoire en devenant le premier homme, avec son guide népalais, à atteindre le sommet de l'Everest. Un de leurs compagnons était tombé dans une crevasse, et Siri l'avait secouru[43].

Au cours de ses dix-huit ans au conseil d'administration du Sierra Club, Siri a joué un rôle-clé dans la transformation d'un club de randonnée pour gentlemen de San Francisco, en une des organisations environnementales les plus puissantes du pays.

« Nous ne pouvions pas jouer aux notables ruraux, rappelait Siri. Nous étions des militants et avions beaucoup de batailles à livrer ; et nous ne pouvions pas systématiquement retenir nos coups pour épargner nos relations avec les services gouvernementaux[44]. »

Sous la direction de Siri, le Sierra Club a remporté des victoires majeures pour protéger d'anciennes forêts de séquoias, le Grand Canyon ainsi qu'une vallée du nord de la Californie que Walt Disney avait le projet de transformer en station de ski[45].

La plupart des dunes de Nipomo n'étaient pas aménagées mais le comté économiquement déprimé de San Luis Obispo les avait classées zone industrielle et était activement en quête de projets de développement. « Nous avons visité les dunes et il était clair qu'elles devaient être préservées, se souvenait plus tard Siri. Certaines espèces de la flore et de la faune était rares et on ne les trouvait pas dans de nombreux autres endroits[46]. Mais à l'époque PG&E envisageait de construire rien moins qu'une centrale nucléaire sur le site.

Siri et Jackson rencontrèrent des dirigeants de PG&E et leur proposèrent un compromis : PG&E pourrait construire l'usine à environ I, 6 km de de la côte. Cette proposition n'avait pas de sens sur le plan économique car l'usine devait disposer d'un accès proche de l'eau. Siri campa sur ses positions. « Nous voulons que les dunes soient préservées leur rétorqua-t-il : trouvez un autre endroit »[47].

Les responsables de PG&E les recontactèrent peu après avec une nouvelle proposition : l'entreprise construirait six réacteurs dans une unique usine près d'Avila Beach, sur la côte. Cette alternative éviterait d'avoir à construire d'autres centrales électriques le long de celle-ci. « Tant qu'à détruire un bout de côte, une unité le fera aussi bien que deux, expliquait Siri plus tard. Le but était de trouver un site où ils pourraient bâtir plusieurs unités[48]. »

Siri et Jackson ont présenté le projet alternatif de PG&E au conseil d'administration du Sierra Club pour examen. La question a été débattue pendant un jour et demi. Siri a fait valoir qu'une société à haute énergie était une condition préalable à la préservation de la nature et à la possibilité d'en profiter pleinement.

« L'énergie nucléaire est l'un des principaux espoirs de long terme pour l'écologie, peut-être juste après la maitrise de la croissance démographique, écrivait-il. L'énergie bon marché en quantité illimitée est l'un des principaux facteurs permettant à une population nombreuse en augmentation rapide de préserver des zones sauvages, des espaces ouverts et des sites d'une grande valeur esthétique.... Même notre capacité à profiter de ce luxe et le temps que nous pouvons lui consacrer, sont liés à la disponibilité d'une énergie bon marché[49].

Siri a peut-être été d'autant plus facilement entendu qu'il était un vétéran du Manhattan Project, l'équipe de chercheurs qui a conçu et réalisé les premières bombes atomiques pendant la Seconde Guerre mondiale, et un biophysicien qui comprenait les risques sanitaires du charbon par rapport aux centrales nucléaires.

Mais il n'était pas le seul à raisonner ainsi. Dans les années 1960, la plupart des écologistes étaient partisans des centrales nucléaires, alors considérées comme une alternative énergétique propre aux centrales à charbon et aux barrages hydroélectriques. La plupart des démocrates et des libéraux étaient sur la même ligne. De fait, l'énergie nucléaire jouissait d'un large soutien populaire parmi les Américains, les Européens, et dans d'autres pays qui la considéraient comme une forme d'énergie propre, dense et effectivement illimitée.

« Ansel Adams (grand photographe de la nature et membre du conseil du Sierra Club) était certainement très favorable au nucléaire, souligne Siri. Adams estimait de façon « absolument catégorique que le nucléaire était une solution raisonnable à un problème difficile[50]. »

Les arguments de Siri se sont révélés convaincants et, en 1966, le conseil d'administration du Sierra Club a voté par neuf contre un sa non-opposition aux projets de PG&E. Le projet de centrale nucléaire fut réalisée avec la bénédiction tacite d'une des organisations les plus puissantes de Californie. Et elle hérita du nom dont l'avaient baptisé les premiers explorateurs espagnols : Diablo Canyon[51].

5. Atomes pour la paix

Début 1953, Robert Oppenheimer, le concepteur de la première bombe atomique, prononçait un discours devant le Council on Foreign Relations (CFR). Bien que le président américain nouvellement élu, le général Dwight D. Eisenhower, n'ait pas été présent, c'est bien à lui qu'étaient destinées les réflexions d'Oppenheimer.

Dans son discours, Oppenheimer explique que les armes nucléaires ont bouleversé les relations internationales. Aucune défense contre elles n'est possible, seulement la dissuasion, c'est-à-dire la menace de destruction de l'adversaire :

« On peut anticiper un scénario dans lequel deux grandes puissances seraient en mesure de mettre fin à la civilisation et à la vie même de l'autre mais non sans risquer sa fin propre, déclarait Oppenheimer. Nous pouvons être comparés à deux scorpions dans une bouteille, chacun capable de tuer l'autre, mais seulement au risque de sa propre vie[52]. Le président Eisenhower devait exposer franchement aux Américains cette nouvelle donne terrifiante, disait-il[53].

Eisenhower, qui accordait du crédit à Oppenheimer, a pris bonne note de ses conseils. Il a demandé à un proche conseiller de préparer un discours majeur adressé au peuple américain[54]. Mais les premières versions étaient trop lugubres. Elles étaient remplies de descriptions choquantes de la guerre atomique. « Tout le monde était mort des deux côtés sans espoir nulle part », se plaignit Eisenhower. Les conseillers du président l'appelaient en plaisantant le discours *Bang Bang* !

Eisenhower estimait notamment que, dans sa mouture initiale, cette allocution saperait ses efforts pour réduire les dépenses militaires. Elle était même susceptible de déclencher ce qu'Oppenheimer redoutait, à savoir frapper de terreur le peuple américain au point qu'il exige une guerre préventive[55]. Plus Eisenhower songeait à la puissance révolutionnaire de l'énergie nucléaire, plus se renforçait son désir d'une réaction qui aille bien au-delà de la simple « candeur ».

Ce qu'il voulait vraiment, c'était faire aux Soviétiques une « offre équitable » de désarmement qui « contiendrait également un formidable encouragement pour le monde – afin de redonner espoir aux hommes du monde entier[56]. »

Cherchant à résoudre le problème, Eisenhower réunit ses conseillers un soir après le dîner. On discuta de la nécessité d'informer le public du risque bien réel d'holocauste nucléaire[57]. Le conseiller scientifique d'Eisenhower plaida aussitôt pour semer l'effroi dans la population afin de lever un impôt qui permettrait de fabriquer des défenses anti-bombes », a noté plus tard l'un des participants. Ce qui désespéra Eisenhower.

« Est-ce là tout ce que nous pouvons faire pour nos enfants ? » demanda-t-il au groupe[58].

À ce moment-là, « Ike s'est enflammé, devait écrire l'un des participants plus tard, utilisant le surnom du président, il a dit que notre grand avantage était notre force spirituelle – c'était notre meilleure arme offensive et défensive[59]. » Mais l'enthousiasme du président n'était pas partagé par ses interlocuteurs. Eisenhower dut chercher son inspiration ailleurs.

Élevé par des Mennonites pacifistes, une secte protestante qui rejette la guerre, il est possible qu'Eisenhower ait fait appel à sa foi. Il a peut-être repensé à un passage célèbre du livre d'Isaïe : « Il jugera parmi les nations, et réprimandera des peuples nombreux ; et ils battront le fer de leurs épées pour en faire des socs de charrue et leurs lances pour en faire des serpes : aucune nation ne lèvera l'épée contre une autre nation, l'on n'apprendra plus à guerroyer[60]. »

Comme il est devenu clair pour Eisenhower et ses conseillers que la course aux armes nucléaires était d'importance planétaire et pas seulement nationale, le président a demandé à prendre la parole devant l'Assemblée générale des Nations Unies.

Mais avant de faire un discours au monde, Eisenhower voulait rallier à son point de vue ses alliés Européens et il rencontra donc le Premier ministre britannique Winston Churchill.

« Les hommes ont partout besoin de pouvoir, lui dit Eisenhower. Si nous pouvions leur donner espoir, cela insufflerait à ces nations un sentiment plus fort de participation à la confrontation Est-Ouest, et un tel sentiment de participation jouerait en notre faveur. L'espoir pourrait resurgir d'un point de départ assez insignifiant[61]. »

Churchill se montra enthousiaste[62].

Le lendemain, 8 décembre 1953, Eisenhower prononçait devant les Nations Unies réunis en Assemblée générale un message d'espoir. Avec son plafond d'une hauteur de 23 mètres et ses bancs arrondis, la grande salle de l'Assemblée de l'ONU donne la sensation d'une cathédrale. Or, derrière le président américain pendait non une croix mais l'emblème des Nations Unies, une couronne d'olivier, symbole de paix, enlaçant une carte de la Terre.

Alors que le silence tombait sur les membres de l'assemblée, le vieux chef militaire commençait ce qui allait devenir l'un des discours les plus marquants du XXe siècle.

Eisenhower commença par déclarer qu'il n'était pas là pour réciter des « pieuses platitudes, mais plutôt pour aborder des questions d'importance universelle. « Si un danger existe en ce monde, expliqua-t-il, c'est un danger partagé par tous ». L'ancien général poursuivit en soulignant la « terrible arithmétique » d'une puissance de feu atomique suffisante pour s'auto-détruire dont l'humanité s'était dotée. Les règles du jeu ont irrévocablement changé, déclara Eisenhower.

Les États-Unis n'étaient plus les seuls détenteurs de cette terrible puissance. Le « secret est possédé par nos amis et alliés et les connaissances aujourd'hui détenues par plusieurs nations seront finalement partagées par d'autres, peut-être toutes les autres ». La supériorité militaire conventionnelle ne garantit plus la sécurité d'une nation. « Ne laissons personne présumer que dépenser d'énormes sommes pour les armes et les systèmes de défense suffise à garantir une sécurité absolue aux villes et aux citoyens de toutes les nations[63]. »

Parvenu à ce point accablant de son discours, Eisenhower déclara que la possibilité d'annihilation ne signifiait pas la fin de l'histoire. « En rester là reviendrait à accepter impuissant la probabilité d'une civilisation détruite. Le but de mon pays est de nous aider à remonter de cette chambre noire des horreurs vers la lumière. Mais comment ? Une réduction des armements ne serait pas suffisante, poursuivit Eisenhower. Quel est l'intérêt de la paix si des milliards d'hommes restent dans la pauvreté[64] ? »

L'humanité ne pouvait se racheter d'avoir créé le fléau des armes nucléaires qu'en réalisant le rêve d'une prospérité universelle – ce qui supposait une énergie bon marché et abondante. « Des experts seraient mobilisés pour appliquer l'énergie atomique aux besoins de l'agriculture, de la médecine et d'autres activités pacifiques », assura Eisenhower. « Un objectif spécifique serait de fournir une énergie électrique abondante aux régions du monde sous-alimentées en énergie. Ainsi les puissances contributrices consacreraient une part de leurs forces à répondre aux besoins de l'humanité plutôt qu'à nourrir ses peurs[65]. »

Eisenhower conclut en tendant un rameau d'olivier à l'autre « scorpion » dans la bouteille. « Parmi ceux concernés au premier chef, fit-il, l'Union soviétique doit, bien sûr, être partie prenante. »

La vision d'Eisenhower était à la fois matérielle et spirituelle, patriotique et internationaliste, altruiste et intéressée. « Les États-Unis… font le serment de consacrer tout leur cœur et leur esprit à trouver le moyen par lequel l'inventivité miraculeuse de l'homme ne sera pas vouée à sa mort, mais consacrée à sa vie[66]. »

Après qu'Eisenhower eut terminé, il y eut un bref silence dans la salle de l'Assemblée, puis quelque chose d'extraordinaire se produisit : des délégués de tous les pays – communistes, capitalistes, musulmans, chrétiens, noirs et blancs, riches et pauvres – se levèrent et applaudirent en chœur pendant dix minutes.

« Atoms for Peace », le discours, et la grande idée humaniste qu'il recelait, était né.

Le peuple américain accueillit avec optimisme la vision radieuse d'un usage pacifique de l'énergie nucléaire censée racheter la création d'une arme si terrifiante, et la réception positive de son discours dans le monde entier rendit Eisenhower plus heureux qu'il ne l'avait jamais été en tant que président.

Mais l'espoir atomique devait être de courte durée. Dix ans plus tard, la guerre contre la puissance nucléaire allait commencer.

6. La guerre contre le nucléaire

En 1962, un jeune membre du Sierra Club, David Pesonen, visitait Bodega Head, un site du nord de la Californie où PG&E projetait de construire une centrale nucléaire. Quelques années plus tôt, les législateurs californiens avaient voté la transformation de ce même secteur littoral en parc public et l'Université de Californie avait annoncé son intention de construire un laboratoire marin à proximité. Mais PG&E avait obtenu que tous ces plans soient écartés, au grand dam de nombreux résidents du secteur.

Pesonen déclara au conseil d'administration du Sierra Club qu'il pouvait stopper la construction de la centrale mais que les arguments écologistes usuels sur la beauté du site ne suffiraient pas. Pour gagner, soutenait-il, il fallait convaincre la population locale que les émissions radioactives de la centrale nucléaire contamineraient l'environnement[67].

Pesonen avait été en partie motivé par l'écho donné à une étude de 1961 publiée dans la revue *Science*, laquelle constatait que les traces de strontium-90, un isotope radioactif cancérigène, étaient cinquante-cinq fois plus élevés dans les dents des enfants nés lors des essais d'armes nucléaires qu'auparavant[68]. Ces chiffres même 200 fois inférieurs aux doses identifiées comme cancerigènes, étaient suffisamment élevés pour faire les gros titres. Des parents exigèrent du président américain John F. Kennedy qu'il négocie avec l'Union soviétique la fin des essais d'armes nucléaires, ce qu'il fit en 1963[69].

L'un des hommes qui attira l'attention sur les retombées radioactives des tests nucléaires fut Barry Commoner, un vétéran de la Seconde Guerre mondiale, socialiste et botaniste à l'Université de Washington à St. Louis. Commoner était devenu célèbre au début des années 1950, lorsqu'il avait aidé Linus Pauling, scientifique nobélisé et militant pour la paix, à faire circuler une pétition appelant à un moratoire sur les essais nucléaires. Leur argument était que ces expériences risquaient de contaminer le public[70].

Commoner considérait les centrales nucléaires comme une « excuse non-guerrière pour poursuivre le développement de l'énergie nucléaire... une sorte de politique de 'village Potemkin' ». L'énergie nucléaire, fit-il valoir, a été développée afin de justifier les essais d'armes nucléaires du président Eisenhower. « C'est la mascarade la plus chère de l'histoire », soutenait-il[71].

Le conseil d'administration du Sierra Club fut surpris par la proposition de Pesonen. « Ne vous aventurez surtout pas sur le terrain de la sécurité publique », signifia l'un de ses dirigeants à Pesonen. « Le Sierra Club peut parler de la beauté des paysages voire de leur degradation, mais pas de sécurité publique. Ce n'est pas notre travail[72]. »

Peu de membres du conseil d'administration étaient opposés à l'énergie nucléaire en soi, et plusieurs autres, dont Will Siri, en étaient partisans. Un des administrateurs qualifia Pesonen d'« extrémiste »[73].

Ce dernier cessa alors sa collaboration avec le Sierra Club et créa une nouvelle organisation. Pesonen réalisa et distribua un rapport affirmant que la centrale nucléaire projetée créerait des « poussières mortelles », comme auraient pu le faire des retombées nucléaires, qui contamineraient le lait produit localement[74].

Pesonen et ses alliés ont ensuite lâché à Bodega Head des centaines de ballons d'hélium porteurs d'un tract qui disait : « Ce ballon pourrait représenter une molécule radioactive de strontium-90 ou d'iode-131 – dites à votre journal local où vous avez trouvé ce ballon[75]. » Les producteurs de lait, alarmés par le danger apparent, décidèrent de financer la cause[76]. Pesonen et Commoner exploitaient les vives inquiétudes au sujet des armes nucléaires des baby-boomers soumis dès leur plus jeune âge aux simulations d'alerte nucléaires qu'on leur avait appris à contrer en se réfugiant sous leur bureau d'écolier, sans parler des exercices et films de propagande hollywoodiens « duck and cover » diffusés sous l'égide des autorités.

Si bien que certains militants à l'origine focalisés sur le désarmement nucléaire ont peu à peu reporté leurs inquiétudes sur les réacteurs nucléaires civils[77]. Ce mécanisme psychologique de déplacement est très semblable à celui du bouc émissaire.

L'idée est que nous reportons nos émotions négatives sur des cibles plus faibles parce que nous craignons les plus puissantes. Si le chef nous crie dessus, nous donnons un coup de pied au chien parce que répliquer au patron est trop dangereux. Dans ce cas, les armes nucléaire étaient le patron et les centrales nucléaires… le chien.

Dans les années 1970, des groupes comme l'Union of Concerned Scientists sont passés de l'objectif du désarmement nucléaire au blocage de la construction de centrales nucléaires, pour finir par s'associer à d'autres groupes antinucléaires comme les Amis de la Terre (FOE), le Natural Resources Defense Council (NRDC), le Sierra Club et Greenpeace. Tous ces groupes étaient aussi concentrés sur l'arrêt de la construction de centrales nucléaires qu'ils l'étaient sur toute autre cause dans les années 1970, y compris et surtout le démantèlement des centrales électriques au charbon, la principale alternative au nucléaire à l'époque[78].

En 2019, un de mes amis, qui travaillait chez Global Exchange, m'a contacté pour me faire part de sa volonté d'agir en faveur de l'énergie nucléaire afin de contrer le changement climatique – alors qu'il s'était opposé au nucléaire dans les années 1970. Agé d'environ dix ans de plus que moi, il m'a raconté son action militante contre les armes nucléaires dans les années 1970, et comment il était passé en douceur aux campagnes contre l'énergie nucléaire.

— Qu'imaginiez-vous les gars ? lui ai-je demandé. Que si vous vous débarrassiez des centrales nucléaires alors, je ne sais par quel miracle, on serait débarrassé de la bombe ?

Il fit une pause et regarda au loin quelques secondes avant de rire.

— Je ne crois pas que nous y ayons vraiment songé, fit-il.

L'opposition à l'énergie nucléaire a commencé à enfler au milieu des années 1960. De 1962 à 1966, seulement 12 % des projets publics de construction de centrales nucléaires étaient contestés. Au début des années 1970, 73 % des demandes de construction de centrales nucléaires se voyaient combattues[79].

Malgré cette grogne, l'énergie nucléaire semblait encore au début des années 1970 un moyen prometteur de lutter contre la pollution de l'air dans des régions comme l'état industriel de l'Ohio. L'air était si pollué que certains jours les gens devaient allumer les phares de leur voiture pour percer le smog[80]. Les jours de pollution extrême, les gens du cru étaient contraints de laver leurs voitures couvertes de suie et de relaver les vêtements qu'ils avaient mis à sécher dehors.

Tout le monde était d'accord pour dire qu'il fallait réagir, si bien que le service public de l'électricité de l'Ohio imagina de construire huit réacteurs répartis dans quatre centrales nucléaires différentes[81].

En 1970, les habitants de l'Ohio savaient qu'ils avaient besoin de l'énergie nucléaire s'ils voulaient obtenir un air plus pur. Cette année-là, lors d'une audition publique concernant un projet de centrale, il apparut que la méfiance initiale du public envers le nucléaire avait fait place à un franc soutien. « Les gens n'ont plus peur de l'énergie atomique », expliqua un gérant de station-service au journaliste du *Pittsburgh Press*[82].

En 1971, la faction antinucléaire prit le contrôle du Sierra Club, qui jeta toutes ses forces dans l'opposition résolue à la construction de centrales nucléaires dans l'Ohio. Il embaucha des lobbyistes, intenta des procès et effraya les familles locales au sujet des transports de barres de combustible usagé[83].

Les avocats du club gardaient le secret sur leurs travaux. « Nous allons poursuivre notre action en justice et d'autres initiatives qui ne peuvent être divulguées pour l'instant », expliquait l'un d'eux à l'*Ohio's Evening Review* en 1971[84].

Peu après, le Sierra Club fut rejoint par un jeune avocat charismatique et agressif nommé Ralph Nader, qui avait gagné la confiance du public au milieu des années 1960, et dont le nom était devenu familier, après qu'il a critiqué la sécurité des voitures américaines. On ne saurait trop souligner son influence dans le revirement du public contre l'énergie nucléaire.

« Un accident nucléaire pourrait anéantir Cleveland, déclarait Nader à l'*Ohio journal* en 1974, et les survivants envieraient les morts[85] ».

Des groupes antinucléaires rendirent public un rapport rédigé par un professeur de l'Université de Pittsburgh, lequel affirmait que 400 000 nourrissons étaient morts du fait des retombées radioactives provoquées par les essais d'armes atomiques[86].

Nader et d'autres militants antinucléaires affirmèrent que le nucléaire était bien pire pour l'environnement que les combustibles fossiles. Alors que l'eau qui sort d'une centrale nucléaire est propre, elle est également chaude, ce qui pourrait altérer l'environnement et avoir un impact nocif sur les populations animales.

Ils déclarèrent que les centrales nucléaires si elles n'engendrent aucune pollution atmosphérique, pouvaient surchauffer et fondre, qu'elles tueraient alors autant de gens qu'une bombe. Et, alors que les déchets nucléaires sont les seuls résidus énergétiques stockés en toute sécurité sur leur site de production, Nader et d'autres militants ont constamment laissé entendre qu'ils pouvaient empoisonner les cours d'eau ou être détournés pour un usage militaire.

Pour contrer l'image de hippies inefficaces et inconséquents, les militants antinucléaires s'adjoignirent des avocats de l'*Ivy League*, des lobbyistes bien payés et des célébrités hollywoodiennes puissantes. Le mouvement anti-nucléaire leva des sommes importantes qu'il utilisa pour financer des manifestations, des activités de lobbying, des procès, et semer la peur.

Peu d'individus ont déployé plus d'énergie pour apeurer le public sur le sujet que l'actrice Jane Fonda. Elle a joué dans le film-catastrophe anti-nucléaire, *The China Syndrom*, un projet dont elle fut la principale instigatrice. Dans le film, un scientifique prétend qu'un accident dans une centrale nucléaire « pourrait rendre une région de la taille de la Pennsylvanie définitivement inhabitable. »

L'accident qui frappa la centrale nucléaire de Three Mile Island en Pennsylvanie survint douze jours après la première du film[87].

On peut difficilement exagérer le rôle d'Hollywood dans la conversion du public aux thèses anti-nucléaires. Le nucléaire est la technologie effrayante par excellence, incontournable pour les producteurs de films et d'émissions télé, et pas seulement les bombes, ni même seulement les centrales, mais même les barres de combustible usagés pourtant largement inoffensives. Au début des années 1990, la série télévisée *les Simpsons* représentait les déchets nucléaires sous la forme d'une fuite de boue verte s'écoulant de fûts métalliques. Dans un épisode de 1990, Lisa et Bart attrapent un poisson à trois yeux dans la rivière près d'une centrale nucléaire[88]. À l'époque, je trouvais cet épisode drôle, en partie parce que je pensais qu'il était au moins partiellement vrai. L'industrie nucléaire en Occident, en particulier ses acteurs les plus puissants, les compagnies électriques qui possèdent et exploitent des centrales, ont été surpris par la puissance culturelle du mouvement antinucléaire, et n'ont pas su y répondre efficacement. Ce dont cette technologie avait le plus besoin c'était de défenseurs écologistes et humanistes comme Siri. Au lieu de cela, elle a été défendue par des ingénieurs nucléaires et des dirigeants de services publics qui sont apparus condescendants et indifférents. L'industrie a cessé de communiquer auprès du public et a passé les quatre décennies suivantes à s'efforcer de conforter le soutien des communautés locales aux centrales nucléaires. Les associations scientifiques et techniques de l'énergie nucléaire ont également battu en retraite pour se cantonner aux départements universitaires de génie nucléaire et aux laboratoires gouvernementaux.

Il n'est donc pas étonnant qu'après deux décennies de désinformation généralisée qui sont restées largement sans réponse, des citoyens déjà nerveux sur le sujet des armes nucléaires en soient venus à croire que les centrales nucléaires en général et en particulier leurs déchets constituaient une grave menace pour la sécurité publique.

Nader, le Sierra Club et d'autres ont insisté sur le fait que le nucléaire n'était pas nécessaire car la consommation d'électricité pouvait être réduite, avec profit, grâce aux économies d'énergie et à un mode de vie écologique. « Conserver est tout ce que nous devons faire, déclarait Brower, un dirigeant du Sierra Club, en 1974, outre les légers progrès à réaliser avec les technologies alternatives dont nous disposons. Si vous ajoutez alors ce que le solaire pourrait faire, le solaire et le vent, à la fin du siècle, vous êtes en très bonne forme[89] ».

Mais l'efficacité énergétique n'a pas éliminé les besoins énergétiques. Et dans les années 1970 la consommation d'électricité par habitant aux États-Unis a finalement connu une croissance presque aussi soutenue que dans les années 1960, sous l'effet d'une croissance de la population globale de 14 % entre 1970 et 1980. En conséquence, lorsqu'un service public d'électricité ne construisait pas de centrale nucléaire, il construisait généralement une centrale à charbon à la place[90].

Les écologistes antinucléaires ont ouvertement donné la préférence au charbon et à d'autres combustibles fossiles. « Nous n'avons pas besoin de l'énergie nucléaire, déclarait Nader. Nous possédons beaucoup plus de combustibles fossiles dans ce pays que nous ne le reconnaissons… les sables bitumineux... le pétrole de schiste... le méthane dans les gisements de charbon...[91] ».

Même son de cloche pour Amory Lovins, consultant en énergie du Sierra Club : « Le charbon peut combler les vraies lacunes dans notre économie de combustible par le seul recours à une expansion de l'exploitation minière temporaire et modeste (moins d'un doublement au maximum)[92] ».

Par ailleurs, le Sierra Club a délibérément cherché à augmenter le coût des centrales nucléaires.

« Nous devrions essayer de renforcer la réglementation de l'industrie nucléaire », écrivait le directeur général du club, dans une note de 1976 au conseil d'administration, avec l'espoir que cela augmentera le coût de cette industrie et rendra son économie moins attractive[93]. »

Peu de temps après, le plaidoyer antinucléaire du Sierra Club et de Nader poussait le président Jimmy Carter à préconiser la construction de nouvelles centrales à charbon plutôt que des centrales nucléaires[94].

On ne saurait dire que personne ne connaissait la nocivité du charbon. En 1979, le *New York Times* publiait un article en Une notant que le nombre de morts provoquées par l'industrie du charbon s'éleverait à soixante-six mille décès annuels si l'on optait pour des centrales à charbon de préférence aux centrales nucléaires[95] ».

Les groupes antinucléaires ont demandé des réglementations plus sévères et ont multiplié les poursuites afin de ralentir la construction de centrales. La stratégie antinucléaire d'augmenter les coûts en alourdissant la réglementation, ou simplement en exigeant de nouvelles réglementations afin de générer incertitudes et retards, a eu les résultats escomptés.

« L'intérêt économique persiste, déclarait un responsable des services publics en 1979, en annonçant qu'il ne construirait pas deux nouveaux réacteurs dans la centrale Davis – Besse. Mais si on ajoute toutes les exigences réglementaires et les retards, alors ça devient assez douteux[96]. »

Au total, les groupes antinucléaires ont fait annuler la construction de six réacteurs nucléaires dans l'Ohio, dont Zimmer, achevé à 97 % et tout de même converti en centrale à charbon. Les organisations écologistes comme le Sierra Club, NRDC et l'Environmental Defence Fund acceptèrent la conversion de Zimmer du nucléaire au charbon sans protester[97].

Leur activisme ne se limita pas à l'Ohio. À Haven, Wisconsin, le plaidoyer du Sierra Club contraignit les services publics à convertir en centrale à charbon une centrale nucléaire en chantier. Dans l'ensemble, le mouvement antinucléaire réussit à empêcher la planification ou la réalisation, pendant voire après construction, de la moitié de l'ensemble des réacteurs que les autorités américaines avaient prévu de construire, alors même que tout le monde savait parfaitement, y compris les mouvements écologistes, que c'étaient des centrales à charbon qui les remplaceraient[98].

Les militants antinucléaires eux-mêmes avaient-ils vraiment si peur du nucléaire ?

On peut avoir des raisons d'en douter. Un membre du Sierra Club qui a mené la campagne pour l'annulation de Diablo Canyon a avoué : « Je me fichais vraiment de la sécurité des centrales nucléaires parce qu'il y a de toute façon trop de monde dans le monde.... je pense que tricher, si vous avez un but noble, c'est bien[99]. »

Pesonen a adopté la vision machiavélique selon laquelle la fin justifie les moyens. Il a réprimandé un allié pour *ne pas* avoir menti « Si vous aviez une seule fois été aussi peu scrupuleux que nos opposants, lui signifia-t-il un jour, cela aurait formidablement renforcé notre position[100]. »

« Si vous voulez que les gens se sentent concernés par ces problèmes, déclarait l'un des collègues antinucléaires de Pesonen, il faut jouer le plus possible sur la corde émotionnelle[101].

L'expérience avait laissé un arrière-goût amer au grand photographe Ansel Adams, membre du conseil d'administration du Sierra Club qui résumait son impression ainsi : « Cela montre que les gens peuvent être vraiment foncièrement malhonnêtes parfois[102]. »

7. La puissance en danger

Dès que les groupes antinucléaires ont gagné, ils ont insisté sur le fait qu'ils n'étaient en rien responsables des poursuites judiciaires, retards, manifestations et règlementations alourdies qui avaient tant accru les coûts de construction des centrales. Le nucléaire avait péri à la suite d'un « irrésistible assaut des forces du marché » expliquait posément Lovins[103]. Les anti-nucléaires ont invoqué un progrès de l'efficacité énergétique alors que la demande d'électricité dans l'Ohio avait presque autant augmenté dans les années 1970 que dans les années 60[104].

Aujourd'hui, les organisations antinucléaires persistent à tromper et à effrayer le public sur le nucléaire dans leurs offensives visant à fermer des centrales nucléaires aux États-Unis, en Europe et dans le monde. Ils le font en jouant sur les peurs d'apocalypse nucléaire et de plus ils prétendent que le nucléaire n'est pas nécessaire du fait des énergies renouvelables. **En réalité, chaque fois que l'on renonce à une centrale nucléaire, c'est pour lui substituer un combustible fossile et les émissions augmentent.** Ils affirment que le combustible nucléaire irradié et les sites des centrales elles-mêmes attirent les terroristes, alors qu'en réalité les seuls à avoir pris d'assaut des centrales nucléaires sont des militants antinucléaires. Et ils exagèrent grotesquement la nocivité des radiations[105].

L'appréhension que nourrit le public envers la technologie nucléaire reste le principal obstacle à son expansion. Les diverses enquêtes à notre disposition, conduites partout dans le monde, révèlent que le nucléaire est légèrement moins populaire que le charbon, moins populaire que le gaz naturel et beaucoup moins populaire que le solaire et l'éolien[106].

Les hommes et la nature ont payé un prix élevé pour la guerre anti-nucléaire et pour les craintes persistantes que nous inspire la technologie. La pollution atmosphérique due au charbon a raccourci des millions de vies qui auraient pu être épargnées grâce à l'énergie nucléaire.

La peur du nucléaire a conduit à la panique et à des conséquences négatives pour la santé mentale en ex-Union soviétique et au Japon. La croyance à la contagiosité des personnes exposées aux radiations, apparue pour la première fois après Hiroshima et Nagasaki[107], a contribué à stigmatiser leurs populations. L'histoire s'est répétée à Tchernobyl. Des Européennes de l'ouest enceintes, très éloignées donc de l'accident, induites en erreur par les discours catastrophistes ont décidé d'interrompre leur grossesse parce qu'elles se croyaient contaminées par les radiations de Tchernobyl ; 100 000 à 200 000 femmes seraient concernées par ces avortements[108].

Les adultes qui se trouvaient à proximité de Tchernobyl au moment de l'accident, aussi bien que les liquidateurs, signalèrent deux fois plus de « stress post-traumatiques et autres troubles anxieux[109].

En réponse à Fukushima, le gouvernement japonais a fermé ses centrales nucléaires et les a remplacées par des centrales à combustibles fossiles. En conséquence, le coût de l'électricité a augmenté, entraînant la mort par le froid d'au moins 1 280 personnes entre 2011 et 2014[110]. De plus, les scientifiques estiment qu'il y eut environ 1 600 morts liées à l'évacuation (inutile) du site et plus de quatre mille décès annuels (évitables) en raison de la pollution atmosphérique[111].

Le problème a commencé avec la sur-évacuation de la préfecture de Fukushima. Environ 150 000 personnes ont été évacuées mais plus de 20 000 attendent toujours l'autorisation de rentrer chez elles. Alors que certaines évacuations temporaires étaient peut-être justifiées, il n'y a tout simplement jamais eu aucune raison pour une évacuation si massive et si longue. Plus d'un millier de personnes sont mortes des suites de cette évacuation, tandis que d'autres personnes déplacées souffraient d'alcoolisme, de dépression, de stress post-traumatique et d'anxiété chronique[112].

« Avec le recul, nous pouvons dire que l'évacuation était une erreur », a déclaré Philip Thomas (sans lien avec Gerry Thomas), professeur de gestion des risques à l'Université de Bristol, qui a mené en 2018 un important projet de recherche sur les accidents nucléaires. « Nous aurions recommandé que personne ne soit évacué[113].

Le plateau du Colorado est naturellement plus radioactif que presque tout le secteur de Fukushima après l'accident[114].

« Il y a des régions du monde qui sont plus radioactives que le Colorado et on ne constate pas d'augmentation du taux de cancer par habitant, selon Gerry. Contrairement aux taux de radiations à Fukushima qui ont décliné rapidement, « ces autres secteurs restent radioactifs une vie entière, puisque le rayonnement n'est pas le résultat d'une contamination mais traduit un phénomène naturel. »

Même les résidents des zones voisines de Fukushima où l'on observait les taux les plus élevés de contamination du sol n'ont pas été affectés par la radioactivité selon une étude majeure sur près de huit mille habitants conduite pendant les trois années qui ont suivi l'accident[115].

À l'été 2017, j'ai visité, accompagné d'une équipe de responsables de centrales nucléaires, les deux réacteurs nucléaires coréens les plus récents, Shin Kori 3 et 4, ainsi que deux nouveaux réacteurs, Shin Kori 5 et 6, qui sont en construction. Sur place, j'ai interviewé, grâce à un traducteur professionnel, trois constructeurs de centrales chevronnés. Ces responsables avaient construit depuis les années 1980 des réacteurs au design très similaire. Ils ont construit ensemble huit réacteurs sur une période de trente-cinq ans. Chacun d'eux était âgé de soixante à soixante-cinq ans.

En 2015, deux économistes français, Michel Berthélemy et Lina Escobar Rangel, ont identifié les causes de l'escalade des coûts des centrales nucléaires aussi bien aux États-Unis qu'en France, exploitant de vastes bases de données et usant de techniques économétriques pour distinguer causalité et corrélation. Ils ont constaté que pour raccourcir les délais de construction et réduire progressivement les coûts, il était indispensable de conserver le même design et la même équipe[116].

J'ai demandé aux responsables de la construction ce qui avait changé entre les modèles de réacteurs coréens les plus anciens et les plus récents. Ils ont mentionné des modifications minimes : les dômes de confinement étaient plus épais, l'acier des cuves du réacteur plus solides, les portes étaient étanches, ils ont ajouté des générateurs portables, ils avaient amélioré la prise d'eau de refroidissement afin de réduire le nombre de poissons occasionnellement aspirés dans la centrale.

J'ai demandé aux hommes comment la construction des nouveaux réacteurs se distinguait de celle des précédents. Y avait-il eu des progrès décisifs dans les méthodes de construction ? Ils ont insisté sur le fait qu'ils construisaient ces centrales en suivant les mêmes protocoles.

« Vous avez sûrement dû faire certaines choses différemment ! » ai-je insisté. L'un des hommes a réfléchi un moment puis a répondu « Nous utilisons davantage de grues de plus petite taille. »

La « courbe d'apprentissage négative » n'est donc pas une fatalité. La standardisation donne l'opportunité aux directeurs de travaux comme les Coréens que j'ai rencontrés d'« apprendre en faisant » et de construire chaque nouveau réacteur nucléaire un peu plus rapidement pour un coût moindre. Le meilleur ensemble de données disponibles (et évalué par des pairs) sur les coûts de construction des centrales nucléaires montre que les moins chères sont celles dont les constructeurs possèdent la plus longue expérience dans la construction et l'exploitation[117].

Construire plusieurs réacteurs sur un même site, comme PG&E le projetait avec Diablo Canyon, peut également réduire considérablement les coûts ont démontré Berthélemy et Rangel [à la fois de construction et d'exploitation.]

Certains experts ont fait valoir que la fabrication en usine de certains composants de réacteurs ou même de centrales nucléaires entières, appelées « modules », permettrait de réduire les coûts, et j'ai donc demandé aux Coréens s'ils l'avaient envisagé. Ils m'ont dit qu'ils fabriquaient déjà des organes-clés en usine sur des lignes d'assemblage, y compris des cuves de réacteur, des générateurs de vapeur et des tuyaux de liquide de refroidissement, et ils n'estimaient pas qu'on gagnerait beaucoup en allant plus loin dans cette voie.

Les Sud-Coréens ont réussi à augmenter la taille de leurs réacteurs de 40 %, passant de 1000 à 1400 mégawatts, ce qui constitue un important bond en avant en termes d'efficacité et donc d'économie et permet aussi d'éviter les terribles retards constatés en France avec la montée en taille.

Aux États-Unis et en France, ont constaté Berthélemy et Rangel, l'augmentation de la taille des réacteurs a ralenti les délais de construction. S'il faut « plus de temps pour bâtir de plus gros réacteurs nucléaires, écrivent-ils, ceux-ci sont également moins chers » si l'on considère leur production électrique. Cela tient au fait qu'une augmentation de la puissance de 40 %, ne nécessite pas une augmentation de 40 % du nombre des agents chargés de la faire fonctionner[118].

Les centrales nucléaires ont aussi considérablement amélioré leur productivité. Les connaissances transmises durant des décennies signifient que les centrales nucléaires construites aujourd'hui peuvent rester en activité et fonctionner à pleine capacité beaucoup plus longtemps grâce à un ravitaillement et à un entretien améliorés, comparées aux centrales nucléaires des années 1960.

L'expérience de l'exploitation a également changé les perspectives de longévité des centrales nucléaires. Alors que les régulateurs des années 1960 pensaient que les centrales nucléaires ne fonctionneraient que quarante ans, il est aujourd'hui clair qu'elles peuvent fonctionner au moins quatre-vingts ans[119].

8. La bombe de la paix

Comme nous l'avons vu, les angoisses suscitées par la bombe atomique ont longtemps alimenté les appréhensions concernant l'énergie nucléaire. Dans la scène-clé de la série *Tchernobyl* (HBO 2019), le personnage principal affirme : « Le réacteur numéro quatre de Tchernobyl est maintenant une bombe nucléaire[120] ».

Une affirmation manifestement fausse, bien que de nombreux téléspectateurs l'aient prise pour argent comptant. J'ai moi-même cru que les centrales nucléaires pouvaient exploser à l'instar d'une bombe nucléaire jusqu'à l'âge adulte.

Mais l'invention des bombes nucléaires a-t-elle provoqué l'événement apocalyptique redouté par tant de gens ?

J'ai demandé à Richard Rhodes, l'auteur de *The Making of the Atomic Bomb* et lauréat du prix Pulitzer si l'invention des armes nucléaires avait traumatisé l'humanité. Rhodes et moi sommes devenus amis après avoir été interrogés tous deux dans le film documentaire de 2013 de Robert Stone, *Pandora's Promise*, sur des écologistes qui avaient changé d'avis à propos de l'énergie nucléaire.

« Je me souviens avoir discuté une fois avec Victor Weisskopf, un merveilleux physicien autrichien juif qui avait fui le régime nazi, me confiait Rhodes. Il m'a dit : 'Là-bas à Los Alamos, nous oeuvrions dans la zone la plus ténébreuse de la physique.' »

Je suppose qu'il faisait référence au pouvoir de tuer d'autres hommes, l'aspect tuerie de masse du travail sur une arme nucléaire. Il a ajouté : « Et puis le physicien danois Niels Bohr est arrivé et il nous a fait entrevoir la possibilité d'un espoir au bout de tout cela.

Comment Bohr a-t-il fait ? Il a expliqué que le nucléaire était un changement fondamental dans notre relation au monde naturel. Qui allait inévitablement changer les modes d'interaction des États-nations entre eux. Ils ne seraient plus en position de se dominer les uns les autres. Il allait devenir possible même pour un petit État d'en dissuader un grand qui voudrait imposer sa domination. Bien sûr, le côté sombre existe. Mais le fait qu'il n'y ait pas eu de guerre nucléaire depuis 1945 montre à quel point Bohr voyait juste ».

Le monde a certes failli basculer dans la guerre nucléaire en 1962, treize ans seulement après que l'Union soviétique eut développé la bombe. C'est alors que le gouvernement américain découvrit que les Soviétiques avaient installé des missiles à Cuba.

Le président John F. Kennedy exigea du Premier ministre soviétique Nikita Khrouchtchev qu'il retire les missiles et imposa un blocus naval américain. Pendant la crise, le colonel de l'armée de l'air Curtis LeMay, qui a inspiré le *Docteur Fola-*

mour de Stanley Kubrick, sorti deux ans plus tard, fit pression sur Kennedy pour qu'il bombarde Cuba. « Nous n'avons pas d'autre choix que l'action militaire directe, assèna LeMay. Je ne vois pas d'autre solution. » Kennedy rejeta la suggestion.

Le président et Khrouchtchev passèrent un accord pour que les États-Unis retire leurs missiles de Turquie à une date ultérieure en échange du retrait par les Soviétiques de leurs missiles du sol cubain. De nouvelles recherches montrent que Kennedy se serait publiquement engagé à retirer les missiles américains si Khrouchtchev avait insisté sur la Turquie[121]. Ce fait, entre autres, indique que les deux parties n'étaient peut-être pas aussi proches de la guerre que le croyaient jusqu'ici les historiens[122].

Quoi qu'il en soit, cette confrontation a abouti à un apaisement concerté des tensions entre les États-Unis et l'Union soviétique, et à un effort majeur pour améliorer les communications, y compris avec la Chine.

L'un des principaux historiens américains de la guerre froide, John Lewis Gaddis, attribue à l'existence des armes nucléaires le maintien de la paix entre les États-Unis et l'Union soviétique depuis tant de décennies. « Il semble incontestable que ce qui a vraiment fait la différence en suscitant cette prudence inhabituelle fut la réussite de la dissuasion nucléaire » déclarait-il dans une conférence en 1986[123] ;

L'intensité et l'ampleur de conflits majeurs n'avaient cessé de croître pendant cinq siècles depuis l'introduction à grande échelle des armes à feu et de l'artillerie au début du 15e siècle jusqu'au pic du nombre de décès enregistré durant la Seconde Guerre mondiale avec dix millions de morts militaires et civils. Et puis, comparé au pic d'après-guerre de plus de 500 000 morts en 1950, les morts au combat en 2016 ont baissé de 84 % malgré un triplement de la population mondiale[124].

Même si l'on ne crédite pas les armes nucléaires pour cette « longue paix », on doit reconnaître que depuis l'invention et l'utilisation de la bombe, les craintes apocalyptiques sur le nucléaire sont restées lettre morte et que nous sommes plus loin de la guerre nucléaire mondiale qu'à aucun autre moment des soixante-quinze dernières années.

Après la fin de la Guerre froide, de nombreux experts occidentaux craignaient qu'une guerre nucléaire n'éclate entre l'Inde et le Pakistan. En 2002, le risque semblait élevé. Les deux nations avaient mobilisé un million de soldats le long de leur frontière commune dans le cadre d'un différend sur des revendications territoriales concernant le Cachemire. « Un expert américain s'inquiétait : nombre des fondements politiques, techniques et situationnels d'une dissuasion nucléaire stable entre les États-Unis et l'Union soviétique font défaut en Asie du Sud, au Moyen-Orient ou dans d'autres régions où prolifèrent les armes nucléaires[125] ».

Mais les dirigeants politiques, indiens comme pakistanais, ayant examiné les conséquences probables d'une guerre nucléaire ont opté, terrifiés, pour la paix, tout comme l'avaient fait avant eux les États-Unis et l'Union soviétique. « En Asie du Sud la bombe a objectivement éliminé la perspective d'un conflit majeur, déclarait récemment un expert militaire de la relation indo-pakistanaise. « Ça n'arrivera pas. Les risques sont si grands en raison de la nucléarisation du sous-continent qu'aucune des deux parties ne peut sérieusement envisager de déclencher une guerre[126] ».

Les Américains et les Européens s'inquiètent actuellement des projets de la Corée du Nord, qui possède la bombe, et de l'Iran, dont la plupart des experts estiment que la pays cherche à se la procurer. Pourtant, même les experts les plus belliqueux estiment qu'ils se comporteront comme les autres pays qui se sont dotés de la bombe.

En 2019, un ancien directeur du laboratoire d'armes nucléaires américain à Los Alamos affirmait que la Corée du Nord était « moins dangereuse aujourd'hui qu'elle ne l'était à la fin 2017[127] ».

Sans doute, les missiles nord-coréens peuvent-ils encore atteindre le Japon et la Corée du Sud, et les experts estiment que le régime ne renoncera jamais à son arsenal nucléaire. Mais les relations entre les États-Unis et la Corée du Nord se sont stabilisées, tout comme les relations américaines, aussi bien avec l'Union soviétique qu'avec la Chine.

L'Iran est conscient qu'Israël possède l'arme nucléaire depuis les années 1960. Mais le simple fait qu'un régime soit parfois violent et cruel ne le rend pas pour autant suicidaire.

« Les armes nucléaires et les groupes terroristes existent tous deux depuis près de soixante-dix ans, écrit Matthew Kroenig, de l'Université de Georgetown, et aucun État n'a jamais fourni de capacités nucléaires à une organisation terroriste.... Il est probable que l'Iran ferait preuve de la même retenue...[128] »

Depuis 1945, des experts renommés ont fait écho à l'argument de Kenneth Waltz, l'expert en relations internationales, selon qui l'idée que l'humanité pourrait abolir les armes nucléaires est « fantaisiste ». Si deux nations démantelaient leur armement atomique puis entraient en guerre l'une contre l'autres, elles relanceraient simplement « la course folle au réarmement[129] ».

« Il n'existe pas de méthode pour exorciser définitivement l'énergie atomique de nos affaires, maintenant que les hommes savent qu'elle peut être libérée », concluait un rapport de 1952 adressé au président Eisenhower supervisé par Robert Oppenheimer. Comme le soulignait ce dernier, « Il est difficile de voir comment il pourrait y avoir une guerre majeure dans laquelle un camp ou l'autre ne fabriquerait et n'utiliserait pas de bombes atomiques[130] ».

Même les partisans du désarmement l'ont concédé : « Un pacte de non-recours à la bombe H établi en temps de paix ne serait plus considéré comme contraignant en temps de guerre », ont reconnu Albert Einstein et le philosophe anglais Bertrand Russell en 1955, « car, si un camp fabriquait des bombes et l'autre non, le camp qui les aurait fabriquées serait inévitablement victorieux[131]. »

Aujourd'hui, seuls 25 % des Américains disent croire à la possibilité d'une élimination des armes nucléaires[132]. Lorsqu'un journaliste du *New York Times* a demandé à Oppenheimer ce qu'il ressentait après l'explosion de la bombe le 16 juillet 1945 à Hiroshima, le père de la bombe atomique répondit :

« Beaucoup de garçons qui ne sont pas encore nés lui devront la vie[133]».

Après les bombardements d'Hiroshima et de Nagasaki, Oppenheimer déclara : « La bombe atomique est une arme si terrible que la guerre est désormais impossible[134]. »

Notes

1. Atsushi Komori, « Think Tank Puts Cost to Address Nuke Disaster up to 81 Trillion Yen, » *Asahi Shimbun*, 10 mars 2019, http://www.asahi.com/ajw/articles/AJ201903100044.html.

2. David Keohane et Nathalie Thomas, « EDF Increases Hinkley Point C Nuclear Plant Costs, » *Financial Times*, 25 septembre 2019, http://www.ft.com.

3. Darrell Proctor, « Georgia PSC Backs Additional Costs for Vogtle Nuclear Project, » *Power Magazine*, 19 février 2019, https://www.powermag.com Darrell Proctor, « Georgia PSC Backs Additional Costs for Vogtle Nuclear Project, » *Power Magazine*, 19 février 2019, https://www.powermag.com

4. « Olkiluoto 3 Reactor Delayed Yet Again, Now 12 Years Behind Schedule, » *Uutiset*, 23 décembre 2019, https://yle.fi ; Jussi Rosendahl et Tuomas Forsell, « Areva's Finland Reactor to Start in 2019 After Another Delay, » Reuters, 9 octobre 2017, https://www.reuters.com.

5. Ran Fu, David Feldman, et Robert Margolis, « US Solar Photovoltaic System Cost Benchmark: Q1 2018, » National Renewable Energy Laboratory, septembre 2018, https://www.nrel.gov/docs/fy19osti/72399.pdf. Ryan Wiser et Mark Bolinger, *2018 Wind Technologies Market Report*, US Department of

Energy, 2018, https://www.energy.gov/sites/prod/files/2019/08/f65/2018%20Wind%20Technologies%20Market%20Report%20Summary.pdf.

6. IAEA, *Power Reactor Information System [PRIS]*, IAEA, consulté le 31 janvier 2020, https://www.iaea.org/resources/databases/power-reactor-information-system-pris. Avant 1979, la durée moyenne de construction était de 5,8 ans aux États-Unis et de 6,7 ans en France. Les constructions de réacteurs après 1979 ont duré en moyenne 12,5 ans et 14 ans, respectivement.

7. Gerry Thomas (professeure de pathologie clinique à l'Imperial College de Londres et fondatrice de la banque de tissus de Tchernobyl), discussion avec l'auteur, 31 juillet 2017.

8. United Nations Scientific Committee on the Effects of Atomic Radiation, *Sources and Effects of Ionizing Radiation*, Vol. II (New York: United Nations, 2011), 149, https://www.unscear.org/unscear/publications.html.

9. « Firefighter fatalities in the United States, » U.S. Fire Administration, consulté le 16 janvier 2020, https://apps.usfa.fema.gov/firefighter-fatalities.

10. « Evaluation of Data on Thyroid Cancer in Regions Affected by the Chernobyl Accident, » United Nations Scientific Committee on the Effects of Atomic Radiation, https://www.unscear.org/unscear/publications.html, v.

11. Elisabeth Cardis et Maureen Hatch, « The Chernobyl Accident—an Epidemiological Perspective, » *Clinical Oncology* 23, no. 4 (mai 2011): 251–60, https://doi.org/10.1016/j.clon.2011.01.510.

12. *Chernobyl*, episode 1, « 1:23:45, » réalisé par Johan Renck, HBO, 6 mai 2019.

13. « Health Effects of the Chernobyl Accident: An Overview, » World Health Organization, avril 2006, https://www.who.int/ionizing_radiation/chernobyl/backgrounder/en.

14. « Fact Sheet: Biological Effects of Radiation, » Office of Public Affairs, United States Nuclear Regulatory Commission, 2003, http://akorn.com/documents/pentatate/about_radiation/02_Fact_Sheet_on_Biological_Effects_of_Radiation_NRC.pdf.

15. Richard Pallardy, « Deepwater Horizon Oil Spill, » *Encyclopaedia Britannica*, https://www.britannica.com/event/Deepwater-Horizon-oil-spill.

16. Kate Larsen, « PG&E Receives Maximum Sentence for 2010 San Bruno Explosion, » ABC 7 News, 26 janvier 2017, https://abc7news.com.

17. Laura Smith, « The deadliest structural failure in history killed 170,000—and China tried to cover it up, » Timeline, 2 août 2017, https://timeline.com. Justin Higginbottom, « 230,000 Died in a Dam Collapse That China Kept Secret for Years, » Ozy, 17 février 2019, https://www.ozy.com.

18. « Pedestrian Safety: A Road Safety Manual for Decision-Makers and Practitioners, » United Nations Road Safety Collaboration, https://www.who.int/roadsafety/projects/manuals/pedestrian. « World Statistic, » International Labour Organization, https://www.ilo.org/moscow/areas-of-work/occupational-safety-and-health/WCMS_249278/lang—en/index.htm. « Ambient Air Pollution: Health Impacts, » World Health Organization, https://

www.who.int/airpollution/ambient/health-impacts. « Global Status Report on Road Safety 2018, » World Health Organization, https://www.who.int/violence_injury_prevention/road_safety_status/2018.

19. Jemin Desai et al., « Nuclear Deaths, » Environmental Progress, février 2020, https://environmentalprogress.org/nuclear-deaths.

20. Vaclav Smil, *Power Density: A Key to Understanding Energy Sources and Uses* (New York: The MIT Press, 2015), 149.

21. « Ambient (outdoor) air pollution, » World Health Organization, 2 mai 2018, https://www.who.int/news-room/fact-sheets/detail/ambient-(out door)-air-quality-and-health.

22. Anil Markandya et Paul Wilkinson, « Electricity Generation and Health, » *Lancet* 370, no. 9591 (2007): 979–990, https://doi.org/10.1016/S0140-6736(07)61253-7.

23. Pushker Kharecha, « Prevented Mortality and Greenhouse Gas Emissions from Historical and Projected Nuclear Power, » *Environmental Science & Technology* 47, no. 9 (2013): 4889–4895, https://doi.org/10.1021/es3051197.

24. Stephen Jarvis, Olivier Deschenes, et Akshaya Jha, « The Private and External Costs of Germany's Nuclear Phase-Out » Working Paper 26598, National Bureau of Economic Research (NBER), Cambridge, MA, décembre 2019, https://doi.org/10.3386/w26598.

25. « PIB (en dollars américains) », Groupe de la Banque Mondiale, consulté le 15 octobre 2019, https://data.worldbank.org/indicator/NY.GDP.MKTP.C

26. Les données sur les prix de l'électricité pour les consommateurs industriels et résidentiels proviennent d'Eurostat, 2019. Le tarif particulier de la France au premier semestre 2018 était de 0,1746 $ par KWh, à comparer au tarif particulier de l'Allemagne qui était de 0,2987 $ par KWh. Le tarif entreprise de la France pour le premier semestre 2018 était de 0,1174 $ par KWh, à comparer à celui de l'Allemagne qui était de 0,1967 $ par KWh. Pour une comparaison des intensités carbone de l'électricité française et allemande, voir Mark Nelson, « L'électricité allemande était près de 10 fois plus polluante que celle de la France en 2016 », EnvironmentalProgress, http://environmentalprogress.org/big-news/2017/2/11/german-electricity-was-nearly-10-times-dirtier-than-frances-in-2016.

27. Mark Nelson and Madison Czerwinski, « With Nuclear Instead of Renewables, California and Germany Would Already Have 100 % Clean Electricity, » Environmental Progress, 11 septembre 2018, http://environmentalprogress.org.

28. *Projected Costs of Generating Electricity, 2015 Edition,* International Energy Agency, Nuclear Energy Agency, and Organisation for Economic Co-operation and Development, 2015, https://www.oecd-nea.org/ndd/pubs/2015/7057-proj-costs-electricity-2015.pdf. Le coût de la production d'électricité correspond à la somme des coûts d'exploitation et d'entretien, du combustible, des déchets et du carbone.

29. Mark Nelson et al, « Power to Decarbonize », Environmental Progress, 2017, dernière mise à jour 2019, consulté le 24 octobre 2019, http://environmentalprogress.org/the-complete-case-for-nuclear. Mise à jour en 2019, en utilisant dans les deux cas BPEnergy Data pour la production d'électricité et Bloomberg New Energy Financedata pour les volumes d'investissement dans l'éolien et le solaire.

30. U.S. Government Accountability Office, « Disposal of High-Level Nuclear Waste, » GAO, consulté le 31 janvier 2020, https://www.gao.gov/key_issues/disposal_of_highlevel_nuclear_waste/issue_summary.

31. BP Energy Economics, « BP Statistical Review of World Energy 2019, 68th Edition », BP, juin 2019, consulté le 16 janvier 2020, https://www.bp.com/content/dam/bp/business-sites/en/global/corporate/pdfs/energy-economics/statistical-review/bp-stats-review-2019-full report.pdf. Je considère le nucléaire, l'hydroélectricité et les énergies renouvelables, moins la géothermie et la biomasse, comme des sources d'énergie sans émissions. En 1995, elles représentaient 13 % de la consommation mondiale d'énergie primaire ; en 2018, elles en représentaient 15 %.

32. « Climate Change in Vermont: Emissions and Goals, » State of Vermont, https://climatechange.vermont.gov/climate-pollution-goals. « Title 10: Conservation and Development, Chapter 023, Air Pollution Control, » 10 V.S.A. § 578, adoptée en 2005, modifiée en 2007, Vermont General Assembly, https://legislature.vermont.gov/statutes/section/10/023/00578.

33. Kristin Carlson, « Green Mountain Power Is First Utility to Help Customers Go Off-Grid with New Product Offering, » Green Mountain Power, 20 décembre 2016, https://greenmountainpower.com/news/green-mountain-power-first-utility-help-customers-go-off-grid-new-product-offering.

34. « ACEEE 2018 State Energy Efficiency Scorecard », American Council for an Energy-Efficient Economy, 4 octobre 2018, https://aceee.org/press/2018/10/aceee-2018-state-energy-efficiency.

35. « Vermont Greenhouse Gas Emissions Inventory Update: Brief, 1990–2015, » Vermont Department of Environmental Conservation Air Quality and Climate Division, juin 2018, https://dec.vermont.gov/sites/dec/files/aqc/climatechange/documents/Vermont_Greenhouse_Gas_Emissions_Inventory_Update_1990-2015.pdf, 3.

36. Bill McKibben, 12 juillet 2012 (2:53 p.m.), commentaire sur le mouvement Yes Vermont Yankee, « Carbon Dioxide and Nuclear Energy: The Great Divide and How to Cross It, » 11 juillet 2012, https://yesvy.blogspot.com/2012/07/carbon-dioxide-and-nuclear-energy-great.html?showComment=1342119234685#c9098175907964102387.

37. Bill McKibben, échange de mails avec l'auteur, 31 janvier 2019. Nadja Popovich, « How Does Your State Make Electricity?, » *New York Times*, 24 décembre 2018, https://www.nytimes.com.

38. Robert Walton, « New England CO2 Emissions Spike After Vermont YankeeNuclear Closure », Utility Dive, 6 février 2017, https://www.utilitydive.com.

39. « Green New Deal Overview » (projet), Bureau de la représentante Alexandria Ocasio-Cortez, https://assets.documentcloud.org/documents/5729035/Green-New-Deal-FAQ.pdf. Ce document est une version préliminaire d'une « Green New DealFAQ « qui a ensuite été publiée sur le site Web d"AOC : » Green New Deal FAQ », Bureau de la représentante Alexandria Ocasio-Cortez, 5 février 2019, Internet Archive, https://web.archive.org/web/20190207191119/https://ocasio-cortez.house.gov/media/blog-posts/green-new-deal-faq. Pour plus de détails, voir JordanWeissman, « Why the Green New Deal Rollout Was Kind of a Mess », Slate, 8 février 2019, https://slate.com.

40. Greta Thunberg, « Le vendredi 15 mars 2019, plus de 1,5 million d'élèves et d'étudiants ont fait grève pour le climat dans 2 083 villes dans 125 pays de tous les continents », post Facebook, 17 mars 2019, https://www.facebook.com/732846497083173/posts/on-friday-march-15th-2019-well-over-15-million-students-school-striked-for-the-c/793441724356983.

41. Kerry Emanuel (climate scientist, MIT), discussion avec l'auteur, novembre 2019.

42. Anne Van Tyne, interview avec Kathleen Goddard Jones, « Defender of California's Nipomo Dunes, Steadfast Sierra Club Volunteer, » in *Sierra Club Nationwide II*, 1984, https://digitalassets.lib.berkeley.edu/roho/ucb/text/sierra_club_nationwide2.pdf, 27.

43. Ann Lage, interview avec William E. Siri, « Chapter XIII—Science and Mountaineering: Global Adventures, Interview 9, 1er mai 1977, » in Reflections on the Sierra Club, the Environment and Mountaineering, 1950s-1970s (Berkeley, CA: Regional Oral History Office,, Bibliothèque Bancroft, Université de Californie, 1979), 228–250, consulté le 17 janvier 2020, https://archive.org/details/reflectsierraclub00siririch.

44. Ibid., 25.

45. Ibid. Disney est abordé pp. 80–91 ; la situation du Grand Canyon est discutée pp. 52–69 ; les forêts de séquoias sont abordées pp. 40–48.

46. Ibid., 93.

47. Ibid., 94.

48. Ibid., 97.

49. William Siri cité dans Thomas Raymond Wellock, *Critical Masses: Opposition to Nuclear Power in California, 1958-1978* (Madison: University of WisconsinPress, 1998), 74.

50. Lage, interview avec William E. Siri, 105–106.

51. Wellock, *Critical Masses: Oppositionto Nuclear Power in California, 1958-1978* (Madison: University of WisconsinPress, 1998), 81.

52. J. Robert Oppenheimer, « Atomic Weapons and American Policy, » *Bulletin of the Atomic Scientists* 9, no. 6 (juillet 1953): 203.

53. Stephen Ambrose, *Eisenhower Volume II: The President* (New York: Simon & Schuster, 2014), 132.

54. Ibid., 132–133.

55. Ibid., 133.

56. Ibid., 133.

57. Ibid., 135.

58. Ibid., 135.

59. Ibid., 135.

60. Isaiah 2:4, *The Bible: New Revised Standard Version*, National Council of Churches, 1989, 550.

61. Ambrose, *Eisenhower Volume II: The President*, 147.

62. Ibid., 147.

63. Dwight D. Eisenhower, « United Nations Address », 8 décembre 1953.

64. Ibid.

65. Ibid. Le mot « Powers » est en majuscules dans l'original..

66. Ibid.

67. Thomas Raymond Wellock, *Critical Masses: Opposition to Nuclear Power in California, 1958–1978* (Madison: The University of Wisconsin Press, 1998), 37.

68. Joseph J. Mangano, Jay M. Gould, Ernest J. Sternglass et al., « An Unexpected Rise in Strontium-90 in US Deciduous Teeth in the 1990s, » *Science of The Total Environment* 317, n°. 1–3 (décembre 2003): 37–51, https://doi.org/10.1016/s0048-9697(03)00439-x.

69. Emma Brown, « A Mother Who Took a Stand for Peace, » *Washington Post*, 24 janvier 2011, https://www.washingtonpost.com.

70. Linus Pauling et al., «An Appeal by American Scientists to the Governments and People of the World » (pétition adressée aux Nations unies), 15 janvier 1958, https://profiles.nlm.nih.gov/spotlight/mm/catalog/nlm:nlmuid-101584639X78-doc.

71. Sheldon Novick, *The Electric War: The Fight over Nuclear Power* (San Francisco: Sierra Club Books, 1976), 22.

72. Tom Turner, David Brower: *The Making of the Environmental Movement* (Berkeley, CA: University of California Press, 2015), 109.

73. Wellock, *Critical Masses: Opposition to Nuclear Power in California*, 1958–1978, 37.

74. Ibid., 47.

75. Joel W. Hedgpeth, « Bodega Head—a Partisan View, » *Bulletin of the Atomic Scientists* 21, no. 3 (mars 1965): 2–7, https://doi.org/10.1080/00963402.1965.11454771.

76. Wellock, *Critical Masses: Opposition to Nuclear Power in California, 1958–1978*, 47.

77. Spencer R. Weart, *The Rise of Nuclear Fear* (Cambridge, MA: Harvard University Press, 2012), 192.

78. Ibid., 190.

79. Madison Czerwinski, Environmental Progress, « Nuclear Power Archive, » 2020, http://environmentalprogress.org/nuclear-power-archive.

80. « Ohio EPA Celebrating 40 Years: Air Quality, » Ohio Environmental Protection Agency, consulté le 17 janvier 2020, https://epa.ohio.gov/40-Years-and-Moving-Forward/Air-Pollutants.

81. Czerwinski, « Nuclear Power Archive ».

82. Wyndle Watson, « Shippingport Plant Gets Up-and-Atom Backing », *PittsburghPress*, 26 mai 1970.

83. Michael Shellenberger, « Why the War on Nuclear Threatens Us All », Environmental Progress, 28 mars 2017, http://environmentalprogress.org/big-news/2017/3/28/why-the-war-on-nuclear-threatens-us-all.

84. « AEC Board Gives Okay to Building Power Plant, » *The Evening Review*, 25 mars 1971, consulté le 17 janvier 2020, https://www.newspapers.com/clip/39460528/the_evening_review.

85. Pat Norman, « Nader Forecasts Rocky Rejection », *Akron Beacon Journal*, 15 octobre 1974.

86. Wellock, *Critical Masses: Opposition to Nuclear Power in California, 1958–1978*, 105. « Fallout Fatal to 400,000 Babies, Physicist Says, » *Greenville* [South Carolina] News, 28 juillet 1969, https://www.newspapers.com/image/189098668.

87. *The China Syndrome*, réalisé par James Bridges, avec Jane Fonda, Jack Lemmon, et Michael Douglas (Culver City, CA: Paramount Pictures, 1979).

88. *Les Simpsons*, saison 4, épisode 12, « Marge et le monorail », réalisé par Rich Moore, écrit par Conan O'Brien, diffusé le 14 janvier 1993 sur la Fox ; *Les Simpsons*, saison 2, épisode 4, « Deux voitures dans chaque garage et trois yeux sur chaque poisson », réalisé par Wesley Archer, écrit par Sam Simon et John Schwarzwelder, diffusé le 1er novembre 1990 sur la Fox.

89. Sheldon Novick, The Electric War: The Fight over Nuclear Power (San Francisco: Sierra Club Books, 1976), 194.

90. « Electric Power Consumption (kWh per Capita) – United States, 1960–2014, » IEA/OECD, 2014, https://data.worldbank.org/indicator/EG.USE.ELEC.KH.PC?locations=US. « Population and Housing Unit Estimate Tables, » United States Census Bureau, https://www.census.gov.

91. Novick, *The Electric War*, 315.

92. Amory B. Lovins, « Energy Strategy: The Road Not Taken?, » *Foreign Affairs*, 20 octobre 1976, 86, https://www.foreignaffairs.com.

93. Wellock, *Critical Masses: Opposition to Nuclear Power in California*, 1958–1978, 112.

94. Richard Halloran, « Carter Has Long Focused on Need to Curb Use of Energy, » *New York Times*, 14 juillet 1979.

95. Richard D. Lyons, « Public Fears Over Nuclear Hazards Are Increasing, » New York Times, 1er juillet 1979, https://www.nytimes.com.

96. Bruce Larrick, « Nuclear Rules Bother Edison's Rogers, » *Akron Beacon Journal*, 22 octobre 1979.

97. James F. McCarty, « Promises of "Clean Smoke" Assuage the Fears, » *Cincinnati Enquirer*, 8 décembre 1985.

98. Czerwinski, « Nuclear Power Archive. »

99. Wellock, *Critical Masses: Opposition to Nuclear Power in California, 1958–1978*, 83.

100. Ibid., 41.

101. Ibid., 46.

102. Ruth Teiser and Catherine Harroun, *Conversations with Ansel Adams* (Berkeley: University of California Press, 1978), https://archive.org/details/convanseladams00adamrich, 616.

103. Brad Lemley, « Loving on Nuclear Power, » *Washington Post*, 29 juin 1986, https://www.washingtonpost.com/archive.

104. Wellock, *Critical Masses: Opposition to Nuclear Power in California, 1958–1978*, 136.

105. « Nuclear Energy:: Nuclear Power Is Dirty, Dangerous and Expensive. Say No to New Nukes », Greenpeace, consulté le 17 janvier 2020, https://www.greenpeace.org/usa/global warming/issues/nuclear ; « Nuclear Free Future », Sierra Club, consulté le 17 janvier 2020, https://www.sierraclub.org/nuclear-free ; « Nuclear Power », Union of Concerned Scientists, consulté le 20 janvier 2020, https://www.ucsusa.org/energy/nuclear-power. »

106. Sharp World Wide Drop in Support for Nuclear Energy as 26 % of New Opponents Say Fukushima Drove Their Decision », Ipsos Public Affairs, 20 juin 2011, https://www.ipsos.com/sites/default/files/news_and_polls/2011-06/5265.pdf ; « Nine in Ten Adults Agree That Solar Energy Should Be a Bigger Part of America's Energy Supply in the Future », Ipsos Public Affairs, 28 septembre 2012, https://www.ipsos.com/sites/default/files/news_and_polls/2012-09/5795.pdf.

107. Evelyn J. Bromet, « Mental Health Consequences of the Chernobyl Disaster », *Journal of Radiological Protection* 32, no 1 (2012): N71–N75. https://doi.org/10.1088/0952-4746/32/1/n71. Menachem Ben-Ezra, Yuval Palgi, Yechiel Soffer et Amit Shrira, « Mental Health Consequences of the 2011Fukushima Nuclear Disaster: Are the grandchildren of People Living in Hiroshima and Nagasaki During the Drop of the Atomic Bomb More Vulnerable?, » *World Psychiatry* 11, no. 2 (Juin 2012), https://doi.org/10.1016/j.wpsyc.2012.05.011.

108. Linda E. Ketchum, « Lessons of Chernobyl: SNM Members Try to Decontaminate World Threatened by Fallout, » *Journal of Nuclear Medicine* 28, no. 6 (1987): 933–942, http://jnm.snmjournals.org/content/28/6/933.citation.

109. Bromet, « Mental health consequences of the Chernobyl disaster. »

110. Matthew J. Neidell, Shinsuke Uchida et Marcella Veronesi, « Be Cautious with the Precautionary Principle: Evidence from Fukushima Daiichi NuclearAccident » Working Paper 26395, National Bureau of Economic Research(NBER), Cambridge, MA, octobre 2019, https://doi.org/10.3386/w26395.

111. « Stress-Induced Deaths in Fukushima Top Those from 2011 Natural Disasters », *The Mainichi*, 9 septembre 2013, Internet Archive, https://web.

archive.org/web/20130913092840/ http://mainichi.jp/english/english/newsselect/news/20130909p2a00m0na009000c.html. Molly K. Schnell et David E. Weinstein, « Evaluating the Economic Response to Japan's Earthquake », Policy Discussion Paper 12003, Research Institute of Economy, Trade and Industry, février 2012, https://www.rieti.go.jp/jp/publications/pdp/12p003.pdf.

112. James Conca, « Shutting Down All of Japan's Nuclear Plants After FukushimaWas a Bad Idea », *Forbes*, 31 octobre 2019, https://www.forbes.com ; JustinMcCurry, « Fukushima disaster: First residents return to town next to nuclearplant », *The Guardian*, 10 avril 2019, https://www.theguardian.com ; OMS, Health risk assessment from the nuclear accident after the Great East JapanEarthquake and Tsunami 2011 (Genève, Suisse : OMS, 2013), https://apps.who.int/iris/bitstream/handle/10665/78218/9789241505130_eng.pdf.

113. Robin Harding, « Fukushima Nuclear Disaster: Did the Evacuation Raise the Death Toll? », *Financial Times*, 10 mars 2018, https://www.ft.com.

114. « Relative Radioactivity Levels », Berkeley RadWatch, 2014, consulté le 17 janvier 2020, https://radwatch.berkeley.edu/dosenet/levels ; « SafecastTile Map », Safecast, consulté le 17 janvier 2020, http://safecast.org/tilemap/?y=37.449&x=141.002&z=10&l=0&m=0.

115. Masaharu Tsubokura, Shuhei Nomura, Kikugoro Sakaihara et al., « Estimated Association Between Dwelling Soil Contamination and Internal Radiation Contamination Levels After the 2011 Fukushima Daiichi Nuclear Accident in Japan, » *BMJ Open* 6, no. 6 (29 juin 2016), https://bmjopen.bmj.com/content/bmjopen/6/6/e010970.full.pdf.

116. Michel Berthélemy and Lina Escobar Rangel, « Nuclear Reactors' Construction Costs: The Role of Lead-Time, Standardization and Technological Progress, » *Energy Policy* 82 (juillet 2015): 118–30, https://doi.org/10.1016/j.enpol.2015.03.015.

117. Jessica R. Lovering, Arthur Yip et Ted Nordhaus, « Historical Construction Costs of Global Nuclear Power Reactors », *Energy Policy* 91 (avril 2016): 371-81, https://doi.org/10.1016/j.enpol.2016.01.011. Dans cette étude, lorsque les réacteurs sont regroupés par type de réacteur, les coûts d'investissement moyens à un jour sont les plus bas pour les réacteurs à eau pressurisée et à eau bouillante et plus élevés pour les réacteurs à eau lourde et les réacteurs refroidis au gaz. Ces tendances en matière de coûts correspondent à la fois au déploiement total de chaque type de réacteur (plus de déploiement avec un coût plus faible, moins de déploiement avec un coût plus élevé) et à l'énergie totale produite (plus d'énergie produite par des réacteurs à faible coût, moins d'énergie produite par des réacteurs à coût plus élevé).

118. Berthélemy and Rangel, « Nuclear Reactors' Construction Costs. »

119. Adriana Brasileiro, « Turkey Point Nuclear Reactors Get OK to Run Until 2053 in Unprecedented NRC Approval, » *Miami Herald*, 5 décembre 2019, https://www.miamiherald.com.

120. *Chernobyl*, episode 5, « Vichnaya Pamyat, » directed by Johan Renck, HBO, 3 juin 2019.

121. Michael Dobbs, *One Minute to Midnight: Kennedy, Khrushchev, and Castro on the Brink of Nuclear War* (New York: Vintage Books, 2009), 312.

122. Ibid., 344.

123. John Lewis Gaddis, *The Long Peace: Inquiries into the History of the Cold War*(New York: Oxford University Press, 1987), 230. Gaddis a d'abord publié son texte sous la forme d'un article de journal en 1986, « The Long Peace: Elements of Stability in thePostwar International System », *International Security*, Printemps 1986, 99-142.

124. Our World in Data, « Battle Related Deaths in State-Based Conflicts Since 1946, » Our World in Data, https://ourworldindata.org/grapher/battle-related-deaths-in-state-based-conflicts-since-1946-by-world-region.

125. Devin T. Hagerty, *Nuclear Weapons and Deterrence: Stability in South Asia* (London: Palgrave Pivot, Cham, 2019), 94.

126. Dylan Matthews, « Meet the Political Scientist Who Thinks the Spread of Nuclear Weapons Prevents War, » *Vox*, 21 août 2014, https://www.vox.com.

127. David Brunnstrom, « North Korea May Have Made More Nuclear Bombs, but Threat Reduced: Study, » Reuters, 11 février 2019, https://www.reuters.com.

128. Matthew Kroenig, *A Time to Attack: The Looming Iranian Nuclear Threat* (New York: Palgrave Macmillan, 2014), 125–126.

129. Scott D. Sagan and Kenneth N. Waltz, « Is Nuclear Zero the Best Option?, » *The National Interest*, no. 109 (septembre-octobre 2010): 88–96, https://fsi-live.s3.us-west-1.amazonaws.com/s3fs-public/Sagan_Waltz_-_National_Interest_-_The_Great_Debate.pdf.

130. Vannevar Bush, John S. Dickey, Allen W. Dulles et al., « Report by the Panel of Consultants of the Department of State to the Secretary of State: Armaments and American Policy, » *Foreign Relations of the United States, 1952–1954*, vol. 2, part 2, *National Security Affairs*, document 67, janvier 1953, https://history.state.gov/historicaldocuments/frus1952-54v02p2/d67.Richard Rhodes, *Dark Sun: The Making of the Hydrogen Bomb* (New York: Simon & Schuster, 2012), 588.

131. Max Born, Percy W. Bridgman, Albert Einstein, Bertrand Russell et al., « Statement: The Russell-Einstein Manifesto, » 9 juillet 1955, présenté à la1re Conference Pugwash sur la Science and les Affaires du Monde, Nova Scotia, 1957, https://pugwash.org/1955/07/09/statement-manifesto.

132. « CNN Poll: Public Divided on Eliminating All Nuclear Weapons, » CNN, 12 avril 2010, http://www.cnn.com.

133. Kai Bird and Martin J. Sherwin, *American Prometheus: The Triumph and Tragedy of J. Robert Oppenheimer* (New York: Vintage Books, 2006), 309.

134. Ibid., 317.

IX
Détruire l'environnement pour le sauver

1. « Le seul chemin »

Un soir du printemps 2015, Elon Musk a pris la parole devant des centaines de supporters et d'invités qui l'ont ovationné. « Ce dont je vais parler ce soir, a-t-il dit, est une transformation fondamentale de la façon dont le monde fonctionne et dont l'énergie est distribuée sur la Planète. Voici la situation actuelle – pas brillante. »

Il a montré la courbe croissante de la concentration de dioxyde de carbone dans l'atmosphère. « Je pense que nous devrions faire quelque chose à ce sujet et ne pas essayer de remporter le Prix Darwin. »

Aux rires de la foule, Musk répondit par un sourire, avant de poursuivre : « Nous avons un réacteur à fusion bien pratique dans le ciel appelé le soleil. On n'a rien à faire, ça fonctionne tout seul. Il apparaît tous les jours et produit une effarante quantité d'énergie. »

Musk expliqua au public qu'il n'y avait pas lieu de s'inquiéter des exigences concernant les superficies requises par la transition énergétique. « Il faudra très peu de terres pour remplacer toute la production d'électricité issue de combustibles fossiles aux États-Unis, fit-il. C'est vraiment peu de chose et la plupart des emplacements requis seront des toits. On n'aura pas besoin de modifier l'affectation actuelle des sols, ni de trouver de nouvelles zones : seront surtout mis à contribution les toits des maisons et bâtiments existants.

« Mais le problème évident avec l'énergie solaire est que le Soleil ne brille pas la nuit, a poursuivi Musk. Je pense que la plupart des gens en sont conscients. Ce problème doit donc être résolu. Nous devons stocker l'énergie générée pendant la journée pour pouvoir l'utiliser la nuit. Et même au cours de la journée, la quantité d'énergie varie. Il y a beaucoup plus d'énergie produite en milieu de journée qu'à l'aube ou au crépuscule. Il est donc très important de lisser cette production d'énergie et d'en stocker suffisamment pour pouvoir l'utiliser la nuit.

D'où la nécessité du nouveau produit de Tesla : Powerwall, une batterie qui se suspend au mur d'un garage. Musk a affirmé que ses batteries et ses panneaux fourniraient une électricité bon marché et fiable aux populations qui habitent des régions éloignées du monde, des lieux où l'énergie est intermittente et chère.

« Je pense que nous assisterons à quelque chose de similaire à ce qui s'est passé avec les téléphones portables par rapport aux lignes fixes. Les portables ont en fait dépassé les lignes fixes et il est devenu inutile d'en installer dans de nombreux pays, ou des zones reculées, a prédit Musk. Les gens d'un village éloigné ou d'une île située je ne sais où pourront utiliser des panneaux solaires, les combiner avec un Powerwall Tesla, et ne jamais avoir à se soucier d'installer des lignes téléphoniques. »

Avec seulement 160 millions de Powerpacks, affirme Musk, l'énergie solaire pourrait alimenter les États Unis. Avec 900 millions, ils pourraient alimenter le monde entier[1].

« On peut a priori assurer une production d'électricité planétaire entièrement renouvelable et avant tout solaire, assure-t-il. La voie dont je parle, panneaux solaires et batteries, est la seule à ma connaissance qui puisse accomplir cela. Et je crois que c'est quelque chose que nous devons faire, que nous pouvons faire et que nous ferons. »

Musk acheva son discours sous un tonnerre d'applaudissements et quitta la scène[2].

2. Pas fiables

Le rêve d'un monde alimenté par des panneaux solaires et des batteries m'a inspiré un plaidoyer en faveur d'un Nouveau Projet Apollo, précurseur du Green New Deal dès 2002. J'étais alors un ardent partisan des énergies renouvelables. Tout comme nous avions obtenu l'accès à un pouvoir révolutionnaire avec nos smartphones, pensais-je, nous étions sur le point d'accéder à une énergie révolutionnaire semblable grâce aux panneaux solaires et aux batteries.

Mais pourquoi donc cela ne s'est-il pas produit ?

Bien qu'il y ait eu une croissance modeste de la demande des Powerwalls Tesla, note un analyste, « on ne sait pas si l'activité de stockage de Tesla est motivée par la disponibilité des batteries ou s'il y a une augmentation de la demande pour un stockage d'énergie résidentiel. » En fait, on a peu de raisons de penser que la demande de Powerwalls ait augmenté chez les propriétaires de logements[3].

Le coût d'achat et d'installation du dernier Powerwall Tesla dépasse les 10 000 dollars. Ajoutez-y le coût d'installation de panneaux solaires : entre 10 000 et 30 000 dollars[4]. Helen et moi payons environ 100 $ par mois pour l'électricité. Il nous faudrait donc au moins 200 mois, soit plus de dix-sept ans, pour récupérer notre investissement.

Il est possible que les panneaux solaires et le système de batteries se financent après cela pendant quelques années. Mais rappelons que la quantité d'électricité provenant des panneaux décline chaque année, c'est pourquoi la plupart des gens disent que la durée de vie d'un système devrait être envisagée sur vingt ou vingt-cinq ans. De plus, si Helen et moi décidons de déménager dans une autre maison avant, nous ne récupérerions sans doute pas notre mise de fonds. Pourquoi choisir un placement spéculatif sur des panneaux solaires et des batteries plutôt que notre épargne-retraite ?

Et si nous n'avons pas les moyens d'acheter des panneaux solaires et des batteries, comment Suparti le pourrait-elle, et plus encore Bernadette ?

Même si elles y parvenaient, il n'est pas certain que ces panneaux fourniraient assez d'électricité. En Ouganda, Helen et moi avons séjourné dans un écogîte équipé de panneaux solaires et de batteries. Mais après une seule journée de temps nuageux, nous avions épuisé les batteries du gîte en chargeant nos ordinateurs portables, appareils photo, téléphones portables et autres appareils. Quand nous avons dit au gérant du lodge que nous avions besoin de plus d'électricité, il a fait ce que font les petites entreprises en Afrique subsaharienne, il a allumé un générateur au diesel.

En dépit de ce constat, les analystes de l'énergie restent optimistes sur les énergies renouvelables. Le gouvernement américain estime que les énergies renouvelables dépasseront le gaz naturel pour la production d'électricité aux États-Unis d'ici 2050[5]. À l'échelle planétaire, il estime que les énergies renouvelables passeront de 28 % de l'électricité mondiale en 2018 à près de 50 % en 2050[6].

Mais ces chiffres sont trompeurs. Alors que les énergies renouvelables en 2018 ont généré dans le monde 11 % de l'énergie primaire totale, 64 % de celle-ci (7 % de l'énergie primaire totale) provenait des barrages hydroélectriques[7]. Et tandis que les barrages plafonnent dans les pays développés, leur construction est combattue par les écologistes dans les pays pauvres et en développement.

Malgré le battage médiatique, la part de l'énergie primaire mondiale provenant du solaire et de l'éolien en 2018 n'était que de 3 %, celle de la géothermie de 0,1 pour cent et celle provenant des marées était trop infime pour être mesurée[8].

Mais le solaire et l'éolien ne vont-ils pas décoller à présent que les coûts des batteries déclinent rapidement ?

Ces coûts sont en baisse, mais les progrès ont été graduels, non spectaculaires. Le passage des batteries nickel-cadmium aux batteries lithium-ion depuis quelques décennies a été formidable. Il a permis la prolifération des téléphones sans fil, des téléphones portables, des ordinateurs portables, des appareils électriques sans fil, et d'une gamme de véhicules électriques, petits et grands. Mais cette évolution n'a pas permis un stockage bon marché de l'électricité du réseau.

Considérez le projet de stockage électrique le plus célèbre de Tesla, un centre de batteries au lithium installé en Australie, capable de délivrer 129 Mwh (mégawattheures). Il fournit suffisamment d'énergie de secours pour alimenter 7 500 foyers pendant quatre heures. Mais il y a neuf *millions* de foyers en Australie, et 8 760 heures dans une année. L'un des plus grands centres de stockage de batteries au lithium au monde se trouve à Escondido en Californie. Mais il ne peut stocker assez d'énergie que pour environ vingt-quatre mille foyers américains pendant quatre heures[9].

Il y a environ 134 *millions* de foyers aux États-Unis. Pour alimenter l'ensemble des logements, entreprises et usines américaines en électricité pendant quatre heures, nous aurions besoin de 15900 centres de stockage d'une taille comparable à celui d'Escondido pour un coût de 894 milliards de dollars[10].

Diverses études ont montré que le coût d'intégration de l'énergie éolienne par définition peu fiable est élevé et croît à mesure qu'augmente la part de l'éolien dans le système. Ainsi en Allemagne, lorsque l'éolien représente 20 % de l'électricité, son coût pour le réseau augmente de 60 %. Et lorsqu'il atteint 40 %, son coût augmente de 100 %[11]. Ce phénomène est lié à la somme de toutes les centrales électriques, souvent au gaz naturel, qui doivent être mobilisées et prêtes à prendre le relais au moment où l'intensité du vent décroit, les lignes électriques supplémentaires qui doivent être installées vers des sites d'énergie renouvelable éloignés, ainsi que tous les autres équipements et personnels supplémentaires nécessaires pour pallier les carences d'énergies fondamentalement peu fiables et souvent imprévisibles.

Une autre étude menée par un groupe d'experts du climat et de l'énergie révélait que, en tenant compte des variations des conditions météorologiques et saisonnières à l'échelle du continent, pour que les États-Unis soient alimentés par énergie solaire et éolienne, tout en utilisant des batteries pour assurer une alimentation fiable, le stockage de batterie requis augmenterait le coût de ces sources de plus de 23 mille milliards de dollars[12]. Ce nombre est supérieur de mille milliards de dollars au montant du produit intérieur brut américain de 2019.

Cela semble-t-il probable ? Notez qu'en 2018, l'Associated Press et l'Université de Chicago ont mené une enquête et constaté que pour lutter contre le changement climatique, 57 % des Américains étaient prêts à payer 1 dollar par mois,

23 % 40 dollars par mois, et seulement 16 % 100 dollars chaque mois. 43 % d'entre eux ne voulaient rien payer[13].

Même les principaux défenseurs des énergies renouvelables reconnaissent que les batteries ne résoudront pas les difficultés inhérentes aux cycles quotidiens et saisonniers du solaire et du vent, et ils cherchent ailleurs des solutions de stockage.

La proposition la plus influente pour une énergie 100 % renouvelable émane de Mark Jacobson, professeur de Stanford, qui souligne que la plupart des propositions énergétiques se limitent à remplacer un tiers de l'énergie américaine distribuée par les réseaux électriques.

La proposition de Jacobson pour la totalité de l'énergie, pas seulement l'électricité, reposait sur la conversion de barrages hydroélectriques existants en l'équivalent de batteries géantes.

Son idée est que lorsque le soleil brille ou que le vent souffle, de grandes quantités de la puissance excédentaire soient utilisées pour pomper de l'eau vers l'amont dans certains cas ou simplement de mettre presque complètement à l'arrêt des systèmes fluviaux entiers pendant de longues périodes. L'eau serait stockée aussi longtemps que nécessaire, puis libérée pour s'écouler vers l'aval à travers des turbines produisant ainsi de l'électricité en fonction des besoins[14]. Les études et propositions de Jacobson ont été reprises dans les programmes énergétiques de nombreux États américains, ainsi que par le candidat démocrate à la présidentielle, le sénateur Bernie Sanders[15].

Mais en 2017, un groupe de scientifiques a souligné que la proposition de Jacobson reposait sur l'hypothèse que nous pouvions quasiment décupler la quantité d'énergie immédiatement disponible via les barrages hydroélectriques américains alors que, selon le ministère de l'Énergie et d'autres études sérieuses, le vrai potentiel n'équivaudra qu'à une infime fraction de cela. Sans cette énorme énergie hydroélectrique supplémentaire, la proposition de Jacobson d'une énergie 100 % renouvelable s'effondre[16].

Même si la Californie est un leader mondial en matière d'énergies renouvelables, l'État n'a pas converti son vaste réseau de barrages en batteries. Encore faut-il disposer du type de barrages et de réservoirs adéquats, et même dans ce cas, c'est une reconversion onéreuse. Il existe d'ailleurs de nombreuses autres utilisations de l'eau qui s'accumule derrière les barrages, notamment l'irrigation et l'alimentation des villes. Et l'eau des rivières et des réservoirs californiens étant rare et son débit aléatoire, l'eau des barrages destinée à ces autres usages devient de plus en plus précieuse.

Sans équipements à grande échelle lui permettant de stocker l'énergie solaire, la Californie a dû bloquer l'électricité provenant des fermes solaires lorsque le temps était particulièrement ensoleillé, ou même payer des états voisins pour qu'ils l'utilisent afin d'éviter une panne du réseau californien[17].

L'Allemagne investit des milliards dans la mise au point d'un moyen d'utiliser son électricité solaire et éolienne pour produire de l'hydrogène, qui serait stocké puis brûlé ou utilisé pour générer de l'énergie par le biais de piles à combustible à une date ultérieure[18].

Mais ces investissements s'avèrent exorbitant. « Du point de vue de la rentabilité, ça n'en vaut pas la peine », rapportait *Der Spiegel* en 2019 évoquant un projet de stockage d'hydrogène prometteur. « Une grande partie de l'énergie est perdue dans le processus de transformer le vent en électricité, l'électricité en hydrogène, puis l'hydrogène en méthane – on obtient au final un rendement inférieur à 40 %. Ce n'est pas suffisant pour un modèle économique durable[19]. »

Même si les possibilités de stockage étaient beaucoup plus importantes, l'électricité produite resterait plus chère. Le bas coût de l'électricité vient du fait qu'elle est principalement produite dans de grandes centrales efficaces et distribuée avec de très faibles pertes sur un réseau partagé reliant producteurs et consommateurs. Les systèmes électriques actuels permettent un stockage modeste, de l'ordre de quelques minutes, loin des jours et des semaines nécessaires pour une électricité entièrement renouvelable. Toute nouvelle conversion d'énergie, comme celle de l'électricité en hydrogène gazeux, vers un barrage ou des batteries, et inversement, génère d'énormes coûts physiques et économiques.

Les grandes sociétés pétrolières et gazières savent parfaitement que les batteries ne peuvent pas assurer une distribution d'électricité fiable. Les zones qui intègrent de grandes quantités d'énergie solaire et éolienne sur les réseaux électriques s'appuient de plus en plus sur les centrales au gaz naturel, qui peuvent être mises en service et hors service rapidement pour faire face aux caprices de la météo.

La France est un parfait exemple. Après avoir investi 33 milliards de dollars au cours de la dernière décennie pour intégrer davantage de solaire et d'éolien au réseau[20], ce pays utilise désormais moins de nucléaire et davantage de gaz naturel qu'auparavant, avec pour effet une hausse des prix de l'électricité et une électricité plus carbonée[21].

Entre 2016 et 2019, les cinq plus grandes compagnies pétrolières et gazières cotées en bourse à savoir ExxonMobil, Royal Dutch Shell, Chevron Corporation, BP, et Total, ont investi une somme énorme, 1 milliard de dollars, dans la publicité et le lobbying des énergies renouvelables et autres initiatives liées à la crise climatique[22].

Leur 'blitz' publicitaire a ciblé l'élite mondiale dans les aéroports et sur Twitter. « Le gaz naturel est le partenaire idéal pour les énergies renouvelables », clamaient les annonces d'aéroport du Géant norvégien du pétrole et du gaz Statoil[23]. « Découvrez pourquoi #natgas est un partenaire naturel pour les sources d'énergie renouvelables », tweete Shell[24].

En 2017, j'ai assisté aux entretiens de l'ONU sur le changement climatique à Munich, en Allemagne, à l'invitation du climatologue James Hansen. À ma descente de l'avion, j'ai découvert des publicités aéroportuaires payées par Total, la compagnie pétrolière et gazière française. « Engagé pour l'énergie solaire » et « Engagé pour le gaz naturel[25] ».

3. Renouvelable = Prédateur

« J'ai grandi dans les années 60 à une époque où la planète était vraiment sale », dit Lisa Linowes. « Nos rivières étaient sales. Les gens jetaient carrément leurs ordures dans les rues. Je suis devenu une écologiste très convaincue à une époque où cela signifiait qu'on se souciait vraiment de collecter les ordures[26] ». Linowes est une militante écologiste de longue date et une des cheffes de file d'un mouvement en plein essor qui lutte contre l'expansion des éoliennes industrielles en Amérique du Nord et en Europe. Quand je l'ai interviewée fin 2019, elle finissait de compiler les données scientifiques qui documentent les conséquences néfastes des infrastructures éoliennes sur les oiseaux et les chauves-souris.

En 2002, Linowes et son mari ont acheté une propriété dans le New Hampshire. Ils ont vite appris qu'il y avait un parc éolien en construction à proximité de la ville. « J'étais comme tout le monde et je me suis dit : Du vent ? Quel est le problème avec le vent ?[27] ».

« On nous a inculqué à tous l'idée que les énergies renouvelables sont meilleures que les combustibles fossiles et que si ces énergies n'ont pas décollé c'est uniquement que l'industrie pétrolière et gazière les a évincées du marché. Quand on a fini par comprendre l'énorme impact du projet sur le paysage et sur l'environnement, nous avons compris que nous devions nous mobiliser[28].

Comme l'ont appris alors Linowes et d'autres, un parc éolien nécessite environ 450 fois plus de terres qu'une centrale au gaz naturel[29]. Il ne fallut pas longtemps à Linowes et à son mari pour apprendre que presque tous les habitants (environ 500 personnes) de sa petite bourgade de la Nouvelle-Angleterre éprouvaient la même défiance envers ce parc éolien.

« Mais il a fallu se multiplier pour gagner : travailler avec les gens du coin, comprendre les lois, battre l'éolien sur le plan juridique, trouver les arguments les plus convaincants », dit-elle[30].

Linowes a appris très tôt que, dans de nombreux pays, les éoliennes constituent la plus grande menace pour les chauves-souris après la destruction de l'habitat et le syndrome du nez blanc. « L'industrie éolienne est bien consciente du problème, mais refuse énergiquement de mettre en place des mesures d'atténuation modestes connues pour réduire la mortalité des chauves-souris dans les parcs éoliens en exploitation, dit-elle. Le résultat est que beaucoup de nos espèces de chauves-souris sont en voie d'extinction. Il y a encore cinq ans, elles étaient encore très nombreuses, en particulier la chauve-souris cendrée, mais elles ont fortement décliné[31]. »

Dans certaines régions comme le Texas, où le syndrome du nez blanc, une attaque fongique mortelle, n'est apparu que récemment, les éoliennes représentent la plus grave menace pour les chauves-souris. « Pour les populations de chauves-souris arboricoles on ne connaît aucune autre menace bien documentée qui engendre une mortalité d'une ampleur comparable à celle constatée pour les éoliennes », selon un expert[32].

En occupant de vastes zones d'habitat migratoire, les éoliennes se sont aussi révélées l'une des pires menaces pour les espèces d'oiseaux de grande taille qui sont menacées et ont une grande valeur écologique[33].

« Regardez la grue blanche. L'industrie éolienne cherche à coloniser son habitat, notait Linowes. Avec seulement 235 grues blanches à l'état sauvage, leur patrimoine génétique est très limité. En règle générale, on a besoin d'au moins mille specimens pour être sûr que le pool génétique augmentera, qu'on pourra éviter la consanguinité et ne qu'on ne perdra pas en diversité. »

L'éolien menace également d'autres espèces d'oiseaux, dont l'aigle doré, l'aigle à tête blanche, la chevêche des terriers, la buse à queue rousse, la buse de Swainson, la crécerelle d'Amérique, le milan à queue blanche, le faucon pèlerin et le faucon des prairies, entre beaucoup d'autres, explique Linowes. L'expansion des éoliennes a particulièrement nui à l'aigle royal dans l'Ouest des États-Unis, où sa population a beaucoup diminué[34].

L'industrie éolienne affirme que les chats domestiques tuent plus d'oiseaux que les éoliennes, mais alors que les chats tuent principalement de petits oiseaux communs, comme les moineaux, les merles et les geais, les éoliennes tuent les specimens de grande taille appartenant à des espèces menacées et à reproduction lente comme les faucons, aigles, hiboux et condors[35].

En fait, les éoliennes sont pour plusieurs espèces d'oiseaux la menace la plus sérieuse qui soit apparue depuis des décennies. Les pales qui tournent rapidement agissent comme un super prédateur auquel les grands oiseaux n'ont jamais eu la possibilité de s'adapter. « Les choix de suivre certaines routes migratoires résultent de siècles d'évolution », explique Lisa.

« Vous ne pouvez pas planter une turbine au beau milieu et vous attendre à ce qu'ils s'adaptent. Ca ne se passe pas comme ça. »

Et parce que les grands oiseaux ont des taux de reproduction beaucoup plus faibles que les petits, leur mort a un impact beaucoup plus grand sur la population globale de l'espèce. Par exemple, les aigles royaux n'auront qu'un ou deux poussins par couvée, en général moins d'une fois par an, alors qu'un oiseau chanteur comme le merle pourra avoir jusqu'à deux couvées de trois à sept poussins par an. Les éoliennes pourraient avoir un impact beaucoup plus délétère sur la faune des pays pauvres et en développement que sur celle des nations riches.

Les scientifiques ont estimé qu'un seul nouveau parc éolien au Kenya, inspiré et financé par l'Allemagne, tuera des centaines d'aigles en voie de disparition parce qu'il est situé sur une trajectoire de vol importante des oiseaux migrateurs. « C'est l'un des trois pires sites pour un parc éolien que j'aie vu en Afrique, un des plus meurtriers pour les oiseaux menacés », a déclaré un biologiste[36].

En réponse, les développeurs du parc éolien ont suivi l'exemple des industriels qui depuis longtemps financent les organisations qui représentent ostensiblement les espèces menacées pour les amener à à collaborer plutôt qu'à se battre[37].

Aucun pays n'a fait davantage pour soutenir les énergies renouvelables que l'Allemagne. Depuis vingt ans, elle a entrepris ce qu'elle appelle son *Energiewende*, ou transition énergétique, des énergies nucléaires et fossiles vers les énergies renouvelables. En 2025, l'Allemagne aura dépensé 580 milliards de dollars en équipements d'énergies renouvelables et infrastructures connexes, selon les analystes énergétiques de Bloomberg[38].

Et pourtant, en 2019, malgré un investissement d'environ 500 milliards de dollars, l'Allemagne n'a produit que 42 % de son électricité à partir du vent, du solaire et de la biomasse, contre 71 % de l'énergie française générés par le nucléaire. L'éolien et le solaire ne représentaient que 34 % de l'électricité allemande et dépendaient du gaz comme énergie d'appoint[39].

Entre 2014 et 2019, l'Allemagne a dépensé environ trente-deux milliards d'euros pour les énergies renouvelables, soit 1 % de son PIB annuel, l'équivalent des 200 milliards de dollars par an misés par les États-Unis pour augmenter la part de l'électricité d'origine solaire et éolienne de 18 % à 34 % dans le bilan énergétique[40].

Et pourtant, à l'automne 2019, le géant du conseil McKinsey annonçait que la transition énergétique allemande constituait une menace sérieuse pour l'économie du pays et son approvisionnement en énergie. « Les problèmes concernent les trois pôles de la triade énergétique – protection du climat, sécurité d'approvisionnement et efficacité économique[41] », selon McKinsey.

Le réseau électrique allemand a frôlé la panne de courant durant trois jours en juillet 2019. Le pays a dû s'approvisionner en urgence chez ses voisins pour stabiliser son réseau. « Ces difficultés d'approvisionnement s'aggraveront encore à l'avenir », notait McKinsey.

Le coût des énergies renouvelables pour les consommateurs s'est avéré extrêmement élevé. Les renouvelables ont contribué à une hausse des prix de l'électricité de 50 % en Allemagne depuis 2007[42]. En 2019, les prix de l'électricité allemande étaient 45 % plus élevés que la moyenne européenne. Le scénario américain est similaire. « Cumulativement, écrivaient les auteurs d'un rapport de l'Université de Chicago sur les énergies renouvelables, les consommateurs des 29 États étudiés ont payé 125,2 milliards de dollars de plus pour l'électricité qu'ils ne l'auraient fait en l'absence de mesures de conversion[43] ». Les prix de l'électricité en Californie, riche en énergies renouvelables, ont augmenté six fois plus vite que dans le reste des États-Unis depuis 2011[44].

En fin de compte, aucune innovation technologique ne peut résoudre le problème fondamental des énergies renouvelables. Le solaire et l'éolien renchérissent le prix de l'électricité pour deux raisons : ils ne sont pas constants ce qui nécessite une sauvegarde à 100 % et ils diluent l'énergie, ce qui nécessite de vastes terrains, l'implantation de lignes, ainsi que des forages.

En d'autres termes, le problème des énergies renouvelables n'est pas fondamentalement technique – il est d'ordre naturel.

Les exigences physiques des énergies renouvelables suscitent d'ailleurs des opposition écologiques locales partout dans le monde. Sur les 7700 nouveaux kilomètres de lignes de transmissions nécessaires à l'Allemagne pour la transition énergétique, seuls 8 % ont été installées. En 2019, le déploiement des énergies renouvelables et des lignes de transmissions associées a sensiblement ralenti[45].

La trajectoire de l'Allemagne pourrait bien préfigurer celle de la Planète tout entière. À l'échelle du monde, 2018 a été la première année depuis 2001 où la croissance des énergies renouvelables a marqué une pause[46]. Beaucoup sont pessimistes sur les perspectives d'expansion ininterrompue des renouvelables, pour des raisons physiques, environnementales et économiques. « Le boom de l'énergie éolienne est terminé », concluait le magazine *Der Spiegel* en 2019[47].

4. Alimenter l'utopie

L'idée qu'une société prospère pouvait être alimentée par les énergies renouvelables a été formulée pour la première fois en 1833 par un dénommé John Etzler. C'est cette année-là qu'il a publié son manifeste utopique : *The Paradise within the Reach of all Men, without Labor, by Powers of Nature and Machinery.* (Le paradis à la portée de tous les hommes, sans travail, grâce aux pouvoirs de la nature et des machines.)

Avec une précision et une passion qui rappelle les défenseurs actuels des énergies renouvelables, Etzler proposait d'installer des centrales solaires, des parcs éoliens gigantesques et des barrages pour stocker l'énergie lorsque ni vent ni soleil n'étaient disponibles. « Je promets de montrer les moyens de créer un paradis dans les dix ans, où tout ce qui est souhaitable pour la vie humaine pourra être fourni à chaque homme en surabondance », annonçait-il entre autres[48].

Etzler avait anticipé l'objection du manque de fiabilité de la lumière solaire et du vent. « On va maintenant m'objecter, qu'il n'y a pas toujours de soleil, que les nuits et le temps nuageux ou brumeux en interrompent l'effet. » Il affirmait qu'en stockant de l'énergie pour une utilisation ultérieure, grâce à un pompage d'eau en amont ou en remontant un mécanisme semblable à celui d'une horloge, « l'interruption du rayonnement solaire... deviendrait négligeable[49] ».

Le zèle utopique et la spécificité de la vision des énergies renouvelables selon Etzler sont étrangement semblables au style et à la manière de Lovins et Jacobson. Il avait ainsi conçu un parc éolien terrestre planté de voiles d'exactement 61 mètres de haut et un 1,7 km de long. Lorsque les voiles étaient disposées à angle parfaitement droit, expliquait-il, ses exploitants obtenaient la puissance d'un cheval pour 10 mètres carrés de superficie.

Tout comme les défenseurs actuels des énergies renouvelables affirment qu'elles ont un impact délétère minimal sur la Terre et permettent aux humains de se libérer des industries « extractives », Etzler disait que ses machines éoliennes, hydrauliques et solaires fonctionneraient « sans consommer aucune matière ».

Mais l'écologiste Henry David Thoreau fut horrifié par l'emprise qu'aurait ce projet d'Etzler sur les paysages naturels. « Ne pourrait-il pas rehausser les teintes des fleurs et la mélodie des oiseaux ? demanda Thoreau, sarcastiquement. Ne devrait-il pas être un dieu pour eux ?[50] ».

Thoreau n'aurait pas dû s'inquiéter. La charrue à eau et à vent prétendument supérieure d'Etzler – qu'il appelait « satellite » parce qu'elle utilisait la force motrice du vent pour tourner autour d'un axe – s'avéra très peu pratique et tomba en panne. Il en alla de même de sa communauté utopique[51].

De temps à autre, les gens trouvent des applications de niche pour l'énergie solaire. En 1911, un inventeur utilisa des miroirs paraboliques pour concentrer la lumière du soleil et alimenter un moteur, mais à un coût prohibitif[52]. En 1912, une usine fut construite en Égypte qui devait utiliser l'énergie solaire pour irriguer les cultures, mais le pétrole s'avéra moins cher et plus facile d'emploi[53]. Avant 1941, la moitié des foyers de Miami utilisaient des appareils de chauffage à eau solaires. Leurs pannes trop fréquentes ont conduit à leur remplacement, dans les années 1970, par des appareils au gaz naturel, une source d'énergie plus fiable[54]. On a connu une mode des maisons solaires dans les années 1940. L'enthousiasme populaire pour les énergies renouvelables a conduit le président Harry Truman à nommer un comité d'experts dirigé par le PDG de CBS, qui a conclu que treize millions de maisons solaires pourraient être construites d'ici 1975. Mais ce ne fut qu'une vision utopique de plus qui devait rester lettre morte[55].

Après la Seconde Guerre mondiale, de nombreux intellectuels ont imaginé un monde alimenté par des énergies renouvelables. La clé pour mettre fin à l'aliénation d'une humanité qui s'éloigne de la nature, soutenait l'influent philosophe allemand Martin Heidegger en 1954, était pour les sociétés d'utiliser des énergies renouvelables *aléatoires*. Il condamnait les barrages hydro-électriques, qui imposaient de grands réservoirs d'eau qui permettent aux hommes de disposer d'énergie à volonté. En revanche, il louait les moulins à vent[56].

En 1962, l'écrivain socialiste américain Murray Bookchin dénonça les villes qui grignotaient les campagnes comme un « cancer » endémique et tressait des louanges aux énergies renouvelables dans lesquelles il voyait une opportunité d'unir campagne et ville en une « synthèse de l'homme et de la nature ». Bookchin reconnut que sa proposition « évoquait une image d'isolement culturel et de stagnation sociale, un retour en arrière dans l'histoire vers les sociétés agraires des mondes médiéval et antique. Pourtant insistait-il, sa vision n'était ni réactionnaire ni religieuse[57].

Le militant antinucléaire Barry Commoner considérait lui aussi les énergies renouvelables comme décisives pour mettre en harmonie la civilisation moderne, ou "technosphère" avec "l'écosphère". Commoner a esquissé les grandes lignes du Green New Deal, la nouvelle donne verte, qui a d'abord été adoptée par les Verts européens, puis par la démocrate Alexandria Ocasio-Cortez en 2019. Commoner a vu dans la transition vers une économie à faible consommation d'énergie alimentée par les renouvelables la clé qui permettrait de repenser les grands secteurs industriels, agricoles, énergétiques et les transports...[58] »

La vision de Commoner vous semblera familière : les agriculteurs devraient opter pour le bio ; nous devrions opter pour les biocarburants ainsi que d'autres bioénergies ; les voitures devraient être plus petites ; maisons et bâtiments devraient être rendus plus économes en énergie ; et nous devrions réduire notre utilisation du plastique[59]. Il approuvait les subventions publiques aux énergies alternatives et aux autres technologies, ainsi que les marchés publics de type militaire, comme ceux qui ont abouti à la création des micropuces, pour l'énergie solaire[60].

Ses partisans affirmaient que les énergies renouvelables pourraient remplacer les combustibles fossiles et le nucléaire. En 1976, Amory Lovins écrivait dans la revue *Foreign Affairs* que les obstacles aux énergies renouvelables n'étaient « pas principalement techniques, mais plutôt sociaux et éthiques ». Comme Etzler, Lovins écartait les inquiétudes sur la fiabilité : « Stocker directement la lumière du soleil ou le vent est aisé si c'est fait à une échelle et dans une qualité d'énergie adaptée à la plupart des besoins des utilisateurs finaux. » Il renvoyait à des solutions low-tech « réservoirs d'eau, substrats rocheux ou peut-être sels fusibles » et « air comprimé produit par le vent[61] ».

La vision de Lovins est devenu le programme politique de presque toutes les organisations écologistes du pays, du Sierra Club à l'Environnemental Defence Fund (EDF[62]), la plus grande organisation philanthropique environnementale américaine, ainsi que des présidents américains Bill Clinton et Barack Obama, et de tous les principaux candidats démocrates à la présidentielle de 2020.

5. Quel gaspillage

Au printemps 2013, un avion à énergie solaire dénommé Solar Impulse a survolé les États-Unis, « prouvant qu'un vol sans carburant, propre, est possible », selon les médias d'information[63]. Le pilote a rallié depuis San Francisco, Phoenix, puis Dallas, Saint-Louis et enfin Washington, DC. « Qui a besoin de carburant quand le soleil peut vous maintenir en l'air ? demandait un gros titre[64]. »

Mais l'expérience Solar Impulse a révélé les limites inhérentes aux combustibles dilués en énergie. L'envergure de Solar Impulse était identique à celle d'un Boeing 747 qui emporte 500 personnes à près de 1 000 kilomètres à l'heure[65]. Solar Impulse ne pouvait transporter qu'une seule personne, le pilote, et sa vitesse était limitée à moins de 100 kilomètres à l'heure, c'est pourquoi il lui a fallu deux mois pour arriver à destination.

La dilution intrinsèque de la lumière solaire signifie que les fermes solaires nécessitent de grandes superficies avec pour corollaire d'importants impacts environnementaux. Cela est vrai même pour les endroits les plus ensoleillés du monde. La plus célèbre « ferme solaire » de Californie, Ivanpah, nécessite 450 fois plus de terres que la dernière centrale nucléaire californienne en fonctionnement, Diablo Canyon[66].

Les panneaux solaires peuvent devenir plus rentables et on peut édifier des éoliennes plus grandes, mais le solaire et le vent ont de strictes limites physiques. L'efficience maximale des éoliennes est de 59,3 %, ce que les scientifiques savent depuis plus de cent ans[67]. Une centrale photovoltaïque peut atteindre une densité de puissance de 50 watts d'électricité par mètre carré. En revanche, la densité de puissance d'une centrale au gaz naturel ou d'une centrale nucléaire varie entre 2000 à 6000 watts par mètre carré[68].

Et la construction d'une ferme solaire ressemble beaucoup à celle de n'importe quelle usine ou site industriel. On commence par éradiquer la vie sauvage de tout le secteur. Pour construire Ivanpah, les promoteurs ont demandé à des biologistes d'extraire de leurs terriers les tortues du désert menacées, de les entasser à l'arrière de camionnettes, de les transporter et de les enfermer dans des enclos où beaucoup d'entre elles ont fini par mourir[69].

Les panneaux solaires et les éoliennes nécessitent également beaucoup plus de matériaux et produisent davantage de déchets. Les panneaux solaires nécessitent seize fois plus de matériaux[70] que les centrales nucléaires, sous forme de ciment, de verre, de béton et d'acier, et créent trois cent fois plus de déchets[71].

Les panneaux solaires contiennent souvent du plomb ainsi que d'autres substances chimiques toxiques qu'on ne peut retirer sans démanteler le panneau tout entier. « Je travaille dans le solaire depuis 1976... et c'est un aspect de ma culpabilité, déclarait un développeur solaire chevronné à Solar Power World en 2017. J'ai contribué à installer des millions de panneaux, et maintenant ils vieillissent[72]. »

La Californie est en train de déterminer comment extraire les panneaux solaires usagés des décharges où ils s'empilent actuellement, car mettre en décharge ces panneaux solaires n'est « pas recommandé », a conclu un groupe d'experts, « au cas où les modules se briseraient et où des matériaux toxiques s'infiltreraient dans le sol[73]. »

Il est beaucoup moins onéreux pour les fabricants de panneaux solaires d'acheter des matières premières que de les recycler à partir des vieux panneaux. « L'absence de métaux et de matériaux précieux génère des pertes », écrivait une équipe de scientifiques en 2017[74]. » « Si une usine de recyclage respecte scrupuleusement chaque étape, concluait un expert chinois, leurs produits peuvent finir par être plus chers que des matières premières[75]. »

Depuis 2016, de nombreux fabricants de panneaux solaires ont fait faillite[76]. Lorsque cela se produit, les contribuables héritent du fardeau de la gestion, du recyclage et de l'élimination des déchets photovoltaïques[77].

Bien souvent, les gouvernements des pays pauvres et en développement ne sont pas équipés pour faire face à un afflux de déchets solaires toxiques, disent les experts. Ils sont néanmoins plus à risque d'en subir les conséquences parce que les nations plus riches y exportent depuis longtemps leurs panneaux usagés[78].

L'attitude de certains recycleurs solaires chinois semble alimenter cette inquiétude. « Un directeur commercial d'une entreprise de recyclage de panneaux solaires, rapportait le *South China Morning Post*, pense qu'il pourrait néanmoins y avoir un moyen de se débarrasser des déchets solaires chinois. «Nous pouvons les vendre au Moyen-Orient, déclarait cet homme. Nos clients là-bas indiquent très clairement qu'ils ne veulent pas de panneaux parfaits encore moins flambant neufs. Ils les veulent au meilleur coût[79] ». Selon le Programme des Nations Unies pour l'environnement, entre 60 % et 90 % des déchets électroniques sont commercialisés illégalement et mis en décharge dans les pays pauvres. Ils ont constaté que « des milliers de tonnes de déchets électroniques sont faussement déclarés marchandises d'occasion et exportés vers des pays en développement, y compris les piles usagées faussement qualifiées de déchets plastiques ou métalliques divers, ou encore les tubes cathodiques et écrans d'ordinateur déclarés comme de la ferraille[80] ».

En 2019, selon le *New York Times* : « L'énergie solaire est en plein essor dans la région, on est submergé par les batteries au plomb périmées pour les panneaux solaires sur les toits, et les batteries lithium pour les lampes solaires. Les déchets électroniques peuvent endommager l'environnement à cause des fuites de produits chimiques dangereux dans les nappes phréatiques et nuire aux personnes qui récupèrent les matériaux recyclables à la main[81]. »

Les villes ont besoin d'énergies concentrées. Aujourd'hui, l'humanité dépend de combustibles qui sont jusqu'à mille fois plus denses en énergie que les bâtiments, les usines, et les villes qu'ils alimentent. Les faibles densités de puissance des énergies renouvelables sont donc un problème non seulement pour la protection de l'environnement naturel mais aussi pour le maintien de la civilisation humaine.

Celle-ci devrait occuper cent à mille fois plus d'espace si elle s'appuyait uniquement sur les énergies renouvelables. « Cet écart de densité de puissance entre énergies fossiles et renouvelables, écrit l'analyste énergétique Vaclav Smil, fait apparaître l'électricité nucléaire comme la seule alternative non fossile à haute densité de puissance[82] ».

Qu'en est-il de l'affirmation d'Elon Musk selon laquelle une superficie apparemment minuscule de panneaux photovoltaïque pourrait alimenter les États-Unis ? Elle est complètement égarante.

Si la seule exigence est de produire la même quantité d'électricité totale que le font les États-Unis actuellement, indépendamment de l'heure de la journée ou de la saison, Musk sous-estime la superficie requise de 40 %. Même si les panneaux solaires étaient placés dans la zone la plus ensoleillée de son option la plus ensoleillée, le désert de Sonora en Arizona, un site écologiquement sensible, sa ferme solaire nécessiterait une superficie plus vaste que l'état du Maryland[83].

Musk donne une fausse image de la quantité d'énergie qui devrait être stockée. Son quadrilatère de désert solaire produirait seulement les deux cinquièmes de son électricité annuelle en automne et en hiver, alors que les Américains consomment près de 50 % de leur électricité annuelle totale durant les mois les plus froids de l'année[84].

Cela signifie qu'environ 10 % de la demande annuelle des États-Unis, environ 400 Twh (térawattheures), devraient être stockés la moitié de l'année pour être utilisés les six mois suivants, donc emmagasinés dans des batteries qui ne seraient chargées et déchargées qu'une fois par an. Aux prix actuels des batteries au lithium, l'addition grimperait à 188 milliards de dollars[85].

C'est une somme énorme, mais nous pouvons résoudre ce problème en surdimensionnant son parc solaire de 30 %, lequel occuperait dès lors une superficie de 46 000 km carrés. Sa taille excèderait de 80 % le calcul initial de Musk, et équivaudrait à la superficie combinée du Maryland et du Connecticut. À cette condition, on s'approcherait beaucoup du calcul de Musk selon lequel nous n'aurions besoin « que » de seize térawattheures de stockage[86] pour un coût de 7,5 billions de dollars.

Musk a également affirmé que les batteries ne nécessiteraient qu'1,6 km2 de terrain[87] mais si nous utilisons comme modèle la toute nouvelle installation d'Escondido, en Californie, avec ses 120 mégawattheures de batteries nécessitant 4850 m2, les seize térawattheures recommandés occuperaient en fait *657 km2*.

Ces calculs ne prennent en compte que l'électricité. Si, outre l'électricité, nous incluons toutes les formes d'énergie, les besoins en espace deviennent rapidement incontrôlables. **Par exemple, si les États-Unis essayaient de produire au moyen d'énergies renouvelables toute l'énergie que le pays consomme, il faudrait leur allouer 25 à 50 % de la surface des États-Unis**[88]. À l'inverse, le système énergétique actuel ne nécessite que 0,5 pour cent de la surface des États-Unis[89].

Les panneaux solaires et les éoliennes ne produisent tout simplement pas assez d'énergie compte tenu de l'énergie investie pour les réaliser, en particulier lorsqu'on prend en considération les besoins en matière de stockage.

Une étude pionnière a révélé que dans le cas de l'Allemagne, où le nucléaire et les barrages hydroélectriques produisent respectivement soixante-quinze et trente-cinq fois plus d'énergie qu'il n'est nécessaire pour les fabriquer, le solaire, les éoliennes et la biomasse n'en produisent qu'1,6, 3,9 et 3,5 fois plus[90].

Le charbon, le gaz et le pétrole restituent environ trente fois plus d'énergie que leur exploitation n'en mobilise[91].

Tout comme les densités de puissance beaucoup plus élevées du charbon ont rendu possible la révolution industrielle, les densités de puissance extrêmement faibles du solaire et du vent rendraient impossible la civilisation très consommatrice d'énergie, urbanisée et industrielle d'aujourd'hui. Et, comme nous l'avons vu, pour certains partisans des énergies renouvelables, cela a toujours été leur objectif.

Dans son exposé de 2019, *Der Spiegel* concluait que la transition énergétique allemande vers les renouvelables avait simplement été mal gérée[92], mais c'est une conclusion trompeuse. La transition vers les énergies renouvelables était condamnée d'avance parce que les modernes de l'ère industrielle, quel que soit leur romantisme, ne veulent pas retourner à la vie pré-moderne.

6. Pourquoi l'énergie diluée est destructrice

Depuis les années 1970, lorsqu'on a commencé à se tourner vers les énergies renouvelables comme alternative au nucléaire, la plupart des scénarios visant une conversion intégrale aux renouvelables reposaient très largement sur la combustion de la biomasse quand solaire et éolien étaient à l'arrêt faute de lumière ou de vent. La biomasse est devenue un élément clé des énergies renouvelables européennes avec des centrales à charbon géantes comme Drax en Grande-Bretagne, converties pour fonctionner à la combustion de granulés de bois, souvent expédiés des forêts américaines ou de terres agricoles allemandes détournées de la production alimentaire au profit de cultures énergétiques.

Mais les défenseurs de l'environnement se sont retournés contre l'utilisation de la biomasse et des biocarburants depuis 2008, date à laquelle ils ont commencé à comprendre l'ampleur de leur impact écologique négatif.

Approvisioner une centrale électrique de mille mégawatts fonctionnant à la combustion de bois et en activité 70 % de l'année requiert d'exploiter 3 364 km carrés de forêt par an[93]. Si seulement 10 % de l'électricité des États-Unis devaient provenir de centrales à bois, le combustible pour les alimenter nécessiterait une forêt d'une superficie égale au Texas.

Les calculs antérieurs d'émissions issues de la bioénergie n'avaient pas pris en compte les émissions générées par la transformation des forêts en terres agricoles dans différentes parties du monde, ce afin de compenser les surfaces agricoles perdues en passant à la biomasse et aux biocarburants. Les émissions directes provenant de la combustion ajoutées à ces réaffectations de terres, ont pour conséquence que le volume de dioxyde de carbone généré par la production et la combustion de biomasse et de biocarburants est plus élevé que celui provenant de la combustion de combustibles fossiles[94].

Les scientifiques savent maintenant que la fabrication et l'utilisation d'éthanol de maïs émet deux fois plus de gaz à effet de serre que l'essence. Même le millet vivace, longtemps présenté comme plus durable, produit 50 % d'émissions supplémentaires[95].

Le principal problème des biocarburants -- les superficies de terres nécessaires -- découle de leur faible densité de puissance. Si les États-Unis remplaçaient la totalité de leur essence par de l'éthanol de maïs, il faudrait mobiliser une superficie 50 % supérieure à l'ensemble des terres actuellement cultivées aux États-Unis[96].

Même les biocarburants les plus efficaces, comme ceux fabriqués à partir du soja, nécessitent 450 à 750 fois plus de terres que le pétrole. Le biocarburant le plus performant, l'éthanol de canne à sucre, largement utilisé au Brésil, nécessite d'exploiter 400 fois plus de terres que le pétrole pour produire la même quantité d'énergie[97].

Lorsque j'ai cofondé le projet New Apollo en 2002, nous pensions que les « biocarburants avancés » fabriqués à partir de l'éthanol cellulosique représenteraient un progrès décisif.

Mais ce ne fut pas le cas. La densité de puissance de l'éthanol cellulosique n'était pas supérieure à celle de l'éthanol de canne à sucre brésilien[98]. Les contribuables américains ont versé des sommes considérables, en tout 24 milliards de dollars entre 2009 et 2015, pour financer des expériences infructueuses sur les biocarburants[99].

Les gouvernements stoppent rarement les projets éoliens pas plus qu'ils n'exigent de modifier les sites choisis pour les parcs éoliens ou leur mode d'exploitation. Les gouvernements n'exigent pas non plus que les gestionnaires de parcs divulguent le nombre d'oiseaux ou de chauve-souris victimes des éoliennes. Ces mêmes gestionnaires ont d'ailleurs intenté des poursuites pour empêcher le public d'accéder aux données sur les oiseaux tués[100].

Les scientifiques affirment que les décès d'oiseaux sont sous-estimés car les charognards, comme les coyotes, les dévorent rapidement, et parce que leurs restes se trouvent souvent en dehors du périmètre de recherche[101].

« J'ai récemment trouvé deux aigles royaux mortellement blessés par des éoliennes modernes juste après que je les ai observés, écrivait un scientifique en 2018. Les deux aigles se sont retrouvés en dehors du périmètre de recherche maximal, et aucun des deux n'a laissé de trace de la collision fatale dans ce périmètre[102].

En tant que telle, la pratique courante consistant à limiter le décompte des décès aux périmètres de recherche « équivaut à exclure les décès consécutifs à un accident de la route, écrit le scientifique, lorsque les morts se trouvent au-delà du bord de la route[103]. »

Les développeurs de parcs éoliens sont autorisés à signaler eux-mêmes les violations des lois sur les oiseaux migratoires (Migratory Bird Treaty Act), sur les espèces menacées (Endangered Species Act) et sur la protection de l'aigle chauve et de l'aigle doré (Bald and Golden Eagle Protection Act). Seul l'état de Hawaï exige que les données sur la mortalité des oiseaux et des chauves-souris soient recueillies par un tiers indépendant et mises à la disposition du public sur demande[104].

Le US Fish and Wildlife Service a encouragé les développeurs éoliens à éviter les poursuites pour avoir tué des aigles, rapportait le *New York Times*, en demandant des licences leur permettant de masquer le nombre d'oiseaux victimes des éoliennes[105]. »

Dans les rares cas où les gouvernements exigent de l'industrie éolienne qu'elle atténue son impact négatif, par exemple en réservant des terres ailleurs, l'obligation reste virtuelle, disent les scientifiques. Dans d'autres cas, les développeurs éoliens ne tiennent pas leurs promesses ou font parfois de fausses déclarations.

Apex Clean Energy, une entreprise basée en Virginie, déclarait dans sa demande de 2017 au New York Electric Generation Siting Board qu'il n'existait pas de nids d'aigle chauve sur le site où la société prévoyait de construire[106]. Mais, par la suite, Apex a fait passer un hélicoptère au-dessus d'un nid d'aigle, même si cela représentait une menace directe pour les oiseaux. « Ils ont détruit un nid d'aigle actif », accusait Lisa Linowes, une écologiste locale[107].

L'industrie éolienne a activement découragé toute enquête sur les populations de chauves-souris décimées.

Toujours selon Lisa : « La mortalité des chauves-souris dans les parcs éoliens n'a été comprise que vers 2003, lorsque les chercheurs ont visité une installation éolienne en Virginie occidentale. En se promenant parmi les turbines, ils ont découvert des carcasses de chauves-souris éparpillées sur tout le site. Lorsque le maître d'ouvrage a découvert ce qu'ils étaient en train de regarder, les chercheurs ont été escortés hors du site et le portail a été refermé à double tour derrière eux[108] ».

La réduction ou l'arrêt intentionnel des pales de turbine peut réduire la mortalité des oiseaux, des chauves-souris et des insectes, mais peu de développeurs éoliens sont prêts à accepter ces restrictions, du fait des pertes de rentabilité induites. Un laboratoire américain spécialisé dans les énergies renouvelables révélait dans une étude que ces réductions sont inférieures à 5 % de la production totale d'énergie éolienne[109].

En outre les restrictions ne suffisent pas pour arrêter le massacre. « En fait, les décès de buses à queue rousse ont culminé sur les 50 % des turbines qui n'ont jamais fonctionné pendant les trois années de surveillance », rapportait un scientifique[110]. Il qualifie le parc éolien le plus étudié en Californie, Altamont

Pass, de « puits de population » pour les aigles royaux et les chevêches des terriers[111].

En 2018, un scientifique collaborant avec le principal institut d'évaluation technologique allemand, annonçait que les éoliennes industrielles semblaient aggraver considérablement la mortalité des insectes dans le pays. « Les routes migratoires très ventées qu'empruntent les insectes depuis des millions d'années sont de plus en plus parsemées de parcs éoliens », écrivait le Dr Franz Trieb de l'Institute of Engineering Thermodynamics, dans un rapport majeur[112].

Les scientifiques signalent une accumulation importante de cadavres d'insectes sur les pales de turbine depuis trois décennies et dans différentes régions du globe. En 2001, les chercheurs ont découvert que l'accumulation d'insectes morts sur les pales éoliennes pouvait réduire de 50 % l'électricité qu'elles génèrent[113].

Trieb concluait qu'une « estimation approximative mais prudente de l'impact des parcs éoliens sur les insectes volants réalisée en Allemagne révèle une perte annuelle d'environ 1,2 trillion d'insectes d'espèces différentes par an, ce qui pourrait être significatif pour la stabilité de la population. »

Le diminution des populations d'insectes du fait des parcs éoliens allemands représente, chiffre étonnant, un tiers du total des insectes qui migrent annuellement dans le sud de l'Angleterre, une comparaison qui selon les scientifiques « montre que les pertes d'un trillion par an représentent certainement un ordre de grandeur pertinent. »

Parce que les insectes migrent, l'impact des parcs éoliens allemands n'est « pas limité aux populations locales, mais comprend des espèces comme la coccinelle à sept points (*C. septempunctata*) ou le papillon Belle dame (*V. cardui*) qui parcourt des centaines et même des milliers de kilomètres à travers l'Europe et l'Afrique[114].

Les insectes se regroupent aux mêmes altitudes que celles des pales d'éoliennes. Dans l'Oklahoma, un site éolien majeur, les scientifiques ont constaté que les plus fortes densités d'insectes oscillent entre 150 et 250 mètres d'altitude[115]. Les nouveaux modèles de grandes pales de turbine s'étirent de 60 à 220 mètres au-dessus du sol.

Et les éoliennes peuvent tuer les insectes pendant une période « de vulnérabilité critique, car une forte action de levier s'applique sur la population totale d'insectes lorsqu'un insecte mature est tué pendant la migration juste avant la reproduction, du fait que des centaines de successeurs potentiels de la génération suivante seront alors détruits[116]. »

Alors qu'une grande partie des médias ont mis en accusation l'agriculture industrielle, on notera que les plus fortes baisses de populations d'insectes sont signalées en Europe et aux États-Unis, où les superficies consacrées à l'agriculture ont décliné au cours des deux dernières décennies. Ce qui s'est répandu, ce sont les éoliennes[117].

Lorsque j'ai envoyé un courriel au Dr Trieb pour lui demander une entrevue, il m'a répondu : « Malheureusement, je ne peux donner aucune interview sur ce sujet. » Quand j'ai demandé à un porte-parole de l'institut pour quelle raison le Dr Trieb n'était pas disponible pour me parler, elle m'a renvoyé à quelques articles et m'a dit : « Veuillez accepter que ni DLR ni le Dr. Trieb ne sont disponibles pour des commentaires supplémentaires sur ce sujet[118] ».

7. Défenseurs de la faune éolienne

Aux États-Unis, Linowes s'est souvent retrouvée en position de défenseure de la faune face aux principaux mouvements écologistes. Le Sierra Club prétend, à tort, que « l'impact des turbines est loin d'être une cause majeure de mortalité des oiseaux[119]. »

Le NRDC (Natural Resources Defense Council) a approuvé une expansion massive des éoliennes sur les Grands Lacs malgré l'opposition des experts locaux de la faune, ornithologues amateurs et défenseurs de l'environnement, qui remarquaient que ces lacs sont parmi les sanctuaires les plus importants au monde pour de nombreuses espèces d'oiseaux migrateurs[120].

Et l'Environmental Defense Fund reproduit la désinformation de l'industrie éolienne en affirmant que « les éoliennes tuent beaucoup moins d'oiseaux chanteurs que les collisions avec des bâtiments ou que les chats », et que « des solutions technologiques sont en préparation[121] ».

Les trois organisations environnementales préconisent une extension rapide des parcs éoliens dans l'État de New York, même s'ils constituent une menace directe pour les pygargues à tête blanche[122].

Lisa s'en est tenue à ses principes écologiques. « Je ne sais pourquoi, je n'ai pas pu renoncer. Tout ça me semblait tellement faux. L'industrie éolienne déroulait les mêmes arguments, éléments de langage et représentions biaisées pour tout le monde ».

Au cours des dernières années, défenseurs de l'environnement et biologistes ont rejoint Linowes dans sa dénonciation des énergies renouvelables. En 2012, dans une lettre ouverte à l'Agence pour l'environnement de l'Union européenne, le comité consultatif scientifique de l'Agence de protection de l'environnement a conclu que la bioénergie n'était pas « neutre en carbone », avec le soutien de plus de quatre-vingt-dix scientifiques de premier plan[123].

En 2013, les responsables américains de la faune ont scandalisé les défenseurs de l'environnement et les protecteurs des oiseaux lorsqu'ils ont pris l'initiative sans précédent d'informer les développeurs de parcs éoliens qu'ils ne les poursuivraient pas « pour le harcèlement ou la mort de condors californiens, une espèce menacée[124] ».

Un porte-parole d'Audubon a déclaré : « Je ne peux croire que le gouvernement fédéral mette tant d'argent dans un effort historique et coûteux pour établir une population stable de condors, et en même temps délivre des permis de les tuer. Grotesque[125]. »

Certains scientifiques comprennent les implications pour l'utilisation des terres de sources d'énergie diluées en énergie. « Les sources d'énergie renouvelables comme le vent et le solaire sont confrontées à de réels problèmes d'évolutivité, de coût, de matériel et d'utilisation des terres », selon un groupe de soixante-quinze biologistes de la conservation dans une lettre ouverte de 2014[126].

Cette même année, un biologiste de la conservation consultant pour Ivanpah, le parc solaire californien de 2,2 milliards de dollars, déclarait à *High Country News* : « Tout le monde sait que la translocation des tortues du désert est un échec. Quand tu marches devant un bulldozer, que tu pleures tout en déplaçant des animaux et des cactus, difficile de penser que le projet est une bonne idée[127]. »

Les biologistes ont combattu une autre ferme solaire dans le désert Mojave un an plus tard, arguant qu'elle « ajouterait probablement un autre clou dans le cercueil du mouflon d'Amérique en empêchant le rétablissement d'un couloir de migration essentiel à travers la nationale (Interstate) 15[128]. »

En 2015, le romancier et ornithologue Jonathan Franzen se demandait si l'accent mis sur le changement climatique risquait de nuire à la nature. « Pour éviter les extinctions d'espèces à l'avenir, déclarait-il dans *The New Yorker*, il ne suffit pas de réduire nos émissions de carbone. Nous devons aussi, dès maintenant, préserver la vie de nombreux oiseaux sauvages[129] ».

« Les éoliennes font partie des menaces envers les oiseaux de notre pays qui se développent le plus rapidement, déclarait un scientifique d'American Bird Conservancy quelques semaines plus tard, les industriels ont travaillé en coulisse pour essayer de réduire la portée des réglementations nationales et fédérales et s'en sont pris à des législations environnementales importantes, comme le Migratory Bird Treaty Act (la Loi sur les oiseaux migrateurs)…. Les tentatives de gérer l'industrie éolienne en optant pour un cadre règlementaire auto-adopté et non imposé d'en haut ne fonctionnent clairement pas[130]. »

Les experts en chauves-souris sonnent l'alarme depuis plus de quinze ans. En 2005, des spécialistes de premier plan ont averti les régulateurs fédéraux que les éoliennes menaçaient des espèces de chauves-souris migratrices[131]. En 2017, une équipe de scientifiques a averti que la chauve-souris cendrée, une espèce migratrice, pourrait s'éteindre si l'expansion de l'éolien se poursuivait[132].

Pendant ce temps, les communautés locales et les écologistes ont bloqué avec succès la construction de lignes de transmission du nord venteux au sud industriel de l'Allemagne. « Au premier trimestre 2019, seulement 1 087 kilomètres des 3 600 kilomètres de lignes électriques prévues étaient achevées, » selon McKinsey. À ce rythme, « l'objectif de 2020 ne sera pas atteint avant 2037[133]. »

« Les politiciens craignent la résistance des citoyens, rapportait *Der Spiegel* en 2019. Il n'y a guère de projet éolien qui ne suscite des adversaires combatifs. »

Parmi les pays qui entendent réduire leurs émissions au moyen des énergies renouvelables l'Allemagne n'est que le plus en vue. Comme nous l'avons souligné dans le chapitre précédent, le Vermont non seulement n'a pas réussi à réduire ses émissions de 25 %, mais elles ont augmenté de 16 % entre 1990 et 2015, du fait de la fermeture de la centrale nucléaire de l'État, d'une part, et de l'insuffisance des énergies renouvelables, d'autre part[134].

Le seul parc éolien à avoir été construit dans cet État depuis la fermeture du Vermont Yankee est le Deerfield Wind Project. Aucun autre n'est programmé[135]. Et il a fallu huit ans (2009-2017) pour que le projet soit achevé en raison d'un litige découlant du fait que le parc éolien géant édifié près de Readsboro, Vermont, « est situé au milieu d'un habitat essentiel de l'ours brun[136] ».

Le nombre de parcs éoliens de la taille de Deerfield qui seraient nécessaires pour remplacer l'électricité annuelle produite par Vermont Yankee, l'une des plus petites centrales nucléaires qui subsistait aux États-Unis lors de sa fermeture, est de cinquante-six. À ce rythme, le Vermont compenserait le déficit d'énergie lié à la fermeture de Vermont Yankee vers l'an 2104[137].

8. La règle Starbucks

Le fait que la densité énergétique des combustibles et la densité de puissance de leur extraction détermine leur impact environnemental devrait être enseigné dans tous les cursus d'études environnementales. Malheureusement, ce n'est pas le cas. Pour des raisons psychologiques et idéologiques : le sophisme romantique de l'appel à la nature qui veut que les énergies renouvelables soient plus naturelles que les combustibles fossiles et l'uranium, et aussi que ce qui est naturel soit meilleur pour l'environnement.

Tout comme les gens imaginaient que des produits « naturels » en écaille de tortue et en ivoire ou que le saumon sauvage et le bœuf de pâturage étaient meilleurs que leurs alternatives « artificielles », les gens s'imaginent que les énergies « naturelles » issues d'énergies renouvelables comme le solaire, le bois et le vent sont supérieures aux combustibles fossiles et au nucléaire.

Dans le même temps, on notera que le plaidoyer en faveur de l'éolien émane de personnes qui ne vivent pas à proximité des turbines presque toujours bruyantes qui perturbent la paix et la tranquillité des résidents.

Ce sont souvent les communautés les plus riches qui déploient la résistance la plus efficace à l'implantation d'un parc éolien. En 2017, les habitants nantis de Cape Cod ont ainsi réussi à stopper un projet de parc de 130 turbines d'un développeur éolien qui avait déjà investi 100 millions de dollars dans le projet[138].

« Il existe quelque chose qu'on appelle la règle Starbucks en ce qui concerne l'implantation de parcs éoliens, rapportait *BusinessWeek* en 2009. Les développeurs éoliens doivent repérer où se trouve Starbucks dans le secteur, puis s'assurer que leur projet est à au moins cinquante km. Plus près, il y aura trop de NIMBY[139] qui s'opposeraient à ce que leur vue soit gâchée par un groupe d'éoliennes de 80 m de haut[140].

Notes

1. Bryan Bishop and Josh Dzieza, « Tesla Energy Is Elon Musk's Battery System That Can Power Homes, Businesses, and the World, » *The Verge*, 1er mai 2015, https://www.theverge.com.

2. Tesla, « Tesla introduces Tesla Energy, » YouTube, 2 mai 2015, https://www.youtube.com/watch?time_continue=82&v=NvCIhn7_FXI&feature=emb_logo.

3. H. J. Mai, « Tesla Powerwall, Powerpack deployment grows 81 % to 415 MWh in Q2, » *Utility Dive*, 30 juillet 2019, https://www.utilitydive.com.

4. Andy Sendy, « Pegging the All-in, Installed Cost of a Tesla Powerwall 2, » *Solar Reviews*, 3 octobre 2017, https://www.solarreviews.com ; Sean O'Kane, « Tesla Launches a Rental Plan to Help Its Slumping Home Solar Panel Business, » *The Verge*, 19 août 2019, https://www.theverge.com.

5. U.S. Energy Information Administration, *International Energy Outlook 2019 with Projections to 2050* (Washington, D.C.: EIA, septembre 2019), https://www.eia.gov/outlooks/ieo/pdf/ieo2019.pdf ; U.S. Energy Information Administration, Annual Energy Outlook 2020 (Washington, D.C.: EIA, Januar 2020), https://www.eia.gov/outlooks/aeo.

6. BP Energy Economics, « BP Statistical Review of World Energy 2019, 68th Edition », BP, juin 2019, consulté le 16 janvier 2020, https://www.bp.com/content/dam/bp/business-sites/en/global/corporate/pdfs/energy-economics/statistical-review/bp-stats-review-2019-full-report.pdf. Aux États-Unis et en Europe, en 2018, les énergies renouvelables ont généré respectivement 7 et 16 % de l'énergie primaire totale et 17 et 34 % de l'électricité totale. L'hydroélectricité a généré 2,8 et 7,1 % de l'énergie primaire totale et 6,5 et 15,7 % de l'électricité totale. La biomasse a généré 0,7 et 2,3 % de l'énergie primaire totale et 1,5 et 5 % de l'électricité totale. Les biocarburants ont généré 1,7 et 0,8 % de l'énergie primaire totale.

7. BP Energy Economics, *BP Statistical Review of World Energy 2019,* 68th Edition (Londres : BP, juin 2019), consulté le 16 janvier 2020, https://www.bp.com/content/dam/bp/business-sites/en/global/corporate/pdfs/energy-economics/statistical-review/bp-stats-review-2019-full-report.pdf. Le chiffre relatif à l'énergie solaire provient de BP Statistical Review of World Energy 2019. La production d'électricité géothermique en 2018 est estimée par l'Agence internationale de l'énergie à 90 térawattheures, ce qui, en appliquant la méthode de conversion de BP en équivalent énergie primaire, représenterait 20,3 Mtep, soit 0,1 % de l'énergie primaire mondiale de 2018.

8. « Tesla Mega-battery in Australia Activated, » BBC News, 1er décembre 2017, https://www.bbc.com.

9. Julian Spector, « California's Big Battery Experiment: A Turning Point for Energy Storage?, » *The Guardian*, 15 septembre 2017, https://www.theguardian.com. En 2018, selon l'Agence américaine d'information sur l'énergie, 134 millions de comptes d'électricité résidentiels ont utilisé environ 11 000 KWh par an, soit 1,25 KW en moyenne sur l'année.

10. Selon le ministère américain de l'Énergie, les installations de batteries au lithium d'une capacité de quatre heures coûtaient 1 876 $ par kilowatt d'électricité en 2018, et les prix devraient baisser de 23 % pour atteindre 1 446 $ par kilowatt d'ici 2025. Escondido Energy Storage est une installation de 30 mégawatts de quatre heures. L'Agence américaine d'information sur l'énergie a signalé une consommation d'électricité de 4 174 térawattheures en 2018, soit une puissance horaire moyenne de 476 600 mégawatts.

11. Falko Ueckerdt, Lion Hirth, Gunnar Luderer, and Ottmar Edenhofer, « System LCOE: What Are the Costs of Variable Renewables?, » *Energy* 63 (2013): 61–75, https://doi.org/10.1016/j.energy.2013.10.072.

12. Matthew Shaner, « Geophysical Constraints on the Reliability of Solar and Wind Power in the United States, » *Energy and Environmental Science* 11, no. 4 (2018): 914–25, https://doi.org/10.1039/c7ee03029k.

13. « Nouveau sondage : près de la moitié des Américains sont plus convaincus qu'ils ne l'étaient il y a cinq ans que le changement climatique est avéré, les situations météorologiques extrêmes motivant leur opinion », Energy Policy Institute de l'Université de Chicago, 22 janvier 2019, https://epic.uchicago.edu/news/new-poll-nearly-half-of-americans-are-more-convinced-than-they-were-five-years-ago-that-climate-change-is-happening-with-extreme-weather-driving-their-views.

14. Ivan Penn, « The $3 Billion Plan to Turn Hoover Dam into a Giant Battery, » *New York Times*, 24 juillet 2018, https://www.nytimes.com. It describes a specific pumped-hydroelectric proposal of the type that would be repeated on a massive scale in Jacobson's plan.

15. Dans une chronique du Guardian en 2017, le professeur Mark Jacobson et le sénateur américain Bernie Sanders ont annoncé une nouvelle législation sur l'énergie basée sur les travaux de Jacobson. Bernie Sanders et Mark Jacobson, « The American People-Not Big Oil-Must Decide Our Climate Future », *The Guardian*, 29 avril 2017, https://www.theguardian.com.

16. Christopher T. M. Clack, Steffan A. Qvist, Jay Apt et al., « Evaluation of a Proposal for Reliable Low-Cost Grid Power with 100 % Wind, Water, and Solar, » *Proceedings of the National Academy of Sciences of the United States of America* 114, no. 26 (27 juin 2017): 6722–27, https://doi.org/10.1073/pnas.1610381114. Chris Mooney, « A Bitter Scientific Debate Just Eruptedover the Future of America's Power Grid, » *Washington Post*, 19 juin 2017, https://www.washingtonpost.com.

17. Ivan Penn, « California Invested Heavily in Solar Power. Now There's So Much That Other States Are Sometimes Paid to Take It, » *Los Angeles Times*, 22 juin 2017, https://www.latimes.com.

18. Vanessa Dezem, « Germany Plans Incentives to Boost Hydrogen in Energy Mix, » Bloomberg, 20 novembre 2019, https://www.bloomberg.com.

19. Frank Dohmen, Alexander Jung, Stefan Schultz und Gerald Traufetter, German Failure on the Road to a Renewable Future, » *Spiegel International*, 13 mai 2019, https://www.spiegel.de.

20. « Annexe 6 : Historique des charges de service public de l'électricité. et de la contribution unitaire, » Commission de Régulation de l'énergie, http://www.cre.fr/documents/deliberations/proposition/cspe-2014/consulter-l-annexe-6-historique-des-charges-de-service-public-de-l-electricite-et-de-la-contribution-unitaire.

21. Le gestionnaire de réseau français RTE France publie des données historiques horaires sur la production d'électricité depuis 2012, y compris un taux d'intensité carbone horaire utile pour calculer les moyennes annuelles d'intensité carbone. Depuis que l'empreinte carbone a atteint un niveau plancher de 41 grammes de CO2 en 2014, la production d'électricité à partir de gaz naturel,

d'énergie éolienne et d'énergie solaire a considérablement augmenté, tandis que la production d'énergie nucléaire diminuait.

22. « Big Oil's Real Agenda on Climate Change, » InfluenceMap, Mars 2019, https://influencemap.org/report/How-Big-Oil-Continues-to-Oppose-the-Paris-Agreement-38212275958aa21196dae3b76220bddc.

23. Image de la campagne publicitaire de la compagnie gazière Statoil à l'aéroport de Bruxelles, Bellona,. 5 février 2016, https://network.bellona.org/content/uploads/sites/3/2016/02/WP_20151022_008.jpg.

24. BP (@BP_plc), « Our natural gas is a smart partner to renewable energy: http://on.bp.com/possibilitieseverywhere... #PossibilitiesEverywhere#NatGas, » Twitter, 27 janvier 2019, 1:38 a.m., https://twitter.com/bp_plc/status/1089457584694685696.

25. Mike Shellenberger (@ ShellenbergerMD), « No sooner had I landed in Germany, for 2017 U.N. climate talks, when I was confronted by airport ads paid for by Total, the French oil and gas company reading, "Committed to Solar" and "Committed to Natural Gas," » Twitter (text/image), 28 mars 2019, 8:22 a.m., https://twitter.com/ShellenbergerMD/status/1111287183497789440.

26. Lisa Linowes (directrice exécutive, Wind Action Group), conversation avec l'auteur, 1er novembre 2019.

27. Ibid.

28. Ibid.

29. John van Zalk and Paul Behrens, « The Spatial Extent of Renewable and Non-renewable Power Generation: A Review and Meta-analysis of Power Densities and Their Application in the U.S., » *Energy Policy* 123 (décembre 2018): 83–91, https://doi.org/10.1016/j.enpol.2018.08.023.

30. Lisa Linowes (directrice exécutive, Wind Action Group), conversation avec l'auteur, 1er novembre 2019.

31. Ibid.

32. Paul M. Cryan, « Wind Turbines as Landscape Impediments to the Migratory Connectivity of Bats, » *Journal of Environmental Law* 41 (mai 2011): 355–70, https://www.lclark.edu/live/files/8520-412cryan.

33. Ana T. Marques, Carlos D. Santos, Frank Hanssen et al., « Wind Turbines Cause Functional Habitat Loss for Migratory Soaring Birds, » *Journal of Animal Ecology* 89, no. 1 (2019): 1–11, https://doi.org/10.1111/1365-2656.12961.

34. Michael W. Collopy, Brian Woodridge, and Jessi L. Brown, « Golden Eagles in a Changing World, » *Journal of Raptor Research* 51, no. 3 (2017): 193–96, https://doi.org/10.3356/0892-1016-51.3.193.

35. « Domestic Cat Predation on Birds and Other Wildlife, » (Washington, D.C.: American Bird Conservancy), consulté le 27 janvier 2020, http://trnerr.org/wp-content/uploads/2013/06/ABCBirds_predation.pdf ; Shawn Smallwood and Carl Thelander, « Bird Mortality in the Altamont Pass Wind Resource Area, California, » *Journal of Wildlife Management* 72, no. 1 (2008): 215–223, https://doi.org/10.2193/2007-032.

36. Adam Welz, « How Kenya's Push for Development is Threatening its famed wild lands, » Yale School of Forestry & Environmental Studies, 24 avril 2019, https://e360.yale.edu/features/how-kenyas-push-for-development-is-threatening-its-prized-wild-lands.

37. Ibid.

38. William Wilkes, Hayley Warren, and Brian Parkin, « Germany's Failed Climate Goals: A Wake-up Call for Governments Everywhere, » Bloomberg, 15 août 2018, https://www.bloomberg.com. »

39. Annual Electricity Generation in Germany », Fraunhofer ISE, consulté le 10 janvier 2020, https://www.energycharts.de/energy.htm.

40. Frank Dohmen, « German Failure on the road to a renewable future », *Der Spiegel*, 13 mai 2019, https://www.spiegel.de ; « Annual Electricity Generationin Germany », Fraunhofer ISE, consulté le 10 janvier 2020, https://www.energy-charts.de/energy.htm. Conversion du PIB entre Allemagne et États-Unis effectuée à l'aide des données de l'OCDE sur la parité de pouvoir d'achat.

41. Fridolin Pflugmann, Ingmar Ritzenhofen, Fabian Stockhausen, et Thomas Vahlenkamp, « Germany's Energy Transition at a Crossroads, » McKinsey & Company, novembre 2019, https://www.mckinsey.com/industries / electric-power-and-natural-gas/our-insights/germanys-energy-transition-at-a-crossroads. »

42. Prix de l'électricité pour les consommateurs domestiques – Données semestrielles (à partir de 2007) », Eurostat, 1er décembre 2019, https://appsso.eurostat.ec.europa.eu/nui/show.do?dataset=nrg_pc_204&lang=en. « Electricity DataBrowser: Retail Sales of Electricity Annual », U.S. Energy Information Administration, https://www.eia.gov/electricity/data/browser.

43. Michael Greenstone and Ishan Nath, « Do Renewable Portfolio Standards Deliver?, » Working Paper no. 2019-62, Energy Policy Institute at the University of Chicago, 2019, https://epic.uchicago.edu/wp content/uploads/2019/07/Do-Renewable-Portfolio-Standards-Deliver.pdf. « Renewable Portfolio Standards Reduce Carbon Emissions—But, at a High Cost, » Energy Policy Institute at the University of Chicago, 22 avril 2019, https://epic.uchicago.edu/insights/renewable-portfolio-standards-reduce-carbon-emissions-but-at-a-high-cost.

44. « Electricity Data Browser: Retail Sales of Electricity, » and « Electricity Data Browser: Revenue from Retail Sales of Electricity, » U.S. Energy Information Administration, https://www.eia.gov/electricity/data/browser.

45. Dohmen, « German Failure on the road to a renewable future. »

46. International Energy Agency, « Renewable capacity growth worldwide stalled in 2018 after two decades of strong expansion, » 6 mai 2019, https://www.iea.org/news/renewable-capacity-growth-worldwide-stalled-in-2018-after-two-decades-of-strong-expansion.

47. Dohmen, « German Failure on the road to a renewable future. »

48. John Etzler, *The Paradise Within the Reach of All Men, Without Labor, by Powers of Nature and Machinery* (London: John Brooks, 1833), 1.

49. Ibid., 36.

50. Henry David Thoreau, « Paradise (to Be) Regained, » 1843, in *The Writings of Henry David Thoreau*, vol. 4 (Cambridge, MA: Riverside Press, 1906), 283.

51. 51. Steven Stoll, *The Great Delusion: A Mad Inventor, Death in the Tropics, and the Utopian Origins of Economic Growth* (New York: Farrar, Straus & Giroux, 2008), 14–15.

52. Alexis Madrigal, P*owering the Dream: The History and Promise of Green Technology* (Cambridge, MA: Da Capo Press, 2011), 124–125.

53. 53. Ibid., 125.

54. 54. Ibid., 87.

55. Ibid., 92–126.

56. Martin Heidegger, la question de la technique, Essais et Conférences, 1953.

57. Murray Bookchin, *The Murray Bookchin Reader* (Montreal: Black Rose Books, 1999), 18–19, 91.

58. Barry Commoner, *Making Peace with the Planet (*New York: New Press, 1992), 193.

59. Barry Commoner, *Crossroads: Environmental Priorities for the Future* (Washington, DC: Island Press, 1988), 146.

60. Ibid., 182.

61. Amory B. Lovins, « Energy Strategy: The Road Not Taken?, » *Foreign Affairs*, 20 octobre 1976, 65–96, https://www.foreignaffairs.com.

62. L'acronyme EDF renvoie toujours à l'organisation écologiste américaine et non au fournisseur français d'électricité (N.d.T.)

63. Diane Tedeschi, « Solar Impulse Crosses America: Who Needs Fuel When the Sun Can Keep You Aloft?, » *Air & Space*, 19 juin 2013, https://www.airspacemag.com.

64. Ibid.

65. « Around the World in a Solar Airplane, » Solar Impulse Foundation, https:// aroundtheworld.solarimpulse.com/adventure. Solar Impulse 2 en 2015 n'était guère en progrès. Il volait à 75 km/h et avait la même envergure que le Boeing 747, un gros porteur, et ne pouvait pas non plus embarquer d'autre passager que le pilote.

66. « California, » *Environmental Progress*, dernière mise à jour le 12 août 2019, http://environmentalprogress.org/california.

67. Gilbert Masters, « Wind Power Systems, » in Masters, *Renewable and Efficient Electric Power Systems* (Hoboken, NJ: Wiley, 2004): 307–83, https://nature.berkeley.edu/er100/readings/Masters_2004_Wind.pdf.

68. Vaclav Smil, *Power Density: A Key to Understanding Energy Sources and Uses* (Cambridge, MA: The MIT Press, 2015), 52–57, 199.

69. Peter Laufer, « The Tortoise Is Collateral Damage in the Mojave Desert, » *High Country News*, 19 mars 2014, https://www.hcn.org/wotr/the-tortoise-is-collateral-damage-in-the-mojave-desert.

70. *Quadrennial Technology Review: An Assessment of Energy Technologies and Research Opportunities*, U.S. Department of Energy, 2015, https://www.energy.gov/sites/prod/files/2017/03/f34/quadrennial-technology-review-2015_1.pdf, 402.

71. Jemin Desai and Mark Nelson, « Are We Headed for a Solar Waste Crisis?, » Environmental Progress, 21 juin 2017, http://environmentalprogress.org/big-news/2017/6/21/are-we-headed-for-a-solar-waste-crisis.

72. Kelly Pickerel, « It's Time to Plan for Solar Panel Recycling in the United States, » Solar Power World, 2 avril 2018, https://www.solarpowerworldonline.com/2018/04/its-time-to-plan-for-solar-panel-recycling-in-the-united-states

73. Nadav Enbar, « PV Life Cycle Analysis Managing PV Assets over an Uncertain Lifetime, » slide presentation, Solar Power International, 14 septembre 2016, https://www.solarpowerinternational.com/wp-content/uploads/2016/09/N253_9-14-1530.pdf, 20.

74. Idiano D'Adamo, Michela Miliacca, et Paolo Rosa, « Economic Feasibility for Recycling of Waste Crystalline Silicon Photovoltaic Modules, » *International Journal of Photoenergy*, 27 juin 2017, article no. 4184676, https://doi.org/10.1155/2017/4184676.

75. Stephen Cheng, « China's Ageing Solar Panels Are Going to Be a Big Environmental Problem, » *South China Morning Post*, 30 juillet 2017, https://www.scmp.com.

76. Travis Hoium, « Solar Shake-up: Why More Bankruptcies Are Coming in 2017 », The Motley Fool, 18 avril 2017, https://www.fool.com. TravisHoium, « Bankruptcies Continue in Solar Industry », The Motley Fool, 19 mai 2017, https://www.fool.com.

77. À titre d'exemple, la faillite de Solyndra a entraîné l'abandon d'un centre de stockage de déchets de cadmium à Milpitas, en Californie, en raison du fait que ce site n'était pas financé par les garanties de prêt fédérales de Solyndra et que l'entreprise n'avait pas fait la preuve de sa rentabilité avant sa faillite. Dustin Mulvaney, *Solar Power: Innovation, Sustainability, and Environmental Justice* (Oakland: University ofCalifornia Press, 2019), 83-84.

78. Daniel Wetzel, « Study Warns of Environmental Risks from Solar Modules », *Die Welt*, 13 mai 2018, https://cloudup.com/c1xW_Mk$f85.

79. Cheng, « China's Ageing Solar Panels Are Going to Be a Big Environmental Problem ».

80. « Illegally Traded and Dumped E-Waste Worth up to $19 Billion Annually Poses Risks to Health, Deprives Countries of Resources, Says UNEP Report, » United Nations Environment Programme, 12 mai 2015, https://www.unenvironment.org/news-and-stories/press-release/illegally-traded-and-dumped-e-waste-worth-19-billion-annually-poses.

81. Amy Yee, « Electronic Marvels Turn into Dangerous Trash in East Africa, » *New York Times*, 12 mai 2019, https://www.nytimes.com.

82. Smil, *Power Density: A Key to Understanding Energy Sources and Uses*, 205, 208.

83. Nous pouvons vérifier cette affirmation en supposant que sa centrale serait similaire à Mesquite, Solar, l'une des plus grandes centrales solaires au monde, située dans le désert de Sonora. En 2018, selon l'Administration américaine d'information sur l'énergie, Mesquite Solar 1, 2 et 3 ont généré 1,15 TWh sur une superficie de 10 km2. En 2018, les États-Unis ont produit 4 174,4 TWh d'énergie. Pour remplacer cette électricité, il faudrait 3 636 Mesquites sur une superficie de 36 422,3 km2. En comparaison, la superficie de l'État du Maryland est de 32 131 km2.

84. En utilisant les données de production mensuelles des centrales solaires de Mesquite provenant de l'Administration américaine d'information sur l'énergie, nous pouvons comparer les périodes semestrielles de production les plus faibles et les plus élevées à Mesquite aux mêmes semestres de production d'électricité les plus faibles et les plus élevés dans l'ensemble des États-Unis. Si 3 642 Mesquites fournissaient toute l'électricité, le pire déficit énergétique semestriel, d'octobre 2018 à mars 2019, aurait été de 444 TWh. Dans cet exemple, une surpuissance solaire de 30 % réduirait ce déficit à 16 TWh.

85. Le ministère américain de l'Énergie a constaté qu'en 2018, les installations de batteries lithium-ion d'une capacité de quatre heures coûtaient 469 $ par kWh (capacité de stockage d'énergie).K. Mongird, V. Foledar, V. Viswanathan et al., *Energy Storage Technology andCost Characterization Report*, ministère américain de l'Énergie, juillet 2019, https://www.energy.gov/sites/prod/files/2019/07/f65/Storage % 20Cost % 20and % 20Performance % 20Characterization % 20Report_Final.pdf.

86. Tesla, « Tesla Introduces Tesla Energy », YouTube, 2 mai 2015, https://www.youtube.com/watch?time_continue=82&v=NvCIhn7_FXI&feature=emb_logo.

87. Victor Tangermann, « Elon Musk parle d'alimenter toute l'Amérique en énergie solaire », *Futurism*, 12 décembre 2019, https://futurism.com.

88. Smil, *Power Density: A Key to Understanding Energy Sources and Uses*, 247.

89. Ibid., 247.

90. D. Weißbach, G. Ruprecht, A. Huke et al, « Energy Intensities, EROIs(Energy Returned on Invested), and Energy Payback Times of Electricity Generating Power Plants », *Energy* 52 (avril 2013): 210-21, https://doi.org/10.1016/j.energy.2013.01.029.

91. Ibid.

92. Dohmen et al., « German Failure on the Road to a Renewable Future. »

93. La densité de puissance de la biomasse-bois est tirée de van Zalk et Behrens, « The Spatial Extent of Renewable and Non-renewable Power Generation ». Les données sur la production d'électricité aux États-Unis proviennent de l'Agence américaine d'information sur l'énergie.

94. Nana Yaw Amponsah, Mads Troldborg, Bethany Kington et al., « Greenhouse Gas Emissions from Renewable Energy Sources: A Review of

Lifecycle Considerations, » *Renewable and Sustainable Energy Reviews* 39 (novembre 2014), 461–75, https://doi.org/10.1016/j.rser.2014.07.087.

95. Timothy Searchinger, Ralph Heimlich, R. A. Houghton et al, « Use of U.S.Croplands for Biofuels Increases Greenhouse Gases Through Emissions from Land-Use Changes, » *Science* 319, no. 5867 (2008): 1238-40, https://doi.org/10.1126/science.1151861. Tiziano Gomiero, « Are Biofuels an Effectiveand Viable Energy Strategy for Industrialized Societies? A Reasoned Overviewof Potentials and Limits », *Sustainability* 7 (2015): 8491-521, https://doi.org/10.3390/su7078491.

96. David Schaper, « Record Number of Miles Driven in US Last Year », NPR, 21 février 2017, https://www.npr.org. « How Much Gasoline Does the United States Consume? », Administration américaine d'information sur l'énergie https://www.eia.gov/tools/faqs/faq.php?id=23&t=10. « How Much Ethanol Is in Gasoline, and How Does It Affect Fuel Economy? », Administration américaine d'information sur l'énergie, https://www.eia.gov/tools/faqs/faq.php?id=27&t=4. « Données », FAO, http://www.fao.org/faostat/en/#data/RL. En 2017, les conducteurs américains ont parcouru un total de 5,18 trillions de km. L'économie de carburant des voitures américaines était en moyenne de 40 km par gallon (3,78l). Pour chaque gallon d'essence, il faut 1,5 gallon d'éthanol (E100). En 2017, les terres cultivées aux États-Unis représentaient 160 millions d'ha. La quantité de terres nécessaires pour remplacer toute l'essence par de l'éthanol pur serait de 264 millions d'ha soit une augmentation de 51 %.

97. John van Zalk and Paul Behrens, « The spatial extent of renewable and nonrenewable power generation: A review and meta-analysis of power densities and their application in the US, » *Energy Policy* 123 (2018): 83–91, https://doi.org/10.1016/j.enpol.2018.08.023.

98. Ibid., 83–91.

99. Jesse Jenkins, Mark Moro, Ted Nordhaus et al, *Beyond Boom & Bust: PuttingClean Tech on a Path to Subsidy Independence*, Breakthrough Institute, avril 2012, https://s3.us-east-2.amazonaws.com/uploads.thebreakthrough.org/articles/beyond-boom-and-bust-reportoverview/Beyond_Boom_and_Bust.pdf, 18.

100. Tom Jackson, « PacificCorp Sues to Block Release of Bird-Death Data at Wind Farms, » *Sandusky Register*, 17 novembre 2014, http://www.sandusky register.com.

101. Shawn Smallwood, « Bird and Bat Impacts and Behaviors at Old Wind Turbines at Foebay, Altamont Pass Wind Resource Area », California Energy Commission, novembre 2016, consulté le 17 janvier 2020, https://ww2.energy.ca.gov/2016publications/CEC-500-2016-066/CEC-500-2016-066.pdf.

102. Shawn Smallwood, lettre au Fish and Wildlife Service, « Comments on the Updated Collision Risk Model Priors for Estimating Eagle Fatalities at Wind Energy Facilities, » Center for Biological Diversity, 17 août 2018.

103. Ibid.

104. Michael Hutchins, « To Protect Birds from Wind Turbines, Look to Hawai's Approach, » American Bird Conservancy, 21 juin 2016, https://abcbirds.org/to-protect-birds-and-bats-from-wind-turbines-adopt-hawaiis-approach.

105. Joseph Goldstein, « A Climate Conundrum: The Wind Farm vs. the Eagle'sNest », *New York Times*, 25 juin 2019, https://www.nytimes.com.

106. Clifford P. Schneider, *pro se*, « Motion for Dismissal for Fraud upon the SitingBoard, » *Application of Galloo Island Wind LLC for a Certificate of EnvironmentalCompatibility and Public Need Pursuant to Article 10 to Construct a Wind EnergyProject*, Case No. 15-F-0327, 13 septembre 2018, 2 ; Joseph Goldstein, « A Climate Conundrum: The Wind Farm vs. The Eagle's Nest, » *New York-Times*, 25 juin 2019, https://www.nytimes.com.

107. Goldstein, « A Climate Conundrum. »

108. Lisa Linowes (directrice exécutive, Wind Action Group), entretien avec l'auteur, 6 novembre 2019.

109. Des scientifiques ont découvert qu'en réduisant l'utilisation des éoliennes lorsque la vitesse du vent est faible, on peut réduire la mortalité des chauves-souris de 44 % à 93 %. Edward B. Arnett, Manuela M. P. Huso, Michael R. Schirmacher, et John P. Hayes, « AlteringTurbine Speed Reduces Bat Mortality at Wind-Energy Facilities, » *Frontiers in Ecology and the Environment* 9, no. 4 (novembre 2010): 209-14, https://doi.org/10.1890/100103. Lori Bird, Jaquelin Cochran, et Xi Wang, *Wind and Solar Energy Curtailment: Experience and Practices in the United States*, National Renewable Energy Laboratory, mars 2014, https://www.nrel.gov/docs/fy14osti/60983.pdf.

110. Smallwood, lettre au Fish and Wildlife Service.

111. Shawn Smallwood, « Estimating Wind Turbine–Caused Bird Mortality, » *Journal of Wildlife Management* 71, no. 8 (2007): 2781–91, https://doi.org/10.2193/2007-006.

112. Franz Trieb, « Study Report: Interference of Flying Insects and Wind Parks, » Deutsches Zentrum für Luft- und Raumfahrt, 30 septembre 2018, https:// www.dlr.de/tt/Portaldata/41/Resources/dokumente/st/FliWip-Final-Report.pdf. Caspar A. Hallmann, Martin Song, Eelke Jongejans et al, « More than 75 Percent Decline over 27 Years in Total Flying Insect Biomass in ProtectedAreas », *PLOS ONE* 12, no 10 (18 octobre 2017): e0185809, https://doi.org/10.1371/journal.pone.0185809.

113. Trieb, « Interference of Flying Insects and Wind Parks. »

114. Ibid.

115. Robert F. Contreras et Stephen J. Frasier, « High-Resolution Observations of Insects in the Atmospheric Boundary Layer », *Journal of Atmospheric and Oceanic Technology* 25 (2008): 2176-87, https://doi.org/10.1175/2008JTECHA1059.1.

116. Trieb, « Interference of Flying Insects and Wind Parks. »

117. U.S. Census of Agriculture, 2017. EU, « EU Agricultural Outlook 2017–2030, » www.ec.europa.eu.

118. Franz Trieb et Denise Nuessele (Institut für Technische Thermodynamik), correspondance par courriel avec l'auteur, 16 et 19 novembre 2019.

119. « Wind turbines and birds and bats, » Sierra Club, consulté le 26 juin 2019, https://www.sierraclub.org/michigan/wind-turbines-and-birds-and-bats.

120. Susan Crosier, « A wind farm in the great lakes? Let's give it a twirl, » NRDC, 21 février 2017, https://www.nrdc.org/stories/wind-farm-great-lakes-lets-give-it-twirl.

121. Stacy Small-Lorenz et al., « Can birds and wind energy co-exist? » *Energy Exchange* (blog), EDF, 5 décembre 2014, http://blogs.edf.org/energyexchange/2014/12/05/can-birds-and-wind-energy-co-exist.

122. Joseph Goldstein, « A Climate Conundrum: The Wind Farm vs. The Eagle's Nest, » *New York Times*, 25 juin 2019, https://www.nytimes.com..

123. Science Advisory Board, Review of EPA's Accounting Framework for Biogenic CO2 Emissions from Stationary Sources (Washington, D.C.: Agence de protection de l'environnement des États-Unis, 2011), https://yosemite.epa.gov/sab/sabproduct.nsf/0/57B7A4F1987D7F7385257A87007977F6/$File/EPA-SAB-12–011-unsigned.pdf.

124. Louis Sahagun, « Companies won't face charges in condor deaths, » *Los Angeles Times*, 10 mai 2013, https://www.latimes.com.

125. Ibid.

126. Barry Brook, « An Open Letter to Environmentalists on Nuclear Energy, » Brave New Climate, 15 décembre 2014, https://bravenewclimate.com/2014/12/15/an-open-letter-to-environmentalists-on-nuclear-energy..

127. Peter Laufer, « The Tortoise Is Collateral Damage in the Mojave Desert, » *High Country News*, 19 mars 2014, https://www.hcn.org.

128. Thomas Lovejoy, « A Mojave Solar Project in the Bighorn's Way, » *New York Times*, 11 septembre 2015, https://www.nytimes.com.

129. Jonathan Franzen, « Carbon Capture », *The New Yorker*, 30 mars 2015, https://www.newyorker.com.

130. Michael Casey, « 30,000 Wind Turbines Located in Critical Bird Habitats, » CBS News, 20 mai 2015, https://www.cbsnews.com.

131. *Wind Power: Impacts on Wildlife and Government Responsibilities for RegulatingDevelopment and Protecting Wildlife*, GAO Report to Congressional Requesters, GAO-05-906 (Washington, D.C.: GAO, septembre 2005), https://www.gao.gov/new.items/d05906.pdf.

132. W. F. Frick, E. F. Baerwald, J. F. Pollock et al., « Fatalities at Wind Turbines May Threaten Population Viability of a Migratory Bat, » *Biological Conservation* 209 (Mai 2017): 172–77, http://doi.org/10.1016/j.biocon.2017.02.023.

133. Fridolin Pflugmann et al., « Germany's energy transition at a crossroads, » McKinsey & Company, novembre 2019, https://www.mckinsey.com/industries/electric-power-and-natural-gas/our-insights/germanys-energy-transition-at-a-crossroads.

134. Vermont Department of Environmental Conservation Air Quality and Climate Division, *Vermont Greenhouse Gas Emissions Inventory Update:* Brief

1990–2015, juin 2018, 3, https://dec.vermont.gov/sites/dec/files/aqc/climatechange/documents/_Vermont_Greenhouse_Gas_Emissions_Inventory_Update_1990–2015.pdf.

135. « Preliminary Monthly Electric Generator Inventory, » Agence américaine d'information sur l'énergie, septembre 2019, https://www.eia.gov/electricity/data/eia860M.

136. Jim Therrien, « Long Awaited Deerfield Wind Turbines Go Online, » *VT Digger*, 30 décembre 2017, https://vtdigger.org. Howard Weiss-Tisman, « After Agreement Over Bear Habitat, Deerfield Wind Project Will Move Forward, » VPR, 11 août 2016, https://www.vpr.org.

137. La production d'énergie solaire a augmenté de 50 GWh par an dans le Vermont, selon l'Agence américaine d'information sur l'énergie. Avec l'augmentation effective de 9 GWh par an de l'énergie éolienne de Deerfield entre 2009 et 2018, il faudra quatre-vingt-cinq ans pour remplacer les 5 000 GWh par an de Vermont Yankee, si le déploiement solaire et éolien se poursuit au même rythme. Cependant, presque aucun nouveau projet solaire commercial n'était prévu en novembre 2019, ce qui remet en question la courbe de croissance actuelle de l'énergie solaire.

138. Katharine Q. Seelye, « After 16 Years, Hopes for Cape Cod Wind Farm Float Away, » *New York Times*, 19 décembre 2017, https://www.nytimes.com.

139. Acronyme de Not In My Backyard = Pas à côté de chez moi. (N.d.T.)

140. John Laumer, « US Wind Industry Follows "Starbucks Rule" for Turbine Siting, » *Treehugger*, 15 octobre 2009, https://www.treehugger.com

X

Tout sur le Vert

1. Un déni financé par les énergies fossiles

À l'été 2019, un think tank organisait un gala de collecte de fonds typique des organisations de recherche et de lobbying basées à Washington. Le thème était *Game of Thrones*, d'après la très populaire série HBO. Ce think tank, Compétitive Enterprise Institute (CEI), est considéré par beaucoup comme l'organisation climato-sceptique la plus influente de Washington.

Après son élection, le président Donald Trump a choisi le directeur de la CEI Myron Ebell, pour superviser la réorganisation des équipes de l'US Environmental Protection Agency. Trump avait qualifié le changement climatique de canular en 2015, et l'année suivante, il déclarait au *Washington Post* : « Je pense que le temps change. Je ne suis pas un grand partisan du changement climatique causé par l'homme[1]. »

En 1998, Ebell a contribué au lancement de la « Cooler Heads Coalition », financée par des compagnies pétrolières, qui se donnait officiellement pour mission de « dissiper les mythes du réchauffement climatique global. » Ebell prédisait la victoire une fois que le public aurait reconnu « les incertitudes en science du climat[2] ».

Le *New York Times* a obtenu une copie de la liste des invités au *Game of Thrones*, et a ainsi pu, pour la première fois, déterminer qui finançait le CEI. « Il est difficile de savoir qui finance le déni climatique car de nombreux laboratoires d'idées qui continuent de remettre en question le consensus climatique établi sont des associations à but non lucratif qui ne sont pas tenues de divulguer leurs donateurs », écrivait le *NYT*.

« Si bien que le programme d'un récent gala organisé par l'institut, qui comprenait une liste d'entreprises donatrices, a offert un rare aperçu de l'argent qui rend possible le travail de ces think tanks[3] ».

Il n'était guère surprenant que de nombreux donateurs de l'institut soient des entreprises spécialisées dans la vente de combustibles fossiles. Certaines ont intérêt à supprimer les règlementations susceptibles de nuire à leurs affaires. « Le groupe pétrochimique qui défend les intérêts des producteurs d'essence, a fait pression pour alléger les normes d'économie de carburant imposées aux constructeurs, l'un des axes climatiques essentiels de l'administration de Barack Obama », notait le quotidien[4].

Aucune entreprise de combustibles fossiles ne semble avoir été plus active dans la tromperie de l'opinion en matière de lutte contre les lois sur le climat qu'ExxonMobil. Des documents internes d'Exxon montrent que l'entreprise sait depuis les années 1970 que les combustibles fossiles réchauffent la planète. Mais au lieu d'avertir le public, Exxon a fait don de dizaines de millions de dollars à des organisations climatosceptiques pour semer la confusion dans le public en mettant l'accent sur les incertitudes scientifiques[5].

« Nous ne sommes pas dans ce pétrin parce que nous chauffons nos maisons ou conduisons nos enfants à l'école, expliquait un responsable de la campagne #ExxonKnew, (Exxon savait), ce que les entreprises de combustibles fossiles veulent nous faire croire. Nous sommes victimes d'un petit groupe d'entreprises gigantesques qui ont délibérément et imprudemment ignoré les implications d'informations qu'ils détenaient, travaillant sans relâche à tromper le public.[6] ».

Mais si les subsides des groupes pétroliers corrompent la politique et tuent la planète, pourquoi les militants pour le climat en acceptent-ils autant ?

2. Le pouvoir de l'hypocrisie

À la mi-janvier 2020, on pouvait voir des militants pour le climat brandissant des pancartes clamant : « Pete accepte le fric des milliardaires du fossile », lors d'un rassemblement électoral pour Pete Buttigieg, alors candidat démocrate à la présidentielle américaine.

« Nous sommes vraiment préoccupés par les candidats qui ont accepté des financements de pontes des énergies fossiles, déclarait Griffin Sinclair-Wingate l'organisateur de la manifestation. En tant que jeunes vraiment préoccupés par le changement climatique et qui savent que nos vies sont menacées par la crise climatique, nous ne pouvons pas avoir un président qui accepte de l'argent des dirigeants de cette industrie. »

Buttigieg sur la défensive a répondu : « J'ai pris des engagements forts sur les combustibles fossiles », mais Sinclair-Wingate a souligné que le candidat « avait organisé une collecte de fonds dans une cave à vins avec Craig Hall, dirigeant d'une entreprise qui finance des projets d'infrastructure de combustibles fossiles[7] ».

Sinclair-Wingate s'est présenté aux journalistes comme porte-parole du New Hampshire Youth Movement. Mais il était aussi un employé rémunéré de 350.org, le groupe créé et dirigé par l'activiste climatique Bill McKibben[8], or 350.org est financé par le milliardaire des combustibles fossiles Tom Steyer, lui aussi candidat à la présidence[9].

Une grande partie de la richesse de Steyer provient d'investissements dans les trois principaux combustibles fossiles : charbon, pétrole et gaz naturel. L'entreprise de Steyer, Farallon Capital Management, a rapporté le *New York Times* en 2014, « avait tout d'un ancrage dans l'industrie charbonnière indonésienne, m'a confié un homologue de Steyer. En attirant de l'argent dans un secteur négligé, ils ont contribué à l'essor de l'industrie du charbon là-bas[10] »

Comme nous l'avons vu, remplacer le bois par le charbon dans des pays pauvres et en développement comme l'Indonésie peut être positif pour le progrès humain et environnemental. Ce qui est inacceptable, c'est d'accepter des financements d'industriels des fossiles tout en attaquant les rivaux qui en font autant. Le mensonge est plus contestable encore.

Lorsque Steyer a annoncé qu'il se présentait à la présidence en juillet 2019, le fondateur de 350.org, Bill McKibben, et le directeur du Sierra Club, Mike Brune, ne tarissaient pas d'éloges sur lui : Steyer était un « champion du climat », tweetait McKibben, qui ajoutait : « son programme climatique qui vient de sortir est sacrément bon[11] ! » De son côté Brune tweetait : «@TomSteyer est un leader du climat depuis des années et je suis heureux de voir un autre champion du climat rejoindre la primaire[12] ».

Mais de nombreux démocrates et militants pour le climat ne partageaient pas cet enthousiasme. « S'il-vous-plaît, exhortez ce type à démissionner. Énorme gaspillage d'argent », déclarait l'un d'eux[13].

« Bill, écrivait une autre personne, si vous êtes sérieusement de mèche avec Steyer, vous perdez toute crédibilité dans ce combat[14] ».

Les déclarations de revenus adressées aux services fiscaux par la société philanthropique de Steyer, le TomKat Charitable Trust, montre qu'elle a donné 250 000 $ à 350.org en 2012, 2014 et 2015. Steyer a peut-être aussi donné de l'argent à 350.org en 2013, 2016, 2017, 2018, 2019 et 2020. Ce qui motive un tel soupçon est que 350.org a remercié les deux organisations philanthropiques de Steyer, la Fondation TomKat et NextGen America, dans chacun de ses rapports annuels depuis 2013[15].

En 2018, 350.org a déclaré des revenus de près de 20 millions de dollars[16].

Steyer a dépensé 250 millions de dollars pour se présenter à la présidence et au moins 240 millions de dollars pour influencer les élections au niveau fédéral depuis 2013. Depuis 2012, Steyer a également fait des dons au Sierra Club, au Natural Resources Defense Council (NRDC), au Center for American Progress (CAP), et à l'Environmental Defense Fund (EDF)[17].

McKibben a déclaré au *Washington Post* en 2014 que ça ne le « dérangait pas » que Steyer ait gagné une grande partie de sa fortune dans les combustibles fossiles parce que Steyer avait promis de se désengager de ces investissements[18].

L'article du *Washington Post* ne mentionnait pas le fait que Steyer avait financé l'organisation de McKibben. « L'écologiste a dit que Steyer méritait des éloges pour sa décision d'abandonner une carrière lucrative, écrit le journaliste du *Post*, et que d'ailleurs nombre des militants anti-combustibles fossiles les plus ardents avaient bénéficié des subsides de l'industrie à un moment ou l'autre[19]. »

En juillet 2014, Steyer déclarait au *Washington Post* qu'il se dégagerait des combustibles fossiles à la « fin de ce mois », mais en août 2014, son porte-parole reconnaissait dans une déclaration au *New York Times* qu'il n'avait pas tenu sa promesse. « Farallon est toujours investi dans des industries génératrices de carbone et les collaborateurs de Steyer ont refusé de dire si M. Steyer avait demandé de vendre ces avoirs, une demande qui aurait vraisemblablement une influence significative compte tenu de son rôle de fondateur[20]. »

Mais dans le même article, les collaborateurs de Steyer ajoutaient : « Il reste un investisseur passif », tout en refusant de décrire l'importance de sa participation.

Steyer a menti sur la nature de ses investissements pendant cinq annnées supplémentaires. En juillet 2019, il déclarait à ABC News : « Regardez, dans notre entreprise, nous avons investi dans chaque secteur de l'économie, y compris les combustibles fossiles. Quand j'ai réalisé quelle menace ils représentaient pour notre environnement, pour les gens aux États-Unis et dans le monde, j'ai changé. Je me suis débarrassé de tout ça. J'ai laissé tomber ces activités[21] ».

Mais à peine quelques semaines plus tard, lorsqu'on lui posait la question avec insistance lors d'une réunion électorale, Steyer déclarait : « Il reste sans doute des reliquats » des investissements dans les fossiles. En fait, Bloomberg News a découvert que Steyer avait conservé des millions de dollars investis dans les mines de charbon, les oléoducs et la fracturation hydraulique pour le pétrole et le gaz naturel[22].

Est-ce que ça importe ? Après tout, là où des groupes climato-sceptiques comme CEI travaillent pour annihiler les stratégies climatiques, 350.org et d'autres groupes environnementaux utilisent l'argent de Steyer pour *soutenir* les énergies propres, pas pour les tuer, non ?

Faux. Non seulement 350.org, Sierra Club, NRDC et EDF sont tous financés par les milliardaires des énergies fossiles, mais encore essaient ils aussi de tuer la plus grande source d'électricité décarbonée, l'énergie nucléaire[23].

3. Vert à l'intérieur

McKibben est l'un des militants écologiques les plus influents d'Amérique et, comme nous l'avons vu, il a plaidé avec succès pour la fermeture de la centrale nucléaire du Vermont, grâce à quoi les émissions de CO2 de l'État ont augmenté de 16 % au lieu de baisser de 25 %, comme prévu.

Mais McKibben n'est pas le seul militant climatique à avoir réussi à forcer une centrale nucléaire à fermer pour la remplacer par une énergie fossile. Tous les grands groupes d'activistes climatiques américains, NRDC, EDF et le Sierra Club, ont cherché à fermer des centrales nucléaires aux États-Unis tout en prenant l'argent de producteurs de gaz naturel ou d'énergies renouvelables ou en investissant dans ces activités – – et leurs investisseurs pourraient gagner des milliards si les centrales nucléaires étaient fermées au profit du gaz naturel.

Éliminer des centrales nucléaires s'avère une activité lucrative pour des concurrents fossiles ou renouvelables. C'est que les centrales nucléaires produisent de grandes quantités d'électricité. Sur une période de dix ans, le propriétaire d'Indian Point a pu générer 8 milliards de dollars de revenus. Sur quarante ans, ces revenus pourraient aisément se monter à 32 milliards de dollars. Si la centrale ferme, ces milliards iront à des exploitants de gaz naturel et d'énergies renouvelables[24].

Depuis les Années 1970, le Sierra Club, NRDC et EDF ont travaillé à la fermeture des centrales nucléaires pour les remplacer par des combustibles fossiles agrémenté de quelques renouvelables. Ils ont réalisé des rapports détaillés pour les décideurs, les journalistes et le public afin de montrer que ni les centrales nucléaires ni les combustibles fossiles ne sont nécessaires pour répondre aux besoins en électricité, grâce à l'efficacité énergétique et aux renouvelables. Et pourtant, comme nous l'avons vu, presque partout on ferme des centrales nucléaires ou on annule leur construction, quitte à brûler des combustibles fossiles à la place[25].

La Fondation Sierra Club a accepté des subsides provenant tout droit d'entreprises spécialisées dans le solaire. Le directeur de la banque d'investissement dans les énergies renouvelables de Barclays, l'administrateur et directeur juridique adjoint de SolarCity, le fondateur et PDG de Sun Run, le PDG de Solaria et d'autres ont tous siégé au conseil d'administration de la Sierra Club Foundation[26].

Le conseil d'administration et les mandataires sociaux d'EDF (Environmental Defense Fund) ont également compté en leur sein des investisseurs et des dirigeants de sociétés pétrolières, gazières et d'énergies renouvelables, y compris Halliburton, Sunrun, Northwest Energy et bien d'autres[27].

NRDC a aidé à créer et à investir 66 millions de dollars dans un fond « Ex-Fossil Fuels Index Fund » pour le compte de Black Rock qui, en fait, investit massivement dans les compagnies gazières. Et dans un rapport financier de 2014, NRDC a révélé qu'il avait investi près de 8 millions de dollars dans les énergies renouvelables par le biais de quatre fonds distincts de capital-investissement[28].

« Si un écologiste jetait un coup d'œil aux holdings du NRDC, écrivait le journaliste d'un site Web écologiste en 2015, il pourrait hausser un sourcil interrogateur : 1200 actions d'Halliburton, 500 de Transocean, 700 de Valero. Marathon, Phillips 66, Diamond Offshore Drilling – ils sont présents dans ces entreprises aussi[29].

Le donateur fondateur des Amis de la Terre était le pétrolier Robert Anderson, le propriétaire d'Atlantic Richfield. Il a donné aux Amis de la Terre l'équivalent de 500 000 dollars en 2019. « Comment David Brower a-t-il pu accepter l'argent d'un pétrolier ? s'est demandé son biographe[30]. La réponse est qu'il était le pionnier de la stratégie écologiste consistant à accepter des financements d'investisseurs pétroliers et gaziers et à promouvoir les énergies renouvelables afin d'« écoblanchir » la fermeture des centrales nucléaires.

Le Natural Resources Defense Council a même aidé Enron à distribuer des centaines de milliers de dollars à des groupes écologistes. « Sur la gestion environnementale, notre expérience est que vous pouvez vous fier à Enron, déclarait Ralph Cavanagh, de NRDC, en 1997[31]. Les dirigeants d'Enron à l'époque ont escroqué les investisseurs de plusieurs milliards de dollars grâce à un système de fraudes massives, qui a fini par mettre l'entreprise en faillite en 2001[32].

De 2009 à 2011, les avocats et les lobbyistes d'EDF et du NRDC ont défendu et contribué à la rédaction d'une complexe législation de plafonnement et d'échange des gaz à effet de serre qui aurait créé un marché d'échange de droits d'émission de carbone de plus de 1 000 milliards de dollars et permis à certains de leurs donateurs d'en tirer profit[33].

Les militants pour le climat ont longtemps souligné que les organisations qui nient le changement climatique sont massivement financées par les industries fossiles et en reçoivent des financements beaucoup plus importants, mais est-ce vraiment le cas ? C'est une information facile à vérifier, étant donné que le gouvernement exige des organismes sans but lucratif qu'ils divulguent leurs revenus.

En fait les financements des militants du climat dépassent de très loin ceux des climato-sceptiques. Les budgets additionnés des deux plus grandes organisations environnementales américaines, EDF et NRDC, représentent environ 384 millions de dollars, contre seulement 13 millions de dollars pour les deux plus grands groupes climato-sceptiques, le Competitive Enterprise Institute et l'Institut Heartland. Ce montant de 384 millions de dollars, dépasse l'ensemble des subsides qu'Exxon a distribué à des organisations climato-sceptiques depuis deux décennies[34].

On pourrait objecter qu'il existe d'autres organisations qui critiquent la politique climatique et s'y opposent, dont Heritage Foundation (86 millions de dollars de revenus)[35]American Enterprise Institute (59 millions de dollars de revenus)[36] et Cato Institute (31 millions de dollars de revenus)[37].

Mais ces trois organisations admettent toutes que l'humanité modifie le climat, même si elles s'opposent à bon nombre des moyens proposés pour y remédier. L'American Enterprise Institute a approuvé aussi bien une taxe sur le carbone qu'un programme gouvernemental de recherche et développement pour l'innovation dans les énergies propres[38].

Et il existe de nombreuses autres organisations, dont Nature Conservancy (1 milliard de dollars de chiffre d'affaires en 2018) et Center for American Progress (44 millions de dollars de chiffre d'affaires en 2018), qui défendent avec ardeur les énergies renouvelables et s'opposent à l'énergie nucléaire[39].

4. Fracturation nucléaire

Au printemps 2016, Elizabeth Warren, sénatrice du Massachusetts et candidate démocrate à la présidentielle 2020, s'est rendue à Chicago pour prendre la parole lors d'un dîner de gala et de collecte de fonds organisé par le principal groupe écologiste de l'Illinois, the Environmental Law and Policy Center (ELPC). Son fondateur, Howard Learner, dispose d'un réseau de contacts influents au sein du Parti démocrate. Learner avait été le conseiller pour les questions énergétiques et environnementales du président Obama en 2007-2008[40]. Outre Warren, le sénateur américain Dick Durbin (D-IL) a également pris la parole lors de cette soirée.

À l'époque, l'ELPC cherchait à empêcher le vote d'une loi des représentants de l'Illinois qui aurait étendu aux centrales nucléaires une petite fraction des subventions que l'État accordait déjà aux promoteurs de projets éoliens et solaires. Learner est un militant antinucléaire de longue date, qui travaille depuis trois décennies à faire annuler des projets de centrales nucléaires et à fermer les centrales existantes.

« Tout le monde considère avec enthousiasme l'édification d'une nouvelle centrale à gaz naturel », déclarait-il, faisant allusion à l'augmentation présumée des emplois[41]. Mais même cet argument était trompeur. Alors qu'une centrale nucléaire de taille moyenne compte en général mille employés, une centrale à gaz naturel de taille similaire en emploie généralement moins de cinquante.

Tout ce qui peut nuire au nucléaire est une bonne affaire pour les acteurs majeurs du gaz naturel et des énergies renouvelables. Il n'est donc pas étonnant que quand ELPC a demandé à ces poids lourds, bénéficiaires directs de l'annulation de projets nucléaires, de co-parrainer son dîner de gala, beaucoup d'entre eux aient signé des chèques avec enthousiasme.

Le nom le plus important de la liste était Invenergy, qui investit conjoitement dans le gaz et l'éolien. Pour Invenergy, le financement d'ELPC pouvait faire partie de ses efforts pour fermer les centrales nucléaires de l'Illinois. Pendant la même période, Invenergy déployait un lobbying agressif auprès des législateurs de l'État, distribuant des contributions de campagne et promouvant les renouvelables.

En février 2012, le nouveau directeur exécutif du Sierra Club faisait des révélations au magazine *Time* : son organisation avait accepté plus de 25 millions de dollars d'Aubrey McClendon, important industriel du gaz naturel, dirigeant de Chesapeake Energy et pionnier de la fracturation hydraulique[42].

L'ancien directeur exécutif du Sierra Club avait effectué divers déplacements à travers les États-Unis avec McClendon pour promouvoir les avantages environnementaux du gaz naturel[43].

Le nouveau directeur exécutif du Sierra Club, Michael Brune, dénonça la démarche de McClendon et décida que le Sierra Club n'accepterait plus d'argent des industriels du gaz naturel.

Brune a déclaré à *Time* qu'en 2010, « lorsqu'il a découvert l'existence de ces donations, il savait que cela risquait de ternir l'organisation », il a donc exigé que le club refuse tout financement futur. Brune a décrit sa décision comme difficile mais juste. « L'argent supplémentaire aurait représenté un quart de notre budget pour une année entière. Ce n'était pas un chèque pour rire. Mais nous avions d'excellentes raisons de refuser », a déclaré Brune[44].

Pourquoi, lui demandait le journaliste du *Time*, Brune a-t-il attendu « plus d'un an et demi après la décision de rompre ses liens avec l'industrie du gaz pour révéler le secret de ces financements d'un groupe gazier ?

Il répondit qu'il était préoccupé par l'importance qu'avaient pris le gaz naturel et les forages pétroliers dans le récent discours sur l'état de l'Union du président Obama, où ce dernier expliquait que les forages gaziers « créeraient des emplois et feraient fonctionner des camions et des usines plus propres et moins chers, ce qui prouve que nous n'avons pas à choisir entre notre environnement et notre économie[45].

C'est bien possible, mais une autre raison possible pour laquelle Brune s'est confié au grand magazine est que les membres du Sierra Club opposés à la fracturation hydraulique se sont plaints à un journaliste de gauche qui était sur le point d'ébruiter l'histoire. Ce dernier, un certain Russell Mokhiber travaillant pour *Corporate Crime Reporter*, basé à Washington, a envoyé un e-mail au Sierra Club pour lui demander si l'organisation acceptait des subsides d'entreprises de fracturation.

« ...Je reçois un courriel de Maggie Kao, la porte-parole du Sierra Club.

Mardi, Kao m'écrit : « Nous n'acceptons pas et nous n'accepterons pas d'argent provenant d'une compagnie de gaz naturel, quelle qu'elle soit. »

Je réponds : « Je comprends que vous ne le faites pas et que vous ne le ferez pas. Mais avez-vous accepté des dons de Chesapeake ? »

C'était mardi. Toute la journée de mercredi se passe. Puis celle de jeudi. Et je n'obtiens toujours pas de réponse. Jeudi soir Kao m'écrit : « OK, Brune peut vous parler à 19 h 30. »

Et en passant, Kao me suggère de lire un article qui vient d'être publié *dans Time Magazine*.... Il s'avère que le Sierra Club ne voulait pas que l'article paraisse dans *Corporate Crime Reporter*[46].

Sous Brune, le Sierra Club n'a jamais cessé d'encaisser des dons provenant de groupes gaziers. En fait, les montants qu'il recevait ont même spectaculairement augmenté.

Pendant son mandat, le Sierra Club a reçu 110 millions de dollars supplémentaires de Michael Bloomberg, l'ancien maire de New York, propriétaire de Bloomberg Media Group, candidat démocrate à la présidentielle 2020 et investisseur majeur dans le gaz naturel[47].

Lorsque j'ai publié ces faits, certains sur Twitter ont objecté que les participations de Bloomberg étaient très diverses, audelà du seul gaz naturel, et qu'en plus Bloomberg était soucieux du changement climatique et cherchait à remplacer le charbon par du gaz, ce que j'admets volontiers.

Mais on ne peut pas jouer sur les deux tableaux.

Bloomberg n'a pas moins de conflits d'intérêts que Aubrey McClendon, Tom Steyer ou Exxon. Pour les organisations comme 350.org et le Sierra Club accepter de l'argent de deux d'entre eux tout en dénonçant leurs adversaires pour avoir accepté de l'argent des deux autres trahit une hypocrisie éhontée.

Cela soulève également une question : depuis combien de temps exactement les intérêts pétroliers et gaziers financent-ils des groupes environnementaux pour faire fermer des centrales nucléaires ?

5. La sale guerre de Brown

Le 1er juillet 1979, environ trente mille personnes se sont rassemblées sur une piste d'atterrissage dans un coin reculé de la côte californienne centrale pour entendre chanter Jackson Browne, Bonnie Raitt, Graham Nash et d'autres pop stars lors du concert « No Nukes » (Non au nucléaire). Le concert était motivé par un mouvement de rejet croissant de l'énergie nucléaire déclenché d'abord par le film antinucléaire à succès, *The China Syndrome*, puis douze jours plus tard par la fusion partielle du réacteur de la centrale de Three Mile Island.

Le gouverneur de Californie, Jerry Brown, quarante et un ans, s'est présenté à l'événement, et a demandé à pouvoir s'adresser au public. Les organisateurs de l'événement, suspectant la sincérité du gouverneur, l'ont interrogé pendant une heure puis ont décidé de le laisser prendre la parole après avoir décidé qu'il était véritablement antinucléaire.

Une fois sur scène, Brown s'est employé à flatter les jeunes spectateurs. Ils représentaient le « triomphe du peuple sur le pouvoir », a-t-il déclaré et « un pouvoir grandissant de protéger la Terre. » Brown a fait une promesse à la foule : « J'ai personnellement l'intention de poursuivre toutes les voies de recours si la Commission de réglementation nucléaire ignore la volonté de cette communauté[48]. »

Le public debout a ovationné Brown pendant une minute. Celui-ci a terminé son discours en faisant scander à la foule : « Non à Diablo ! Non à Diablo ! Non à Diablo ! » Le lendemain, le journal local, le San Luis Obispo County Telegram-Tribune titrait : « Le rassemblement pousse Brown dans l'opposition à Diablo »[49].

Le gros titre comme l'accueil initialement glacial des organisateurs du concert, pouvait faire croire à un journaliste local rapportant l'événement que le gouverneur répondait au mouvement antinucléaire. En réalité, cela faisait des années que Brown dirigeait en coulisse la contestation anti-nucléaire.

Trois ans auparavant, des groupes antinucléaires avaient lancé une initiative populaire qui aurait effectivement interdit le nucléaire, tandis qu'un allié de Brown deposait un projet de loi visant à empécher la construction de nouvelles centrales jusqu'à ce qu'un site de déchets soit aménagé. Lorsque les services publics d'électricité de l'État se sont prononcés contre le projet de loi, le gouverneur Brown menaça de faire campagne en faveur d'une initiative plus radicale à moins qu'ils ne reculent. Les services publics ont cédé et ont autorisé le vote de cette loi aussitôt promulguée par Brown.

Lorsque le San Diego Gas & Electric a cherché à construire une centrale nucléaire, un projet baptisé Sundesert, Brown les a attaqués par le biais des agences qu'il contrôlait. Ses alliés de la commission de l'énergie californienne ont fait valoir que les besoins énergétiques devraient plutôt être satisfaits par le pétrole et le charbon. L'Air Resources Board a appuyé la décision du la commission et conclu que « de nouvelles centrales électriques à combustibles fossiles pouvaient être construites dans de nombreuses régions de Californie sans causer de dommages environnementaux[50] ».

Un commissaire sortant de la commission de l'énergie s'est opposé à ce qu'il considérait, de la part de l'agence, comme une sous-estimation délibérée et injustifiée des besoins futurs en électricité, l'hypothèse retenue étant celle d'une consommation d'énergie massivement réduite grâce aux futurs gains écoénergétiques réalisés sur les bâtiments et l'électroménager. L'homme a accusé Brown et ses alliés de « tenter délibérément de stopper l'énergie nucléaire dans l'État[51]. »

Le comportement de Brown a scandalisé ses collègues démocrates, qui estimaient que les centrales nucléaires garantiraient une électricité bon marché et non polluante pendant des décennies. L'offensive contre Sundesert a été « orchestrée par le gouverneur pour des mobiles personnels », accusa un élu à l'assemblée de l'État. « Cela n'a évidemment rien à voir avec le fond de l'affaire[52]. »

Brown était fier du travail accompli. Après avoir appris que les militants antinucléaires s'attribuaient le mérite d'avoir empêché la construction de l'usine, Brown s'est vanté à un journaliste : « C'est moi qui ai bloqué l'usine de Sundesert[53] ». Entre 1976 et 1979, Brown et ses alliés ont torpillé tant de centrales nucléaires que si elles avaient été construites la Californie produirait aujourd'hui presque toute son électricité à partir de centrales zéro pollution[54].

La plupart des gens estimaient que la croisade de Jerry Brown contre le nucléaire était strictement idéologique. Il est un écologiste, après tout, actif aussi bien sur le changement climatique que dans le combat contre les armes nucléaires[55].

La vérité est un peu plus contrastée.

À la fin des années 1960, le gouvernement indonésien a demandé au père de Jerry, Edmund « Pat » Brown, lui-même gouverneur de Californie de 1959 à 1967, de l'aider à recapitaliser sa compagnie pétrolière publique, Pertamina, après la sanglante guerre civile qu'avait connu le pays. Pat Brown était très introduit à la bourse de Wall Street. L'ancien gouverneur a levé 13 milliards de dollars, soit plus de 100 milliards de dollars de 2020.

En échange des services de Brown, Pertamina lui a cedé les droits exclusifs sur la vente du pétrole indonésien en Californie. À l'époque, la Californie brûlait d'importantes quantités de pétrole pour produire son électricité, et pas seulement pour les transports.

La particularité du pétrole indonésien est qu'il contient moins de soufre que la plupart des produits pétroliers américains, et génère donc moins de dioxyde de soufre, un polluant responsable du smog et de diverses pathologies respiratoires, dont l'asthme. De nouvelles réglementations sur la pollution de l'air en Californie devaient donc assurer au pétrole indonésien un monopole local, objectif auquel la famille Brown s'est attelée.

Dan Walters, un ancien chroniqueur du *Sacramento Bee*, qui a découvert les connexions pétrolières indonésiennes de Brown m'a dit qu'il confirmait que Kathleen Brown avait hérité d'une part de la richesse pétrolière de son père mais ne pouvait certifier qu'il en allait de même pour Jerry.

Peu de temps après le début de son premier mandat, Jerry Brown a pris des mesures afin de protéger le monopole pétrolier de sa famille en Californie. Tom Quinn, ex-directeur de campagne du nouveau gouverneur, s'est vu nommer par ce dernier directeur du California Air Resources Board. Il a fait modifier un règlement sur la pollution de l'air qui a bloqué la construction d'une raffinerie de pétrole du pétrolier Chevron, lequel entendait vendre du pétrole d'Alaska sur le marché californien, ce qui aurait concurrençé directement le business pétrolier de la famille Brown. Au même moment, Richard Maullin, un autre conseiller politique de Jerry Brown, nommé président de la California Energy Commission, a commencé à faire pression sur les services publics de l'État pour qu'ils choisissent une électricité d'origine pétrolière plutôt que de passer à l'énergie nucléaire[56].

Ensuite, Jerry Brown a nommé juge à la cour suprème de l'État le principal gestionnaire des investissements de la Getty Oil. L'homme de Getty avait organisé des levées de fonds pour le père de Brown lorsque ce dernier était gouverneur, puis pour Jerry. Une fois devenu juge de la cour suprème, ce personnage a œuvré avec succès pour faire adopter une loi qui protégeait l'argent de la famille Getty de l'impôt. Le nom de l'homme de la Getty Oil était Bill Newsom, et il était le père du gouverneur actuel de la Californie, Gavin Newsom[57].

En 1976, le général qui dirigeait le groupe pétrolier indonésien Pertamina en a été évincé après la découverte que sa gestion était entâchée de malversations massives. Après l'effondrement des cours du pétrole au début des années 1970, Pertamina, devenue incapable de rembourser ses emprunts, menaçait d'entraîner les banques américaines dans son naufrage. Peu après, Jerry Brown et son père démarraient un lobbying agressif pour construire un terminal de gaz naturel liquéfié dans le sud de la Californie, qu'ils projetaient d'alimenter par du gaz naturel importé d'Indonésie. Le terminal, notait l'ancien journaliste de *Sacramento Bee* Walters, « aurait soulagé les graves problèmes financiers de Pertamina, et indirectement permis de renflouer les grandes banques américaines qui avaient prêté des milliards de dollars à Pertamina[58] ».

Brown entretenait aussi des liens pétroliers et gaziers avec le Mexique. Il a fait des affaires avec Carlos Bustamante, chef d'une puissante famille mexicaine du pétrole et du gaz, rapportait le *New York Times* dans un article paru en première page en 1979. Le *Times* rapportait que Bustamante avait financé la campagne de Brown[59].

Brown a reconnu qu'il avait exhorté le président mexicain à approuver un projet de centrale électrique à Baja (Californie), pour fournir de l'électricité à la San Diego Gas & Electric Company. Bustamante travaillait comme lobbyiste pour la société de services publics, et il a été cité dans une liste comme principal investisseur du projet de plan de financement pour cette centrale ; il était également propriétaire du terrain sur lequel celle-ci devait être construite.

En 1979, le Federal Bureau of Investigation a enquêté sur des allégations selon lesquelles la campagne électorale de Jerry Brown en 1974 avait passé sous silence les contributions de Bustamante. Le FBI « a reçu plusieurs allégations de politiciens démocrates et de chefs d'entreprise concernant des contributions non déclarées de Bustamante, rapportait le *New York Times*. « L'une des allégations, qui comprendrait des détails sur les principaux acteurs des transactions, lierait apparemment ces contributions non déclarées à des accords gaziers et pétroliers bénéficiant aux Bustamante[60]. »

En 1978, la San Diego Gas & Electric Company a annulé le projet car il aurait pu être utilisé comme « véhicule pour des paiements irréguliers », selon la formule de l'avocat du service public. Mais même après que le projet a été récusé par crainte de malversations, l'administration de Jerry Brown s'est mise en quête d'un autre projet de centrale pétrole-gaz avec la famille Bustamante. Le pouvoir de Brown était apparemment soumis à des contrôles très limités[61].

Le plaidoyer de Jerry Brown pour le gaz naturel faisait partie intégrante de son offensive antinucléaire, laquelle n'a pas pris fin lorsqu'il a quitté ses fonctions en 1983. Sept ans plus tard, deux alliés proches, Bob Mulholland et Bettina Redway, ont adopté une initiative populaire pour fermer la centrale nucléaire de Rancho Seco près de Sacramento, en Californie, que Brown avait également tenté d'arrêter vers la fin de son deuxième mandat de gouverneur[62].

Peu après, Brown, alors président du Parti démocrate de Californie, récompensa Mulholland en lui offrant un poste de directeur politique. Le mari de Redway, Michael Picker, devint l'un des conseillers les plus proches de Brown, jouant plus tard un rôle central dans la supervision de la fermeture des deux dernières centrales nucléaires de Californie[63].

6. Brouter les hautes herbes

Pat Brown n'a pas été le premier politicien démocrate à prospérer grâce aux combustibles fossiles. Après qu'Al Gore (le père), sénateur du Tennessee, ait perdu sa réélection en 1972, il prit la direction d'une centrale électrique au charbon appartenant à Occidental Petroleum.

« Puisqu'on m'a renvoyé au pâturage, j'ai décidé d'aller brouter les hautes herbes, » plaisantait Gore Sr., des années plus tard[64].

En tant que sénateur et vice-président américain, Al Gore Jr., s'est efforcé de défendre les intérêts de cette même entreprise. Il a collecté 50 000 $ pour l'entreprise par le biais d'appels téléphoniques passés de son bureau, déclenchant un mini-scandale[65].

Le Center for Public Integrity est une organisation à but non lucratif qui a remporté le Pulitzer 2014 pour avoir révélé les efforts de l'industrie du charbon visant à torpiller les poursuites judiciaires intentées par des mineurs atteints de pneumoconiose. Il a décidé d'enquêter sur les liens de Gore avec Occidental.

Cet organisme a rapporté en janvier 2000 que, « depuis que Gore a intégré le ticket démocrate à l'été 1992, Occidental a donné plus de 470 000 dollars en “contributions non réglementées” à divers comités et associations démocrates[66] ».

Selon le rapport, deux jours après que le président d'Occidental a dormi dans la chambre Lincoln, il a fait don de 100 000 $ au Comité démocrate national. Il a aussi été invité à une fête à la Maison Blanche en 1994 en l'honneur de Boris Eltsine. Occidental avait des intérêts dans les pétroles russes. Plus tôt cette année-là, notre homme avait effectué un voyage avec le secrétaire au commerce du président Bill Clinton à l'occasion d'une mission commerciale en Russie[67].

Gore a personnellement accepté des subsides émanant des industries fossiles en 2013. Lui et un associé ont vendu Current TV à Al Jazeera, une chaîne de télé financée par l'État du Qatar, le pays exportateur de pétrole dont les citoyens ont la plus importante empreinte carbone par habitant au monde. Un an plus tôt, Gore avait proclamé son objectif de « réduire notre dépendance vis-à-vis du pétrole sale et cher », ceci afin de sauver « l'avenir de la civilisation[68] ».

Dans le cadre de cet accord, Gore aurait reçu 100 millions de dollars[69]. Ce qui n'a pas semblé perturber outre mesure les militants écologistes. « Je ne pense pas que la mouvance soit très perturbée », déclarait un écologiste politiquement actif au *Washington Post* à propos de l'accord liant Gore au Qatar. « Mon sentiment personnel est qu'il a conclu un bon accord[70] ». L'accord semble avoir mieux fonctionné pour Gore que pour Al Jazeera, qui exploitait la chaîne Al Jazeera America de 2013 à 2016 avant de mettre la clé sous la porte, apparemment en raison de faibles taux d'audience[71].

Entre 2011 et 2019, Jerry Brown a été gouverneur de Californie pour un troisième puis un quatrième mandat. Pendant ce temps, sa sœur, Kathleen Brown, siégeait au conseil d'administration de Sempra Energy, un très gros groupe gazier propriétaire de San Diego Gas & Electric.

Brown a activement cherché à promouvoir les intérêts pétroliers et gaziers. En 2011, il a licencié deux régulateurs d'État parce qu'ils appliquaient la réglementation fédérale sur la fracturation pour protéger la qualité de l'eau en Californie[72]. En 2013, un lobbyiste de la Pacific Gas & Electric Company a informé son patron dans un courriel que le gouverneur Brown avait enjoint un commissaire de la California Public Utilities Commission (CPUC) d'approuver une centrale électrique au gaz naturel pour PG&E[73].

L'année suivante, Brown a ordonné à la California's Division of Oil, Gas and Geothermal Resources de faire des sondages sur des terrains lui appartenant en vue d'une éventuelle exploitation pétrolière et gazière. L'agence publia un rapport de 51 pages avec des images satellite de gisements de pétrole et de gaz dans la zone entourant le ranch de Brown. Il s'agissait d'une utilisation éhontée de ressources gouvernementales à des fins d'enrichissement personnel, mais les journalistes et les rédacteurs en chef des journaux californiens n'ont pas fait grand cas de l'incident[74].

Des responsables nommés par Brown ont maintenu ouvert Aliso Canyon, un centre de stockage de gaz naturel appartenant à Sempra qui a subi une fuite catastrophique en 2015, provoquant une évacuation massive. En 2016, Kathleen Brown possédait 400 ha d'intérêts pétroliers et gaziers en Californie, et

749 000 $ d'actions immobilières et pétrolières dans le groupe pétrolier Forestar Group, qui possède 280 ha adjacents à Porter Ranch, où s'est produite l'explosion d'Aliso Canyon. Kathleen Brown siégeait à l'époque au conseil d'administration de Renew Financial, une société d'investissement dans les énergies renouvelables qui a directement bénéficié d'importantes subventions de la Californie aux énergies renouvelables[75].

Après l'éruption d'Aliso Canyon, le gouverneur Brown prit des mesures pour empêcher que ne filtrent les causes de l'accident. « Des mois après le début des efforts pour arrêter la fuite, notait Consumer Watchdog – une organisation antinucléaire de gauche – Brown publiait un décret imposant le secret sur toute enquête recherchant les causes de la catastrophe et une éventuelle préconisation de fermeture du site[76]. »

Gouverneur réélu pour un troisième et un quatrième mandat, à compter de 2011, Brown et ses alliés ont poursuivi leurs efforts entamés dans les années 1970 pour fermer les centrales nucléaires de l'État. À commencer par une centrale appelée San Onofre Nuclear Generating Station (SONGS) dans le comté de San Diego.

En février 2013, Michael Peevey, président de la CPUC nommé par Brown, a sollicité un dirigeant de Southern California Edison alors que les deux hommes effectuaient un voyage d'affaires éclair en Pologne[77].

Au cours de cette réunion, selon le *Los Angeles Times*, Peevey a exposé les termes d'un accord visant à fermer SONGS. Avec pour justification que la compagnie d'électricité avait bâclé le remplacement des générateurs de vapeur de la centrale.

De nouveaux générateurs de vapeur auraient pu être achetés et installés pour une somme largement inférieure à 1 milliard de dollars. Les générateurs de vapeur précédents avaient coûté moins de 800 millions de dollars.

Peevey a proposé qu'au lieu de remplacer les générateurs de vapeur, Southern California Edison ferme complètement l'usine. En échange, proposa Peevey, il s'assurerait que CPUC autorise le service public à augmenter les tarifs de l'électricité.

Peevey proposa que les contribuables paient 3,3 milliards de dollars pour fermer l'usine par anticipation et que les investisseurs abondent 1,4 milliard de dollars supplémentaires[78].

Le stratagème réussit. SONGS ferma définitivement, le gaz naturel remplaça la production électrique de l'usine et les émissions de carbone de la Californie augmentèrent tout comme les prix de l'électricité[79].

En novembre 2014, des agents des services fédéraux et du FBI perquisitionnèrent les bureaux de la CPUC lors d'une enquête conjointe sur d'éventuelles activités criminelles potentielles liées aux procédures de clôture et de liquidation de SONGS. Kamala Harris, procureur général de Californie à l'époque, annula ou bloqua les investigations. La CPUC refusa de communiquer au moins soixante mails du bureau du gouverneur Brown[80].

En 2014, les avocats de la CPUC ont reconnu que leurs collègues pourraient avoir détruit des preuves liées à une enquête criminelle sur une explosion survenue chez Pacific Gas & Electric, ayant tué huit personnes. L'assemblée de Californie a adopté une loi pour réformer la CPUC en août 2016, mais elle a été bloquée à la dernière minute à la demande pressante de Picker, selon des reportages du *Los Angeles Times* et du *San Diego Union Tribune*[81]

Le juge de la Cour suprême de l'État, Ernest Goldsmith, a fait une demande formulée en termes incisifs pour que le CPUC divulgue la correspondance de Picker concernant SONGS. « C'est un gros problème, a déclaré le juge. Ce n'est pas une question insignifiante pour les contribuables californiens. Tout comme les événements de San Bruno (explosion de gaz naturel qui a tué huit personnes) n'étaient pas une affaire anodine ; et quand une affaire est assez grosse, elle doit juste sortir. C'est ce qui va arriver, et cela va être horriblement douloureux, à moins que vous ne fassiez simplement ce qu'il faut[82]. »

Alors que le noir nuage d'une enquête criminelle planait sur la CPUC, cet organisme a néanmoins réussi à faire fermer la dernière centrale nucléaire de l'État, Diablo Canyon. Ce dossier implique beaucoup des mêmes acteurs et groupes déjà impliqués dans la fermeture de SONGS. L'un des principaux défenseurs des antinucléaires, l'organisation Americans for Nuclear Responsibility, étaient représentés par John Geesman, un conseiller de longue date de Brown, ex-président de la California Energy Commission et avocat de l'industrie des renouvelables.

Lorsque le président de la CPUC, Peevey, a proposé son projet de fermer SONGS, il a spécifiquement demandé que Geesman soit partie prenante dans cette opération[83].

7. Plus grand que l'Internet

En 2006, lorsque *Une Vérité qui dérange* a valu à Al Gore un Oscar et un Prix Nobel, les énergies renouvelables étaient en train de devenir un gros marché. Cette même année, le capital-risqueur John Doerr, l'un des premiers investisseurs de Google et d'Amazon, a écrasé quelques larmes durant une conférence TED sur le réchauffement climatique. « J'ai vraiment peur, a déclaré Doerr. Je ne crois pas que nous réussirons. »

Mais l'avantage de la crise c'était l'opportunité : « Les technologies vertes – devenir vert – c'est plus gros qu'Internet, a déclaré Doerr. Cela pourrait être la plus grosse opportunité économique du XXIe siècle[84] ».

Comme je l'ai mentionné, j'ai cofondé un groupe de pression environnemental et progressiste pour un Nouveau Projet Apollo, qui préfigurait le Green New Deal de la représentante Ocasio-Cortez. Nous cherchions 300 milliards de dollars pour les économies d'énergie, les renouvelables, les voitures électriques et d'autres technologies[85].

En 2007, nos efforts ont porté leurs fruits lorsque Barack Obama, le candidat à la présidence américaine de l'époque, a repris notre proposition à son compte. Entre 2009 et 2015, le gouvernement des États-Unis a dépensé environ 150 milliards de dollars pour notre Green New Deal, dont 90 milliards de dollars en fonds de relance[86].

Ces fonds de relance n'étaient pas répartis uniformément mais plutôt regroupés autour des donateurs du président Obama et du Parti démocrate. Au moins dix membres du comité des finances d'Obama et plus de douze de ses collecteurs de fonds, qui ont levé un minimum de 100 000 $ pour le futur président, ont bénéficié de 16,4 milliards de dollars de prêts sur les 20,5 milliards de dollars de fonds de relance.

Fisker, qui a produit les premiers véhicules hybrides de luxe au monde, a obtenu 529 millions de dollars en prêts fédéraux ; Doerr était l'un des principaux investisseurs de Fisker. Ce dernier a finalement fait faillite, coûtant 132 millions de dollars aux contribuables[87].

Les personnes qui ont supervisé le programme de prêts avaient été des collecteurs de fonds pour Obama. En mars 2011, le US Government Accountability Office (cour des comptes américaine) a rédigé un rapport qualifiant d'« arbitraire » le processus du programme de prêts et notant que des dix-huit premiers prêts du programme, pas un seul n'avait été documenté.

Les prêts accordés aux constructeurs de voitures électriques comme Tesla et Fisker, dont chacun a reçu près d'un demi-milliard de dollars, ne reposaient sur aucune évaluation de rentabilité. Le GAO a constaté que le département américain de l'énergie (DOE) « avait traité les candidats de manière incohérente dans le processus d'examen des candidatures, favorisant certains candidats et en désavantageant d'autres[88] ».

Mais les prêts n'étaient qu'un programme parmi tant d'autres qui ont canalisé l'argent vers les donateurs bien introduits auprès d'Obama sans créer beaucoup d'emplois. Le plus célèbre des investissements verts a été le fait du DOE qui a donné 573 millions de dollars à une société solaire appelée Solyndra, dont 35 % appartenait à George Kaiser, un milliardaire donateur et collecteur de fonds pour Obama.

Personne ne voulait investir dans Solyndra car ses panneaux étaient trop chers, ce que soulignèrent certains responsables du DOE indépendants d'esprit. Ils ont été récusés, cependant, et le prêt a été approuvé.

Les personnes qui ont le plus bénéficié de la relance verte étaient des milliardaires, comme Musk, Doerr, Kaiser, Khosla, Ted Turner, Pat Stryker et Paul Tudor Jones. Vinod Khosla a dirigé l'« équipe politique indienne » d'Obama durant l'élection de 2008 et a été un contributeur financier majeur des démocrates. Ses entreprises ont reçu plus de 300 millions de dollars[89].

Quoi qu'il en soit, peu de donateurs du Parti démocrate ont surpassé Doerr quand il s'est agi de recevoir des prêts de relance fédéraux. Plus de la moitié des entreprises de son portefeuille Greentech, soit seize sur vingt-sept, ont reçu des prêts ou des subventions du gouvernement. « Considérant que le taux d'acceptation de la plupart des programmes du ministère de l'Énergie était souvent de 10 % ou moins, c'est un record époustouflant », selon un journaliste d'investigation. « Ces 2 millions de dollars que Doerr avait investi dans la politique ont peut-être généré le meilleur retour sur investissement qu'il ait jamais vu[90]. »

En 2017, Tesla a rejoint NRDC, EDF et le Sierra Club pour exhorter les régulateurs gouvernementaux californiens à fermer la centrale nucléaire de Diablo Canyon, la plus grande source d'énergie propre et sans émissions carbonées de l'État. Les déclarations de Tesla étaient on ne peut plus intéressées. La centrale nucléaire, affirmait le lobbyiste de Tesla, pourraient être remplacée par des panneaux solaires (Tesla) et des batteries (Tesla).

Le gouvernement de Californie, en retour, subventionnait fin 2019 près de la moitié du coût de la batterie Powerwall de Tesla (6 700 $)[91]. Comme nous l'avons vu avec Steyer et Bloomberg, chez les philanthropes écologistes, l'apparent altruisme de leur plaidoyer 'vert' masque d'âpres intérêts financiers.

Prenons le cas de Sea Change. L'entreprise a donné plus de 173 millions de dollars de subventions à des groupes prônant le plafonnement et l'échange des GES, dont le Center for American Progress, le Sierra Club, NRDC, EDF, World Wildlife Fund, et l'Union of Concerned Scientists, de 2007 à 2012[92].

L'homme derrière Sea Change était le capital-risqueur Nathaniel Simons, qui détenait des investissements dans sept entreprises ayant bénéficié de prêts fédéraux, subventions ou contrats depuis 2009[93]. Simons « a investi substantiellement dans la poursuite d'une politique de plafonnement et d'échange », selon un rapport du Rockefeller Family Fund[94].

Lui et sa femme ont engagé un lobbyiste pour faire pression en faveur du projet de loi[95].

Au cours de la dernière décennie, Mark Z. Jacobson de Stanford a éclipsé Amory Lovins, EDF, NRDC et tous les autres groupes en prétendant prouver que les énergies renouvelables pouvaient à elles seules alimenter la planète et que l'énergie nucléaire n'était pas nécessaire pour remplacer les combustibles fossiles. Quand j'ai débattu avec lui à l'Université de Californie, Los Angeles, en 2016, Jacobson affirmait qu'il serait financièrement avantageux de fermer des centrales nucléaires existantes, y compris Diablo Canyon, pour les remplacer par des énergies renouvelables[96]. Il l'a fait en tant que chercheur principal au Precourt Institute for Energy, qui porte le nom d'un magnat du pétrole et du gaz membre du conseil d'administration de Halliburton, la société de services pétroliers et gaziers. Le conseil d'administration de Precourt est composé des principaux investisseurs pétroliers, gaziers et renouvelables. Difficile d'imaginer conflit d'intérêt plus flagrant[97].

8. Laisser un héritage

En 2018, les électeurs de l'Arizona ont été appelés aux urnes pour se prononcer sur une initiative populaire qui se présentait comme promouvant les énergies renouvelables mais qui en fait aurait provoqué la fermeture prématurée de l'unique centrale nucléaire de l'État, Palo Verde. Cette centrale se trouve également être la plus grande source d'énergie propre, zéro émissions, en Amérique.

Si l'initiative avait été approuvée, l'opérateur de Palo Verde aurait été contraint de la remplacer non seulement par des énergies renouvelables, mais aussi par d'importantes quantités de gaz, ce qui aurait entraîné une hausse des émissions. En fin de compte, les électeurs ont rejeté l'initiative à une écrasante majorité : seuls 30 % ont voté pour tandis que 70 % ont voté contre.

Le parrain de l'initiative populaire était Tom Steyer, qui a misé 23 millions de dollars dans cette opération et aurait pu en tirer un bénéfice personnel. Et pourtant peu de médias grand public ont exploré l'éventualité d'un conflit d'intérêts de Steyer[98].

À l'époque, ces même médias dénonçaient pourtant les manoeuvres des grands pétroliers, notamment Exxon et les frères Koch, qui finançaient leurs adversaires politiques, et exigeaient des universités qu'elles cessent d'investir dans les combustibles fossiles. 350.org, le Sierra Club, NRDC et EDF acceptaient tous les subsides que leur distribuaient les milliardaires des combustibles fossiles Steyer et Bloomberg[99].

Alors que les médias diabolisent depuis des décennies Exxon, les frères Koch et les climato-sceptiques, ils ont largement crédibilisé les milliardaires des énergies fossiles comme Steyer et Bloomberg et les écologistes qu'ils financent.

Steyer et Bloomberg sont peut-être des philanthropes, mais pourquoi pas les frères Koch dans ce cas ? Qu'une personne soit idéologiquement engagée n'atténue en rien l'ombre portée d'un éventuel conflit d'intérêts.

McKibben et le président du Sierra Club, Brune, se sont pliés en quatre pour faire l'éloge de Steyer après que celui-ci a annoncé qu'il dépenserait 100 millions de dollars pour se présenter aux élections, et qu'il a efficacement acheté sa place dans le débat démocrate sur l'élection présidentielle par le biais de pubs TV et Facebook[100]. Steyer et Bloomberg ont finalement dépensé 750 millions de dollars au total pour leurs campagnes présidentielles de 2020.

Difficile d'imaginer une relation plus vénale que celle qui unit Steyer et ses bénéficiaires. Elle incarne parfaitement le cynisme Washingtonien. Et révèle l'éthique à géométrie variable des médias d'information.

Si Steyer et d'autres acteurs majeurs des énergies fossiles et renouvelables obtiennent gain de cause avec l'élimination de tout ou partie des quatre-vingt-dix-neuf réacteurs nucléaires américains subsistants, lesquels fournissent près de 20 % de l'électricité américaine, non seulement ils empocheront une fortune, mais ils feront grimper les émissions et le seul véritable espoir d'une élimination progressive des combustibles fossiles avant 2050 s'évanouira.

Si cela devait arriver, Steyer resterait comme le milliardaire des combustibles fossiles qui plus que tout autre dans l'histoire récente aurait supprimé une multitude de sources d'énergie propre et gravement favorisé les émissions carbonées.

Notes

1. Brady Dennis, « Trump: I'm Not a Big Believer in Man-Made Climate Change, » *Washington Post*, 22 mars 2016, https://www.washingtonpost.com.
2. Priyanka Boghani, « Meet Myron Ebell, the Climate Contrarian Leading Trump's EPA Transition, » *Frontline*, PBS, 14 novembre 2016, https://www.pbs.org.
3. Tik Root, Lisa Friedman, and Hiroko Tabuchi, « Following the Money That Undermines Climate Science, » *New York Times*, 10 juillet 2019, https://www.nytimes.com.
4. Ibid.
5. « ExxonMobil Foundation & Corporate Giving to Climate Change Denier & Obstructionist Organizations, » Greenpeace and Union of Concerned Scientists, 2014, https://www.ucsusa.org/sites/default/files/attach/2015/07/ExxonMobil-Climate-Denial-Funding-1998-2014.pdf.
6. Lee Wasserman, « Did Exxon Deceive Its Investors on Climate Change?, » *New York Times*, 21 octobre 2019, https://www.nytimes.com.
7. Jon Queally, « Pete Takes Money from Fossil Fuel Billionaires': ClimateActivists Disrupt Buttigieg Rally in New Hampshire », Common Dreams, 17 janvier 2020, https://www.commondreams.org/news/2020/01/17/pete-takes-money-fossil-fuel-billionaires-climate-activists-disrupt-buttigieg-rally.
8. Griffin Sinclair-Wingate, LinkedIn, consulté le 1er février 2020, https://www.linkedin.com/in/griffin-sinclair-wingate-6b1bba119.
9. Bill Allison et Tom Maloney, « Billionaire Candidate Steyer Admits to Carbon "Dregs" from His Hedge Fund Days », Bloomberg, 20 septembre 2019, https://www.bloomberg.com. Forbes a estimé la valeur nette de Tom Steyer à 1,6 milliard de dollars le 21 janvier 2020. « Données financières : 2018 Financials », 350.org, consulté le 30 janvier 2020, https://350.org/2018-annual-report-financials..

10. Michael Barbaro et Coral Davenport, « Aims of Donor Are Shadowed byPast in Coal », *New York Times*, 4 juillet 2014, https://www.nytimes.com. Carol D. Leonnig, Tom Hamburger et Rosalind S. Helderman, « TomSteyer's Slow, and Ongoing, Conversion from Fossil-Fuels Investor to ClimateActivist », *Washington Post*, 9 juin 2014, https://www.washingtonpost.com.

11. Bill McKibben (@billmckibben), « Important, et peu surprenant puisque @TomSteyer est depuis longtemps un champion du climat. 21 des 24 démocrates ont maintenant signé. Les choses changent ! », Twitter, 17 juillet 2019, 17 h 06, https://twitter.com/billmckibben/status/1151644321453674501 ; Bill McKibben (@billmckibben), « @TomSteyer étant axé sur la politique climatique depuis plus longtemps que n'importe quel responsable politique, il n'est pas surprenant que sa politique climatique, qui vient d'être dévoilée, soit sacrément bonne ! #demunitytwitterproject », Twitter, 25 juillet 2019, 15 h 22, https://twitter.com/billmckibben/status/1154517342467969024.

12. Mike Brune (@bruneski), « @TomSteyer est un leader climatique depuis des années & je suis heureux de voir un autre champion du climat rejoindre les primaires. Les propositions audacieuses des candidats démocrates pour s'attaquer à la crise continuent d'illustrer le fossé entre un groupe de candidats à l'écoute des gens et un Trump qui les met en danger », Twitter, 9 juillet 2019, 8 h 54, https://twitter.com/bruneski/status/1148621407233937408. Quelques semaines plus tard, M. McKibben félicitait sur Twitter M. Steyer pour s'être opposé à l'oléoduc Keystone et pour avoir investi des millions de dollars dans la mise en accusation de Donald Trump. Bill McKibben (@billmckibben), « Il est intéressant de noter que @Tom Steyer s'est ouvertement opposé à #KXL depuis le début », Twitter, 20 août 2019, 14 h 22, https://twitter.com/billmckibben/status/1163924331577184259 ; Bill McKibben (@billmckibben), « Rendons à César… : @TomSteyer a travaillé longtemps et durement pour construire le soutien de base en vue d'un impeachment », Twitter, 24 septembre 2019, 15 h 34, https://twitter.com/billmckibben/status/1176626062559760384.

13. Eric Orts (@EricOrts), « Veuillez demander à ce type de démissionner. Un énorme gaspillage d'argent. Et pourquoi ne dites-vous rien de positif sur @ JayInslee ? Trop commode pour vous ? Twitter, 17 juillet 2019, 20 h 51, https://twitter.com/EricOrts/status/1151700931765055489.

14. Daniel Payettte (@danielpayette), « Bill, if you're seriously in cahoots with Steyer, you lose any and all credibility in this fight, » Twitter, 24 août 2019, 19 h 37, https://twitter.com/danielpayette/status/1165453054637985795.

15. TomKat Charitable Trust, formulaire IRS 990-PF, 2012, https://www.tomsteyer.com/wp-content/uploads/2019/08/2012_TFS_Tax_Returns_Public.pdf. TomKat Charitable Trust, formulaire IRS 990-PF, 2014, https://www.tomsteyer.com/wp-content/uploads/2019/08/2014_TFS_Tax_Returns_Public.pdf. TomKat Charitable Trust, formulaire 990-PF IRS, 2014, https://www.tomsteyer.com/wp-content/uploads/2019/08/2015_TFS_Tax_Returns_Public.pdf. « Données financières : 2018 Financials », 350.org, https://350.org/2018-annual-report-financials.

16. « Financial Data: 2018 Financials, » 350.org, https://350.org/2018-annual-report-financials.

17. TomKat Charitable Trust, IRS Form 990-PF, 2012, https://www.tomsteyer.com/wp content/uploads/2019/08/2012_TFS_Tax_Returns_Public.pdf ; TomKat Charitable Trust, IRS Form 990-PF, 2014, https://www.tomsteyer.com/wpcontent/uploads/2019/08/2014_TFS_Tax_Returns_Public.pdf. TomKat Charitable Trust, IRS Form 990-PF, 2015, https://www.tomsteyer.com/wpcontent/uploads/2019/08/2015_TFS_Tax_Returns_Public.pdf. » « Financial Data: 2018 Financials, » 350.org, https://350.org/2018-annual-report-financials.

18. Carol D. Leonnig et al., « Tom Steyer's slow, and ongoing, conversion from fossil-fuels investor to climate activist, » *Washington Post*, 9 juin 2014, https://www.washingtonpost.com.

19. Ibid.

20. Michael Barbaro and Coral Davenport, « Aims of Donor Are Shadowed by Past in Coal, » *New York Times*, 4 juillet 2014, https://www.nytimes.com.

21. ABC News, « This Week' Transcript 7-14-19: Ken Cuccinelli, Sen. AmyKlobuchar, Tom Steyer », ABC News, 14 juillet 2019, https://abcnews.go.com.

22. Bill Allison et Tom Maloney, « Billionaire Candidate Steyer Admits to Carbon "Dregs" from His Hedge Fund Days », Bloomberg, 20 septembre 2019, https://www.bloomberg.com.

23. TomKat Charitable Trust, IRS Form 990-PF, 2012, https://www.tomsteyer.com/wp-content/uploads/2019/08/2012_TFS_Tax_Returns_Public.pdf ; TomKat Charitable Trust, IRS Form 990-PF, 2014, https://www.tomsteyer.com/wp content/uploads/2019/08/2014_TFS_Tax_Returns_Public.pdf. TomKat Charitable Trust, IRS Form 990-PF, 2015, https://www.tomsteyer.com/wpcontent/uploads/2019/08/2015_TFS_Tax_Returns_Public.pdf. « Financial Data: 2018 Financials, » 350.org, https://350.org/2018-annual-report-financials.

Bloomberg Philanthropies a donné 13,8 millions de dollars à EDF de 2012 à 2017. Bloomberg Philanthropies, formulaire IRS 990-PF, 2011-2015, https://www.influencewatch.org/non-profit/bloomberg-family-foundation-bloomberg-philanthropies. Bloomberg Philanthropies, IRS Form 990-PF, 2016-2017, https://projects.propublica.org/nonprofits/organizations/205602483.

Bloomberg Philanthropies a donné 99 millions de dollars au Sierra Club de 2011 à 2017. Bloomberg Philanthropies, IRS Form 990-PF, 2011-2015, https://www.influencewatch.org/non-profit/bloomberg-family-foundation-bloomberg-philanthropies. Bloomberg Philanthropies, IRS Form990-PF, 2016-2017, https://projects.propublica.org/nonprofits/organizations/205602483.

« Bloomberg Philanthropies Boosts Investment in Sierra Club to Retire U.S. Coal Fleet & Transition the Nation towards Clean EnergySources », Bloomberg Philanthropies, 8 avril 2015, https://www.bloomberg.org.

Bloomberg Philanthropies a donné 5,6 millions de dollars au NRDC de 2015 à 2017. Bloomberg Philanthropies, formulaire IRS 990-PF, 2011-2015, https://www.inf luencewatch.org/non-prof it/bloomberg-family-foundation-bloomberg-philanthropies. Bloomberg Philanthropies, IRS Form990-PF, 2016-2017,

24. Une seule centrale nucléaire comme Indian Point, dans l'État de New York, que le Sierra Club, le NRDC et EDF ont tenté conjointement de fermer, peut fournir de l'électricité à deux millions d'habitants. L'exploitant d'Indian Point reçoit environ 50 dollars par MWh d'électricité, et un New-Yorkais moyen a besoin d'environ 8 MWh par an. Indian Point produit plus de 16 TWh par an selon les données de l'AIEA, la consommation d'électricité de New York provenant de l'Association américaine d'information sur l'énergie et les données sur les prix de l'électricité de David B. Patton, Pallas LeeVanSchaick, Jie Chen et Raghu Palavadi Naga, *2018 State of the Market Report for the New York ISO Markets*, New York Independent System Operator, mai 2019, https://www.nyiso.com/documents/20142/2223763/2018-State-of-the-Market-Report.pdf/b5bd2213-9fe2-b0e7-a422-d4071b3d014b?t=1557775606716.

25. Pour un historique du travail de l'Evironmental Defense Fund, voir David Roe, Dynamos and Virgins (New York: Random House, 1984).

26. « The Sierra Club Foundation Has a Bright Shining Conflict of Interest », Big Green Radicals, 1er mai 2014, consulté le 2 février 2020, https://www.biggreenradicals.com/the-sierra-club-foundation-has-a-bright-shining-conflict-of-interest. Début 2020, la composition du conseil d'administration de la la Sierra Club Foundation avait changé.

27. Michael Shellenberger, « Environmental Defense Fund, » Environmental Progress, 2018, http://environmentalprogress.org/edf.

28. Michael Shellenberger, « NRDC, » Environmental Progress, 4 avril 2018, http://environmentalprogress.org/nrdc.

29. Clayton Aldern, « Looking for a Fossil-Free Investment Fund? Check the Fine Print, » *Grist*, 8 décembre 2015, https://grist.org.

30. Tom Turner, *David Brower: The Making of the Environmental Movement* (Berkeley, CA: University of California Press, 2015), 161.

31. Sharon Beder, « How Environmentalists Sold Out to Help Enron, » PR Watch, 2003, consulté le 19 janvier 2020, https://www.prwatch.org.

32. Peter Bondarenko, « Enron Scandal, » *Encyclopaedia Britannica*, consulté le 1er février 2020, https://www.britannica.com/event/Enron-scandal.

33. Matt Taibbi, « The Great American Bubble Machine », *Rolling Stone*, 5 avril 2010, https://www.rollingstone.com.

34. *New Energy, New Solutions: Annual Report 2019*, Environmental Defense Fund, 2019, https://www.edf.org/sites/default/files/content/2019_EDF Annual_Report.pdf. Natural Resources Defense Council, IRS Form 990, 2017, https://www.nrdc.org/sites/default/files/nrdc-2017-form-990.pdf. Sierra Club Foundation, IRS Form 990, 2018, https://www.sierraclubfoundation.org/sites/sierraclubfoundation.org/files/2018%20SCF%20990%20final%20

signed%20Pub%20Disc.pdf. Competitive Enterprise Institute, IRS Form 990, 2017, https://cei.org/sites/default/files/CEI%20990%20FY%20ending%20Sept.%202018%20Public%20V.pdf. The Heartland Institute, IRS Form 990, 2018, https://www.heartland.org/_template-assets/documents/about-us/2017%20Form%20IRS%20990.pdf. En 2019, les revenus de l'Environmental Defense Fund (EDF) se montaient à 202 millions de dollars, et ses actifs à 215 millions de dollars. Le Conseil de défense des ressources naturelles (NRDC) avait collecté 182 millions de dollars et affichait 411 millions de dollars d'actifs. Le Competitive Enterprise Institute n'affichait que 7 millions de dollars de revenus en 2018 et disposait d'un peu moins d'un million de dollars d'actifs, tandis que le Heartland Institute avait engrangé des revenus de 6 millions de dollars pour 1,5 million de dollars d'actifs.

Michael Shellenberger, « Exxon », Environmental Progress, avril 2020, http://environmentalprogress.org/exxon.

35. The Heritage Foundation, « 2018 Financial Statements », 31 décembre 2018, https://thf reports.s3.amazonaws.com/Financial/2018_AnnualReport_Financials.pdf..

36. American Enterprise Institute, *2018 Annual Report*, 2018, https://www.aei.org/wpcontent/uploads/2019/01/AEI-2018-Annual-Report.pdf.

37. Cato Institute, « Life Liberty the Pursuit of Happiness: 2018 Annual Report, » https://www.cato.org/sites/cato.org/files/pubs/pdf/cato-annual-report-2018.pdf.

38. Steven F. Hayward, Mark Muro, Ted Nordhaus, et Michael Shellenberger, *Post-partisan Power*, AEI, Brookings, and Breakthrough Institute, 2010, https://www.politico.com/pdf/PPM170_post-partisan_power-1.pdf, 8. Alex Brill et Alex Flint, « Carbon Tax Most Efficient in Tackling Climate Change, » American Enterprise Institute, 1er mars 2019, https://www.aei.org.

39. Center for American Progress, IRS Form 990, 2018, https://projects.propublica.org/nonprofits/organizations/300126510/201912639349301106 / full; The Nature Conservancy, « Consolidated Financial Statements, » 30 juin 2019, https://www.nature.org/content/dam/tnc/nature/en/documents/TNC-Financial-Statements-FY19.pdf.

40. « Howard Learner, President and Executive Director, » Staff, Environmental Law and Policy Center, accessed 2 octobre 2019, http://elpc.org/staff/howard-a-learner.

41. Edith Brady-Lunny, « Absent Legislative Action, Clinton Power Station Faces Dark Future, » *Herald & Review*, 24 avril 2016, https://herald-review.com.

42. Bryan Walsh, « Exclusive: How the Sierra Club Took Millions From the Natural Gas Industry—and Why They Stopped, » *Time*, 2 février 2012, https://time.com.

43. Alleen Brown, « The Noxious Legacy of Fracking King Aubrey McClendon, » *Intercept*, 7 mars 2016, https://theintercept.com.

44. Bryan Walsh, « Exclusive: How the Sierra Club Took Millions From the Natural Gas Industry—and Why They Stopped. »

45. Ibid.

46. Russell Mokhiber, « Sierra Club Tells Members—We Don't Take Money from Chesapeake Energy—When in Fact They Took $25 Million, » Corporate Crime Reporter, 2 février 2012, https://www.corporatecrimereporter.com.

47. Derek Seidman, « Climate Summit Co-chair Michael Bloomberg Backs Fracking and Invests in Fossil Fuels, » *Truthout,* 11 septembre 2018, https://truthout.org ; Timothy Gardner, « Bloomberg's Charity Donates $64 Million to "War on Coal," » Reuters, 11 octobre 2017, https://www.reuters.com.

48. Carl Nelburger, « Rally Spurs Brown to Oppose Diablo, » San Luis Obispo County *Telegraph-Tribune,* 1er juillet 1979, https://static1.squarespace.com/static/56a45d683b0be33df885def6/t/5a81f8442 4a6941151341938/1518467142362/No-nukes-concert.pdf.

49. Ibid.

50. Thomas Wellock, *Critical Masses: Opposition to Nuclear Power in California, 1958–1978* (Madison: University of Wisconsin Press, 1992), 200.

51. Ibid., 200.

52. Ibid., 176.

53. Ibid., 176.

54. Madison Czerwinski, Environmental Progress, « Nuclear Power Archive, » 2020, http://environmentalprogress.org/nuclear-power-archive.

55. Gayle Spinazze, « California Governor Jerry Brown to Join the Bulletin of the Atomic Scientists as Executive Chair, » *Bulletin of the Atomic Scientists,* 31 octobre 2018, https://thebulletin.org/2018/10/california-governor-jerry-brown-to-join-the-bulletin-of-the-atomic-scientists-as-executive-chair.

56. Dan Walters, « The Brown Link to Indonesian Oil Firm, » *Lodi News-Sentinel,* 17 octobre 1990, https://news.google.com/newspapers?nid=2245&dat=19901017&id=HhYzAAAAIBAJ&sjid=MTIHAAAAIBAJ&pg=4793%2C5589478.

57. Peter Bryne, « Bringing up Baby Gavin, » *SF Weekly,* 2 avril 2003, https://sfweekly.com.

58. Dan Walters, « The Brown Link to Indonesian Oil Firm. »

59. Jeff Gerth, « Gov. Brown Supporting Projects That Aid a Mexican Contributor, » *New York Times,* 11 mars 1979, https://timesmachine.nytimes.com.

60. Ibid.

61. Ibid.

62. Mark A. Stein, « Utility to Ask Voters for 18-Month Rancho Seco Reprieve, » *Los Angeles Times,* 11 mars 1988, https://www.latimes.com.

63. Rob Nikolewski, « Regulators Vote to Shut Down Diablo Canyon, California's Last Nuclear Power Plant, » *Los Angeles Times,* 11 janvier 2018, https://www.latimes.com.

64. Melinda Henneberger, « Al Gore's Petrodollars Once Again Make Him a Chip off the Old Block, » *Washington Post,* 8 janvier 2013, https://www.washingtonpost.com.

65. « Al Gore Is Big Oil, » *Washington Post*, 29 septembre 2000, https://www.washingtonpost.com.

66. Center for Public Integrity, « How the Gores, Father and Son, Helped Their Patron Occidental Petroleum, » Le 10 janvier 2000, https://publicintegrity.org.

67. Ibid.

68. Brad Plumer, « Al Gore: "The Message Still Has to Be About the Reality We're Facing," » *Washington Post*, 12 septembre 2011, https://www.washingtonpost.com.

69. Emily Steel, « Al Gore Sues Al Jazeera over TV Deal, » *New York Times*, 15 août 2014, https://www.nytimes.com.

70. Henneberger, « Al Gore's Petrodollars Once Again Make Him a Chip off the Old Block. »

71. John Koblin, « Al Jazeera America to Shut Down by April, » *New York Times*, 13 janvier 2016.

72. Alexei Koseff, « "It's Literally Drill, Baby, Drill": Did Jerry Brown's Climate Crusade Give Big Oil a Pass?, » *Sacramento Bee*, 13 septembre 2018, https://www.sacbee.com.

73. Liza Tucker, « Brown's Dirty Hands, » *Consumer Watchdog*, Septembre 2017, https://www.consumerwatchdog.org/resources/BrownsDirtyHands.pdf.

74. Associated Press, « Gov. Jerry Brown Had State Workers Research Oil on Family Ranch, » *Los Angeles Times*, 5 novembre 2015, https://www.latimes.com.

75. Tucker, « Brown's Dirty Hands. »

76. Ibid.

77. Comité de rédaction du *Times*, « Editorial: Does California Now Have a Utilities Regulator It Can Trust?, » *Los Angeles Times*, 29 juin 2016, https://www.latimes.com.

78. Elizabeth Douglas, « Outage at San Onofre May Cost Hundreds of Millions, » *San Diego Union-Tribune*, 14 juin 2012, https://www.sandiegouniontribune.com. Morgan Lee, « Nuclear settlement gets mixed reception, » *San Diego Union-Tribune*, 16 juin 2014, https://www.sandiegouniontribune.com.

79. Liza Tucker, « Brown's Dirty Hands. » Lucas Davis, « Too Big to Fail?, » Energy Institute at Haas, 31 mars 2014, https://energyathaas.wordpress.com/2014/03/31/too-big-to-fail.

80. Jeff McDonald, « Aguirre Pushing for Brown's Emails, » *San Diego Union-Tribune*, 13 novembre 2015, https://www.sandiegouniontribune.com.

81. Tony Kovaleski, Liz Wagner, and Felipe Escamilla, « Attorneys Suggest Evidence Isn't Safe at CPUC amid Federal Investigation, » NBC Bay Area, 16 octobre 2014, https://www.nbcbayarea.com.

82. Jaxon Van Derbeken, « Judge: Regulator Should Release Brown Emails on Nuclear Shutdown, » SF Gate, 28 novembre 2018, https://www.sfgate.com.

83. Jeff McDonald, « San Onofre Plan Detail Under Scrutiny in Probe », *SanDiego Union-Tribune*, 14 mars 2015, https://www.sandiegouniontribune.com.

84. John Doerr, « Salvation (and Profit) in Greentech, » TED2007, mars 2007, https://www.ted.com/talks/john_doerr_salvation_and_profit_in_greentech/transcript?language=en.

85. Michael Shellenberger et Adam Werbach, « It's the Oil Economy, Stupid, » SF Gate, 10 mars 2003, https://www.sfgate.com.

86. Michael Shellenberger et al., « Beyond Boom and Bust: Putting Clean Tech On a Path To Subsidy Independence, » Brookings, 12 avril 2012, https://bloomberg.com. Ira Boudway, « The 5 Million Green Jobs That Weren't », *Bloomberg Businessweek*, 12 octobre 2012, https://www.bloomberg.com.

87. Peter Schweitzer, *Throw Them All Out: How Politicians and Their Friends Get Rich off Insider Stock Tips, Land Deals, and Cronyism That Would Send the Rest of Us to Prison* (New York: Mariner Books, 2012), 96.

88. Frank Rusco, *Recovery Act: Status of Department of Energy's Obligations and Spending, Testimony Before the Subcommittee on Oversight and Investigations, Committee on Energy and Commerce, House of Representatives*, GAO-11-483T, 10 (Washington, D.C.: Diane Publishing, 17 mars 2011).

89. Carol D. Leonnig and Joe Stephens, « Energy Dept. E-mails on Solyndra Provide New Details on White House Involvement, » *Washington Post*, 9 août, 2012, https://www.washingtonpost.com. Schweitzer, Throw Them All Out, 96.

90. Ibid.

91. « Reply Comments of Tesla, Inc. on Proposed Decision Approving Retirementof Diablo Canyon Nuclear Power Plant », 11 août 2016, Decision, http://docs.cpuc.ca.gov/PublishedDocs/Efile/G000/M201/K923/201923970.PDF ; « California home battery rebate: Self-Generation Incentive Program(SGIP) explained », Energy Sage, 6 décembre 2019 ; https://news.energysage.com. « Les ressources de stockage d'énergie associées à la production d'énergie solaire peuvent bénéficier de crédits d'impôt fédéraux », notait l'avocat de Tesla.

92. Lachlan Markay, « How Dem Moneyman Nat Simons Profits from Political Giving, » *Washington Free Beacon*, 4 novembre 2014, https://freebeacon.com.

93. Ibid.

94. The World Watch Institute, *State of the World 2014: Governing Sustainability* (Washington, D.C.: Island Press, 2014), 121.

95. « LD-2 Disclosure Form, » United States Senate, consulté le 3 janvier 2020, https://soprweb.senate.gov/index.cfm?event=getFilingDetails&filingID=f87d42e3–8272–4c5d-914d-85198279ac67&filingTypeID=71 ; « LD-2 Disclosure Form, » United States Senate, consulté le 3 janvier 2020, https://soprweb.senate.gov/index.cfm?event=getFilingDetails&filingD=ff992139–85e1–48b5–86eb-c8ecfc42a083&filingTypeID=60.

96. David Colgan, « Renewable Energy Ignites Debate, » UCLA Institute of the Environment and Sustainability, 23 février 2016, https://www.ioes.ucla.edu/article/renewable-energy-ignites-debate.

97. « Precourt Institute Energy Advisory Council, » People, Precourt Institute, consulté le 6 janvier 2020, https://energy. stanford.edu/people/precourt-institute-energy-advisory-council.

98. Howard Fischer, « Tom Steyer's PAC to Spend More Money Telling Arizona Voters About APS' Influence, » *Arizona Daily Star*, 14 mai 2019, https://tucson.com/tom-steyer-s-pac-to-spend-more-money-telling-arizona/article_12e594f0-73a1-5e67-9c1a-eb83a261a801.html.

99. Le groupe de Steyer, NextGen Climate Action, a donné 250 000 $ au Sierra Club en 2016.. NextGen Climate Action, IRS Form 990, 2017, https://projects.propublica.org/nonprofits/display_990/461957345/12_2017_prefixes_45-46%2F461957345_201612_990O_2017123015067289. Steyer et sa femme, Kat Taylor, ont également organisé des soirées de dons pour le Sierra Club. Voir : « 2017 Guardians of Nature Benefit, » Sierra Club Lome Prieta, https://www.sierraclub.org/loma-prieta/benefit17. Todd Schifeling and Andrew Hoffman, « How Bill McKibben's radical idea of fossil fuel divestment transformed the climate debate, » Conversation, 11 décembre 2017, https://theconversation.com/how-bill-mckibbens-radical-idea-of-fossil-fuel-divestment-transformed-the-climate-debate-87895.

Bloomberg Philanthropies a donné 13,8 millions de dollars à EDF de 2012 à 2017.Bloomberg Philanthropies, formulaire IRS 990-PF, 2011-2015, https://www.inf luencewatch.org/non-prof it/bloomberg-family-foundation-bloomberg-philanthropies. Bloomberg Philanthropies, IRS Form990-PF, 2016-2017, https://projects.propublica.org/nonprofits/organizations/205602483.

Derek Seidman, « Climate Summit Co-Chair Michael Bloomberg Backs Fracking and Invests in Fossil Fuels, » Truthout, 11 septembre 2018.

TomKat Charitable Trust, IRS Form 990-PF, 2012, https://www.tomsteyer.com/wp-content/uploads/2019/08/2012_TFS_Tax_Returns_Public.pdf ; TomKat Charitable Trust, IRS Form 990-PF, 2014, https://www.tomsteyer.com/wpcontent/uploads/2019/08/2014_TFS_Tax_Returns_Public.pdf.

TomKat Charitable Trust, formulaire 990-PF de l'IRS, 2015, https://www.tomsteyer.com/wpcontent/uploads/2019/08/2015_TFS_Tax_Returns_Public.pdf. « Financial Data: 2018 Financials », 350.org, https://350.org/2018-annual-report-financials.

Bloomberg Philanthropies a donné 5,6 millions de dollars à NRDC de 2015 à 2017. Bloomberg Philanthropies, formulaire IRS 990-PF, 2011-2015, https://www.inf luencewatch.org/non-prof it/bloomberg-family-foundation-bloomberg-philanthropies. Bloomberg Philanthropies, IRS Form990-PF, 2016-2017, https://projects.propublica.org/nonprofits/organizations/205602483.

Bloomberg Philanthropies a donné 99 millions de dollars au Sierra Club entre 2011 et 2017. Bloomberg Philanthropies, formulaire 990-PF de l'IRS, 2011-2015, https://www.influencewatch.org/non-profit/bloomberg-family-foundation-bloomberg-philanthropies. Bloomberg Philanthropies, formulaire 990-PF de l'IRS, 2016-2017, https://projects.propublica.org/nonprofits/organizations/205602483. « Bloomberg Philanthropies Boosts Investment in SierraClub to Retire U.S. Coal Fleet & Transition the Nation towards Clean EnergySources », Bloomberg Philanthropies, 8 avril 2015 ; https://www.bloomberg.org.

Le groupe de Steyer, NextGen Climate Action, a donné 54 000 dollars au FEPH en 2016. NextGen Climate Action, IRS Form 990, 2017, https://projectspropublica.org/nonprofits/display_990/461957345/12_2017_prefixes_45-46%2F461957345_201612_990O_2017123015067289.

100. Bryan Anderson, « Did Tom Steyer Buy His Way into the Democratic Debate? How He Worked His way to the Stage, » *Sacramento Bee*, 15 octobre 2019, https://www.sacbee.com.

XI
Le déni des Puissants

1. Les stars font leur cinéma

En 2019, on a pu voir diverses personnalités parmi les plus riches et les plus puissantes du monde prendre part à des initiatives contre le changement climatique.

Fin juillet, Google avait rassemblé en Sicile des célébrités et des militants pour le climat afin de discuter des modéalités concrètes de leur soutien à la cause. Léonard DiCaprio, Stella McCartney, Katy Perry, Harry Styles, Orlando Bloom, Bradley Cooper, Priyanka Chopra, Nick Jonas et Diane von Furstenberg étaient censés réfléchir à des moyens d'exploiter leur renommée pour changer les comportements.

Certains agissaient déjà pour le climat. Perry avait fait des vidéos pour l'UNICEF, tandis que DiCaprio avait prêté sa voix à un documentaire. Le Prince Harry, qui a décrit pieds nus l'urgence climatique aux invités rassemblés avait récemment écrit sur Instagram : « Avec près de 7,7 milliards de personnes vivant sur cette planète, chaque choix, chaque empreinte de pas, chaque action fait une différence[1] ».

Cette réunion sicilienne s'est tenue au Verdura, un complexe cinq étoiles plus vaste que la principauté de Monaco, abritant six courts de tennis, trois terrains de golf, quatre piscines et un terrain de football. Malgré cet hébergement dans un domaine de très grand luxe, de nombreux participants ont préféré séjourner sur des superyachts amarrés au large, d'où ils étaient acheminés en Maserati sur le lieu de l'événement. Le premier soir, quarante jets privés avaient atterri sur le domaine, et l'on attendait soixante-dix autres invités avant la fin du week-end.

« Je n'ai jamais vu un groupe de gens aussi choyés, déclarait une personne présente au Sun, un tabloïd britannique. Tout est prévu pour eux. C'est tellement extravagant[2]... »

« Ils ne semblent tout simplement pas conscients des énormes quantités de combustibles fossiles qu'ils brûlent. Ils débarquent avec des entourages inutiles dans des hélicoptères ou des voitures rapides, puis font des prêches pour sauver le monde[3]. »

Deux semaines plus tard, alors que la controverse commençait à s'éteindre, les médias rapportaient que le prince Harry, son épouse Meghan Markle et leur nouveau-né, avaient effectué deux voyages supplémentaires en jet privé, d'abord à Ibiza, puis, quelques semaines plus tard, dans la ville de Nice sur la Côte d'Azur[4]. Alors qu'un billet en classe économique de Londres à Nice coûte 306 $ US, un vol en jet privé coûte 29 000 $ US[5].

« Franchement, c'est hypocrite. Harry ne peut pas prêcher sur les conséquences catastrophiques du changement climatique tout en parcourant la planète en jet », s'insurgeait l'un des ex-gardes du corps du prince[6].

La BBC a calculé que ces vols vers Ibiza et Nice avaient généré six fois plus d'émissions qu'un Britannique moyen n'en produit chaque année et plus de cent fois plus qu'un citoyen ordinaire de la petite nation africaine du Lesotho, où le prince Harry a passé son année sabbatique[7].

Les amis de Harry et Meghan ont volé au secours du couple. « J'appelle la presse à en finir avec ces assassinats incessants et mensongers, a enjoint Elton John. « Imaginez que vous soyez attaqué, renchérissait Ellen DeGeneres, alors que tout ce que vous essayez de faire est de rendre le monde meilleur[8] ».

Mais le problème n'était pas que les célébrités affichaient leur mode de vie très énergivore. Le problème était qu'ils faisaient la morale à des gens qui l'étaient très peu. « Arrêtez de nous faire la leçon sur la façon dont nous vivons, déclarait un Britannique, et montrez l'exemple[9]. »

Et Al Gore n'aurait pas été mis sur la sellette par Associated Press pour la maison de vingt pièces où il réside, qui consomme douze fois plus d'énergie qu'une maison moyenne de Nashville, Tennessee, s'il n'avait affirmé : « Nous allons devoir changer la façon dont nous vivons » pour enrayer la détérioration climatique[10].

2. Ne nous imitez pas

Une telle hypocrisie exaspère naturellement de nombreux militants du climat. « Nomme une seule célébrité qui défend le climat ! demandait Greta Thunberg à sa mère en 2016. Nomme une seule célébrité prête à sacrifier le luxe de voler autour du monde[11] ! »

Mais sacrifier ce luxe ne signifie pas nécessairement éviter de produire d'importantes quantités d'émissions de carbone, comme Thunberg l'a vite découvert.

En août 2019, la jeune égérie des verts a traversé l'Atlantique en voilier pour donner l'exemple d'un mode de vie décarbonné. Mais cette traversée alimentée par des énergies renouvelables a produit quatre fois plus d'émissions que n'en aurait occasionné un vol. La navigation nécessitait en effet un équipage de voilier, qui est rentré à la maison en avion après coup[12].

La raison pour laquelle même les verts les plus sincères consomment de grandes quantités d'énergie est simple : ils vivent dans des pays riches et font tout ce que l'on fait dans un pays riche, conduire une voiture, prendre l'avion, manger et vivre dans une maison, tout cela consomme d'importantes quantités d'énergie.

Comme nous l'avons vu, cette corrélation est incontournable : le revenu moyen par habitant demeure étroitement couplé à la consommation d'énergie par habitant. Il n'existe pas de pays riche à faible consommation d'énergie, tout comme il n'existe pas de pays pauvre très énergivore. Si les Européens consomment moins d'énergie que les Américains, en moyenne, cet écart est moins le fait de convictions écolos que de modes de transport qui privilégient le rail sur la voiture individuelle, en raison d'une plus haute densité de population[13].

Globalement, les pays développés n'ont cessé de consommer toujours plus d'énergie. La consommation d'énergie primaire de l'Europe, soit l'électricité plus l'énergie utilisée pour le chauffage, la cuisine et les transports, est passée d'environ 12 500 à 23 500 térawattheures entre 1966 et 2018. L'Amérique du Nord est passée d'environ 17 000 à 33 000 térawattheures au cours de la même période[14].

Certes, la consommation d'énergie par habitant dans les pays riches a légèrement diminué au cours de la dernière décennie, mais cette décrue est largement liée à la perte d'industries à forte intensité énergétique, aux multiples fabrications délocalisées dans des pays comme la Chine, et non à des gains d'efficacité énergétique ni à l'écologie[15].

Si l'on décompte les émissions « intégrées » dans les importations de produits chinois, l'augmentation des émissions américaines entre 1990 et 2014 est passée de 9 à 17 % et la réduction de 27 % des émissions britanniques au cours de la même période n'est en fait que de 11 %[16]. Alors que les écologistes n'ont pas eu le pouvoir politique de restreindre la consommation d'énergie et donc la croissance économique dans les pays riches, ils en ont eu assez depuis cinquante ans, pour la restreindre dans les pays les plus pauvres et les plus faibles. Aujourd'hui la Banque mondiale détourne des financements de sources d'énergie bon marché et fiables comme l'hydroélectricité, les combustibles fossiles et le nucléaire, pour privilégier des sources coûteuses et peu fiables comme le solaire et l'éolien. Et en octobre 2019, la Banque européenne d'investissement a annoncé qu'elle cesserait tout financement des combustibles fossiles dans les pays pauvres d'ici 2021[17].

Certes, les écologistes du monde riche ne sont pas la cause sous-jacente de la pauvreté dans des régions comme le Congo, mais, au minimum, ils compliquent sérieusement la tâche de nations déjà désavantagées car elles sont les dernières de la planète à s'industrialiser et à se développer.

En 1976, un Sud-Africain blanc de vingt-huit ans nommé John Briscoe se rend au Bangladesh. Élevé sous l'apartheid, Briscoe s'est radicalisé à cause du système de ségrégation raciale du pays. Après avoir obtenu un doctorat en ingénierie environnementale à Harvard, il s'est rendu au Bangladesh pour mettre ses compétences au service des gens et les aider à sortir de la pauvreté. Briscoe s'est retrouvé dans un village qui était inondé pendant un tiers de l'année. Les habitants souffraient de maladies et de malnutrition, l'espérance de vie était de moins de cinquante ans[18].

Mais quand Briscoe a entendu parler d'un projet de construction d'une digue autour du village pour le protéger des inondations annuelles et lui fournir une irrigation, il s'y est opposé. Marxiste à l'époque, il pensait que la digue aurait pour seul effet de concentrer la richesse entre les mains des riches.

Vingt-deux ans plus tard, Briscoe est retourné dans ce village du Bangladesh et il a été surpris par ce qu'il a découvert : des villageois en bonne santé, des enfants scolarisés, et au lieu de haillons, les gens portaient des vêtements. L'espérance de vie avait grimpé à près de soixante-dix ans. Les femmes étaient plus indépendantes et il y avait des marchés alimentaires dynamiques.

Briscoe a demandé aux gens ce qui avait changé. « La digue ! » lui ont-ils dit. Elle avait été construite dans les années 1980, après le départ de Briscoe. Elle empêchait les inondations et permettait l'utilisation contrôlée de l'eau pour irriguer le village. Il a demandé aux gens quel autre changement avait amélioré leur quotidien. Les ponts, disaient-ils, avaient réduit le temps nécessaire pour gagner le marché. Selon les villageois, leur prospérité était le fruit de ces grands projets d'infrastructure.

Briscoe ne pouvait que réviser entièrement son point de vue. « Bien sûr, les infrastructures ne sont pas une condition suffisante pour réduire la pauvreté », déclarait-il à un journaliste en 2011, « mais une condition nécessaire sans le moindre doute[19] ! Chaque pays riche actuel exploite plus de 70 % de son potentiel hydroélectrique économiquement rentable. L'Afrique exploite 3 % de son potentiel[20]. »

Pendant deux décennies après la Seconde Guerre mondiale, la Banque mondiale, qui est financée par les pays développés, prêta de l'argent aux pays en développement pour construire les infrastructures de base des sociétés modernes : barrages, routes et réseaux électriques. Des investissements comme les barrages présentent un faible risque car ils génèrent des revenus par les ventes d'électricité, ce qui permet aux nations de rembourser l'emprunt. Une grande part du réseau électrique brésilien a été rendu possible par la Banque mondiale, qui a financé douze projets hydroélectriques dans ce pays[21].

Mais voilà qu'à la fin des années 1980, sous l'influence d'ONG vertes comme le World Wildlife Fund (WWF) ou Greenpeace, l'ONU a commencé à promouvoir un modèle de développement radicalement différent : le développement durable.

Dans le cadre de ce nouveau modèle, les pays pauvres et en développement devaient continuer à utiliser des énergies renouvelables à petite échelle, plutôt que des centrales électriques à grande échelle comme des barrages. La Banque mondiale a donc fait sien le point de vue onusien.

Dans les années 1990, seulement 5 % des financements de la Banque mondiale allaient aux infrastructures. « Les infrastructures hydro-électriques, comme levier de croissance et condition préalable au développement économique, ont été écartées pour l'essentiel par des pays riches qui disposaient déjà de leurs infrastructures », explique Briscoe[22].

3. La puissance de l'électricité

L'ONU a été la première institution à décréter que les pays pauvres pouvaient devenir riches sans utiliser beaucoup d'énergie, contrairement à tous les autres pays riches du monde. Ils étaient censés y parvenir par « un saut technologique », concept auquel l'ex-économiste de Shell Arthur van Benthem a tordu le cou.

En 1987, les Nations Unies ont publié un livre intitulé *Our Common Future*, faisant semblant de s'intéresser aux problèmes de surexploitation du bois de chauffage dans les pays pauvres[23].

« La généralisation de la sobriété énergétique et le développement des énergies renouvelables aideront à réduire la pression sur les combustibles traditionnels, affirme le rapport, ce sont les plus nécessaires pour permettre aux pays en développement de réaliser leur potentiel de croissance mondial[24] ».

On n'a pourtant jamais fourni la moindre preuve à l'appui de cette affirmation alors qu'on dispose d'une multitude de preuves du contraire. Comme nous l'avons vu, la révolution industrielle n'aurait pu survenir en s'appuyant sur les seules énergies renouvelables. Les sociétés préindustrielles sont des sociétés à faible consommation d'énergie. Le charbon a permis à l'humanité préindustrielle d'échapper à l'économie *bio* permise par l'énergie solaire. On n'avait aucun exemple en 1987 d'une nation ayant échappé à la pauvreté grâce aux énergies renouvelables et à l'efficacité énergétique. Le fait que les pays développés aient eu besoin de combustibles fossiles pour s'enrichir ne pouvait en aucun cas être un mystère pour l'auteur principal de *Our Common Avenir*, Gro Brundtland. Après tout, elle était l'ancien premier ministre de la Norvège, une nation qui, une décennie plus tôt, était devenue l'une des plus riches au monde grâce à ses abondantes réserves de pétrole et de gaz[25].

En 1998, un expert brésilien de l'énergie plaidait pour un saut technologique sous forme d'utilisation continue de bois de chauffage dans des fourneaux et selon des méthodes plus efficaces, évitant aussi bien les combustibles fossiles que le nucléaire[26].

Deux ans plus tard, deux agences des Nations Unies notaient que si dans le passé les gens avaient échappé à la pauvreté en délaissant les « combustibles simples issus de la biomasse (excréments, résidus de récolte, bois de chauffage) au profit de combustibles liquides ou gazeux pour la cuisson, le chauffage et l'électricité », les habitants des pays pauvres pourraient aujourd'hui « passer directement du bois de chauffage aux nouvelles énergies renouvelables » comme la biomasse et le solaire[27].

L'idée a captivé les ONG environnementales et les agences onusiennes qui ont redirigé des fonds qui, dans le passé, auraient été consacrés au financement des infrastructures pour financer des expériences de « saut technologique » dans les pays pauvres.

Les Nations Unies et les ONG environnementales ont décrit leur travail comme une aide aux pays pauvres censée leur « éviter les erreurs commises dans le monde industrialisé », selon les termes du Programme des Nations Unies pour le développement[28].

L'abandon des projets d'infrastructures et de production industrielle était partiellement justifié comme levier anti-corruption, un point de vue dont l'ancien économiste de la Banque mondiale Hinh Dinh déclarait qu'il n'était pas étayé par les meilleures recherches disponibles.

« Il suffit que quelques politiciens ou technocrates européens estiment que l'Afrique peut et doit se développer en éliminant d'abord la corruption, pour que cette vision s'impose aussitôt comme stratégie nationale de développement pour de nombreux pays africains », me disait Hinh Dinh, ex-économiste de la Banque mondiale qui prône le développement du secteur industriel comme moyen pour les pays pauvres de se développer. « Peu importe que pas un seul pays au monde n'ait réussi à se développer en suivant une telle voie[29]. »

Alors que le changement climatique devenait une préoccupation de l'élite dans les années 1990, les efforts des pays développés pour tarir le financement de l'énergie bon marché, de l'agro-industrie et des projets d'infrastructure modernes dans les pays pauvres et riches n'ont fait que s'accentuer.

En 2014, le sénateur du Vermont Patrick Leahy, élu démocrate le plus influent au sein de la commission des crédits de la Chambre des Représentants, tentait de couper les financements américains aux pays pauvres souhaitant s'équiper de barrages hydroélectriques, au motif que ces barrages ont un « impact négatif » sur les écosystèmes fluviaux.

Briscoe était indigné. « Si le sénateur Leahy est si catégoriquement contre l'hydroélectricité, déclarait Briscoe, qu'il démontre son engagement en commençant par éteindre les lumières du Vermont[30].

La même année, on lisait dans le *New York Times* : « Influencés par l'Allemagne, de nombreux pays pauvres, jadis déterminés à construire des centrales au charbon pour fournir de l'électricité à leur population, envisagent de contourner l'ère des fossiles en édifiant d'emblée des réseaux propres[31] ».

Les gouvernements européens promeuvent activement les bioénergies dans les pays pauvres. Dès mon arrivée à Kigali, Rwanda, lors de ma visite de décembre 2014, je me suis rendu à une soirée organisée par l'ambassade des Pays-Bas pour célébrer sa promotion d'un projet cofinancé avec l'Allemagne destiné à exploiter le biogaz des excréments humains pour cuisiner[32].

En 2017, Eva Müller, directrice de la foresterie à l'Organisation des Nations unies pour l'alimentation et l'agriculture déclarait : « Les combustibles ligneux sont plus respectueux de l'environnement que les combustibles fossiles, et en y incluant le charbon de bois, représentent environ 40 % des approvisionnements mondiaux actuels en énergies renouvelables – autant que l'énergie solaire, l'hydroélectricité, et l'éolien combinés[33]. »

Tous les écologistes ne sont pas opposés à l'énergie bon marché que pourraient fournir barrages hydroélectriques et combustibles fossiles aux pays pauvres. D'après mon expérience, beaucoup d'écologistes des pays développés, peut-être la plupart, estiment qu'il est contraire à l'éthique des nations riches de priver les pauvres des technologies responsables de notre prospérité.

Mais les dirigeants des ONG et des agences de l'ONU, ainsi que de nombreux auteurs du GIEC, se sont coalisés activement, ces deux dernières décennies, pour canaliser l'argent public et privé jusqu'alors destiné aux énergies bon marché, vers des énergies renouvelables coûteuses et peu fiables.

Les pays pauvres, déclarait le GIEC en 2018, peuvent contourner les sources d'énergies centralisées tels les barrages, les centrales au gaz naturel et les centrales nucléaires pour se tourner vers des sources d'énergie décentralisées telles les panneaux solaires et les batteries. Le GIEC ne citait pas Van Benthem ni d'autres économistes qui ont démystifié la doctrine du saut technologique ou *leapfrogging*[34].

En 2019, de nombreuses ONG, dont l'organisation allemande Urgewald, ont fait campagne pour rediriger les financements de la Banque mondiale destinés aux grands barrages hydroélectriques et aux combustibles fossiles vers des énergies renouvelables de dimensions réduites comme le solaire et l'éolien[35].

Vers la fin de sa vie, Briscoe était profondément irrité par le succès des ONG vertes qui font pression sur les pays occidentaux afin de supprimer les financements alloués aux infrastructures de base avec la volonté de privilégier des expériences de « développement durable ». « À maintes reprises, j'ai vu des ONG et des politiciens des pays riches préconiser que les pauvres suivent un chemin qu'eux, les riches, n'ont jamais suivi ni ne sont disposés à suivre[36] ».

Pourquoi donc ?

4. « Une tache sur la course »

En 1793, le philosophe britannique William Godwin publie une « Enquête sur la justice politique et son influence sur la morale et le bonheur aujourd'hui ». Dans cet ouvrage, Godwin fait valoir que la clé du progrès est la raison humaine, et non la révolution politique. Nous sommes uniques dans notre aptitude à nous contrôler, nos passions y compris, et à faire évoluer nos sociétés. Au fil du temps, fait valoir Godwin, un tel rationalisme entraînera une réduction massive de la souffrance humaine[37].

Un an plus tard, le marquis de Condorcet, aristocrate et mathématicien français, publie un livre qui annonce un progrès humain indéfini. Dans son *Esquisse d'un tableau historique des progrès de l'esprit humain*, il s'y montre le pionnier de ce qu'il appelle « la science sociale ». Il défend l'utilisation de la technologie par l'humanité pour accroître les rendements agricoles afin de subvenir aux besoins d'une population humaine plus nombreuse.

Il plaide pour le commerce entre les nations comme moyen de lutter contre la pénurie alimentaire. Au cœur de son livre on trouve l'idée que la science et la raison peuvent être utilisées pour soutenir le progrès humain[38].

Les idées combinées de Godwin et Condorcet offrent une vision de ce que nous dénommons les Lumières, et les deux penseurs étaient des « humanistes » car ils croyaient que les humains se distinguaient par une capacité unique de raisonner. Ils avaient effectivement sécularisé le concept judéo-chrétien selon lequel les êtres humains étaient élus par Dieu pour dominer la Terre.

Alors que les dictatures féodales cédaient la place aux démocraties capitalistes, l'humanisme des Lumières est devenu l'idéologie poltique dominante. Pris dans leur ensemble, soutenait Condorcet, les progrès techniques et humains permettront de soutenir des populations toujours plus grandes sur des surfaces toujours plus réduites. « Alors un espace de terrain de plus en plus resserré pourra produire une masse de denrées d'une plus grande utilité ou d'une valeur plus haute[...] Ainsi, non seulement le même espace de terrain pourra nourrir plus d'individus ; mais chacun d'eux, moins péniblement occupé, le sera d'une manière plus productive, et pourra mieux satisfaire à ses besoins[39]. »

Thomas Robert Malthus, un économiste, fut tellement contrarié par l'optimisme des Lumières qu'au début de la trentaine, il s'efforça de réfuter Godwin et Condorcet dans son ouvrage de 1798 intitulé *Un essai sur le principe de population.*

Malthus affirme que le progrès humain n'est pas soutenable. Les humains pourront peut-être produire davantage de nourriture suivant une progression arithmétique (1, 2, 3, 4...), mais la courbe démographique obéit à une progression « exponentielle » (2, 4, 8, 16...). Le résultat du « progrès » sera donc inévitablement la surpopulation et la famine. « Les pauvres doivent par conséquent vivre bien plus mal et beaucoup d'entre eux seront réduits à une détresse grave », écrivait Malthus. « Le pouvoir de la population est tellement supérieur au pouvoir de la Terre de produire des moyens de subsistance pour l'homme, qu'une mort prématurée doit, sous une forme ou une autre, visiter la Race humaine[40]. »

De crainte que ses lecteurs ne soient désorientés par ce qu'il avançait, Malthus a ajouté ce remarquable passage à la deuxième édition de son livre :

« Un homme, s'il ne peut obtenir sa subsistance de ses parents sur lesquels il a une juste exigence, et si la société ne veut pas de son travail, n'a aucun droit à la plus minime portion de nourriture, et, en fait, n'a rien à faire là où il est[41]. »

Godwin répond qu' « il existe diverses méthodes permettant de contrôler la population », notamment le contrôle des naissances, qui permettrait aux sociétés humaines d'éviter les famines que Malthus considérait comme inévitables[42] et qui mettraient à profit la technologie pour produire davantage de nourriture sur des superficies réduites[43].

Malthus répond en affirmant non pas que les humains n'*utiliseraient* pas de méthodes contraceptives mais plutôt qu'ils ne *devraient* pas le faire. Pourquoi ? Parce que cela serait « contre nature[44] ».

La seule façon d'éviter les famines, soutenait Malthus, était de s'imposer une longue période de célibat, suivie d'un mariage tardif et d'une progéniture limitée.

En d'autres termes, la seule façon de voir validées les prédictions de Malthus sur la progression démographique excédant celle des ressources est que chacun à l'avenir souscrive à son opposition au contrôle des naissances.

Malthus a exprimé sa préoccupation pour les pauvres tout en préconisant des politiques qui les maintiendrait dans la pauvreté. Il préconisait que les décideurs politiques maintiennent le régime aristocratique en favorisant l'agriculture par rapport à l'industrie manufacturière, et soulignait la supériorité de la vie à la campagne, ou plutôt, la vie à la campagne qu'il goûtait en tant qu'aristocrate refusant le travail manuel[45].

Certains défendent Malthus en alléguant qu'il a écrit son célèbre ouvrage alors qu'il était encore trop tôt pour savoir que la révolution industrielle augmenterait considérablement la production alimentaire. Malthus a atteint sa majorité à une époque que les historiens appellent « économie organique avancée », qui, en raison de sa dépendance aux énergies renouvelables, bois de chauffage et roues hydrauliques, « condamnait la majorité de la population à la pauvreté » pour des raisons intrinsèquement physiques[46].

Mais la morosité de l'économie britannique alimentée par les énergies renouvelables n'avait pas empêché Godwin, Condorcet et d'autres humanistes d'imaginer non seulement la fin des famines mais aussi une prospérité universelle. Et ils avaient tout autour d'eux de bonnes raisons d'y croire. S'il n'y avait eu des améliorations continues des rendements agricoles durant la vie de Malthus, avec une expansion des terres agricoles passées de 4,4 millions d'ha à 5,9 millions ha entre 1700 et 1850, la disette dans les campagnes britanniques aurait été bien pire[47].

En 1845, le mildiou détruisit une grande partie de la récolte de pommes de terre de l'Irlande, déclenchant la « grande famine ». Entre 1845 et 1849, un million d'Irlandais moururent de faim et un autre million dut fuir l'Ile[48].

Aujourd'hui encore, quand les gens pensent à la grande famine, ils ont tendance à se concentrer sur le champignon et à négliger le fait que, durant les quatre années suivantes, l'Irlande exporta des aliments, y compris de la viande de bœuf en Angleterre. Les familles irlandaises durent vendre leurs porcs pour payer leur loyer, alors même que leurs enfants mouraient de faim.

Les élites britanniques justifièrent de laisser les Irlandais mourir de faim en les rendant responsables de leur sort. La véritable raison pour laquelle les Irlandais mouraient de faim, selon l'opinion alors reçue en Grande-Bretagne, était le manque de décence morale du peuple irlandais. En augmentant les salaires des travailleurs irlandais, avertissait *The Economist*, on « pousserait chaque homme à se marier et à se reproduire aussi vite qu'il le pourrait, comme des lapins dans une garenne[49]. »

The Economist et les élites britanniques se contentaient de reprendre à leur compte les idées exposées pour la première fois un demi-siècle plus tôt par Malthus. À l'époque, celui-ci avait condamné l'expansion démographique des Irlandais, conséquence selon lui de denrées alimentaires trop bon marché.

« Le bas prix de cette racine nourrissante qu'étaient les pommes de terre, ajoutée à l'ignorance et à la barbarie du peuple irlandais, ont encouragé le mariage à un point tel que la population excède largement l'industrie et les ressources présentes du pays[50]. »

En fin de compte, le problème en Irlande était selon Malthus celui de la surpopulation. « Le territoire de l'Irlande est infiniment plus peuplé que celui de l'Angleterre et pour donner plein effet aux ressources naturelles du pays, une grande partie de la population devrait être balayée[51]. »

La grande famine ne devait pas être la dernière occasion pour les dirigeants britanniques d'utiliser Malthus pour justifier la famine dans d'autres pays. Le gouverneur général britannique de l'Inde entre 1876 et 1880 faisait valoir que la population indienne « avait tendance à augmenter plus rapidement que la nourriture qu'elle tirait de sa terre[52]. » Plus tard il affirmait que « les limites de l'augmentation de la production et de la population avaient été atteintes[53]. »

Alors que des dizaines de milliers d'Indiens mouraient de faim, le gouverneur général « dépensa sans compter pour le couronnement de la reine Victoria en tant qu'impératrice de l'Inde, écrit un historien. Les aides offertes aux affamés par l'administration de Lytton était moindres en termes d'apport calorique que ce que le régime nazi faisait distribuer aux détenus du camp de concentration de Buchenwald[54].

En 1942 et 1943, alors que l'Inde produisait des aliments et des produits manufacturés pour l'effort de guerre britannique, des pénuries alimentaires sont apparues. Des importations de denrées alimentaires auraient pu réduire la crise, mais le premier ministre Winston Churchill les avait proscrites.

Pourquoi ? « Une grande partie de la réponse doit résider dans la mentalité malthusienne de Churchill et de ses principaux conseillers », conclut l'historien Robert Mayhew. « Les Indiens se reproduisent comme des lapins et sont payés par nous un million par jour pour ne nous apporter aucune aide dans la guerre », prétendait Churchill, à tort.

Du fait de telles décisions, trois millions de personnes sont mortes au Bengale lors de la famine de 1942-43, soit trois fois le nombre de morts de la Grande Famine irlandaise[55].

Adolf Hitler aussi s'est inspiré de Malthus. « La productivité du sol ne peut être augmentée que dans des limites définies et jusqu'à un certain point », écrivait-il dans *Mein Kampf.* Mais, contrairement à Malthus, Hitler croyait que ces limites pourraient être repoussées par l'invasion de territoires étrangers.

« Des liens solides et directs peuvent être établis entre l'œuvre de Malthus », concluait l'historien Mayhew, et certains des moments les plus odieux de l'histoire du xxe siècle[56].

Au début du xxe siècle, la région de la Tennessee Valley aux États-Unis ressemblait beaucoup au Congo actuel. La déforestation gagnait du terrain. Les rendements agricoles diminuaient en raison de l'érosion des sols, le paludisme sévissait. Peu de gens recevaient des soins médicaux adéquats. Très peu de foyers disposaient d'une plomberie intérieure ou de l'électricité.

La Première Guerre mondiale a fait renaître l'espoir dans la région. Le Congrès a autorisé la construction d'un barrage sur la rivière Tennessee pour alimenter en électricité une usine de munitions. Mais la guerre a pris fin avant que le barrage ne soit achevé. Henry Ford a offert de racheter le complexe pour 5 millions de dollars, mais les contribuables ayant déjà dépensé plus de 40 millions de dollars dans le projet, George Norris, un sénateur républicain progressiste a décidé de rejeter la proposition de Ford.

Norris, qui siégeait à la commission agricole du Congrès, était un personnage influent. Sensible au sort des pauvres, il visitait régulièrement la région de la Tennessee Valley. Il dormait dans des masures de pauvres paysans. Au cours de la décennie suivante, Norris a exhorté le gouvernement américain à investir dans un programme de modernisation agricole.

Dès 1933, Norris avait convaincu le Congrès et le président nouvellement élu, Franklin D. Roosevelt, de créer ce qui allait devenir la Tennessee Valley Authority (TVA). Celle-ci a construit des barrages, des usines d'engrais et installé des systèmes d'irrigation. La TVA a formé des agriculteurs locaux pour qu'ils apprennent aux autres comment augmenter les rendements des cultures. Elle a également reboisé la région.

Il fallut passer des compromis, environ vingt mille familles furent relogées par expropriation et condamnation. Près de soixante-dix mille sépultures individuelles furent soit retirées, soit laissées en place[57]. De vastes zones furent inondées.

Mais ces sacrifices représentaient un prix modique à payer pour la croissance économique qui en résulta, non seulement pour la région, mais pour l'économie nationale tout entière. L'électricité bon marché et la croissance économique permirent une réhabilitation de l'environnement naturel. Les engrais reconstituèrent les sols appauvris. Des systèmes d'irrigation motorisés furent installés. Les agriculteurs ont obtenu de meilleurs rendements sur des surfaces réduites et planté des arbres. Peu à peu, les forêts sont revenues.

Mais une réaction locale contre la modernisation industrielle et agricole avait commencé à se manifester avant même que le gouvernement fédéral ne crée la TVA.

En 1930, John Crowe Ransom, boursier Rhodes et poète du Tennessee, âgé de quarante-deux ans, écrivait dans l'essai inaugural d'une célèbre collection, *I'll Take My Stand,* « les sociétés récentes ont été saisies – aucune si violemment que notre Amérique – par l'étrange idée que le destin humain n'est pas de s'assurer une paix honorable avec la nature, mais de mener une guerre sans relâche contre la nature[58] ».

Ransom et les autres « Agrariens du Sud » dénonçaient les villes et l'industrie pour leur impact sur l'environnement et sur les gens. Ils réprouvaient les machines agricoles, les routes asphaltées et la plomberie intérieure, jugées symptomatiques de la « maladie de la civilisation industrielle moderne. »

Le point de vue de Ransom, poète à l'Université Vanderbilt, était très différent de celui des pauvres métayers. Les habitants de la vallée du Tennessee qui souffraient du paludisme et de la faim n'auraient probablement pas été d'accord avec l'idée qu'ils vivaient en paix avec la nature. Les détracteurs de Ransom et des Agrariens du Sud les baptisèrent « agrariens dactylographes » de la même manière qu'on stigmatise aujourd'hui les progressistes de la classe moyenne supérieure avec l'expression 'gauche caviar'.

Ransom, Malthus et les Malthusiens qui sont venus après lui étaient socialement et politiquement conservateurs. Malthus était opposé au contrôle des naissances, le considérant comme contraire au plan de Dieu pour les humains. Il était opposé aux programmes de protection sociale pour les pauvres, les jugeant autodestructeurs. Les dirigeants britanniques qui fondaient leurs projets politiques sur la pensée de Malthus étaient conservateurs.

Les socialistes et les gauchistes, en revanche, détestaient Malthus. Marx et Engels le qualifiait de « tache sur l'espèce humaine ». Malthus, selon eux, avait travesti une situation évitable en situation inévitable ou « naturelle[59] ». Dans son ouvrage de 1879, *Progress and Poverty*, le penseur américain progressiste Henry George s'en prend à Malthus défenseur des inégalités. « **Ce qui a rendu Malthus populaire parmi les classes dirigeantes, selon George, c'est le fait qu'il a fourni une raison plausible à l'hypothèse que certains ont un droit à l'existence supérieur aux autres[60].** »

Mais après la Seconde Guerre mondiale, le malthusianisme a changé de camp pour devenir un mouvement politique de gauche sous la forme du mouvement écologiste, tandis que l'anti-malthusianisme devenait un mouvement politique de droite prenant la forme d'un conservatisme libertaire, pro-business et partisan du libre marché.

Une certaine opposition à l'essor du malthusianisme est tout de même venue de la gauche. Bayard Rustin, un leader socialiste des droits civiques, déclarait au *Time* en 1979 que les écologistes étaient des « néo-malthusiens bien-pensants, élitistes, qui appellent à une croissance lente ou une croissance zéro... et qui condamnerait les noirs du bas de l'échelle, le prolétariat des bidonvilles et les noirs ruraux, à une pauvreté permanente[61].

Mais la plupart des résistances au malthusianisme sont venues de la droite politique. Le critique le plus éminent de l'alarmisme malthusien fut Julian Simon, un économiste qui défendait l'idée que « les ressources naturelles ne sont pas limitées », et que les enfants ne sont pas juste des bouches à nourrir, et pas seulement des consommateurs, mais plutôt des producteurs en devenir,[62].

Les réflexions de Simon ont été saluées par des universitaires conservateurs et libertaires, divers think-tanks et médias, sauf ceux de la gauche progressiste.

Pourquoi cela ?

5. Éthique du canot de sauvetage

En 1948, un écologiste du nom de William Vogt a publié *Road to Survival*, un best-seller traduit en neuf langues et publié en feuilleton dans le magazine *Reader's Digest*[63]. Dans son livre, Vogt met en garde contre la démographie galopante des pays pauvres, notamment l'Inde. « Avant l'imposition de la Pax Britannica, l'Inde avait une population estimée à moins de 100 millions de personnes », écrit Vogt.

L'expansion démographique « était contenue par la maladie, la famine et les guerres. Sur une période remarquablement courte, les Britanniques ont fait cesser les combats et ont fortement contribué à rendre les famines inefficaces en construisant des ouvrages d'irrigation, en fournissant des moyens de stockage des aliments et en important des denrées alimentaires pendant les périodes de famine.... Alors que les conditions économiques et sanitaires étaient "améliorées", les Indiens reprirent leur anciennes habitudes, se reproduisant avec une insouciance de cabillauds.... Le rapport sexuel est le sport national[64]. »

Vogt s'en prit au « devoir de la profession médicale de maintenir en vie autant de personnes que possible[65] ». « En vérité, écrit-il, ils ne faisaient qu'aggraver la misère[66] ». Il voyait dans la Grèce antique un meilleur modèle, elle qui avait « délibérément réduit la population humaine par l'infanticide, l'émigration et la colonisation[67] ».

Vogt estimait détenir la solution. « Un contrôle international de l'exploitation des ressources, afin de protéger les pays technologiquement retardés, est indispensable.... L'ONU et les organismes associés devraient créer une commission écologique, transversale aux départements de l'organisation, pour évaluer l'influence de toutes les activités des Nations Unies sur la relation entre les êtres humains et leur environnement indispensable[68]. »

Les dirigeants américains et les élites du pays ont adopté les idées malthusiennes tout comme les élites Britanniques l'avaient fait autrefois. En 1965, lors du premier discours télévisé sur l'état de l'Union, le président Lyndon Johnson décrivit « l'explosion de la population mondiale et la rareté croissante des ressources mondiales » comme le problème le plus important au monde. Il en appelait au « contrôle des naissances[69] ».

Le *New York Times* réprimanda Johnson de ne pas être assez malthusien. Après tout, le président avait suggéré que la croissance économique était encore possible « dans un monde où le spectre malthusien, plus terrible que ce qu'avait jamais imaginé Malthus, est si près d'être une réalité », écrivait le *Times*[70].

La même année, la revue Science publia un article intitulé « Tragedy of the Commons », par Garrett Hardin, biologiste de l'Université de Californie à Santa Barbara, qui soulignait que l'effondrement de l'environnement était inévitable en raison d'une reproduction incontrôlée, et que le seul moyen d'éviter la tragédie était une coercition mutuelle », dans laquelle tout le monde acceptait des sacrifices similaires[71].

De nombreux responsables écologistes ont fait leur la doctrine de Malthus. En 1968, David Brower, le directeur exécutif du Sierra Club, concevait et éditait un livre, *La Bombe démographique*, signé d'un biologiste de l'Université de Stanford, Paul Ehrlich, qui clamait que le monde était au bord d'une famine massive. « La bataille pour nourrir toute l'humanité est finie. Dans les années 70 et 80, des centaines de millions de personnes mourront de faim malgré tous les programmes-choc entrepris aujourd'hui[72]. »

Comme Vogt et Malthus avant lui, Ehrlich était particulièrement préoccupé de la démographie des catégories défavorisées dans les pays en développement. Lors d'un trajet en taxi depuis l'aéroport à son hôtel du centre-ville de Delhi, il décrivait les Indiens qu'il croisait avec plus de mépris qu'un zoologue ne décrirait des animaux : « Les gens mangent, les gens se lavent, les gens dorment.... Les gens défèquent et urinent. Des gens, des gens, des gens, des gens[73]. »

Johnny Carson a invité Ehrlich six fois dans son talk-show, *The Tonight Show*, aidant ce dernier à vendre plus de trois millions d'exemplaires de son ouvrage[74].

Le malthusianisme a franchi un cap supplémentaire dans les années 1970. Hardin, le biologiste de l'Université de Californie, publiait un essai intitulé « Lifeboat Ethics : The Case Against Helping the Poor » (éthique du canot de sauvetage : pourquoi il ne faut pas aider les pauvres), dans laquelle il soutient que « nous devons reconnaître la capacité limitée de tout canot de sauvetage ». Hardin y développait l'idée qu'il fallait en empêcher certains de monter sur le canot. Sinon, les indésirables qui essaient d'y monter condamneraient ceux qui y avaient pris place, en plus d'eux-mêmes.

« Si humanitaires soient nos intentions, déclarait Hardin, chaque vie indienne économisée grâce à une assistance médicale ou nutritionnelle de l'étranger diminue le qualité de vie de ceux qui restent et des générations suivantes[75]. »

Les institutions universitaires les plus réputées ont contribué à populariser les idées malthusiennes. Dès 1972, le Club de Rome publie *Les limites à la croissance*, un rapport concluant que la planète est au bord de l'effondrement écologique, dont le *New York Times* faisait sa Une.

« Le résultat le plus probable, assurait ce rapport, sera un déclin soudain et incontrôlable de la population et de la capacité industrielle. » L'effondrement de la civilisation était considéré comme « une lugubre fatalité si la société continue à se vouer comme aujourd'hui à la croissance et au 'progrès'[76]. »

À l'exemple des Agrariens du Sud, l'écologiste Barry Commoner et le physicien Amory Lovins soutenaient que l'industrialisation était néfaste et qu'il nous fallait protéger les pays pauvres du développement économique[77].

Le malthusien Ehrlich et l'ostensiblement socialiste Commoner s'affrontèrent sur les sujets de la démographie et de la pauvreté. Commoner rendait la pauvreté responsable des crises alimentaires, tandis qu'Ehrlich blâmait la surpopulation. Commoner imputait au capitalisme industriel la dégradation de l'environnement, tandis qu'Ehrlich en rendait responsable, une fois encore, la surpopulation[78].

L'affrontement prit fin lorsque les Malthusiens, y compris Ehrlich, acceptèrent un programme de redistribution des pays riches qui prodiguaient leur aide aux nations pauvres pour autant que cet argent allait à des œuvres caritatives et non à des équipements, par exemple les infrastructures.

C'était le germe de ce que l'ONU devait appeler « développement durable[79]. »

Lovins, pour sa part, conjugua l'exigence de sobriété énergétique à une vision romantique d'un futur voué à l'« énergie douce » qui rejettait les infrastructures des pays nantis. En 1976, la revue *Foreign Affairs* publiait un essai de treize mille mots où Lovins plaidait pour la production d'énergie à petite échelle au lieu de la production à grande échelle des centrales électriques[80].

Là où l'électricité des grandes centrales électriques était considérée à l'époque du New Deal, et déjà auparavant, comme progressiste – libérant les gens de corvées telles que le lavage des vêtements à la main et offrant une alternative propre au chauffage à bois – Lovins considérait l'électricité comme autoritaire, déresponsabilisante et aliénante. « Dans un monde électrique, votre corde de sauvetage ne provient pas d'une technologie de proximité, gérée par des personnes que vous connaissez et qui sont de votre niveau social, mais plutôt d'une technologie étrangère, éloignée, peut-être incontrôlable et donc humiliante, gérée par une élite d'experts lointaine, bureaucratisée, qui n'a probablement jamais entendu parler de vous », écrit-il[81].

Les Malthusiens ont considérablement modifié Malthus. **Là où Malthus alertait sur les pénuries alimentaires qu'entraînerait la surpopulation, les Malthusiens des années 1960 et 1970 avertissaient : l'abondance d'énergie allait entraîner surpopulation, destruction de l'environnement et effondrement de la société.**

Ehrlich et Lovins affirmaient s'opposer à l'énergie nucléaire parce qu'elle était abondante. « Même si l'énergie nucléaire était propre, sûre, économique, assurée d'un combustible abondant, et socialement inoffensive, déclarait Lovins elle demeurerait peu attrayante en raison des implications politiques du genre d'économie énergétique dans laquelle elle nous enfermerait[82]. »

Derrière un plaidoyer apparemment motivé par le souci de l'environnement se profile une vision très sombre des êtres humains. « Ce serait presque désastreux pour nous de découvrir une source d'énergie bon marché, propre et abondante, soulignait Lovins, à cause de ce que nous en ferions[83]. » Ehrlich était d'accord. « En fait, donner à la société une énergie abondante et bon marché, à ce stade serait l'équivalent moral de confier une mitrailleuse à un enfant idiot[84]. »

6. Les riches contre le progrès

Devant la multiplication de morts et de souffrances qui nous attendaient, croyaient Ehrlich et Holdren, l'humanité devait jouer la carte du « tri » et laisser mourir certains êtres. Dans le « concept de tri, ceux des troisièmes groupes sont ceux qui mourront quel que soit le traitement.... Les Paddocks (les auteurs du livre de 1967 *Famine 1975 !*) estimaient que l'Inde, entre autres, appartenait sans doute à cette catégorie. Le Bangladesh est aujourd'hui [1977] un exemple plus flagrant[85]. »

Ehrlich et Holdren expliquaient que le Monde n'avait probablement pas assez d'énergie pour soutenir les aspirations au développement du tiers-monde. « La plupart des plans de modernisation de l'agriculture dans les pays sous-développés, incitent à introduire des pratiques énergivores similaires à celles utilisées en Amérique du Nord et en Europe de l'Ouest – un usage fortement accru des engrais et autres produits chimiques agricoles, tracteurs et machines, irrigation et réseaux de transport auxiliaires – tous produits et équipements qui nécessitent d'importants apports de combustibles fossiles », remarquaient-ils[86].

La meilleure solution, selon eux, consiste à « utiliser beaucoup plus de main-d'œuvre humaine et à moins dépendre des machines lourdes ainsi que des engrais et pesticides manufacturés. » Une telle agriculture à forte teneur en main-d'œuvre « entraîne beaucoup moins de dommages que l'agriculture occidentale à haute intensité énergétique », affirmaient-ils[87]. En d'autres termes, le « secret » des « méthodes agricoles alternatives » était pour les petits paysans des pays pauvres de rester de petits paysans.

Les malthusiens justifiaient leur opposition à l'extension de l'énergie bon marché et de la modernisation agricole aux pays pauvres par le recours au langage de gauche, socialiste, de la redistribution. Ce n'était pas que les nations pauvres avaient besoin de se développer, c'était que les pays riches devaient consommer moins.

Ehrlich et Holdren affirmaient dans leur manuel de 1977 que la seule façon de nourrir sept milliards de personnes d'ici l'an 2000 était pour les gens du monde riche de manger moins de viande et de produits laitiers – une recommandation reprise par le GIEC en 2019[88].

« À moins que des transferts de denrées alimentaires des pays riches vers les pauvres n'atteigne un rythme sans précédent, disaient-ils, le taux de mortalité par famine dans les pays sous-développés augmentera sans doute dans les prochaines décennies[89]. »

Alors qu'en 1977, Ehrlich et Holdren proposaient un contrôle international sur « le développement, l'administration, la conservation et la distribution de toutes les ressources naturelles », de nombreuses ONG vertes et agences des Nations Unies cherchent aujourd'hui à contrôler les politiques énergétiques et alimentaires des pays en développement pour freiner le changement climatique et préserver la biodiversité[90].

En 1980, près d'un demi-siècle après la création de la TVA par Roosevelt, le Parti démocrate a changé de position sur le thème abondance/rareté. En 1930, les démocrates avaient compris la nécessité d'une énergie et d'une alimentation abordables pour sortir les gens de la pauvreté, mais en 1980 l'administration du président Jimmy Carter a approuvé l'hypothèse des « limites de la croissance ».

« Si les tendances actuelles se confirment », affirmaient les experts auteurs du *Global 2000 Report to the President of the United States* (rapport mondial 2000 au Président des États-Unis) « le monde en 2000 sera plus... vulnérable aux perturbations que le monde dans lequel nous vivons à présent et... les peuples du monde seront à bien des égards plus pauvres qu'aujourd'hui[91]. »

Mais les craintes de surpopulation reculaient. Les démographes savaient que le taux de croissance de la population avait atteint son pic vers 1968. En 1972, le rédacteur en chef de la revue *Nature* prédisait : « Les problèmes des années 70 et 80 ne seront pas la famine et la malnutrition mais, paradoxalement, ceux liés à la meilleure façon d'écouler les excédents alimentaires ». Le même notait que l'alarmisme occidental était perçu par les autres pays comme « un néo-colonialisme condescendant[92] ».

Il n'était pas le seul à le penser. Un démographe déclara que le problème n'était pas une explosion démographique mais plutôt une « explosion de non-sens[93] ». L'économiste danoise Ester Boserup, travaillant pour la FAO, a tiré de ses recherches historiques la conclusion qu'avec l'accroissement de la population humaine, les gens avaient depuis longtemps trouvé des moyens d'augmenter la production alimentaire. Malthus avait donc tort même au sujet de l'ère préindustrielle, a-t-elle découvert[94]. En 1981, l'économiste indien Amartya Sen a publié un livre montrant que la survenue des famines n'était pas causée par une pénurie de denrées alimentaires mais par la guerre, l'oppression et l'effondrement des systèmes non de production mais de *distribution* alimentaire.

Sen a remporté le prix Nobel d'économie en 1998[95].

En 1987, les démographes savaient que le nombre d'humains qui s'ajoute chaque année à la population mondiale avait atteint son pic. Sept ans plus tard, l'ONU a tenu sa dernière réunion de planning familial. Entre 1996 et 2006, les dépenses de planification de naissance des Nations Unies ont diminué de 50 %[96].

En 1963, deux économistes ont publié un livre influent intitulé *Scarcity and Growth* (rareté et croissance). Dans cet ouvrage, ils décrivaient la façon dont le nucléaire avait transformé l'hypothèse économique classique selon laquelle les ressources naturelles sont rares et limitées. La « notion de limite absolue de la disponibilité des ressources naturelles est intenable lorsque la définition des ressources change de façon drastique et imprévisible au fil du temps[97]. »

Responsables politiques, journalistes, défenseurs de l'environnement et autres élites éduquées des années cinquante et soixante savaient que le nucléaire était une énergie illimitée, et qu'énergie illimitée signifiait nourriture et eau illimitées. La technologie du dessalement nous permettrait de convertir l'eau de mer en eau douce. Nous pourrions fabriquer de l'engrais sans recourir aux combustibles fossiles, en séparant l'azote de l'air et l'hydrogène de l'eau, et en les combinant. Il serait possible de créer des carburants de transport sans combustibles fossiles, en retirant le dioxyde de carbone de l'atmosphère pour en faire un hydrocarbure, ou en utilisant de l'eau pour produire de l'hydrogène gazeux pur.

Certains le savaient depuis bien plus longtemps. En 1909, trois décennies avant que les scientifiques parviennent à scinder l'atome, un physicien américain avait publié un best-seller inspiré de la découverte du radium par Pierre et Marie Curie, décrivant une vision très similaire d'un monde propulsé par l'énergie nucléaire et les avantages résultant de ces densités de puissance élevées[98].

L'énergie nucléaire ne signifiait pas seulement une abondance illimitée d'engrais, d'eau douce et de nourriture mais aussi zéro pollution et une empreinte environnementale radicalement réduite. L'énergie nucléaire représentait donc un sérieux problème pour les Malthusiens et pour quiconque affirmait que l'énergie, les engrais et la nourriture étaient rares.

Si bien que certains Malthusiens ont fait valoir que le problème avec le nucléaire était qu'il produisait *trop* d'énergie, aussi peu onéreuse qu'abondante.

« Si le doublement de la population de l'État au cours des vingt prochaines années est encouragé en fournissant les ressources énergétiques nécessaires à cette croissance », écrivait le directeur exécutif du Sierra Club, opposé à la centrale nucléaire de Diablo Canyon, le pittoresque du site sera détruit[99]. »

Et la démographie attisait les craintes d'un conflit nucléaire. Selon le philosophe britannique Bertrand Russell « rien n'est plus susceptible de conduire à une guerre atomique que la menace d'un dénuement universel du fait de la surpopulation. » Il qualifiait l'essor des populations des pays en développement d'« explosion démographique ». Erhlich, de son côté avait intitulé son livre, *The Population Bomb*[100].

Ehrlich et Holdren affirmaient qu'un accident nucléaire pourrait être pire qu'une bombe. « La radioactivité d'un grand réacteur cumulée sur le long terme équivaut à plus de mille fois celle de la bombe larguée sur Hiroshima[101]», écrivaient-ils, laissant entendre qu'un tel accident ferait mille fois plus de dégâts.

Une déduction erronée. Les réacteurs nucléaires ne peuvent pas exploser comme des bombes. Le combustible n'est pas suffisamment « enrichi » pour ce faire. Mais assimiler les réacteurs aux bombes était, comme nous l'avons vu, la stratégie privilégiée des écologistes malthusiens.

Et, comme cela deviendrait l'usage systématique dans les rapports de l'ONU, y compris ceux publiés par le GIEC les trois décennies suivantes, le rapport de l'ONU de 1987, intitulé « Notre avenir commun », stigmatisait l'énergie nucléaire comme dangereuse et déconseillait vivement son expansion[102].

On reconnaît un paradigme sous-jacent. Les malthusiens tirent la sonnette d'alarme sur les problèmes de ressources ou d'environnement, puis s'attaquent aux solutions techniques évidentes. Malthus avait dû s'en prendre au contrôle des naissances pour prédire la surpopulation. Holdren et Ehrlich ont dû affirmer que les combustibles fossiles étaient rares pour s'opposer à l'extension des engrais et de l'agro-industrie aux pays pauvres et pour sonner l'alarme sur la famine. Et les militants climatiques actuels doivent sonner la charge contre le gaz naturel et l'énergie nucléaire, les principaux moteurs de réduction des émissions carbonées, afin de mettre en garde contre l'apocalypse climatique.

7. La bombe climatique

À mesure qu'il devenait clair que la croissance du taux de natalité dans le monde avait atteint un pic, les penseurs malthusiens ont commencé à considérer le changement climatique comme un ersatz d'apocalypse par surpopulation et raréfaction des ressources.

Stephen Schneider, climatologue influent de l'Université de Stanford a embrassé le malthusianisme de John Holdren et Paul Ehrlich, et il les a invités à former ses collègues chercheurs. « John a fait un travail plus crédible en présentant les problèmes population-ressources-environnement que presque personne d'autre n'aurait pu le faire à l'époque », selon Schneider. « Cet entretien a aidé les scientifiques du National Center for Atmospheric Research à avoir précocement une claire vision d'ensemble[103]. »

Tout en collaborant avec Holdren et George Woodwell, un cofondateur de l'Environmental Defence Fund, lors d'une conférence organisée en 1976 par l'Association américaine pour l'avancement de la science, Schneider a déclaré avoir développé l'idée que « les humains se multipliaient de manière incontrôlable et utilisaient la technologie et l'organisation d'une manière dangereuse et non durable[104]. »

Schneider a attiré l'attention des médias en évoquant le changement climatique en termes apocalyptiques. « Nous sortions des coulisses pour nous avancer sur la scène du monde. » Grâce au travail de son ami Paul Ehrlich, déclarait-il : « À l'été de 1977 je suis apparu quatre fois dans l'émission de Johnny Carson *The Tonight Show*[105] ». En 1982, un groupe d'économistes qui se faisaient appeler « économistes écologiques » s'est réuni à Stockholm, en Suède, et a publié un manifeste affirmant que la nature impose de strictes limites à l'activité humaine.

« Les économistes écologiques se distinguaient du catastrophisme néo-malthusien en déplaçant l'accent des ressources vers les systèmes, note un historien de l'environnement. La préoccupation n'était plus centrée sur la pénurie de denrées alimentaires, de minéraux ou d'énergie. Au lieu de cela, les économistes écologiques ont attiré l'attention sur ce qu'ils ont identifié comme des seuils écologiques. Le problème résidait dans la menace d'une surcharge des systèmes qui risquait de provoquer leur effondrement[106] ».

L'économie écologique, à ne pas confondre avec la pensée économique environnementaliste grand public du GIEC et d'autres organismes scientifiques, était populaire parmi les organisations humanitaires et les leaders écologistes des pays riches. Le Pew Charitable Trusts, la Fondation MacArthur et d'autres œuvres caritatives ont massivement investi dans l'économisme écologique. Des leaders environnementaux, tels Al Gore, Bill McKibben et Amory Lovins ont fait la promotion de ses idées[107].

McKibben a fait davantage pour vulgariser les idées malthusiennes que tout autre écrivain. Le premier ouvrage sur le réchauffement climatique écrit pour un public populaire était son livre de 1989, *The End of Nature* [La fin de la nature]. McKibben y développe l'idée selon laquelle l'impact de l'humanité sur la planète nécessiterait le même programme malthusien développé par Ehrlich et Commoner dans les années 1970. Il faut en finir avec la croissance économique. Les pays riches doivent revenir à l'agriculture et transférer la richesse aux pays pauvres afin qu'ils puissent améliorer leur vie modestement mais sans s'industrialiser. Et la population humaine devrait perdre entre 100 millions et 2 milliards d'individus[108].

Alors qu'à peine quelques années plus tôt, les Malthusiens avaient exigé de fixer des limites à la consommation d'énergie en prétendant que les combustibles fossiles étaient rares, ils exigeaient désormais de la limiter en prétendant que l'air se raréfiait. « Ce n'est pas que nous allons manquer de telle ou telle chose, expliquait McKibben en 1998 ; ce dont nous manquons est ce que les scientifiques appellent des « puits » des endroits où mettre les sous-produits de nos gros appétits. Pas des dépotoirs – nous pourrions continuer à utiliser des couches Pampers jusqu'à la fin des temps et trouver encore un trou où les jeter. Mais l'équivalent atmosphérique des décharges[109].

Au XXIe siècle, le climatologue Schneider de l'Université de Stanford se présente au moins autant comme un militant que comme un scientifique. Dans un chapitre où il décrit sa participation au rapport 2007 du GIEC, Schneider écrit : « J'étais parfois dégoûté de voir que les intérêts nationaux l'emportent sur les intérêts planétaires et que l'ici et maintenant éclipse la durabilité à long terme. Je me suis souvenu de mes “cinq cavaliers de l'apocalypse environnementale” : ignorance, cupidité, déni, tribalisme et réflexion à court terme[110]. »

Les écologistes ont utilisé le changement climatique comme une raison neuve de s'opposer aux barrages hydroélectriques et au contrôle des crues même si, comme le notait Briscoe, ingénieur environnementaliste d'Afrique du Sud, « l'adaptation au changement climatique est à 80 % le problème de l'eau[111]. »

Briscoe a démontré que les groupes écologistes occidentaux ont contribué aux pénuries alimentaires.

« Regardez la crise alimentaire de l'année dernière, déclarait Briscoe en 2011. Il y avait de nombreuses voix qui déploraient la crise, avec une couverture médiatique dominée par les ONG et agences d'aide humanitaire qui ont immédiatement appelé à un plus grand soutien à l'agriculture dans le monde en développement. Ce qu'ils n'ont pas mentionné, c'est ce que leurs actions avaient précipité cette crise[112].

« Les ONG n'ont pas réfléchi au fait que de nombreuses organisations avaient fait pression contre de nombreux projets d'irrigation et autres projets de modernisation agricole parce que ceux-ci « n'étaient pas bénéfiques aux pauvres et détruisaient l'environnement », disait Briscoe en 2011. « Ce que les agences d'aide n'ont pas dit, c'est que les prêts pour l'agriculture avait diminué, passant de 20 % dans l'enveloppe d'aide publique au développement en 1980, à 3 % en 2005 lorsque la crise alimentaire a frappé[113] ».

L'un des groupes opposés à la construction du grand barrage d'Inga au Congo est une ONG environnementale peu connue mais influente appelée International Rivers, basée à Berkeley, Californie. Alors que peu de gens ont entendu parler de cette organisation, elle a, depuis sa création en 1985, contribué à empêcher la construction de 217 barrages principalement dans les pays pauvres. « Si nous considérons les forêts comme les poumons de la planète, alors les fleuves sont certainement les artères de la planète », déclare l'organisation sur son site Web[114].

Mais en 2003, Sebastian Mallaby, journaliste du *Washington Post*, a découvert qu'International Rivers avait présenté une image complètement fausse d'un site ougandais, où le groupe essayait d'empêcher l'édification d'un barrage. Une employée de l'ONG a certifié à Mallaby que la population des alentours du barrage projeté s'y était opposée. Mais quand il lui a demandé qui il pouvait interviewer pour vérifier son affirmation, elle est devenue évasive et lui a dit qu'il aurait des problèmes avec le gouvernement s'il posait des questions. Mallaby a passé outre, engageant un sociologue local pour traduire.

« Pendant les trois heures suivantes, nous avons interviewé un villageois après l'autre, et avons entendu la même histoire, écrit Mallaby. Les gens du barrage étaient venus et avaient fait des promesses financières généreuses, que les villageois avaient été heureux d'accepter quitte à déménager... Les seules personnes qui se sont opposées au barrage étaient celles qui vivaient juste à l'extérieur de son périmètre. Ils étaient en colère parce que le projet n'allait *pas* les affecter. On ne leur avait offert aucun dédommagement généreux, et ils étaient jaloux de leurs voisins[115] ».

Mes interviews ont corroboré cette enquête. Non seulement les Congolais comme Caleb accueillaient avec enthousiasme le barrage du parc des Virunga, mais les Rwandais que j'ai interviewés près des barrages hydroélectriques étaient ravis à la perspective d'obtenir de l'électricité.

Pourquoi International Rivers est-il si opposé aux barrages ? En partie sans doute parce que les barrages compliqueront le rafting récréatif. « Le projet Batoka va inonder les gorges et noyer les massifs rapides qui ont fait de Victoria Falls un emplacement de choix pour le rafting en eau vive », déplore International Rivers à propos d'un projet. Ses alliés sont les rafters du monde entier[116].

International Rivers et d'autres ONG collaborent régulièrement avec des universitaires sympathisants sur des études censées montrer pourquoi les énergies renouvelables comme le solaire et l'éolien seraient moins chers que les sources fiables tels les barrages hydroélectriques. En 2018, des chercheurs de l'Université de Californie, Berkeley, ont publié une étude dans laquelle ils affirmaient qu'il serait moins cher de recourir aux panneaux solaires, aux éoliennes et au gaz naturel que de construire les barrages sur l'Inga[117].

Mais la raison pour laquelle tant de pays pauvres entament leur processus d'urbanisation, d'industrialisation, et de développement par la construction de grands barrages, c'est qu'ils produisent une alimentation peu coûteuse et fiable, sont simples à construire et à utiliser, et peuvent durer un siècle voire plus[118]. Une fois que le Congo aura atteint la sécurité, la paix, et la bonne gouvernance qu'il lui faut assurer, il suivra sans doute la même voie en édifiant le barrage d'Inga.

Le barrage d'Inga aurait des densités de puissance très élevées et donc un impact environnemental plus réduit que d'autres barrages dans le monde[119]. Le barrages d'Inga, tel qu'il est projeté, aurait une densité de puissance trois fois supérieure à celles des barrages suisses[120].

Et pourtant, International Rivers ne cherche pas à supprimer les barrages suisses ou californiens, où depuis cent ans, ils fournissent à la collectivité une électricité bon marché, fiable et abondante, de l'eau douce à boire, une irrigation des cultures tout en permettant de prévenir les inondations.

8. Expériences de pauvreté

Après que les tabloïds britanniques ont médiatisé des célébrités préoccupées par le climat et leur existence hyper-consommatrice d'énergie en Sicile, certaines personnes ont mis leur hypocrisie sur le compte de l'ignorance. « Il ne s'agit pas du réchauffement climatique, commentait un critique sur Twitter. Il s'agit d'être vu, de se montrer ensemble, de planifier les films à venir, de faire comme si, de donner l'impression qu'ils se soucient de l'environnement... Bande d'hypocrites. Ils n'abandonneraient jamais leurs « jouets »[121]. »

Mais il est inconcevable que ces personnalités n'aient pas réalisé l'hypocrisie de leur comportement. Il est de notoriété publique que les trajets en jet entraînent d'importantes émissions de dioxyde de carbone. Et les célébrités ont implicitement reconnu leur culpabilité : Elton John a acheté des compensations de carbone pour annuler celles d'Harry et de Meghan, tandis qu'un porte-parole de Thunberg reconnaissait : « Il y aurait eu moins d'émissions de gaz à effet de serre si nous n'avions pas fait ce voyage[122] ». Une explication de l'hypocrisie et de la surdité des hyper-privilégiés qui font des sermons sur le changement climatique tout en voyageant autour du globe, c'est qu'ils ne sont pas sourds du tout. Au contraire, ils affichent leur appartenance à la jet-set.

L'hypocrisie est un stratagème imbattable. C'est une manière de démontrer que l'on observe des règles du jeu différentes de celles réservées aux gens ordinaires.

Certes, le duc et la duchesse de Sussex et Thunberg n'ont peut-être pas *consciemment* décidé d'afficher leur statut. Mais Harry et Meghan ne se sont jamais engagés à ne plus voler en jet. Quant à Thunberg, elle non plus n'a pas annulé son voyage[123].

Les déclarations des écologistes en faveur du droit au développement des pays pauvres ne sont-elles qu'un simple affichage de vertu ? Peut-être.

Alors qu'en janvier 2019, Greta Thunberg avait fait des déclarations du bout des lèvres sur le nécessaire développement des pays pauvres, elle déclarait en septembre : « Nous sommes au début d'une extinction de masse et tout ce dont vous pouvez parler, c'est d'argent et du conte de fées d'une croissance économique éternelle[124].

Mais c'est la croissance économique qui a sorti Suparti de la pauvreté, qui a sauvé les baleines, et c'est le seul espoir de Bernadette, une fois que le Congo aura réalisé la sécurité et la paix. La croissance économique est nécessaire à la création des infrastructures requises pour protéger les populations contre les catastrophes naturelles, qu'elles soient ou non liées au climat.

Et c'est bien la croissance économique qui a créé la richesse de la Suède, y compris celle de la propre famille de Thunberg. Il est juste de dire que sans croissance économique, la personne qu'est Greta Thunberg n'existerait pas.

En 2016, alors que je me rendais à New Delhi pour y donner une conférence, je suis arrivé en avance pour visiter un peu les environs. J'ai interviewé des personnes qui vivent à proximité de l'un des plus grands dépotoirs de la métropole. J'ai visité une communauté à côté d'une centrale nucléaire. Et j'ai interviewé des villageois ruraux avec Joyashree Roy, professeure d'économie à l'Université de Jadavpur, Kolkata, et une des principales coordinatrices du GIEC.

J'ai rencontré Joyashree grâce à notre intérêt commun pour le rebond, c'est-à-dire la façon dont nous utilisons l'argent que nous économisons en cessant de manger de la viande ou en utilisant des appareils plus écoénergétiques pour faire d'autres dépenses qui aboutissent finalement à une consommation d'énergie plus élevée. Elle a accepté de me montrer certaines des communautés avec lesquelles elle collabore.

Joyashree m'a emmené dans un quartier pauvre où était testé un éclairage en lumière du jour, un moyen de fournir de la lumière aux personnes habitant des logements sombres. Dans ce quartier, on a résolu le problème en perçant un trou dans le toit et en y insérant une bouteille en plastique qui réfracte la lumière du soleil dans la maison. Cet éclairage astucieux a reçu une très large publicité positive dans les pays occidentaux. Joyashree m'a demandé ce que j'en pensais.

Après réflexion, je lui ai dit que je trouvais offensant que les ONG occidentales se félicitent d'avoir inventé la bouteille en plastique fichée dans le toit d'une cabane. Elle semblait d'accord.

Les critiques à l'égard de ces expérimentations basse énergie se sont multipliées. En 2013, alors qu'il se trouvait en Tanzanie pour promouvoir « Power Africa », un programme de soutien à l'électrification initié par le gouvernement américain, le président Barack Obama a dribblé et shooté dans un ballon de football connu sous le nom de Soccket : après qu'on a joué avec pendant trente minutes, il peut alimenter une ampoule LED trois heures durant. « Vous pouvez imaginer cela dans tous les villages à travers le continent », s'est enthousiasmé Obama. Mais à un prix de 99 $, ce Soccket coûte plus d'un mois de salaire au Congolais moyen. Pour seulement 10 $, on pourrait acheter une lanterne de qualité supérieure qui ne nécessite pas de dribble. Mais surtout, ce n'est pas exactement le genre d'énergie qui pourra permettre à l'Afrique de s'industrialiser[125].

Deux ans plus tard, un village indien a fait la une des journaux du monde entier après sa révolte contre les panneaux solaires et la batterie à « micro-réseau » que Greenpeace avait créé comme modèle supposé de saut technologique pour les populations les plus pauvres du monde. L'électricité, peu fiable, était coûteuse. « Nous voulons de la vraie électricité, ont scandé des villageois à un politicien de l'État, pas de la fausse ! » Des enfants brandissaient des pancartes clamant la même chose. Par « électricité réelle », ils entendaient un réseau électrique fiable, une électricité principalement produite à partir du charbon[126].

Joyashree est dans son élément à la campagne. Jusque-là, nos rapports s'étaient uniquement déroulés dans des environnements professionnels, où ses manières étaient formelles et réservées. À la campagne, elle était extravertie, ouverte et chaleureuse. Dans l'un des villages, l'eau qu'ils buvaient rendait les gens malades, du fait de niveau élevé d'arsenic, un métalloïde toxique naturel. Joyashree a travaillé avec les villageois pour développer un système de purification de l'eau.

En 2018, Joyashree était la principal autrice et coordinatrice du chapitre sur « Développement durable, élimination de la pauvreté et réduction des inégalités » dans le rapport du GIEC sur les moyens à mettre en œuvre pour empêcher les températures d'augmenter de plus de 1,5 degré au-dessus des niveaux préindustriels.

J'ai écrit un article critiquant le chapitre pour son biais antinucléaire. « L'énergie nucléaire, affirmait-elle, peut augmenter les risques de prolifération, engendrer des effets environnementaux négatifs (p. ex. sur la qualité de l'eau), et des effets mitigés sur la santé humaine lorsqu'elle remplace les combustibles fossiles[127]. »

Je ne pensais pas que Joyashree était antinucléaire et je l'ai interviewée par téléphone sur le chapitre en 2019. Elle a dit que son texte reflétait ce qui figurait dans la littérature scientifique. « Si vous trouvez les milliers d'articles publiés sur les énergies renouvelables les considérant comme bonnes, et seulement deux sur le nucléaire, cela suggère qu'il y a un énorme consensus sur les énergies renouvelables, et peu sur le nucléaire », me disait-elle. « Les énergies renouvelables comme le solaire et le vent ne sont pas des bénédictions sans mélange, mais rares sont ceux qui écrivent là-dessus[128] ».

J'ai insisté auprès d'elle sur les raisons pour lesquelles son chapitre suggérait que les pays pourraient « contourner » les énergies fossiles. Elle a défendu le saut technologique en tant que concept, mais a ensuite exprimé sa frustration face aux gens qui préconisent une réduction de la demande énergétique, même pour les populations les plus pauvres de l'Inde.

« C'est quelque chose que je ne peux pas accepter en tant que chercheuse en sciences sociales », me disait-elle.

« Parce que c'est une expérience sur les personnes les plus vulnérables du monde ? »

« Oui, a-t-elle répondu, avant d'ajouter : Oui, oui, oui, oui, oui ! », partant alors d'un rire qui trahissait une évidente frustration.

Notes

1. Neal Baker, Emily Smith, Ebony Bowden, and Grant Rollings, « HAZGREEN: Prince Harry "Gives Barefoot Speech" at Google Climate Change Retreat to Celebs Who Flocked In on 114 Gas-Guzzling Jets and Superyachts, » *The Sun*, 2 août 2019, https://www.thesun.co.uk. « Climate change: Why have Prince Harry and Meghan been criticised for using a private jet? » BBC, 20 août 2019, https://www.bbc.co.uk.

2. Neal Baker, Emily Smith, Ebony Bowden, and Grant Rollings, « HAZGREEN: Prince Harry "Gives Barefoot Speech" at Google Climate Change Retreat to Celebs Who Flocked In on 114 Gas-Guzzling Jets and Superyachts, » *The Sun*, 2 août 2019, https://www.thesun.co.uk.

3. Ibid.

4. « Climate Change: Why Have Prince Harry and Meghan Been Criticised for Using a Private Jet?, » BBC, 20 août 2019, https://www.bbc.com.

5. Michael Hamilton, « DUMBO JET: "Eco-warriors" Meghan Markle and Prince Harry Fly on Private Jet Again to France After Gas-Guzzling Ibiza Trip, » *The Sun*, 17 août 2019, https://www.thesun.co.uk.

6. Ibid.

7. Reality Check Team, « Prince Harry and Private Jets: What's the Carbon Footprint?, » BBC, 20 août 2019, https://www.bbc.com.

8. Suzy Byrne, « Ellen DeGeneres, Pink Join Elton John in Defending Prince Harry and Meghan Markle over Private Jet Drama: "Imagine Being Attacked for Everything You Do," » Yahoo! Entertainment, 20 août 2019, https://www.yahoo.com/entertainment.

9. Lynette (@Lynette55), « So stop lecturing us on how we live our lives and live by example. No private jets every couple of weeks etc etc. You only have what you have because of us, the people, both celebrities and the Royals, » Twitter, 19 août 2019, 14 h 09, https://twitter.com/Lynette55/status/1163558755583373312.

10. Associated Press, « Gore gets green kudos for home renovation », *NBC News*, 13 décembre 2007, http://www.nbcnews.com. Al Gore, *An Inconve-*

nientTruth: The Planetary Emergency of Global Warming and What We Can DoAbout It (Emmaus, PA: Rodale, 2006), 286. (*Une vérité qui dérange,* La Martinière, 2007).

11. Malena Ernman, « Malena Ernman on daughter Greta Thunberg: "She was slowly disappearing into some kind of darkness," » *The Guardian,* 23 février 2020, https://www.theguardian.com.

12. Agence-France Presse, « CO2 Row over Climate Activist Thunberg's Yacht trip to New York, » France 24, 18 août 2019, https://www.france24.com/en/20190818-co2-row-over-climate-activist-thunberg-s-yacht-trip-to-new-york.

13. « Energy Use vs. GDP per Capita, 2015, » Our World in Data, https://ourworldindata.org/grapher/energy-use-per-capita-vs-gdp-per-capita.

14. Hannah Ritchie and Max Roser, « Primary Energy Consumption by World Region » (table), « Energy, » Our World in Data, juillet 2018, https://ourworldindata.org/energy.

15. Une étude réalisée en 2009 a révélé que 12 à 17 % de la consommation énergétique de la Chine était intégrée dans les produits destinés à l'exportation. Ming Xu, Braden Allenby et Weiqiang Chen, « Energy and Air Emissions Embodied in China-US Trade: EastboundAssessment Using Adjusted Bilateral Trade Data, » *Environmental Science andTechnology* 43, no. 9 (2009): 3378-84, https://doi.org/10.1021/es803142v. Une étude réalisée en 1994 a révélé que 13 % des émissions de carbone des six plus grandes économies du monde (États-Unis, Grande-Bretagne, Japon, Allemagne, France et Canada) étaient « incorporées » dans les importations de produits manufacturés. Andrew W. Wyckoff et Joseph M. Roop, « The Embodiment of Carbon in Imports of Manufactured Products: Implications for International Agreements on GreenhouseGas Emissions », *Energy Policy* 22, no. 3 (1994): 187-94, https://doi.org/10.1016/0301-4215(94)90158-9. La consommation d'énergie par habitant aux États-Unis est passée de 227 millions de BTU en 1950 à un pic de 350 millions de BTU en 2000 pour redescendre ensuite à 309 millions de BTU en 2018. « Primary Energy Consumption », U.S. Energy Information Administration, https://www.eia.gov/totalenergy/data/monthly/pdf/sec1_17.pdf.

16. Zeke Hausfather, « Mapped: The World's Largest CO2 Importers and Exporters, » *Carbon Brief,* 5 juillet 2017, https://www.carbonbrief.org.

17. Jillian Ambrose and Jon Henley, « European Investment Bank to Phase Out Fossil Fuel Financing, » *The Guardian*, 15 novembre 2019, https://www.theguardian.com.

18. Sebastian Mallaby, *The World's Banker: A Story of Failed States, Financial Crises, and the Wealth and Poverty of Nations* (New York: Penguin, 2004), 336.

19. John Briscoe, « Invited Opinion Interview: Two Decades at the Center for World Water Policy, » *Water Policy* 13, no. 2 (2011): 147–60, https://doi.org/10.2166/wp.2010.000.

20. Ibid.

21. Ibid.

22. John Briscoe, « Infrastructure First? Water Policy, Wealth, and Well-Being, » Belfer Center, 28 janvier 2012, https://www.belfercenter.org/publication/infrastructure-first-water-policy-wealth-and-well-being.

23. « Report of the World Commission on Environment and Development: Our Common Future, » Annex to U.N. General Assembly document A/42/427, 63 (1987), United Nations, http://www.un-documents.net/wced-ocf.htm.

24. Ibid.

25. Charles Recknagel, « What Can Norway Teach Other Oil-Rich Countries?, » Radio Free Europe/Radio Liberty, 27 novembre 2014, https://www.rferl.org/a/what-can-norway-teach-other-oil-rich-countries/26713453.html.

26. José Goldemberg, « Leapfrog Energy Technologies, » *Energy Policy* 26, no. 10 (1998): 729–41, https://sites.hks.harvard.edu/sed/docs/k4dev/goldemberg_energypolicy1998.pdf.

27. Mark Malloch Brown, Nitin Desai, Gerald Doucet et al., *World Energy Assessment: Energy and the Challenge of Sustainability*, United Nations Development Programme, 2000, https://www.undp.org/content/dam/aplaws/publication/en/publications/environment-energy/www-ee-library/sustainable-energy/world-energy-assessment-energy-and-the-challenge-of-sustainability/World%20Energy%20Assessment-2000.pdf, 22.

28. Ibid., 55.

29. Hinh Dinh (ancien économiste de la Banque mondiale), discussion avec l'auteur, 21 février 2016.

30. John Briscoe, « Hydropower for Me but Not for Thee—with Two Postscripts, » Center for Global Development, 6 mars 2014, https://www.cgdev.org/blog/hydropower-me-not-thee.

31. Justin Gillis, « Sun and Wind Alter Global Landscape, Leaving Utilities Behind, » *New York Times*, 13 septembre 2014, https://www.nytimes.com.

32. Ricci Shryock, « Rwanda's Prison System Innovates Energy from HumanWaste », *VOA*, 1er avril 2012, https://www.voanews.com.

33. Eva Müller, « Forests and Energy: Using Wood to Fuel a Sustainable, Green Economy, » International Institute for Sustainable Development, 21 mars 2017, http://sdg.iisd.org/commentary/guest-articles/forests-and-energy-using-wood-to-fuel-a-sustainable-green-economy.

34. Joyashree Roy et al., « Chapter Five: Sustainable Development, Poverty Eradication, and Reducing Inequalities, » in *Réchauffement planétaire de 1.5 °C. Rapport spécial du GIEC sur les incidences d'un réchauffement planétaire de 1,5° par rapport aux niveaux préindustriels et sur les trajectoires associées d'émissions de gaz à effet de serre à l'échelle mondiale, dans le contexte du renforcement de la parade mondiale à la menace du changement climatique, du développement durable et de la lutte contre la pauvreté*, V. Masson-Delmonte et al, eds, (IPCC, 2018), 4–29, 4–59, 4–114, 4–117, https://www.ipcc.ch/sr15.

35. Heike Mainnhardt, « World Bank Group Financial Flows Undermine the Paris Climate Agreement, » Urgewald, mars 2019, https://urgewald.org/sites/default/files/World_Bank_Fossil_Projects_WEB.pdf.

36. Briscoe, « Hydropower for Me but Not for Thee—with Two Postscripts. »

37. Robert J. Mayhew, *Malthus: The Life and Legacies of an Untimely Prophet* (Cambridge, MA: Harvard University Press, 2014), 43–45. Mark Philip, introduction to William Godwin, *An Enquiry Concerning Political Justice* (Oxford, UK: Oxford University Press, 2013), x–xxii.

38. « Chaque siècle ajoutera de nouvelles lumières à celles du siècle qui l'aura précédé ; et ces progrès, que rien désormais ne peut arrêter ni suspendre, n'auront d'autres bornes que celles de la durée de l'univers. » Condrcet, Discours de réception à l'Académie française, 1782.

39. Condorcet, Esquisse d'un tableau historique des progrès de l'esprit humain p. 206.

40. Thomas Malthus, *An Essay on the Principle of Population* (Oxford: Oxford University Press, 1993), 61.

41. Thomas Malthus, *An Essay on the Principle of Population: The 1803 Edition* (New Haven, CT: Yale University Press, 2018), 417.

42. Robert J. Mayhew, Malthus: *The Life and Legacies of an Untimely Prophet* (Cambridge, MA: Harvard University, 2014), 45.

43. Godwin, *An Enquiry Concerning Political Justice*, 452.

44. Malthus, *An Essay on the Principle of Population*, 66.

45. Thomas Malthus, *Observations on the Effects of the Corn Laws: And of a Rise or Fall in the Price of Corn on the Agriculture and General Wealth of the Country* (London: John Murray, 1915), 30.

46. Mayhew, *Malthus: The Life and Legacies of an Untimely Prophet*, 17.

47. Ibid., 17, 18.

48. Christine Kinealy, *The Great Irish Famine: Impact, Ideology, and Rebellion* (London: Palgrave, 2002), 105–111. En 1846, l'Irlande a exporté trois millions de quarts de céréales et de farine de maïs vers la Grande-Bretagne, ainsi que 730 000 bovins et autres têtes de bétail.

49. Cité dans Fred Pearce, *The Coming Population Crash: And Our Planet's Surprising Future* (Boston: Beacon Press, 2010), 18.

50. Malthus, *An Essay on the Principle of Population: The 1803 Edition*, 265.

51. Thomas Malthus, letter to David Ricardo, 1817, in *Thomas Robert Malthus: Critical Assessments*, John Cunningham Wood, ed. (London: Routledge, 1994), 262.

52. John and Richard Strachey, *The Finances and Public Works of India* (London: K. Paul Trench & Company, 1882), 172.

53. The House of Commons of the United Kingdom, « Copy of Correspondence Between the Secretary of State for India and the Government of India, on the Subject of the Famine in Western and Southern India, » in *Parliamentary Papers*, vol. 59, H.M. Stationery Office, 1878, 14.

54. Mayhew, Malthus: *The Life and Legacies of an Untimely Prophet*, 174.

55. Ibid., 177.

56. Ibid., 179–181.

57. « Valley of the Dams: The Impact & Legacy of the Tennessee Valley Authority », National Archives at Atlanta, consulté le 27 janvier 2020, https://www.archives.gov/atlanta/exhibits/tva-displacement.html.

58. John Crowe Ransom, « Reconstructed but Unregenerate, » in I'll Take My Stand: *The South and the Agrarian Tradition*, édité par Louis D. Rubin, Jr. (Baton Rouge: Louisiana State University Press, 1977), 1–27.

59. Mayhew, *Malthus: The Life and Legacies of an Untimely Prophet*, 141–143.

60. Henry George, *Progress and Poverty: An Inquiry Into the Cause of Industrial Depressions and of Increase of Want with Increase of Wealth. The Remedy.* (New York: D. Appleton and Company, 1881), 304.

61. William Tucker, *Progress and Privilege: America in the Age of Environmentalism* (New York: Anchor Press/Doubleday, 1982), 37.

62. Mayhew, *Malthus: The Life and Legacies of an Untimely Prophet*, 206, 208.

63. Ibid., 190.

64. William Vogt, *Road to Survival* (New York: William Sloane, 1948), 226–227.

65. Ibid., 48.

66. Ibid.

67. Ibid., 58.

68. Ibid., 278.

69. Lyndon B. Johnson, « Discours sur l'État de l'Union, » 4 janvier 1965, https://millercenter.org/the-presidency/presidential-speeches/january-4-1965-state-union.

70. The New York Times Editorial Board, « Johnson vs. Malthus, » *New York Times*, 24 janvier 1966, https://www.nytimes.com.

71. Mayhew, *Malthus: The Life and Legacies of an Untimely Prophet*, 199.

72. Paul Ehrlich, *The Population Bomb* (New York: Ballantine Books, 1969), xi.

73. Ibid., 15–16.

74. Paul Ehrlich and Anne Ehrlich, « The Population Bomb Revisited, » *The Electronic Journal of Sustainable Development* 1, no. 3 (2009), https://www.populationmedia.org/wp-content/uploads/2009/07/Population-Bomb-Revisited-Paul-Ehrlich-20096.pdf.

75. Garrett Hardin, « Lifeboat Ethics: The Case Against Helping the Poor, » *Psychology Today*, septembre 1974.

76. Peter Passell, Marc Roberts, and Leonard Ross, « The Limits to Growth, » [review] *New York Times*, 2 avril 1972, https://www.nytimes.com.

77. Barry Commoner, *Crossroads: Environmental Priorities for the Future* (Washington, D.C.: Island Press, 1988), 146.

78. William Tucker, *Progress and Privilege* (New York: Anchor Press/Doubleday, 1982), 108, 109.

79. Ibid., 108, 109.

80. Amory B. Lovins, « Energy Strategy: The Road Not Taken?, » *Foreign Affairs*, octobre 1976, 65–96, https://www.foreignaffairs.com/articles/united-states/1976-10-01/energy-strategy-road-not-taken.

81. Ibid.

82. Ibid.

83. The Mother Earth News Editors, « Amory Lovins: Energy Analyst and Environmentalist, » *Mother Earth News*, novembre-décembre 1977, https://www.motherearthnews.com/renewable-energy/amory-lovins-energy-analyst-zmaz77ndzgoe.

84. Paul Ehrlich, « An Ecologists's Perspective on Nuclear Power, » *F.A.S. Public Interest Report*, mai-juin 1975, https://fas.org/faspir/archive/1970-1981/May-June1975.pdf, 3–6.

85. Paul Ehrlich, John P. Holdren, and Anne Ehrlich, *Ecoscience: Population, Resources, Environment* (San Francisco, CA: W. H. Freeman and Company, 1977), 923.

86. Ibid., 350, 401.

87. Ibid., 350.

88. Ibid., 350.

89. Ibid., 350, 351.

90. Ibid., 435.

91. Gerald O. Barney, ed., *Entering the Twenty-First Century*, vol. 1 of *The Global 2000 Report to the President of the United States* (Washington, D.C.: Government Printing Office, 1980), 1.

92. David Stradling, ed., *The Environmental Moment: 1968–1972* (Seattle, WA: University of Washington Press, 2012), 131.

93. Ben Wattenberg, « The Nonsense Explosion, » in *Image & Event: American Now*, ed. David L. Bicknell and Richard L. Brengle (New York: Meredith Corporation, 1971), 262.

94. Mayhew, Malthus: *The Life and Legacies of an Untimely Prophet*, 203–204.

95. *Amartya Sen, Poverty and Famines: An Essay on Entitlement and Deprivation* (Oxford: Oxford University Press, 1981).

96. Mayhew, Malthus: *The Life and Legacies of an Untimely Prophet*, 214.

97. Harold J. Barnett and Chandler Morse, *Scarcity and Growth* (London: Routledge, 1963), 7.

98. Frederick Soddy, *The Interpretation of Radium* (New York: G.P. Putnam's Sons, 1922).

99. Thomas R. Wellock, *Critical Masses: Opposition to Nuclear Power in California, 1958–1978* (Madison, WI: University of Wisconsin Press, 1992), 85.

100. Bertrand Russell, *Detente or Destruction, 1955–57* (London: Routledge, 2005), 328.

101. Ehrlich, Holdren, and Ehrlich, *Ecoscience: Population, Resources, Environment*, 445.

102. United Nations World Commission on Environment and Development, *Our Common Future, from One Earth to One World* [Brundtland Report] (Oxford and New York: Oxford University Press, 1987), https://sustainabledevelopment.un.org/content/documents/5987our-common-future.pdf. (Notre avenir à tous, Rapport de la commission mondiale de l'ONU sur l'enviuronnement et le développement).

103. Stephen H. Schneider, *Science As a Contact Sport* (Washington, D.C.: National Geographic, 2009), 39. Schneider writes, « Opponents called them neo-Malthusians, » as though it were some kind of a smear when in fact the Ehrlichs and Holdren explicitly endorse Malthusian ideas in their 1977 textbook.

104. Ibid., 65.

105. Ibid., 72.

106. Mark Sagoff, « The Rise and Fall of Ecological Economics, » *Breakthrough Journal*, Winter 2012, https://thebreakthrough.org/.

107. Ibid.

108. Bill McKibben, *The Bill McKibben Reader: Pieces from an Active Life* (New York: Holt Paperbacks, 2008),

109. Bill McKibben, « A Special Moment in History, » *The Atlantic Monthly*, mai 1998.

110. Schneider, *Science As a Contact Sport*, 193.

111. John Briscoe, « Invited Opinion Interview: Two decades at the center for world water policy, » *Water Policy* 13, no. 2 (février 2011): 156, https://doi.org/10.2166/wp.2010.000.

112. John Briscoe, « Invited Opinion Interview: Two decades at the center for world water policy, » *Water Policy* 13, no. 2 (février 2011): 150, https://doi.org/10.2166/wp.2010.000.

113. Ibid., 151.

114. International Rivers Network, « History and Accomplishments, » International Rivers, consulté le 20 novembre 2019, https://www.internationalrivers.org/history-accomplishments.

115. Sebastian Mallaby, *The World's Banker* (New York: Penguin, 2004), 7–8.

116. Yolanda Machena et Sibonginkosi Maposa, « Zambezi basin dam boomthreatens delta », *World Rivers Review*, 10 juin 2013, https://www.internationalrivers.org/world-rivers-review.

117. Ranjit Deshmukh, Ana Mileva, and Grace C. Wu, « Renewable energy alternatives to mega hydropower: A case study of Inga 3 for Southern Africa, » *Environmental Research Letters* 13, no. 6 (5 juin 2018), https://iopscience.iop.org/article/10.1088/1748–9326/aabf60. International Rivers Network, « Inga 3: An Exclusive Development Deal for Chinese and European companies, » International Rivers, 17 octobre 2018, https://www.internationalrivers.org/resources/press-statement-inga-3-an-exclusive-development-deal-for-chinese-and-european-companies ; Ranjit Deshmukh, Ana Mileva, and Grace C. Wu, Renewable Riches: *How Wind and Solar Can Power DRC and South Africa* (Hat-

field, South Africa: International Rivers, 2017), https://www.internationalrivers.org/sites/default/files/attached-files/ir_inga_re_report_2017_fa_v2_email_1.pdf.

118. « Hydropower, » International Energy Agency, consulté le 20 novembre 2019, https://www.iea.org/topics/renewables/hydropower. « Hydroelectricity's many advantages include reliability, proven technology, large storage capacity, and very low operating and maintenance costs.... Many hydropower plants also provide flood control, irrigation, navigation and freshwater supply. »

119. Les densités de puissance des barrages hydroélectriques vont de 0,4 watts au m2 (We/m2) dans le désert égyptien à 56 watts au m2 pour les grands barrages dans des pays comme la Suisse. Sous l'angle de l'optimisation des terres, les grands barrages sont presque dix fois plus efficaces que les petits, et les barrages qui nécessitent de grands réservoirs sont moins efficaces sous ce même angle que ceux qui en nécessitent de plus petits. Vaclav Smil, *Power Density: A Key to Understanding Energy Sources and Uses* (Cambridge, MA: MIT Press, 2016), 73.

120. Les opposants à l'IRN affirment que le réservoir du barrage d'Inga occuperait une superficie de 22 000 hectares (220 km2). Avec une puissance de 39 GWe, cela signifierait une densité de puissance de 177 We/m2. « Grand Inga Hydroelectric Project: An Overview », International Rivers, consulté le 1er février 2020, https://www.internationalrivers.org/resources/grand-inga-hydroelectric-project-an-overview-3356.

121. Berkeley et une grande partie de la région de la baie ont été alimentés en électricité par le barrage O'Shaughnessy, construit entre 1919 et 1923, qui faisait partie du projet Hetch Hetchy. *Hetch Hetchy Reservoir Site: Hearing on H.R. 7207, before the Committeeon Public Lands*, 63rd Cong. (1913).

122. Alice Scarsi, « Prince Harry under fire for attending eco event packed with private jets, » *Daily Express*, 1er août 2019, https://www.express.co.uk ; Baker et al., « HAZ-GREEN: Prince Harry "gives barefoot speech" at Google climate change retreat to celebs who flocked in on 114 gas-guzzling jets and superyachts. »

123. Jost Maurin, « Thunbergs Segelreise in die USA Gretas T. rn schädlicher als Flug, » Taz, 15 août 2019, https://taz.de/Thunbergs-Segelreise-in-die-USA/!5615733.

124. Greta Thunberg, *No One Is Too Small to Make a Difference* (New York: Penguin, 2019), 96–99.

125. Ben Geman, « Obama: Power Africa Energy Plan a "Win-Win," » *The Hill*, 2 juillet 2013. Preeti Aroon, « Sorry, Obama, Soccer Balls Won't Bring Progress to Africa, » *Foreign Policy*, 2 juillet 2013, https://foreignpolicy.com.

126. Gayathri Vaidyanathan, « Coal Trumps Solar in India », ClimateWire, *ScientificAmerican*, 19 octobre 2015, https://www.scientificamerican.com/article/coal-trumps-solar-in-india.

127. Joyashree Roy et al, « Chapter 5: Sustainable Development, Poverty Eradication 3 and Reducing Inequalities, » in V. Masson-Delmotte et al, eds,

Réchauffement planétaire de 1.5 °C. Rapport spécial du GIEC sur les incidences d'un réchauffement planétaire de 1,5° par rapport aux niveaux préindustriels et sur les trajectoires associées d'émissions de gaz à effet de serre à l'échelle mondiale, dans le contexte du renforcement de la parade mondiale à la menace du changement climatique, du développement durable et de la lutte contre la pauvreté (GIEC, 2018), https://www.ipcc.ch/sr15.

128. Joyashree Roy (auteur du GIEC), discussion avec l'auteur, 11 novembre 2019.

XII
Faux dieux pour âmes en peine

1. La parabole de l'ours

Vers la fin de 2017, *National Geographic* a posté sur YouTube une vidéo, accompagnée d'une musique lugubre, qui montrait un ours polaire décharné se déplaçant avec difficulté. « Voilà à quoi ressemble le changement climatique », disait la légende. Un photojournaliste et un cinéaste avaient filmé l'ours en juillet de la même année. La vidéo a été visionnée au moins 2,5 milliards de fois[1]. L'un des téléspectateurs était Greta Thunberg, la militante lycéenne pour le climat. « Je me rappelle quand j'étais plus jeune, à l'école nos professeurs nous montraient des films sur la pollution plastique des océans, les ours polaires affamés, etc. », se souvenait-elle au printemps 2019. « Je pleurais à chaque film[2]. »

Le changement climatique est la pire menace pour les ours polaires, ont conclu des scientifiques en 2017, car elle fait fondre les calottes glaciaires arctiques au rythme de 4 % par an.

« Mais à en croire les climato-sceptiques, les ours polaires se portent très bien, rapportait le *New York Times*. La prédiction d'un déclin dévastateur des populations d'ours dans les régions polaires, disent-ils, ne s'est pas matérialisée[3]. »

Pendant quarante ans, les négationnistes du climat financés par les entreprises de combustibles fossiles ont trompé le public sur le changement climatique de la même façon que les fabricants de tabac induisaient le public en erreur sur les études scientifiques liant tabagisme et cancer : telle est en tout cas la thèse défendue par Naomi Oreskes et Erik Conway, tous deux historiens des sciences à Harvard, dans leur influent ouvrage de 2010, *Merchants of Doubt*. Le livre est une des sources les plus citées pour démontrer que l'inaction politique face au changement climatique est due aux thèses climato-sceptiques promues par les think tanks de droite, eux-mêmes financés par les géants des énergies fossiles[4].

Selon Oreskes et Conway, l'histoire du déni climatique a connu un moment critique en 1983, lorsque l'Académie nationale des sciences a publié son premier rapport majeur sur le changement climatique.

« Le résultat, *Le changement climatique : Rapport du Comité d'évaluation du dioxyde de carbone*, se composait en fait de deux rapports, écrivent-ils, cinq chapitres détaillant les probabilités de changement climatique généré par l'Homme, rédigés par des spécialistes des sciences naturelles et deux chapitres sur les émissions et les impacts climatiques par des économistes – qui présentent des approches très différentes du problème. La synthèse reflétait les thèses des économistes, non celles des spécialistes en sciences naturelles[5]. »

Les droitiers avaient fait main basse sur l'Académie nationale des sciences, prétendaient-ils, une auguste institution créée en 1863 par le gouvernement pour évaluer objectivement les questions scientifiques à l'intention des décideurs politiques. William Nierenberg, qui présidait le Comité d'évaluation du dioxyde de carbone de l'Académie nationale des sciences, était politiquement un conservateur qui faisait bon marché des points de vue des scientifiques comme John

Perry, un météorologue qui avait conclu : « Le problème est déjà là. »

Oreskes et Conway écrivent : « Perry avait raison, mais l'économiste Thomas Schelling l'a emporté politiquement. En effet, il a esquissé l'idée que les climato-sceptiques allaient marteler durant les trois décennies suivantes... qui était que nous pourrions continuer à brûler des combustibles fossiles sans restriction et que nous maitriserions les conséquences par la migration et l'adaptation. »

L'argument de Schelling, disaient-ils, revenait « à avancer que les chercheurs ne devraient pas essayer de guérir le cancer, car cela coûterait trop cher, et dans tous les cas, les gens pourraient à l'avenir décider que mourir d'un cancer n'est pas si grave[6]. »

Mais ce que l'économiste Schelling soutenait à propos du changement climatique ne se réduisait nullement au déni par les cigarettiers du lien entre tabagisme et cancer. Il ne disait pas non plus que l'équivalent climatique de « mourir du cancer n'est pas si grave ». En fait, son argumentation reposait sur la reconnaissance que les émissions réchauffaient la planète et pouvaient être nocives.

En revanche Schelling ajoutait que restreindre la consommation d'énergie pourraient produire des effets pires que le réchauffement climatique. Ce point de vue, dominant dans le grand public à l'époque, le demeure aujourd'hui. Il est au cœur des discussions sur la limitation du changement climatique dans les rapports du Groupe d'experts intergouvernemental sur le changement climatique (GIEC), l'Organisation des Nations Unies pour l'alimentation et l'agriculture (FAO) et diverses autres institutions scientifiques.

Et loin des pseudo-experts vendus aux grands cigarettiers, Schelling est considéré par beaucoup comme l'un des économistes et humanistes les plus brillants du XXe siècle. Professeur à Harvard, Schelling a reçu le Prix Nobel en 2005 pour son travail pionnier dans des domaines aussi variés que la prévention de la guerre nucléaire ou la lutte contre la discrimination raciale.

L'auteur du résumé, « rallié aux économistes », selon Oreskes et Conway, était Jesse Ausubel, l'expert en transition énergétique qui a collaboré avec Cesare Marchetti dans les années 1970 à l'Institut international pour l'analyse des systèmes appliqués de Vienne. Ausubel a également co-écrit un article avec William Nordhaus de l'Université Yale, qui a remporté le prix Nobel en 2018 pour ses travaux sur l'économie du changement climatique[7]. En d'autres termes, Schelling n'avait rien d'un réactionnaire ni d'un négationniste du changement climatique. Le *New York Times* a d'ailleurs tellement apprécié le rapport qu'il a publié l'intégralité de son résumé de quatre pages. De plus, le cadre de réflexion élaboré par Ausubel, Nordhaus et Schelling, est devenu la base d'une grande partie des travaux scientifiques et analytiques du GIEC[8].

Quant au scientifique John Perry, il a catégoriquement rejeté la version des événements présenté par Oreskes et Conway. « Vous affirmez que les membres du comité n'étaient pas d'accord avec la synthèse », écrivait-il dans un courriel de 2007 à Oreskes. Il poursuivait : « Je n'aurais jamais permis la publication du rapport si un membre avait soulevé des objections explicites[9]. »

Perry concluait : « Il me semble que vous évaluez un rapport de 1983 au travers du prisme de la sagesse de 2007. Le ferme soutien de Nierenberg à un vigoureux et vaste programme de recherche était très bienvenu, et je ne me souviens pas avoir entendu la moindre réserve acerbe concernant sa mollesse sur des initiatives politiques immédiates[10].

Mais la réfutation par Perry de leur récit a semble-t-il laissé Oreskes et Conway de glace puiqu'ils ont publié leur fable sans la modifier.

Mais quid des ours polaires ? « Les négationnistes du climat » avaient raison : la baisse vertigineuse des populations d'ours polaires ne s'est pas matérialisée, un fait que les promoteurs de la vidéo montrant un ours polaire affamé ont été contraints d'admettre.

« *National Geographic* est allé trop loin dans sa légende », a déclaré l'une d'elles cherchant à se défausser. Le but principal de son expédition était de lier l'agonie des ours polaires au changement climatique. « Documenter les effets du changement climatique sur la faune n'a pas été facile[11] », a-t-elle ajouté. Mais la raison pour laquelle ce n'était pas facile, c'est qu'il n'y avait aucune preuve de la famine dont auraient été victimes les ours polaires.

Sur les dix-neuf sous-populations, deux ont augmenté, quatre ont diminué, cinq sont stables, et huit n'ont jamais été dénombrées. Il n'y a pas de tendance d'ensemble discernable[12].

Il est possible que le déclin de la banquise ait un effet réducteur sur les populations d'ours polaires. Mais même si c'était le cas, d'autres facteurs sont peut-être plus décisifs. La chasse, notamment, a tué 53 500 ours polaires entre 1963 et 2016, un chiffre deux fois plus élevé que la population totale estimée aujourd'hui à 26 000 spécimens[13].

Quant aux négationnistes du climat financés par les combustibles fossiles, qui trompent les gens au sujet des ours, nous n'en avons trouvé aucun. La principale critique du tableau catastrophiste concernant les ours polaires est une zoologiste canadienne nommée Susan Crockford, qui m'a certifié qu'elle n'acceptait ni les subsides des industriels des énergies fossiles et ne nie pas que la planète se réchauffe en raison des activités humaines[14].

En tant que telle, la désinformation sur les ours polaires reflète parfaitement les façons dont bien des histoires que les gens racontent sur le changement climatique n'ont pas grand chose à voir avec les données scientifiques[15].

2. La politique climatique de M. Tol

Jeune étudiant aux Pays-Bas, Richard Tol était membre de Greenpeace et des Amis de la Terre. Préoccupé par le changement climatique, il a obtenu un doctorat en économie en 1997 et s'est plongé avec ardeur dans le domaine alors naissant de l'économie du changement climatique, devenant l'un des économistes les plus cités au monde sur ce sujet.

Aujourd'hui professeur à l'Université du Sussex, en Grande-Bretagne, Tol a collaboré aux travaux du GIEC peu après sa création, en 1994. Il a joué un rôle majeur dans les trois groupes de travail : science, adaptation et atténuation.

La réputation de Tol vient, pour une part, de son appartenance à une équipe qui a établi avec rigueur que le dioxyde de carbone et d'autres gaz à effet de serre réchauffent la planète. « Nous avons été les premiers à le montrer d'une manière statistiquement solide[16] », dit-il.

Tol ne ressemble pas à un professeur d'économie typique. Quand je l'ai rencontré pour la première fois à Londres il y a quelques années, son T-shirt n'était pas repassé, il portait un trench, ses cheveux et sa barbe étaient longs et hérissés, à peu près comme s'il venait tout juste d'enfoncer une fourchette dans une prise électrique.

En 2012, Tol a été désigné auteur principal de l'un des chapitres du cinquième rapport du GIEC sur le changement climatique, mission prestigieuse qui traduisait son expertise et le respect que lui vouaient ses pairs. Il a été affecté à l'équipe chargée de rédiger le *résumé du GIEC à l'intention des décideurs*, qui est souvent la seule partie du rapport, que lisent la plupart des journalistes, les politiciens et le public averti.

Les auteurs du Résumé sont chargés de distiller les messages-clés en quarante-quatre pages, même si « tout le monde sait que la politique et les médias n'en retiendront que quelques phrases », remarque Tol[17]. « Cela donne lieu à un concours entre auteurs de chapitres. « C'est moi qui aurait le plus gros impact donc je ferai la Une. »

Tol notait que le message principal d'une version antérieure du résumé était celui que j'ai moi-même énoncé à propos du Congo : « Nombre des plus inquiétants effets du changement climatique sont en réalité des symptômes de mauvaise gestion et de sous-développement[18]. »

Mais les représentants des pays européens souhaitaient que le rapport se concentre sur la réduction des émissions, et non sur le développement économique. « Le GIEC est une organisation mi-scientifique, mi-politique, souligne Tol. Comme « organisation politique, son travail consiste à justifier la réduction des émissions de gaz à effet de serre ».

Le *Résumé* a été rédigé au cours d'un séminaire d'une semaine à Yokohama (Japon). « Certains des délégués sont des universitaires, d'autres non », rappelle-t-il.

« Le délégué irlandais, par exemple, estime qu'un changement climatique non jugulé ressemblerait à une "autoroute vers l'enfer", faisant référence, je crois, à une chanson d'AC/DC plutôt qu'à un article savant[19]. »

Deux ans plus tard, malgré les protestations de Tol, le GIEC a approuvé un *Résumé* destiné aux décideurs politiques nettement plus apocalyptique que ne le justifiaient les données scientifiques.

« Le GIEC est passé de... 'Non sans risque, mais gérable' à 'Nous allons tous mourir', explique Tol. Il était en décalage par rapport à ce que je pense être une évaluation relativement précise des développements récents de la littérature scientifique... les Quatre Cavaliers de l'Apocalypse.... Peste, mort, famine et guerre étaient tous au rendez-vous[20]. »

Le *Résumé* du GIEC a omis des informations-clés, affirme Tol. Il « oublie que de meilleurs cultivars et une meilleure irrigation accroissent les rendements des cultures. Il montre l'impact de l'élévation du niveau de la mer sur les pays les plus vulnérables, mais sans mentionner l'impact moyen. Il met l'accent sur les impacts d'un stress de chaleur accru mais minimise le stress dû au froid. Il alerte contre les pièges de la pauvreté, les conflits violents et les migrations massives sans citer beaucoup d'éléments dans la littérature. Les médias ont bien sûr joué l'exagération[21]. »

Ce n'était pas la première fois que le GIEC exagérait les répercussions du changement climatique dans un Résumé. En 2010, un rapport du GIEC affirmait à tort que le changement climatique entraînerait la fonte des glaciers himalayens d'ici 2035.C'était un grave exemple d'alarmisme étant donné que 800 millions de personnes dépendent des glaciers pour l'irrigation et l'accès à l'eau potable.

Peu de temps après, quatre scientifiques publiaient une lettre dans *Science* soulignant cette erreur, l'un d'entre eux la qualifiant d'« extrêmement embarrassante et dommageable, ajoutant même : « ces erreurs auraient pu être évitées si les normes qui s'appliquent à une publication scientifique, à savoir une révision par les pairs et une focalisation sur des travaux validés par des pairs, avaient été respectées[22]. »

Roger Pielke, expert de l'Université du Colorado sur le changement climatique et les catastrophes naturelles, a relevé des exemples du même ordre où les auteurs du GIEC exagéraient ou déformaient les données scientifiques par souci d'efficacité.

« Qu'en pense Pielke ? » demanda un réviseur externe au GIEC à propos d'une allégation concernant le lien entre changement climatique et catastrophes naturelles. La réponse officielle du GIEC a été : « Je crois que Pielke est d'accord. » Mais il n'était pas d'accord. Et qui plus est, il n'avait jamais été consulté. « Le GIEC a inclus des informations dans son rapport, a déclaré Pielke, et a ensuite rédigé une réponse à un réviseur, qui avait identifié des informations trompeuses, pour justifier le maintien de ces données dans le rapport[23]. »

Grâce en partie aux critiques du GIEC par Pielke et d'autres scientifiques, les ministres de l'environnement du monde entier ont exigé un examen indépendant des politiques et procédures du GIEC par l'InterAcademy Council, l'organisation internationale des académies nationales des sciences. L'Inter Academy Council a émis des recommandations pour améliorer la qualité des méthodes de recherche suivies par le GIEC, notamment de meilleures pratiques d'intégration de recherches non encore publiées dans des revues à comité de lecture[24].

Mais le GIEC a continué à publier des résumés apocalyptiques et des communiqués de presse, et les contributeurs et auteurs principaux du GIEC à faire des déclarations apocalyptiques sur l'élévation du niveau de la mer « ingérable » ou « l'aggravation du risque potentiel de pénuries de céréales[25]. » Et, comme l'a noté Tol, les journalistes prompts à exagérer se sont empressés de forcer encore le trait. Comme si le système semblait incapable de ne pas verser dans le catastrophisme.

Ausubel fut l'un des premiers à reconnaître la politisation de la climatologie. Après avoir été un pionnier en matière de prévision de la demande énergétique, des transitions et des émissions pour *Changing Climate*, il a participé à la création du GIEC. « Et puis ce qu'on attendait est arrivé », a déclaré Ausubel. « Les opportunistes ont afflué. En 1992, j'ai cessé de vouloir aller aux réunions sur le climat[26]. »

En réponse à la décision du GIEC de laisser les alarmistes rédiger le *Résumé pour les décideurs*, Tol a démissionné. « Je pensais simplement que c'était incroyable, m'a-t-il dit. J'en ai parlé à Chris Field, le président, et je me suis discrètement retiré[27]. »

Ce livre a commencé par une défense des données scientifiques rassemblées par le GIEC et d'autres contre ceux qui prétendent que le changement climatique sera apocalyptique. Nous avons vu que le consensus scientifique, tel que reflété dans les rapports du GIEC, conforte la thèse de Tol selon laquelle « bon nombre des effets les plus inquiétants du changement climatique sont des symptômes de mauvaise gestion et de sous-développement[28]. »

Maintenant, nous devons aborder la question de savoir combien de personnes, moi y compris, en sont venues à croire que le changement climatique menaçait la survie des ours polaires voire, pire encore, annonçait la fin de l'humanité.

La réponse est, en partie, que si le tableau scientifique du GIEC est globalement solide, ses *Résumés à l'intention des décideurs*, communiqués de presse et déclarations d'auteurs, trahissent des motivations idéologiques, une tendance à l'exagération et une contextualisation insuffisante.

Comme nous l'avons vu, les auteurs et les communiqués de presse du GIEC ont affirmé que l'élévation du niveau de la mer serait « ingérable », les approvisionnements alimentaires mondiaux menacés, que le végétarisme réduirait considérablement les émissions, que les pays pauvres peuvent devenir riches grâce aux énergies renouvelables, enfin que l'énergie nucléaire est relativement dangereuse.

Les médias d'information méritent également d'être blâmés pour avoir présenté faussement l'évolution climatique et d'autres problèmes environnementaux comme apocalyptiques, et pour ne pas les avoir replacés dans leur contexte mondial, historique et économique. Les entreprises médiatiques de premier plan exagèrent le changement climatique au moins depuis les années 1980. Et, comme nous l'avons vu, des publications de haut niveau comme le *New York Times* et le *New Yorker* ressassent sans la moindre distance critique une doctrine malthusienne réfutée depuis plus d'un demi-siècle.

Mais c'est dans ce que ne disent pas ou du moins pas clairement leurs résumés et communiqués de presse que Le GIEC et d'autres organismes scientifiques sont les plus trompeurs. Ils ne disent pas clairement que le nombre de morts lié aux catastrophes naturelles a considérablement diminué et devrait encore décliner avec une adaptation continue. Ils ne disent pas clairement que l'accumulation de bois de chauffage et la construction d'habitations à proximité des zones boisées comptent plus que le changement climatique pour déterminer la gravité et l'impact des incendies dans bien des nombreuses régions du monde. Et ils ne disent pas clairement que les engrais, les tracteurs et l'irrigation importent plus que le changement climatique pour déterminer les rendements des cultures.

3. Qui a piégé Roger Pielke ?

Début 2015, Raul Grijalva, un représentant de l'Arizona au Congrès, a envoyé une lettre au président de l'Université du Colorado suggérant que Roger Pielke pourrait avoir accepté de l'argent de l'industrie des combustibles fossiles.

Grijalva n'avançait aucune preuve à l'appui de ses dires mais il notait qu'un autre scientifique, sceptique à l'égard du changement climatique, avait reçu des subsides d'un fournisseur d'électricité qui exploite des centrales à combustibles fossiles et laissait entendre que Pielke aurait pu en faire autant.

Gijalva a demandé au président de l'université de remettre toute la correspondance de Pielke relative à son récent témoignage au Congrès ainsi que tous ses témoignages aux instances gouvernementales, y compris sous forme de brouillons.

Et il exigeait des documents dévoilant les sources de financement de Pielke[29].

Dans le même temps, ExxonMobil, écrivait Grijalva, « peut avoir fourni des faux ou des informations trompeuses » sur son soutien à un scientifique dans le passé. « Si c'est vrai, il ne s'agit peut-être pas d'incidents isolés », poursuivait le même Grijalva, qui a posté sa lettre sur son site Web et l'a distribuée aux journalistes[30].

L'accusation implicite insinuant que Pielke aurait pu accepter secrètement de l'argent d'Exxon bénéficia aussitôt d'une large couverture médiatique. Grijalva envoya des courriers similaires à six autres présidents d'université dont les écoles employaient des scientifiques ayant déposé devant le Congrès sur le changement climatique.

Ce n'était pas la première fois que des progressistes attaquaient Pielke. Dès 2008, sept auteurs distincts avaient publié sous l'égide du Center for American Progress (CAP), le grand Think Tank progressiste, plus de 150 articles de blog stigmatisant Pielke comme « super-négationniste » le qualifiant aussi de « filou et de carriériste[31] ».

« Roger Pielke est la personne la plus controversée et la plus discréditée dans le domaine des gens qui publient régulièrement sur les catastrophes et le changement climatique », déclarait un porte-parole de l'ACP[32].

Le Center for American Progress a réussi à convaincre beaucoup de gens dans les médias d'actualité que Pielke était un climatosceptique. En 2010, le magazine *Foreign Policy* mentionnait Pielke dans un article intitulé « The FP Guide to Climate Skeptics » avec ce commentaire : « Pour son travail sur certains graphiques présentés dans les rapports du GIEC, Pielke a été accusé par certains d'être un "négateur" du changement climatique[33]. »

Après avoir pris connaissance de l'enquête, Pielke a répondu dans un texte posté sur son blog : « Je fais l'objet d'une 'enquête', dit le titre. Avant de poursuivre, permettez-moi de clarifier un point : je n'ai reçu aucun financement, déclaré ou non, d'une entreprise ou d'intérêts liés aux combustibles fossiles. Je n'en ai jamais reçu[34]. »

En janvier 2014, John Podesta, le fondateur du Center for American Progress – qui a supervisé certains aspects de la relance verte de 2009 et la mobilisation pour faire adopter la législation sur le plafonnement et l'échange – a été nommé à la Maison-Blanche où il supervisait la politique et la communication sur le changement climatique. Quelques jours après la nomination de Podesta, John Holdren, conseiller principal et directeur du Bureau de la politique scientifique et technologique de la Maison Blanche sous la présidence Obama lui a envoyé un e-mail formulé en ces termes : « J'ai hâte de travailler avec vous sur le programme du président concernant le changement climatique[35]. »

En février 2014, Holdren a comparu devant le comité sénatorial qui avait reçu le témoignage de Pielke un an plus tôt. Un sénateur a interrogé Holdren sur les déclarations de Pielke. Holdren a répondu que la recherche de ce dernier était « non représentative de l'opinion scientifique dominante. »

Quelques jours plus tard, Holdren a publié un article de trois mille mots sur le site Web de la Maison Blanche critiquant le témoignage de Pielke devant le Congrès comme « égarant » et « non représentatif des opinions dominantes[36]».

Mais l'attaque de Grijalva contre Pielke avait franchi une ligne jaune, même pour les plus militants des scientifiques et des journalistes. Que « des politiciens cherchent à détecter de possibles sources d'influence externe sur des travaux publiés et tentent de faire connaitre des discussions internes qu'ils estiment gênantes », écrivait dans un éditorial la revue britannique *Nature* à propos de l'enquête, « envoie un message effrayant à tous les universitaires et au grand public[37]. »

« Stigmatiser publiquement des chercheurs spécifiques en fonction des idées qu'ils ont exprimées et insinuer qu'il auraient omis de divulguer, comme ils le doivent, leurs sources de financement – et par là remettre en question leur intégrité scientifique, déclarait à son tour l'American Meteorological Society dans une prise de position publique, envoie un message effrayant à tous les chercheurs universitaires[38]. »

Finalement, Grijalva a battu en retraite – au moins partiellement. Il a reconnu devant un journaliste que sa demande concernant la correspondance de Pielke était « excessive ». Il a déclaré : « Tant que nous obtenons une réponse sur les sources de financement, je pense que tout le reste est secondaire et non nécessaire[39]. »

Alors que d'autres présidents d'université ignoraient la demande de Grijalva, le président de l'Université du Colorado a coopéré et enquêté sur Pielke. L'enquête qui en a résulté a confirmé que Pielke n'avait jamais reçu de financement de l'industrie des combustibles fossiles[40].

L'effort pour discréditer Pielke a été l'une des attaques les plus audacieuses et efficaces de l'histoire contre un expert du climat de la part d'un think tank financé par les industriels des énergies fossiles.

Cela peut s'expliquer en partie par les intérêts financiers des bailleurs du CAP. Comme nous l'avons vu, les lobbys des énergies renouvelables et du gaz naturel ont financé le CAP au cours de la période au cours de laquelle celui-ci supervisait le programme de relance vert d'Obama et les efforts de son administration pour faire adopter une législation sur le climat devant le Congrès, entre 2009 et 2010.

Cela peut aussi s'expliquer en partie par le contexte politique. Certaines personnes m'ont affirmé que la tentative d'« assassinat » de Pielke était liée à la croyance largement répandue parmi les dirigeants démocrates, progressistes et environnementaux qu'il fallait convaincre que les impacts du changement climatique, étaient déjà perceptibles et seraient catastrophiques, afin de faire voter une loi qui subventionne les renouvelables et taxe les fossiles. Il y avait urgence à recruter, mobiliser et convaincre leur électorat.

Mais ayant vécu cette période, j'ai eu l'impression que sa persécution semblait dépasser de loin les seules questions d'argent et de pouvoir politique. On assistait à une véritable chasse aux sorcières, une expression qui désigne la persécution des scientifiques et des artistes supposés communistes par le sénateur Joseph McCarthy dans les années 1950. La persécution de Pielke, comme plus largement l'écologie apocalyptique, avait une tonalité indéniablement religieuse.

4. Faux dieux

En 2019, Bill McKibben publiait un nouveau livre, *Falter*, présentant le changement climatique comme le « plus grand défi auquel les humains aient jamais été confrontés[41] ».

Cette affirmation forte émanait du principal auteur environnemental américain et l'un des plus influents lanceurs d'alerte sur le climat. McKibben est un contributeur régulier du *New Yorker* et du *New York Times* et son organisation, 350.org, gère un budget annuel de près de 20 millions de dollars. Il est tenu en haute estime par les journalistes, les membres du Congrès, les présidentiables, et des millions d'Américains. Les déclarations d'un tel personnage méritent donc d'être prises au sérieux[42].

Comme nous l'avons vu, le nombre des morts et des dommages causés par les événements extrêmes a diminué de 90 % au cours du siècle dernier, y compris dans les pays pauvres. Pour que l'argument de McKibben soit vrai, cette longue et salutaire tendance devrait s'inverser et vite[43].

Et, pour que l'affirmation de McKibben soit vraie, le changement climatique doit se révéler un défi plus redoutable encore que :

– la peste noire, qui a tué à peu près la moitié de tous les Européens, soit environ cinquante millions de personnes ;

– les maladies infectieuses lesquelles ont fait des centaines de millions de victimes ;

– les grands conflits mondiaux et l'Holocauste, qui en ont anéanti plus de 100 millions ;

– les mouvements indépendantistes d'après-guerre et la prolifération des armes nucléaires ; sans oublier les guerres africaines qui ont également tué des millions de gens.

Et le changement climatique doit s'avérer plus menaçant que tous les autres défis contemporains, qu'il s'agisse de la tâche monumentale consistant à sortir un milliard d'âmes de l'extrême pauvreté dans un monde où le rôle du secteur manufacturier dans le développement économique tend à se réduire, et où conflits et guerres ont tué des dizaines de milliers de personnes l'an dernier au Moyen-Orient et en Afrique.

La vision apocalyptique de McKibben n'est pas consécutive au changement climatique. En 1971, alors qu'il avait onze ans, la police a arrêté son père pour avoir défendu le droit des vétérans du Vietnam opposés à la guerre de se rassembler sur les pelouses de Lexington (Massachusetts). La mère de McKibben confiait que son fils était « furieux de ne pas avoir été autorisé à être arrêté avec son père[44]». Plus tard, McKibben a manifesté lui-même contre l'énergie nucléaire, ce qui lui a valu d'essuyer des tirs de gaz lacrymogènes.

Après Harvard, McKibben dit que son « gauchisme est devenu plus juste[45]». Il a été influencé par l'auteur du *New Yorker* Jonathan Schell, qui clame dans ses livres que l'humanité doit se débarrasser des armes nucléaires faute de quoi elle risque de disparaître. Dans son ouvrage de 1989 *The End of Nature*, il décrit le changement climatique comme une menace apocalyptique, au même titre que la guerre nucléaire.

Le problème sous-jacent, selon McKibben, est spirituel. L'industrialisation capitaliste a fait perdre à l'humanité son lien avec la nature. « Nous ne pouvons plus imaginer que nous appartenons à une entité plus grande que nous-mêmes », écrit-il dans *The End of Nature*. « C'est à cela que tout se résume[46]. »

Au début du XXe siècle, le savant américain William James définissait la religion comme la croyance en « un ordre invisible, et notre bien suprême réside dans l'adaptation à cet ordre[47]. » Le philosophe Paul Tillich a donné une définition plus large de la religion en y incluant systèmes de croyance et cadres moraux. Pour les écologistes, l'ordre invisible auquel nous devons nous adapter est la nature.

Tout au long de ce livre, nous avons constaté que le soutien des écologistes à divers comportements, technologies et programmes politiques, était motivé non par ce que la science enseigne mais par des points de vue intuitifs sur la nature. Ces croyances reposent sur le cliché trompeur d'une nature « bienfaisante ».

L'erreur consiste ici à affirmer que les choses « naturelles », par exemple l'écaille de tortue, l'ivoire, les poissons sauvages, les engrais organiques, le bois de chauffage et les fermes solaires sont meilleurs pour les humains et l'environnement que les objets « artificiels », tels les plastiques produits à partir des combustibles fossiles, les poissons d'élevage, engrais chimiques et autres centrales nucléaires.

Cet argument est fallacieux pour deux raisons. Premièrement, les objets artificiels sont aussi naturels que les « choses naturelles ». Ils sont simplement plus récents. Deuxièmement, les « choses naturelles » plus anciennes sont « mauvaises » et non bonnes, si l'on définit le « bon » comme la protection des tortues marines, des éléphants et des poissons sauvages.

Cette représentation implicite et largement inconsciente de la nature est, selon mon expérience, très prégnante. J'ai vu de nombreux écologistes rejeter les preuves démontrant l'impact plus délétère des énergies renouvelables et de l'agriculture bio sur les paysages. Les « choses naturelles » doivent, par définition, être meilleures pour l'environnement.

Les sciences de l'environnement ont très souvent véhiculé des thèses irrationnelles sur la nature. Dans les années 1940, les scientifiques ont tenté de créer une science de la nature, l'écologie, fondée sur la cybernétique, la science des systèmes autorégulateurs, qui avait été utilement appliquée pendant la Seconde Guerre mondiale pour guider les missiles antiaériens. La cybernétique s'applique également aux systèmes comme le thermostat, qui allume le four au dessous d'un seuil minimum et le coupe au-dessus d'un maximum.

L'hypothèse était que la nature, lorsqu'elle est laissée à elle-même, atteint une sorte d'harmonie ou d'équilibre. À l'instar du thermostat qui se déclenche lorsque la température baisse trop, la nature autorégule gracieusement et progressivement les espèces et écosystèmes, donnant vie ou mort quand elle sent son équilibre menacé. C'est un système interdépendant qui fonctionnerait comme un tout à moins que les humains n'interfèrent avec ses opérations.

Si ce n'est que la « nature » ne fonctionne pas comme un système autorégulé. En réalité, les différents environnements naturels sont en constante évolution. Les espèces vont et viennent. Il n'y a pas de « tout » ou de « système » susceptible de s'effondrer. Il n'existe qu'un assemblage de plantes, animaux et autres organismes évoluant au fil du temps. Nous pouvons avoir une préférence pour une version de ce mélange, telle la forêt amazonienne, mais rien dans le mélange ne garantit qu'il soit meilleur ou pire qu'une autre combinaison, par exemple une ferme ou un désert[48]. Il en va de même pour ce que nous appelons « le climat ». Le climat fait simplement référence à une courbe météo sur une période de temps, que cela concerne un site donné ou la planète entière.

En réalité, les systèmes climatiques et terrestres s'apparentent pour une grande part à des « cadrans », qu'il s'agisse d'augmentation des températures ou d'élévation du niveau de la mer, plutôt qu'à des « interrupteurs », comme la fonte soudaine des calottes glaciaires ou les incendies incontrôlables qui ravagent des régions boisées. Scientifiques et militants apocalyptiques recensent divers changements, tels que la fonte des calottes glaciaires, le changement des circulations océaniques ou la déforestation, et suggèrent que leur addition produit une somme apocalyptique supérieure à leurs parties. Mais ils ne peuvent dire clairement quel mécanisme, au milieu de tant de complexité et d'incertitudes, déterminerait la survenue d'un tel scénario apocalyptique.

Alors que les scientifiques se sont inspirés des découvertes de la cybernétique pour décrire la nature comme un système autorégulé, la notion de nature existant dans un équilibre fragile est néoplatonicienne, et sans fondement dans la réalité empirique. « Les lieux communs de l'écologie moderne, comme « tout est connecté » », écrit le philosophe de l'environnement Mark Sagoff, « rappelle la vision néoplatonicienne de la nature comme un mécanisme intégré dans lequel chaque espèce trouve sa place[49]. »

Certains spécialistes de l'environnement ont reconnu qu'ils avaient par inadvertance ou inconsciemment imposé une vision fondamentalement religieuse à l'encontre de la science. « Je suis convaincu que cette théorie écologique moderne, si importante dans nos attitudes envers la nature et l'ingérence de l'homme, admettait l'un d'eux, doit son origine à l'argument (judéo-chrétien) d'une conception intelligente. La sagesse du créateur va de soi... aucun être vivant n'est inutile, et tous sont liés les uns aux autres[50]. »

Le revers de la médaille de l'interconnectivité de la nature était l'effondrement, qu'E.O. Wilson a adopté comme hypothèse de base de son apocalyptique *modèle espèce-aire*. Ce que les scientifiques avaient recréé à la fois dans le modèle espèce-aire et dans la prédiction selon laquelle les extinctions des espèces entraîneraient l'extinction de l'humanité, c'étaient le premier et le dernier livre de la Bible. La Genèse raconte l'histoire du paradis terrestre, et la chute de l'humanité qu'entraîne son orgueil. Le livre de l'Apocalypse relate quant à lui la fin du monde, conséquence ultime de la chute initiale de l'humanité.

L'écologie est aujourd'hui la religion laïque dominante des classes éduquées, cette élite de la classe moyenne supérieure dans la plupart des pays développés et de nombreux pays en développement.

Il fournit un nouveau récit sur les objectifs individuels et collectifs à poursuivre. Il désigne les bons et les méchants, les héros et les traîtres. Et il le fait dans le langage de la science, ce qui lui confère sa légitimité[51].

D'une part, l'écologisme et sa religion sœur, le végétarisme, semblent en rupture radicale avec la tradition religieuse judéo-chrétienne. Tout d'abord les écologistes eux-mêmes ne sont pas dans l'ensemble des adeptes de la vision judéo-chrétienne du monde. En particulier, les écologistes rejettent l'idée que les humains exercent, ou doivent exercer une domination ou un contrôle sur la Terre[52].

D'autre part, l'environnementalisme apocalyptique est une sorte de nouvelle religion judéo-chrétienne, qui a pour particularité d'avoir remplacé Dieu par la Nature. Dans la tradition judéo-chrétienne, les problèmes de l'humanité découlent de son incapacité à s'adapter au dessein de Dieu. Dans la tradition environnementale apocalyptique, les problèmes de l'Homme découlent de son incapacité à s'adapter à la nature. Dans certaines traditions judéo-chrétiennes, les prêtres jouent le rôle d'interprètes de la volonté de Dieu ou de ses lois, y compris la distinction entre bien et mal. Dans la tradition de l'écologie apocalyptique, ce sont les scientifiques qui endossent ce rôle. « Je veux que vous écoutiez les scientifiques, » répètent Thunberg et d'autres[53].

La plupart des écologistes ne sont pas conscients de reproduire le Récit judéo-chrétien, conclut un savant qui a étudié le phénomène de près. La prévalence des mythes et de la morale judéo-chrétiens dans notre culture explique que les écologistes les connaîssent inconsciemment et les répétent à leur insu, mais dans le langage ostensiblement séculier de la science et de la nature[54].

Ayant d'abord expérimenté, puis étudié le phénomène pendant quinze ans, je crois que les laïcs sont attirés par l'écologie apocalyptique parce qu'elle satisfait pour une bonne part les mêmes besoins psychologiques et spirituels que le judéo-christianisme et d'autres religions.

L'écologie effondriste, la collapsologie, donne aux gens un but : sauver le monde du changement climatique, ou d'une autre catastrophe environnementale. Elle fournit aux gens un scénario qui en fait des héros, ce dont certains experts, comme nous le verrons, estiment que nous avons besoin pour donner un sens à notre vie.

Dans le même temps, l'environnementalisme apocalyptique entretient parmi ses adhérents l'illusion qu'ils sont des partisans de la science et de la raison, et non des adeptes de superstitions ou de fantasmes irrationnels. « Pour les nombreuses personnes sceptiques envers la religion chrétienne instituée, écrit un chercheur de premier plan, mais qui cherchent à donner à leur vie une signification religieuse plus profonde, voilà qui explique sans doute en partie l'attrait de cette religion laïque[55]. »

Il ne s'agit pas de condamner les religions qui renferment souvent une grande sagesse. Elles ont depuis longtemps fourni aux gens le sens et le but dont ils avaient besoin, en particulier pour affronter victorieusement les multiples épreuves de la vie. Les religions peuvent nous enseigner un comportement positif, prosocial et éthique.

« Que Dieu existe ou non (et en tant qu'athée, j'en doute personnellement), notait le psychologue Jonathan Haidt, (...) aux États-Unis les croyants sont plus heureux, en meilleure santé, vivent plus vieux et se montrent plus généreux les uns envers les autres que les laïcs[56]. »

Le problème avec la nouvelle religion environnementale est qu'elle est devenue de plus en plus apocalyptique, destructrice et contre-productive. Elle pousse ses adeptes à diaboliser leurs adversaires, souvent de façon dissimulée. Elle les incite à restreindre les libertés et la prospérité chez eux comme à l'étranger. Et cette idéologie répand l'anxiété et la dépression sans répondre aux besoins spirituels, psychologiques, existentiels les plus profonds que ses fidèles ostensiblement séculiers prétendent vouloir satisfaire.

5. La peur de l'Apocalypse

Croire à une apocalypse imminente, c'est, selon un universitaire, croire que « la texture acceptée de la réalité est sur le point de subir une transformation stupéfiante, dans lesquels les institutions et les modes de vie établis de longue date seront détruits[57]. »

Et, dans une certaine mesure, c'est ce qui se produit depuis l'essor de la science et la révolution industrielle au XVIIIe siècle, et *a fortiori* depuis la Seconde Guerre mondiale et la fin de la Guerre froide.

Pendant des milliers d'années, la religion a cherché à museler ce que nous appelons aujourd'hui science, notre effort de compréhension du monde, et de nous-mêmes. Sir Francis Bacon, le père de la physique moderne, a été jusqu'à affirmer en 1605 que rechercher la connaissance hors de la morale était dangereux.

Après la redécouverte de textes classiques dont ceux de Platon et Aristote au Moyen-Âge, les penseurs occidentaux se sont d'abord attachés à réconcilier la philosophie et le christianisme. Au fil du temps, cependant, l'enjeu est devenu celui de donner un sens au monde naturel, qui a débouché sur ce qu'on a appelé la révolution scientifique. Bien que la plupart des premiers scientifiques aient professé avoir bâti leur science au service de Dieu, ils ont poursuivi la connaissance sans savoir si elle mènerait au bien ou au mal. Et en privé, ils ont vu que leurs expériences fonctionnaient de la même manière, qu'ils soient pieux ou non.

À l'époque des Lumières, les philosophes ont tenté la même approche rationnelle de la morale et de la politique qui a pris la forme d'un « humanisme séculier ». Celui-ci empruntait au judéo-christianisme l'idée que les humains étaient une espèce à part, mais en mettant l'accent sur l'utilisation de la science et de la raison au service de la vertu. Cette vision du monde n'exigeait pas de croire en Dieu, pas plus qu'en un au-delà ou tout autre dogme fondamental de la religion. Politiquement, les humanistes laïques croyaient en l'égalité essentielle de tous les êtres humains.

Mais il est rapidement devenu clair que la morale ne pouvait reposer sur aucune base « objective ». Au XIXe siècle, les philosophes ont révélé que ce que nous appelons « bon », quelque sens que nous lui donnions, est basé sur nos propres besoins égoïstes ainsi que sur des contextes historiques et sociaux en constante évolution. La morale, était à l'évidence tributaire du temps, du lieu et de la position sociale. Au début du XXe siècle, les philosophes européens soutenaient que les jugements moraux ne pouvaient être fondés empiriquement et n'étaient que des expressions affectives dénuées de contenu spécifique et donc vides de sens. On ne pouvait pas décider de ce qui était bien ou mal en fonction de ce qui rendait certains êtres tristes ou heureux à un moment donné[58].

Après la Seconde Guerre mondiale, de nombreux chercheurs et universités de premier plan en Europe et aux États-Unis ont rejeté l'enseignement de la morale et de la vertu comme non scientifique et donc sans valeur. « La raison révèle que la vie est privée de but ou de sens », était la position intellectuelle dominante, note un historien. « La science est le seul exercice légitime de l'intellect, mais elle conduit inévitablement à la technologie et, finalement, à la bombe[59]. »

« Des humanistes, nous avons appris que la science menaçait la civilisation », ajoutait l'historien. « Des scientifiques nous avons appris que nul ne peut arrêter la science. De leur discours on pouvait conclure qu'il n'y avait aucun espoir. Le résultat, soutenait-il, est une « culture du désespoir[60] ».

L'écologie apocalyptique est née de cette crise de la conscience religieuse et avec les décennies, elle a pris des formes aigues pendant les périodes marquées par des mutations et des crises planétaires. En 1970, alors que les craintes de surpopulation étaient à leur comble, la fête du Jour de la Terre s'est tenue au milieu des violents remous sur la guerre du Vietnam. En 1983, alors que s'intensifiaient les tensions de la guerre froide, plus de 300 000 personnes ont manifesté contre les armes nucléaires à Hyde Park (Londres). Et au début des années 1990, avec la fin de la guerre froide l'évolution du climat est apparue comme la nouvelle menace apocalyptique.

Après la dissolution de l'URSS, les peuples occidentaux n'avaient plus d'ennemi extérieur vers lequel diriger leurs énergies négatives pour se définir *a contrario*. « Être l'unique vainqueur d'un conflit signifie concentrer sur soi-même toutes les critiques qui pouvaient auparavant être dirigées vers les autres », remarquait Pascal Bruckner dans *Le Fanatisme de l'Apocalypse*[61].

À la suite des élections de 2016 en Grande-Bretagne et aux États-Unis, lors desquelles les électeurs ont rejeté d'une manière ou d'une autre l'ordre mondial établi, l'alarmisme climatique s'est radicalisé.

Là où l'écologisme offrait jusque récemment une perspective utopique sous la forme d'un retour à une société agraire à basse énergie alimentée par des renouvelables, il est frappant de constater à quel point les leaders écolos-apocalyptiques ont laissé de côté ce tableau pour mettre l'accent sur l'Armageddon climatique.

L'utopisme vert est toujours là. Les écologistes apocalyptiques en Europe et aux États-Unis préconisent un *Green New Deal* non seulement pour réduire les émissions carbonées mais aussi pour créer de bons emplois avec des salaires élevés, réduire les inégalités économiques, et améliorer le standing collectif.

Mais la négativité a triomphé de la positivité. Au lieu de l'amour, du pardon, de la bonté et du royaume des cieux, l'environnementalisme apocalyptique d'aujourd'hui n'offre que peur, colère et de minces perspectives d'éviter l'extinction.

Il se trouve que je me trouvais à Londres lors du blocage forcé du centre de la capitale par les militants d'Extinction Rebellion, environ une semaine avant la manifestation dans le métro évoquée en introduction.

Je séjournais dans un hôtel à quelques pâtés de maisons de Trafalgar Square, où des centaines de militants ont campé pendant deux semaines. Majoritairement blancs, instruits, les membres d'Extinction Rebellion étaient étonnamment identiques en termes de statut socio-économique, d'idéologie et de comportement aux militants de Earth First (la Terre d'abord !) que j'avais rencontrés quand je me démenais pour sauver la dernière forêt de séquoias non protégée du nord de la Californie à la fin des années 1990.

Mais Extinction Rebellion était beaucoup plus obsédé par la mort que Earth First ! À la Fashion Week de Londres, des militants d'Extinction Rebellion portaient des cercueils ; il y avait de grandes bannières barrées du mot DEATH (*mort*) ; on a vu des femmes portant des voiles de deuil noirs et des militants totalement silencieux, vêtus de robes rouge sang, qui avaient maquillé leur visage d'un blanc spectral et peint leurs lèvres en rouge.

Cette pesante obsession de la mort m'a troublé et une fois de retour aux États-Unis, j'ai contacté mon ami Richard Rhodes, l'auteur de *The Making of the Atomic Bomb.* Dick et moi avions discuté de la mort plus tôt dans l'année, et j'étais donc curieux d'entendre sa réaction à l'omniprésence du symbolisme de la mort dans les manifestations d'Extinction Rebellion.

« Vous connaissez le livre de Becker The Denial of Death ? » me demanda Rhodes. Il a remporté le prix Pulitzer. »

J'ai répondu que je le connaissais. Selon l'anthropologue Ernest Becker, tous les humains, pas seulement les adeptes d'une religion donnée, ont besoin de croire, consciemment ou non qu'ils sont d'une manière ou d'une autre immortels, donc qu'une part de nous ne mourra jamais.

Les humains sont uniques, croyait Becker, car ce sont les seuls à réaliser dès leur plus jeune âge qu'ils vont mourir. La mort nous effraie à juste titre ; nous sommes tous venus au monde dotés d'un fort instinct de survie. Mais comme une peur excessive de la mort imprègne notre mode de vie, les individus sains refoulent leurs peurs, qui deviennent alors inconscientes[62].

Pour nous défendre psychologiquement contre cette peur sous-jacente nous créons ce que Becker appelle un « projet d'immortalité », le pressentiment qu'une part de nous survivra après notre mort. Beaucoup de gens acquièrent une forme d'immortalité grâce à leurs enfants et petits-enfants. D'autres se sentent immortels en créant des œuvres d'art, des entreprises, par l'écriture, ou en fondant une communauté qui perdurera après leur décès.

Nous nous présentons inconsciemment comme les héros de nos projets d'immortalité. « Peu importe que le héros culturel soit magique, religieux et primitif, ou séculier, scientifique et civilisé, a écrit Becker. On a toujours un système de héros mythiques qui insuffle aux individus le sentiment de leur valeur cosmique, de leur utilité ultime pour la création, d'un sens inébranlable[63]. »

Tels semblent être les avantages de l'activisme climatique. « Extinction Rebellion », m'a dit Sarah Lunnon, propose une façon d'être courageuse. Zion Lights, porte-parole du groupe citait des études montrant « que les enfants qui s'engageaient dans l'activisme climatique avaient une meilleure santé mentale que ceux qui sont informés de ce changement mais ne font rien pour y remédier. Et l'activisme climatique de Thunberg lui a permis d'échapper à la dépression. « C'est le jour et la nuit, confirmait son père. Une transformation incroyable[64]. »

Il y a beaucoup à admirer dans l'idéalisme de l'écologisme et du végétarisme, si populaires chez les adolescents et les jeunes adultes. Ils incarnent « la volonté d'offrir un avenir à la Planète entière y compris ses animaux », concluent des psychologues italiens qui ont étudié les convictions végétariennes[65].

Mais le végétarisme semble également traduire une angoisse existentielle supérieure à la moyenne. La « peur de la mort peut être reconnue comme inhérente non seulement aux individus, écrivent les auteurs, mais comme la connotation d'une éthique écologique qui s'exprime à travers le végétarisme[66]. »

Pour Becker, une peur excessive de la mort révèle une insatisfaction profonde et souvent inconsciente devant la vie. **Ce que nous craignons vraiment quand nous sommes obsédés par la mort, c'est de ne pas tirer le meilleur parti de notre vie.** Nous nous sentons coincés dans des relations déficientes, une socialisation bancale ou une vie professionnelle oppressante.

C'était certainement le cas pour moi. Il y a vingt ans, j'étais attiré par une vision apocalyptique du changement climatique. Je réalise maintenant que mon hyper-anxiété liée au changement climatique reflétait une anxiété et un désarroi sous-jacents liés à mon existence qui n'avait pas grand-chose à voir avec le changement climatique ni l'état de l'environnement naturel.

C'est peut-être une coïncidence, mais il est à noter que le pic de l'alarmisme survient à un moment où anxiété, dépression et taux de suicides sont en augmentation au sein de la population générale, en particulier chez les adolescents, aussi bien aux États-Unis qu'en Europe[67]. 70 % des adolescents américains considèrent anxiété et dépression comme des problèmes majeurs[68].

Parce qu'affronter notre vie personnelle est douloureux et difficile, suggère Becker, nous recherchons souvent des démons extérieurs à vaincre. Cela nous permet de nous sentir héroïques, et nous confère un sentiment d'immortalité grâce à la reconnaissance, à la validation, et à l'amour que nous recevons des autres.

6. Âmes en peine

Prêcher l'apocalypse climatique et redouter la mort sont deux choses différentes. Alors que la plupart d'entre nous ne veut pas penser à sa mort, certaines personnes semblent en transe quand elles évoquent la fin du monde, qu'il s'agisse de l'apocalypse Maya, de l'An 2000, ou du changement climatique.

« Cette conviction profonde que le monde pourrait finir est un bizarre mélange de peur et de désir, fait Dick. Tout le monde aimerait voir ses ennemis détruits de manière horrible, n'est-ce pas ? » ajoute-t-il en riant.

Dick a admis qu'il avait fantasmé sur la destruction atomique de sa ville natale, où il avait été affamé et maltraité dans son enfance, une expérience qu'il a narrée dans son émouvante autobiographie parue en 1990, *A Hole in the World*[69].

« Rappelez-vous l'année où le téléfilm, *The Day After* (sur l'apocalypse nucléaire), est sorti (1983). L'action se déroulait dans et autour de Kansas City, ma ville natale. J'y vivais à l'époque. Je me souviens l'avoir regardé quand il a été diffusé », a-t-il dit.

« Lorsque les missiles apparaissent au-dessus de l'horizon fonçant vers Kansas City, je me souviens avoir éprouvé des sentiments mitigés. « Oh génial ! Ils vont détruire Kansas City ! mais aussi, Oh mon dieu, c'est horrible ! », s'esclaffait Dick. Vous savez, les deux sentiments mêlés[70].

Peu d'écologistes apocalyptiques ont d'aussi bonnes raisons de fantasmer sur l'annihilation de leur ville natale que Dick Rhodes. Mais une haine similaire de la civilisation humaine, et peut-être de l'humanité elle-même, expliquerait-elle les proclamations d'apocalypse environnementale ?

« Il y a une branche du mouvement environnemental qui est calviniste, dit Dick. Dans le sens où le monde est un endroit mauvais et il vaudrait mieux qu'il soit détruit et rendu au règne naturel. »

Si l'apocalypse climatique est une sorte de fantasme inconscient pour les êtres qui détestent la civilisation, cela pourrait expliquer pourquoi les gens les plus alarmistes sur les problèmes environnementaux sont aussi les plus opposés aux technologies capables de les résoudre, qu'il s'agisse du recours aux engrais, de la maitrise des crues ou des énergies comme le gaz naturel et le nucléaire.

Après deux semaines de manifestations de militants d'Extinction Rebellion défilant derrière des cercueils dans les rues, de circulation entravée et de métros à l'arrêt, de nombreux Britanniques en avaient assez. « Ne tournons plus autour du pot à propos de ces personnes, écrivait un chroniqueur britannique. La classe moyenne supérieure s'adonne à un culte macabre[71].

« Je veux que vous paniquiez ! déclarait Thunberg à un rassemblement de dirigeants mondiaux à Davos (Suisse) en janvier 2019[72]. Si se révolter contre l'effondrement climatique et écologique et pour l'humanité est contre les règles alors les règles doivent être brisées », clamait-elle dans un tweet posté en octobre[73].

Deux jours plus tard, deux manifestants masculins d'Extinction Rebellion se sont postés sur un wagon du métro de Londres pour l'empêcher d'avancer. Des banlieusards en colère tabassèrent l'un d'eux ainsi qu'un autre qui filmait la scène.

Cette scène que j'ai visionnée plusieurs fois m'a effrayé. Ma pensée, chaque fois, fut que les voyageurs auraient facilement pu tuer ces deux hommes. Beaucoup de gens dans la foule, saisis par une peur soudaine et incontrôlable, ont cédé à un comportement totalement irréfléchi. En d'autres termes, ils étaient paniqués.

Quand je me suis plaint à Lunnon au téléphone de l'incident du métro, sa réponse fut que, grâce à son mouvement, le changement climatique avait été largement commenté dans les médias à l'approche des élections britanniques.

Elle avança la même justification à la télévision britannique pour la manifestation dans le métro.

Un invité de *This Morning* demanda à Lunnon si la décision de son groupe d'annuler d'autres manifestations était « une façon d'admettre que vous vous êtes trompés cette fois[74] ? »

« Je ne crois pas que nous ayons nécessairement tort, déclarait Lunnon, parce qu'aujourd'hui, je suis assise dans ce studio et nous avons été virés trois fois des studios de *This Morning* au cours des dix derniers jours, et il nous a fallu être très très perturbateurs pour être invités à votre émission… »

« C'est pour ça que vous l'avez fait ? demanda l'un des hôtes.

« Cet homme s'est posté sur un train électrifié, demanda l'autre hôte, très irrité, pour que vous puissiez être interviewée à *This Morning* ? »

« Pas pour que nous puissions être sur ce plateau, évidemment, répliqua Lunnon, faisant machine arrière. Mais à moins que nous ne lancions des actions très, très perturbatrices, les gens ne veulent pas discuter avec nous. »

Sur Newsnight une émission de la BBC, alors que l'animatrice Emma Barnett concluait l'émission, Lunnon s'est mise à crier : « Non ! Nous avons attendu ! Nous avons attendu trente ans que le capitalisme fonctionne et il n'a pas fonctionné ! »

« Et, Emma, a repris Lunnon, quand vous rentrerez chez vous, vous regarderez vos enfants et penserez : J'ai une chance sur deux que leur monde ressemble à celui que nous connaissons aujourd'hui. » Lunnon se tourna vers une autre caméra et lança : « Et les gens qui nous regardent chez eux : vous aussi ![75]. »

Thunberg a affiché une colère similaire dans son discours aux Nations Unies en septembre 2019. « Tout ça est aberrant, dit-elle. Je ne devrais pas être debout ici. Je devrais aller à l'école de l'autre côté de l'océan. Pourtant vous tous vous tournez vers nous les jeunes pour reprendre espoir ? articule-t-elle en criant pratiquement. Comment osez-vous[76] ! »

Le regretté philosophe britannique Roger Scruton a développé des réflexions profondes sur la politique de la colère. D'une part, il la croyait utile et nécessaire. « Le ressentiment est au corps politique ce que la douleur est au corps, écrit-il. C'est mal de la ressentir, mais c'est bien d'être capable de la ressentir, car sans la capacité de la ressentir, nous ne survivrons pas[77]. »

Le problème, avançait Scruton, se présente lorsque « le ressentiment perd sa cible spécifique et se déverse sur la société dans son ensemble », conclut Scruton. Le ressentiment se transforme alors en « une posture existentielle » adoptée non « pour négocier au sein des structures existantes, mais pour gagner le pouvoir total, afin d'abolir les structures elles-mêmes.... Cette posture est, à mon avis, au cœur d'un désordre social grave. » Un autre mot pour ce que décrit Scruton est *nihilisme*[78].

Les jeunes qui découvrent le changement climatique pourraient naturellement croire, en écoutant Lunnon et Thunberg, que cette évolution est le résultat d'actions délibérées et malveillantes. En réalité, c'est le contraire.

Les émissions sont un sous-produit de la consommation d'énergie, qui a été nécessaire pour que les gens se sortent de la pauvreté, eux-mêmes, leurs familles et leurs sociétés, et conquièrent un minimum de dignité humaine. Étant donné les raisonnements auxquels adhèrent les militants du climat, il est compréhensible qu'un si grand nombre d'entre eux éprouvent une telle colère.

Mais une telle colère peut aggraver la solitude. « Lorsque vous vous informez sur le climat vous risquez d'adopter des idées opposées à celles de vos amis et de vos proches, déclarait Lunnon sur Sky News. « Il est très difficile de réprouver vos amis et votre famille qui prennent peut-être l'avion régulièrement et mangent du rôti de bœuf chaque dimanche[79]. »

Le problème est que les gens ont tendance à être déprimés par les militants climatiques qui condamnent la croissance économique, le fait de manger de la viande, de prendre l'avion et de se déplacer en voiture. Pourquoi les gens vous écouteraient-ils alors qu'ils vous ont identifié comme une sorte de Puritain New Age ? », demandait Lunnon[80].

Ce qui fait que, alors que certains dirigeants et militants du climat peuvent tirer un bénéfice psychologique de l'alarmisme climatique, certains indices donnent à penser que nombre de gens en souffrent, y compris les alarmistes eux-mêmes. Lauren Jeffrey, ado anglaise de 17 ans, notait une anxiété aggravée chez ses pairs après les manifestations d'Extinction Rebellion. « En octobre j'entendais des gens de mon âge dire des choses que je trouvais assez perturbantes : « Il est trop tard pour faire quoi que ce soit. » « Il n'y a plus d'avenir. » « On est vraiment fichus. » « On devrait laisser tomber[81]. »

Thunberg et sa mère disent que les vidéos sur les déchets plastiques, les ours polaires et le changement climatique ont contribué à sa dépression et à ses troubles alimentaires. « Si bien que, quand j'avais onze ans, je suis tombée malade. Je suis tombée en dépression. J'ai arrêté de parler et de manger. En deux mois, j'avais perdu une dizaine de kilos. Plus tard, on m'a diagnostiqué un syndrome d'Asperger, des TOC (des troubles obsessionnel-compulsif) et un mutisme sélectif[82]. »

Il y a vingt ans, j'ai découvert que plus je lisais d'ouvrages et d'articles écologistes apocalyptiques, plus je me sentais triste et anxieux. Cela contrastait de manière frappante avec ce que j'avais ressenti après avoir lu l'histoire du mouvement des droits civiques aux États-Unis, dont les dirigeants étaient attachés à une éthique et à une politique inspirée par l'amour, non par la colère.

C'était, en partie, ma conscience de l'impact néfaste sur mon humeur de ces lectures concernant le climat et l'environnement qui m'a fait douter que l'environnementalisme puisse réussir. Il s'est écoulé quelques années de plus avant que je mette en doute les affirmations de l'écologisme sur l'énergie, la technologie et l'environnement naturel.

Cette remise en question m'a permis de découvrir qu'une grande partie de ma tristesse à propos des problèmes environnementaux était une projection, et qu'elle était erronée. On a plus de raisons d'être optimiste que pessimiste.

La pollution atmosphérique conventionnelle a culminé il y a cinquante ans dans les pays développés et les émissions de carbone ont atteint ou atteindront bientôt un pic dans la plupart des autres. Les superficies de terres que nous utilisons pour la production de viande se réduisent. Les forêts des pays riches repoussent et la faune revient.

Il n'y a aucune raison de penser que les pays pauvres ne puissent se développer en s'adaptant au changement climatique. Les décès dus à des événements extrêmes devraient continuer à décroître. La cruauté envers les animaux d'élevage a diminué, un progrès qui devrait se poursuivre, et avec l'aide de la technologie, les habitats disponibles pour les espèces, y compris les gorilles et les manchots, devraient continuer à croître en taille.

Cela ne signifie pas que nous n'avons plus d'efforts à accomplir. Il en reste beaucoup. Mais l'objectif de mon travail consiste pour l'essentiel à accélérer les tendances positives existantes et à ne pas tenter de les inverser pour revenir à des sociétés agraires à faible consommation d'énergie. Et ainsi, alors que je peux partager la tristesse et la solitude qui sont derrière la colère et la peur du changement climatique, de la déforestation et de l'extinction des espèces, je constate que cette vision est erronée, basée sur des angoisses sans fondement, des idéologies déresponsabilisantes et des déformations de la réalité.

7. Humanisme écologique

La réponse de nombreux écologistes rationnels, dont moi-même, qui sont alarmés par le fanatisme religieux de l'environnementalisme apocalyptique, a été de nous efforcer de préserver la frontière qui sépare science et religion, tout comme les scientifiques doivent maintenir la frontière qui sépare leurs valeurs des faits qu'ils étudient.

D'autres, comme Scruton, nous incitent à viser un monde « où les conflits sont résolus au nom d'une conception partagée de la justice » et « par l'édification et la gouvernance d'institutions, ainsi que les mille façons dont les gens enrichissent leur vie grâce aux entreprises, aux traditions et aux sphères de responsabilité[83]. »

Mais Scruton lui-même doutait qu'un tel projet avec son rationalisme, pût l'emporter sur les tendances apocalyptiques de la gauche régressive. « Il est clair que nous sommes confrontés au besoin religieux, un besoin ancré dans l'"être de notre espèce", écrit-il. Il existe un désir d'appartenance qu'aucune pensée rationnelle, si puissante soit-elle, aucune preuve de la solitude absolue, de l'humanité, de la nature non rédimée de nos souffrances, ne pourra jamais éradiquer[84]. »

Toute réaffirmation de la frontière entre science et religion restera sans doute lettre morte tant que les écologistes apocalyptiques répondront au profond besoin humain de sens et de but et que les rationalistes environnementaux en seront incapables.

Nous devons donc dépasser le rationalisme et renouer avec un humanisme qui affirme la spécificité de l'humanité contre une écologie malthusienne et apocalyptique qui condamne la civilisation humaine et l'humanité elle-même.

En tant qu'écologistes humanistes, que nous soyons scientifiques, journalistes ou militants, nous devons d'abord nous fonder sur notre engagement moral transcendant de viser l'épanouissement humain universel, le progrès environnemental, puis sur la rationalité.

Lorsque Sir Francis Bacon insistait pour que la recherche de la vérité soit contrebalancée par la morale, il citait l'apôtre Paul : « la connaissance enfle, mais la charité édifie. » Bacon n'appelait pas tant à fixer de strictes limites à la connaissance qu'à réorienter constamment les scientifiques vers les affects à l'oeuvre derrière les meilleures intentions morales. Selon Bacon, « l'épice correctrice » de la science était « la charité (ou l'amour)[85] ».

Dès lors, quand on entend des militants, des journalistes, des scientifiques du GIEC ou d'autres prétendre que le changement climatique sera apocalyptique à moins de changements radicaux, à commencer par une réduction massive de notre consommation d'énergie, on peut se demander s'ils sont motivés par un véritable amour de l'humanité ou par son exact contraire.

Au moment où j'écris ces mots, Bernadette reste une réfugiée dans son propre pays. Elle et son mari risquent toujours d'être kidnappés ou pire. Et elle doit passer ses journées à travailler la terre de quelqu'un d'autre, une condition qui l'humilie profondément. J'ai souvent rappelé le sort de Bernadette tout au long du présent ouvrage à titre de triple rappel, en particulier pour ceux d'entre nous qui vivent dans un pays développé : sachons montrer de la gratitude pour la civilisation qui nous semble aller de soi ; mettre en perspective les revendications d'apocalypse climatique ; éprouver empathie et solidarité envers ceux qui ne jouissent pas encore des fruits de la prospérité.

Les histoires que nous relatons sont importantes. L'image promue par les écologistes apocalyptiques est inexacte et déshumanisante : les humains ne sont pas en train de détruire la nature à force d'irréflexion.

Changement climatique, déforestation, déchets plastiques et espèces en voie d'extinction ne sont pas, fondamentalement, des conséquences de l'avidité et de l'orgueil, mais plutôt les effets secondaires d'un développement économique motivé par une volonté humaniste d'améliorer la vie humaine.

L'axe éthique de l'humanisme environnemental se ramène au soutien que les nations riches doivent apporter au développement des pays pauvres. Plus précisément, les pays riches devraient lever les différentes restrictions de l'aide au développement pour la production d'énergie dans les pays pauvres. Il est hypocrite et contraire à l'éthique d'exiger que les pays pauvres suivent un chemin plus coûteux et donc plus lent vers la prospérité que celui qu'a suivi l'Occident. En tant que derniers pays à se développer, leur industrialisation sera déjà semée d'embûches.

La bonne nouvelle est que dans de nombreux pays, y compris l'Afrique, une hydroélectricité bon marché et le gaz naturel seront probablement disponibles. Mais si le charbon est la meilleure option pour les pays pauvres et en développement, les pays occidentaux nantis doivent appuyer cette option.

Berceau de l'évolution de l'humanité, la région du Rift Albertin est d'une grande importance pour les peuples du monde entier. La présence des gorilles des montagnes menacés d'extinction, nos cousins en évolution, en accroît encore l'importance. Malgré le succès des mesures de protection en faveur des gorilles, une grande partie des activités de conservation dans la région ont échoué du fait de l'absence d'une présence militaire et d'un développement économique suffisants.

L'hydroélectricité bon marché du barrage Grand Inga pourrait alimenter le sud-est de l'Afrique, à commencer par les usines, qui restent le seul moyen connu de transformer en citadins nombre de petits agriculteurs non qualifiés survivant dans une économie vivrière. En dehors du Congo, la principale opposition au barrage vient des écologistes apocalyptiques. Les écologistes humanistes devraient leur tenir tête.

L'Occident a une dette importante envers le Congo. L'huile de palme qu'il a fourni au monde a aidé à sauver les baleines, une magnifique prouesse. Mais son peuple continue à souffrir. Les Belges ont colonisé et créé cette nation mais l'ont ensuite abandonnée au début des années 1960, laissant le pays en plein désarroi. Ni les États-Unis ni l'Union soviétique ne s'y sont couverts de gloire pendant la Guerre froide.

Depuis la fin de celle-ci, l'ONU et les pays occidentaux ont échoué à mettre fin à l'aggravation des violences dans l'est du Congo, qui découlent, selon les experts, du désir du Rwanda d'entretenir le chaos pour dissimuler son exploitation et sa contrebande des richesses du sous-sol congolais. De nombreux experts que j'ai interviewés estiment que les gouvernements occidentaux redoutent d'exiger des changements du Rwanda par un mélange de culpabilité qui remonte à leur impuissance à stopper le génocide de 1994 et de crainte d'un retour à des violences interethniques dans la région.

Jusque ici, les défenseurs de l'environnement et les écologistes humanistes ont plaidé en faveur d'une résolution de l'insécurité persistante, qui a traumatisé des générations de gens et dont on ne voit pas la fin.

Début 2020, je discutais avec Suparti, en Indonésie, via Facebook en utilisant Google Translate.

« Oui, je vis toujours dans la même maison », me dit-elle. En 2016, elle a épousé un homme rencontré via Facebook qui travaille pour Sharp Semiconductor et elle est rapidement tombée enceinte. « Ma fille était censée naître le 18 janvier mais il y a eu des complications. J'ai finalement subi une césarienne le 30 janvier. »

La naissance de sa fille a été source d'angoisses : « J'ai dû me rendre dans quatre hôpitaux et la plupart n'avaient pas d'obstétricien disponible à ce moment-là car c'était la fin de l'année, me confiait-elle. Mais j'ai fini par en trouver un, qui m'a opérée aussitôt.

Il y a un siècle, Suparti aurait couru des risques graves dans une situation similaire. « Grâce à Dieu, me disait-elle, ma fille était en excellente santé. Je suis retournée au travail quarante jours plus tard. »

Suparti qui travaille toujours pour la chocolaterie s'est vu confier de nouvelles responsabilités et été augmentée. Elle est maintenant employée au service informatique, ayant gravi les échelons de l'emballage et de l'étiquetage après avoir été embauchée comme simple ouvrière en 2015.

« Je veux quatre enfants, deux garçons et deux filles, dit-elle. Grâce à Dieu, mes parents sont tous en bonne santé, mes frères et sœurs sont tous biens et je suis heureuse. Je suis reconnaissante d'avoir un mari qui est très gentil et patient. »

Suparti m'a envoyé deux photos par le biais de Facebook. L'une montrait son mari à côté d'elle, et l'autre sa fille portant un hijab rose vif, sa petite frimousse éclairée d'un grand sourire.

Les médias d'information, les rédacteurs en chef et les journalistes pourraient se demander si leur exploitation constamment sensationnaliste des problèmes environnementaux est cohérente avec leur engagement professionnel d'équité et d'exactitude, tout comme avec leur engagement personnel d'exercer une influence positive dans le monde. Même si je suis sceptique sur le fait que des écolos déguisés en journalistes sont susceptibles de changer leur façon de faire leur travail, j'ai bon espoir que la concurrence extérieure aux médias traditionnels, rendue possible par les médias sociaux, insufflera une nouvelle compétitivité dans ce journalisme écologiste et en rehaussera les normes.

Améliorer le journalisme environnemental requiert de s'attaquer à certains fondamentaux. La densité de puissance détermine l'impact environnemental. En tant que tel, le charbon est bon lorsqu'il remplace le bois et mauvais lorsqu'il remplace le gaz naturel ou le nucléaire. Le gaz naturel est bon lorsqu'il remplace le charbon et mauvais lorsqu'il remplace l'uranium. Seule l'énergie nucléaire peut alimenter notre civilisation humaine à haute énergie tout en réduisant l'empreinte environnementale de l'humanité. L'agriculture à forte densité de puissance, y compris pour les poissons, offre la perspective de réduire l'impact écologique négatif de l'humanité.

Nous devons corriger notre mauvaise compréhension de l'énergie nucléaire. Elle est née de bonnes intentions, non de mauvaises, ni de quelque accident insensé de la science. Les armes nucléaires ont été créées pour empêcher la guerre et y mettre fin, et c'est l'unique raison de leur utilisation et tout ce à quoi elles seront toujours bonnes. Les États-Unis et les autres pays développés devraient renouveler les engagements qu'ils avaient pris sous le titre « atomes pour la paix » dans les années 1950, cela pourrait prendre la forme d'un Green Nuclear Deal (pacte nucléaire vert) pour des raisons tenant au changement climatique, mais pas seulement.

Nous devrons reconnaître que les armes nucléaires, comme l'énergie nucléaire, sont là pour toujours. On ne peut pas s'en débarrasser, même si on le voulait, pour des raisons que les experts ont comprises depuis 1945. Et essayer de le faire a contribué à des décennies de tension et de conflits, qui ont culminé dans l'inutile et désastreuse invasion américaine et britannique de l'Irak en 2003.

L'existence persistante des armes nucléaires nous rappelle qu'elles ont le pouvoir de provoquer, sinon l'apocalypse, à tout le moins l'annihilation de villes et peut-être de civilisations. De telles armes devraient, si nous sommes des êtres humains sensibles, instiller une certaine dose d'angoisse existentielle. Nous devons trouver une meilleure façon de gérer et de canaliser ces motifs d'anxiété. Y faire face directement comme objets de mort, voire comme symboles apocalyptiques, peut aider.

Quand Dick Rhodes et moi avons évoqué les manifestations d'Extinction Rebellion à Londres, ce n'était pas la première fois que nous parlions de la mort. Quelques mois plus tôt, pendant le déjeuner, je lui ai dit que je pensais que l'existence persistante des armes nucléaires devait nous rappeler au simple bonheur d'être en vie.

« Vous voulez dire comme un *memento mori* ? » m'a demandé Dick.

« Oui ! » ai-je acquiescé, après qu'il m'a rappelé que *memento mori*, « souviens-toi que tu vas mourir » en latin, est une formule qu'on utilisait pour se rappeler sa mortalité et ainsi éprouver de la gratitude envers la vie.

Le symbole classique du *memento mori* est un crâne, comme ceux que l'on voit dans les natures mortes d'artistes européens de l'Âge classique. Ils semblent avoir connu un regain de popularité après la peste noire[86].

Et si nous traitions les armes de destruction massive comme un *memento mori* ?

Des expériences inspirées du travail d'Ernest Becker suggèrent qu'une telle attitude pourrait nous aider à maîtriser nos angoisses. Quand les psychologues encouragent les gens à songer au point final de la mort, ces derniers ont tendance à être angoissés par leur façon de vivre. Mais quand ils encouragent les gens à imaginer qu'ils sont en train de mourir, et à jeter un regard rétrospectif sur leur existence, ils ont tendance à le faire avec gratitude, appréciation, et un amour accru pour leurs proches[87].

J'ai éprouvé le même sentiment après avoir séjourné dans des pays pauvres et en développement, en tant que chercheur ou comme touriste. Je crois que si les spécialistes de l'environnement, les journalistes et les militants passaient plus de temps à discuter avec les gens qui vivent en Indonésie ou au Congo de leur combat quotidien, ils seraient moins prompts à s'obnubiler sur la fin du monde, et moins enclins à paniquer devant chaque nouveau problème environnemental.

8. L'Amour plutôt que la Science

Début 2017, j'ai loué un espace commercial à Berkeley (Californie) pour Environnemental Progress, la nouvelle organisation que j'avais créée l'année précédente. L'ancien locataire vendait de la fast-fashion qui n'était plus vraiment à la mode.

J'ai adoré l'idée de m'implanter dans un espace de vente au détail au niveau de la rue à Berkeley, une cité qui a abrité les inventeurs de l'énergie nucléaire, ses adversaires, et plus tard, avec des personnalités comme Will Siri, ses avocats. Nous allions reprendre là où Siri s'était arrêté. Je ressentais le désir d'être plus ancré, de défendre réellement des positions, au lieu de me contenter de mon travail de chercheur et d'auteur.

L'espace se résumait pour l'essentiel à une grande pièce avec de hauts plafonds et des fenêtres. Il y avait à l'étage une mezzanine d'environ 1,5 m de profondeur, qui faisait le tour de la pièce. Du bois et des barres de cuivre ternies entouraient cette mezzanine d'où dépassaient des poutres en bois de mauvais goût. Le sol était en béton.

Sachant que l'existence d'une organisation environnementale ouvertement pronucléaire dans le centre-ville de Berkeley risquait de susciter des réactions véhémentes, nous avons cherché à rendre l'espace aussi apaisant et accueillant que possible.

Pour agrandir l'espace, nous avons coupé les poutres et repeint toute la pièce en blanc, à l'exception des fenêtres et des barreaux de cuivre, que nous avons astiqués. Hélène a peint, teint et enduit le sol, ce qui lui a conféré un aspect d'immense ciel bleu à la texture riche, marbrée et apaisante. Nos efforts ont payé : la plupart des gens qui viennent de la rue restent calmes et même ouverts d'esprit, en apprenant que nous sommes pronucléaires.

Ce local étant destiné à la vente au détail, nous sommes tenus d'y proposer des articles à la vente. Nous avons donc commencé à acheter et à revendre des souvenirs nucléaires des années 50 et 60, y compris des bijoux en ouraline (verre d'uranium) et des timbres « Atoms for Peace ». Nous avons transformé la mezzanine en galerie. J'ai monté la première exposition avec des photos que j'avais prises à travers le monde et qui racontent l'histoire du progrès environnemental dans la vie des gens. Il y a une photo de Bernadette, en colère mais fière, plantée sur son lopin où les babouins ont mangé ses patates douces. Une autre d'un gorille de montagne orphelin avec un sourire de Joconde et une fleur aux lèvres. Il y a un cliché de Caleb, souriant et tenant la main de Daniel, l'ingénieur espagnol, alors que nous marchons vers le barrage des Virunga. Sur une autre photo on peut voir Suparti debout à côté de la machine à coudre qu'elle n'utilise pas.

Et il y a une photo, la seule que je n'ai pas prise, de la centrale nucléaire de Diablo Canyon. Dans mon bureau à l'étage, qui donne sur la mezzanine et la pièce principale, Helen a accroché une affiche de l'Exposition universelle de Chicago de 1933-34. Réalisée pendant dans l'une des plus sombres périodes de la Grande Dépression, elle exprime pourtant une vision de l'avenir beaucoup plus optimiste que celle de la plupart des écolos actuels.

Le thème de l'Exposition était l'innovation technologique et son intitulé « Un siècle de progrès », célébrait le 100e anniversaire de Chicago. Avec pour mot d'ordre « La science découvre, l'industrie applique, l'homme s'adapte ». Atténuer le changement climatique et s'y adapter – – une devise parfaite,.

La Foire célébrait « la technologie et le progrès, une utopie ou un monde parfait, fondé sur la démocratie et l'industrie » – – une devise parfaite pour atteindre la prospérité pour tous[88].

La nature et la prospérité pour tous, voilà ce qui détermine la manière dont nous effectuons nos recherches, et non l'inverse. Aucune science ne prouvera que vous devez soutenir notre projet, tout comme aucune science ne peut donner envie de protéger les gorilles de montagne. Tout ce que nous pouvons faire, c'est vous montrer des photos et vous raconter les histoires de Bernadette et Suparti en espérant qu'elles vous toucheront, de la même manière qu'elles nous ont touchés.

Quand je retrouve mon équipe, ces images d'un monde à haute énergie avec une faune florissante structure notre réflexion. Elles représentent notre engagement envers des objectifs à la fois humains et naturels, rationnels et moraux, physiques et spirituels. La recherche doit être, c'est notre conviction, au service de certaines valeurs supérieures. Les nôtres sont l'amour de l'humanité et l'amour de la nature.

Au moment où nous avons fini de rénover le bureau, j'ai réalisé que nous avions créé une sorte de sanctuaire pour une vision qui pourrait à juste titre être appelée spirituelle. La nature et la prospérité pour tous voilà notre but moral transcendant. Le progrès environnemental est notre projet d'immortalité.

En 2015, quelques jours après que Bernadette m'ait montré l'endroit où les babouins avaient dévoré ses patates douces, Helen et moi avons vu les gorilles de montagnes en voie de disparition de près et face à face.

Nous séjournions dans la résidence de Mérode dans le Parc Virunga. Au coeur d'une zone de guerre nous avons dégusté des plats délicieux et dormi dans la forêt tropicale, entourés de singes colobes et de chimpanzés. C'était un ilôt paradisiaque au beau milieu de l'apocalypse.

Pour apercevoir les gorilles, les rangers du parc des Virunga, armés de mitrailleuses, nous ont emmenés en Jeep, puis à pied, à travers les pâturages qui constituaient autrefois l'habitat des primates. Nous avons traversé des villages d'agriculteurs qui sont sortis de chez eux souriants pour nous saluer. Descendus de voiture nous avons marché un peu à travers les ranchs de bétail qui longent les limites du parc, rappel de la demande insatisfaite de terres et de la pression d'une population humaine en constante augmentation.

Nous avons senti les gorilles avant de les voir. Leur odeur est unique, un mélange piquant d'odeur corporelle très forte, de musc et de mouffette. Nous les avons regardés et ils se sont retournés. Nous avons eu le souffle coupé en apercevant notre premier dos argenté.

Il a émis un grondement désapprobateur au déclic de l'obturateur de mon appareil photo. Il voulait qu'on le laisse tranquille. Notre guide nous a fait signe de nous éloigner un peu. L'heure passée avec les gorilles s'est écoulée en un clin d'oeil.

Helen et moi avons résolu sur place de les revoir, ce que nous avons fait en Ouganda une semaine plus tard. Comme au Congo, atteindre les gorilles nécessitait de traverser une série de villages de paysans pauvres collés à la frontière du parc et tâchant de se défendre contre les animaux qui dévoraient leurs récoltes. Le premier gorille que nous avons vu avait violé la frontière invisible du parc et mangeait les fruits d'un arbre sur la terre d'un paysan. Le deuxième gorille que nous avons vu était un magnifique dos argenté, beaucoup plus tolérant envers nos caméras bruyantes et les Oh ! et les Ah ! de notre groupe que ne l'avait été celui du Congo.

Enfin, nous avons nous avons eu le plaisir d'observer un bébé gorille, dont la mère se trouvait à quelques mètres. Elle nous a souri pendant que son bébé jouait près d'elle. C'était comme si nous étions deux grands singes dans une communauté de primates. Les scientifiques mettent en garde contre l'anthropomorphisation des animaux, mais il est impossible de ne pas considérer les gorilles comme des cousins, surtout quand ils vous sourient.

Les gens qui voient des gorilles en liberté éprouvent crainte et émerveillement, un mélange de bonheur et de surprise teintée d'appréhension. « Cette merveilleuse et effrayante production de la nature marche debout comme un homme », écrivait jadis un capitaine après que lui et ses hommes fussent tombés sur des gorilles sur la côte africaine en 1774. Un récit que cet homme raconta sans doute pendant des années avec émotion et animation[89].

Les scientifiques ont longtemps évoqué l'intérêt personnel comme principe au nom duquel les humains devraient se soucier des espèces menacées comme les gorilles de montagne. Mais si les gorilles de montagne devaient un jour s'éteindre, l'humanité deviendrait plus pauvre spirituellement, et non matériellement.

Heureusement, personne ne sauve les gorilles des montagnes, les manchots antipodes ou les tortues de mer par conviction que le futur de la civilisation humaine en dépend. Nous les sauvons pour une raison plus simple : nous les aimons[90].

Notes

1. Cristina Mittermeier, « Starving-Polar-Bear Photographer Recalls What Went Wrong, » *National Geographic*, 26 juillet 2018, https://www.nationalgeographic.com.

2. Jonathan Watts, « Greta Thunberg, Schoolgirl Climate Change Warrior: Some People Can Let Things Go. I Can't, » *The Guardian*, 11 mars 2019, https://www.theguardian.com.

3. Erica Goode, « Climate Change Denialists Say Polar Bears Are Fine. Scientists Are Pushing Back, », *New York Times*, 10 avril 2018, https://www.nytimes.com. Roz Pidcock, « Polar Bears and Climate Change: What Does the Science Say? », *Carbon Brief*, 18 juillet 2017, https://www.carbonbrief.org.

4. Naomi Oreskes and Erik Conway, *Merchants of Doubt: How a Handful of Scientists Obscured the Truth on Issues from Tobacco Smoke to Global Warming* (New York: Bloomsbury, 2010). Claudia Dreyfus, « Naomi Oreskes Imagines the Future History of Climate Change, » *New York Times*, 12 octobre 2014, https://www.nytimes.com. Melissa Block, « "Merchants of Doubt" Explores Work of Climate Change Deniers, » NPR, 6 mars 2014, https://www.npr.org. Justin Gillis, « Naomi Oreskes, a Lightning Rod in a Changing Climate, » *New York Times*, Le 15 juin 2015, https://www.nytimes.com. Timothy P. Scanlon, « A Climate Change "Critic" with Ties to the Fossil FuelIndustry, » *Washington Post*, 24 décembre 2015, https://www.washingtonpost.com.

5. Oreskes and Conway, *Merchants of Doubt*, 177.

6. Ibid., 175, 182, 176.

7. William Grimes, « Thomas C. Schelling, Master Theorist of Nuclear Strategy, Dies at 95, » *New York Times*, 14 décembre 2016, https://www.nytimes.com ; « The Sveriges Riksbank Prize in Economic Sciences in Memory of Alfred Nobel 2018, » NobelPrize.org, https://www.nobelprize.org/prizes/economicsciences/2018/nordhaus/facts. « William D. Nordhaus: Facts, » The Nobel Prize, https://www.nobelprize.org/prizes/economic sciences/2018/nordhaus/facts.

8. Nicolas Nierenberg, Walter R. Tschinkel, and Victoria J. Tschinkel, « Early Climate Change Consensus at the National Academy: The Origins and Making of Changing Climate, » Historical Studies in the Natural Sciences, 40, no. 3 (2010), https://www.bio.fsu.edu/~tschink/publications/HSNS4003_021.pdf, 318–49. Jesse H. Ausubel, *La liberazione dell'ambiente* (Roma: Di Renzo Editore, 2014), 19. « Excerpts from the Climate Report, » *New York Times*, Le 21 octobre 1983, https://timesmachine.nytimes.com.

9. Oreskes and Conway, *Merchants of Doubt*, 348, 349.

10. Ibid., 341, 348, 349.

11. Mittermeier, « Starving-Polar-Bear Photographer Recalls What Went Wrong. »

12. Polar Bear Study Group, « Summary of Polar Bear Population Status per 2019, » 2019, http://pbsg.npolar.no/en/status/status-table.html.

13. Rachel Fobar, « Should Polar Bear Hunting Be Legal? It's Complicated, » *National Geographic*, 28 mai 2019, https://www.nationalgeographic.com.

14. Susan Crockford (zoologiste), discussion avec l'auteur, le 31 janvier 2020.

15. « International Poll: Most Expect to Feel Impact of Climate Change, Many Think It Will Make Us Extinct, » YouGov, 14 septembre 2019, https://you gov.co.uk.

16. Richard Tol, « IPCC Again, » Richard Tol, 24 avril 2014, http://richard-tol. blogspot.com/2014/04/ipcc-again.html.

17. Ibid.

18. Ibid.

19. Richard Tol, « Why I resigned from the IPCC WGII, » The Global Warming Policy Forum, 26 avril 2014, https://www.thegwpf.com/richard-tol-why-i-resigned-from-the-ipcc-wgii.

20. Richard Tol, entretien avec Roger Harrabin, « In Conversation: Roger Harrabin et Richard Tol », *The Changing Climate*, BBC-TV, 16 novembre 2015.

21. Tol, « IPCC again. »

22. J. Graham Cogley, Jeffrey S. Kargel, G. Kaser, and C. J. van der Veen, « Tracking the Source of Glacier Misinformation, » *Science* 327, no. 5965 (2010): 522, https://doi.org/10.1126/science.327.5965.522-a. Lauren Morello du *New York Times* écrivait : « Pielke a déclaré que sa préoccupation est d'autant plus grande qu'il pense que le groupe de travail II a aussi déformé ses conclusions sur le lien entre changement climatique et incidences financières des catastrophes naturelles, en mettant en avant un livre blanc produit pour une conférence qu'il a organisée – alors qu'en fin de compte, les participants à la conférence "sont arrivés à une conclusion contraire à ce que disait le document de référence". » Lauren Morello, « Climate Science Panel Apologizes for Himalayan Error, » *New York Times*, 21 janvier 2010, https://www.nytimes.com.

23. Roger Pielke, Jr., *The Climate Fix: What Scientists and Politicians Won't Tell You About Global Warming* (New York: Basic Books, 2010), 176–78, 182. *Topics 2000: Natural Catastrophes—the Current Position*, Munich Re Group, https://www.imia.com/wp-content/uploads/2013/05/EP17-2003-Loss-Potential-of-Natural-Hazzards-sm.pdf.

24. Harold T. Shapiro, Roseanne Diab, Carlos Henrique de Brito Cruz, et al., Évaluations des changements climatiques : Examen des processus et procédures du GIEC, Comité d'examen du Groupe d'experts intergouvernemental sur l'évolution du climat, octobre 2010, http://reviewipcc.interacademycouncil.net/report/Climate%20Change % 20Assessments, % 20Review % 20of % 20the % 20Processes % 20& % 20Procedures % 20of % 20the % 20IPCC. pdf.

25. Christopher Flavelle, « Climate Change Threatens the World's Food Supply, United Nations Warns », *New York Times*, 8 août 2019, https://www. nytimes.com.

26. Nicholas Wade, « A Passion for Nature, and Really Long Lists, » *New York Times*, 25 avril 2011, https://www.nytimes.com.

27. « In Conversation: Roger Harrabin and Richard Tol », *The Changing Climate*, BBC-TV, 16 novembre 2015.

28. Tol, « IPCC Again. »

29. Raul M. Grijalva, membre dirigeant, Comité des ressources naturelles de la Chambre des représentants, lettre à Bruce Benson, président de l'Université du Colorado, 24 février 2015, https://naturalresources.house.gov/imo/media/doc/2015-02-24_RG%20to % 20UoC % 20re_climate % 20research.pdf.

30. John Schwartz, « Lawmakers Seek Information on Funding for ClimateChange Critics », *New York Times*, 25 février 2015, https://www.nytimes.com.

31. Roger Pielke, Jr, « Wikileaks et moi ». Roger Pielke, Jr., 14 novembre 2016, ps://rogerpielkejr.com/2016/11/14/wikileaks-and-me. Joe Romm, « Obama Science Advisor John Holdren Schools Political Scientist RogerPielke on Climate and Drought », ThinkProgress, 3 mars 2019, https://thinkprogress.org. Lindsay Abrams, « FiveThirtyEight's Science Writer Accusedof Misrepresenting the Data on Climate Change », *The New Republic*, 19 mars 2014, https://www.salon.com.

32. Joe Romm, « Why Do Disinformers like Pielke Shout Down Any Talk of aLink Between Climate Change and Extreme Weather », ThinkProgress, 23 juin 2009, https://thinkprogress.org/. Joe Romm, « Foreign Policy's "Guide to Climate Skeptics" includes Roger Pielke, » ThinkProgress, 28 février 2010, https://thinkprogress.org.

33. Christina Larson and Joshua Keating, « The FP Guide to Climate Skeptics, » *Foreign Policy*, 26 février 2010, https://foreignpolicy.com.

34. Roger Pielke, Jr, « I Am Under Investigation », *The Climate Fix* (blog), 25 février 2015, https://theclimatefix.wordpress.com/2015/02/25/i-am-under-investigation.

35. John Holdren, mail à John Podesta, 5 janvier 2014, WikiLeaks, https://wikileaks.org/podesta-emails/emailid/12098.

36. Congressional Record, Proceedings and Debates of the 113rd Congress, SecondSession, vol. 160, part 3, 3977. John Holdren, « Drought and Global ClimateChange: An Analysis of Statements by Roger Pielke Jr », 28 février 2014, https://www.whistleblower.org.

37. « Gone Fishing, » *Nature*, 5 mars 2015, https://www.nature.com.

38. Société météorologique américaine, lettre à Raúl Grijalva, 27 février 2015..

39. Ben Geman and National Journal, « Grijalva: Climate Letters Went Too Far in Seeking Correspondence, » *The Atlantic*, 2 mars 2015, https://www.theatlantic.com.

40. Roger Pielke, Jr, (climatologue), discussion avec l'auteur, décembre 2019.

41. Dave Davies, « Climate Change Is "Greatest Challenge Humans Have Ever Faced," Author Says, » NPR, 16 avril 2019, https://www.npr.org.

42. « Financial Data: 2018 Financials, » 350.org, consulté le 30 janvier 2020, https://350.org/2018-annual-report-financials.

43. Giuseppe Formetta et Luc Feyen, « Empirical Evidence of Declining GlobalVulnerability to Climate-Related Hazards », *Global Environmental Change* 57(juillet 2019): 101920, https://doi.org/10.1016/j.gloenvcha.2019.05.004. HannahRitchie et Max Roser, « Global Deaths from Natural Disasters », OurWorld in Data, https://ourworldindata.org/natural-disasters. Données publiées par EMDAT (2019) : OFDA/CRED International Disaster Database. Université Catholique de Louvain–Bruxelles–Belgique. Les données correspiondant aux différentes années sont additionnées sur des intervalles de dix ans, de la première à la dernière année de chaque décennie calendaire.

44. Matthew C. Nisbet, « How Bill McKibben Changed Environmental Politics and Took on the Oil Patch, » *Policy Options*, 1er mai 2013, https://policyoptions.irpp.org.

45. McKibben, *The Bill McKibben Reader: Pieces from an Active Life*, 183.

46. Bill McKibben, *The End of Nature* (New York: Random House Trade Paperbacks, 2006), 71.

47. William James, The Varieties of Religious Experience: A Study in Human Nature (New York: Random House, 1994), 661. (*Les formes multiples de l'expérience religieuse, Exergue, 2001)*

48. Alston Chase, *A Mind for Murder: The Education of the Unabomber and the Origins of Modern Terrorism* (New York: W. W. Norton & Company, Inc., 2003), 320–322.

49. Mark Sagoff, « The Rise and Fall of Ecological Economics, » *Breakthrough Journal* 2 (automne 2011), https://thebreakthrough.org/journal/issue-2/the-rise-and-fall-of-ecological-economics.

50. Clarence J. Glacken, *Traces on the Rhodian Shore: Nature and Culture in Western Thought from Ancient Times to the End of the Eighteenth Century* (Berkeley: University of California Press, 1967), 423.

51. L'environnementalisme est également la religion dominante dans de nombreux pays non occidentaux. La Corée du Sud et Taïwan sont tous deux dirigés par des écologistes ostensiblement laïques, antinucléaires et favorables aux énergies renouvelables, qui font des déclarations apocalyptiques sur le changement climatique presque identiques à celles des Verts européens et des démocrates américains tels que la représentante Alexandria Ocasio-Cortez. Robert H. Nelson, *The New Holy Wars: Economic Religion Versus Environmental Religion in Contemporary America* (Philadelphie : Pennsylvania State UniversityPress, 2010), xv.

52. Carl M. Hand and Kent D. Van Liere, « Religion, Mastery-over-Nature, and Environmental Concern, » *Social Forces* 63, no. 2 (décembre 1984): 555–70, https://doi.org/10.2307/2579062. Mark Morrison, Roderick Duncan, and Kevin Parton, « Religion Does Matter for Climate Change Attitudes and Behavior, » *PLOS ONE* 10, no. (2015), https://doi.org/10.1371/journal.pone.0134868. James L. Guth, John C. Green, Lyman A. Kellstedt, and

Corwin E. Smidt, « Faith and the Environment: Religious Beliefs and Attitudes on Environmental Policy, » *American Journal of Political Science* 39, no. 2 (1995): 364–82, https://doi.org/10.2307/2111617. Paul Wesley Schultz and Lynette Zelezny, « Values as Predictors of Environmental Attitudes: Evidence for Consistency Across 14 Countries, » *Journal of Environmental Psychology* 19, no. 3 (1999): 255–65, https://doi.org/10.1006/jevp.1999.0129. Bron Taylor, Gretel Van Wieren, and Bernard Zaleha, « The Greening of Religion Hypothesis (Part Two): Assessing the Data from Lynn White, Jr., to Pope Francis, » *Journal for the Study of Religion, Nature and Culture* 10, no. 3 (2016), https://doi.org/10.1558/jsrnc.v10i3.29011. Paul Wesley Schultz, Lynnette Zelezny, and Nancy Dalrymple, « A Multinational Perspective on the Relation Between Judeo-Christian Religious Beliefs and Attitudes of Environmental Concern, » *Environment and Behavior* 32, no. 4 (2000): 576–91, https://doi.org/10.1177/00139160021972676.

53. Oliver Milman and David Smith, « "Listen to the Scientists": Greta Thunberg Urges Congress to Take Action, » *The Guardian*, 18 septembre 2019, https://www.theguardian.com.

54. Robert H. Nelson, *The New Holy Wars* (Philadelphia: Pennsylvania State University Press, 2010), xv.

55. Ibid.

56. Jonathan Haidt, « Moral Psychology and the Misunderstanding of Religion, » *Edge*, 21 septembre 2007, https://www.edge.org.

57. Michael Barkun, « Divided Apocalypse: Thinking About the End in Contemporary America, » *Soundings: An Interdisciplinary Journal* 6, no.3 (1983): 258, https://www.jstor.org/stable/41178260.

58. Friedrich Nietzsche, *Par delà le Bien et le Mal, La Généalogie de la Morale*, Gallimard (Folio).

Chase, A Mind for Murder: *The Education of the Unabomber and the Origins of Modern Terrorism*, 203.

59. Chase, *A Mind for Murder*, 201.

60. Ibid., 205–206.

61. Pascal Bruckner, *Le Fanatisme de l'Apocalypse: Sauver la Terre, punir l'Homme*, Grasset, 2011.

62. Ernest Becker, *The Denial of Death* (New York: Free Press, 1973).

63. Ibid., 5.

64. Zion Lights (porte-parole d'Extinction Rebellion), correspondance par mail avec l'auteur, le 4 janvier 2020. Leslie Hook, Greta Thunberg: « Toute ma vie, j'ai été la fille invisible », *Financial Times*, 22 février 2019., https://www.ft.com. Sarah Lunnon (d'Extinction Rebellion), discussion avec l'auteur, 26 novembre 2019.

65. Ines Testoni, Tommaso Gheller, Maddalena Rodelli et al., « Representations of Death Among Italian Vegetarians: Ethnographic Research on Environment, Disgust and Transcendence, » *Europe's Journal of Psychology* 13, no. 3 (août 2017): 378–95, https://doi.org/10.5964/ejop.v13i3.1301.

66. Ibid., 378–395.

67. Rachel N. Lipari et Eunice Park-Lee, *Key Substance Use and Mental Health Indicators in the United States: Results from the 2018 National Survey on Drug Use and Health*, Substance Abuse and Mental Health Services Administration, U.S. Department of Health and Human Services, 2019, http://www.samhsa.gov/data/sites/default/files/cbhsqreports/NSDUHNationalFindingsReport2018/NSDUHNationalFindingsReport2018.pdf. « La santé mentale des adolescents dans l'Union européenne », Bureau régional de l'Organisation mondiale de la santé pour l'Europe, Copénhague, Danemark, http://www.euro.who.int/__data/assets/pdf_file/0005/383891/adolescent-mh-fs-eng.pdf?ua=1.

68. Jean M. Twenge, A. Bell Cooper, Thomas E. Joiner et al., « Age, Period, and Cohort Trends in Mood Disorder Indicators and Suicide-Related Outcomes in a Nationally Representative Dataset, 2005–2017, » *Journal of Abnormal Psychology* 128, no. 3 (2019): 185–99, https://doi.org/10.1037/abn0000410. Juliana Menasce Horowitz and Nikki Graf, « Most US Teens See Anxiety and Depression as a Major Problem Among Their Peers, » Pew Research Center, 20 février 2019, https://www.pewsocialtrends.org/2019/02/20/most-u-s-teens-see-anxiety-and-depression-as-a-major-problem-among-their-peers.

69. Richard Rhodes, *A Hole in the World: An American Boyhood* (New York: Simon & Schuster, 1990).

70. Richard Rhodes (historien), discussion avec l'auteur, 12 novembre 2019.

71. Brendan O'Neill, « The Madness of Extinction Rebellion, » *Spiked*, 7 octobre 2019, https://www.spiked online.com/2019/10/07/the-madness-of-extinction-rebellion.

72. Greta Thunberg, « "Our House Is on Fire": Greta Thunberg, 16, Urges Leaders to Act on Climate, » *The Guardian*, 25 janvier 2019, https://www.theguardian.com.

73. Greta Thunberg, « Si la révolte contre l'effondrement climatique et écologique et pour l'humanité est contre les règles, alors il faut briser les règles.#ExtinctionRebellion », Twitter, 15 octobre 2019, 12 h 24, https://twitter.com/gretathunberg/status/1184188303295336448.

74. Sarah Lunnon, interviewée par Phillip Schofield et Holly Willoughby, *ThisMorning*, ITV, 17 octobre 2019, https://www.youtube.com/watch?v=ACLmQsPocNs.

75. Myles Allen et Sarah Lunnon, interviewés par Emma Barrett, Newsnight, BBC, 10 octobre 2019.

76. Thunberg, *No One Is Too Small to Make a Difference*, 96.

77. Roger Scruton, *Fools, Frauds and Firebrands: Thinkers of the New Left* (London: Bloomsbury Continuum, 2019), 15. (*L'erreur et l'orgueil, penseurs de la gauche moderne, L'Artilleur, 2019.*)

78. Ibid., 15.

79. Savannah Lovelock and Sarah Lunnon, interviewées by Sophy Ridge, *Sophy Ridge on Sunday*, Sky News, 6 octobre 2019, YouTube, https://www.youtube.com/watch?v=ArO_-xH5Vm8.

80. Ibid.

81. Lauren Jeffrey (YouTubeuse britannique), discussion avec l'auteur, 3 décembre 2019.

82. Greta Thunberg, « School Strike for Climate-Save the World by Changing the Rules », TEDxStockholm, 27 janvier 2019, https://www.ted.com. Malena Ernman, « Malena Ernman on daughter Greta Thunberg: "She was slowly disappearing into some kind of darkness" », *The Guardian*, 23 février 2020.

83. Scruton, *Fools, Frauds and Firebrands*, 277, 283.

84. Ibid., 288.

85. Sir Francis Bacon, *The Advancement of Learning* (London, Paris, and Melbourne: Cassell & Sons, Ltd., 1893), https://www.gutenberg.org/files/5500/5500-h/5500-h.htm.

86. Jean Delumeau, *Le Péché et la Peur. La culpabilisation en Occident. XIIIe-XVIIIe siècles* (1984).

87. Brian L. Burke, « Two Decades of Terror Management Theory: A Metaanalysis of Mortality Salience Research, » *Personality and Social Psychology Review* 14, no. 2 (2010): 155–195, https://doi.org/10.1177/1088868309352321.

88. « World's Fairs, 1933–1939, » Encyclopedia.com, 9 décembre 2019, https://www.encyclopedia.com/education/news-and-education-magazines/worlds-fairs-1933–1939.

89. En réalité, les gorilles peuvent marcher debout, mais la plupart du temps, ils marchent aussi bien sur leurs mains que sur leurs pieds. Mais l'impression du gorille dressé a été très forte, en partie parce que c'est ce que les humains voient quand les gorilles chargent. George Schaller, *The Year of the Gorilla* (Chicago: Chicago University Press, 1988), 4.

90. Je ne suis pas le premier à faire cette remarque. « Notre niveau de vie n'est pas, ou peu, affecté par la présence ou l'absence de chouettes tachetées, disait Amartya Sen, mais je crois fermement que nous ne devrions pas les laisser s'éteindre, pour des raisons qui n'ont pas grand-chose à voir avec le niveau de vie humain »: Cité dans Mark Sagoff, *The Economy of the Earth: Philosophy, Law, and the Environment* (Cambridge, UK: Cambridge University Press, 2008), 2.

Épilogue

Peu de choses font se sentir plus immortel que de sauver la vie d'une centrale nucléaire. Peut-être est-ce parce que l'énergie nucléaire elle-même peut être considérée comme immortelle. Dans mille ans, nos descendants produiront peut-être encore de l'énergie nucléaire sur les mêmes sites qu'aujourd'hui. Les centrales nucléaires actuelles peuvent facilement fonctionner encore quatre-vingts ans, voire cent si elles sont bien entretenues et les organes remplacés si nécessaire. Comme les machines à écrire de César Marchetti, chaque centrale sera en progrès sur les précédentes jusqu'à ce que nous parvenions à la fusion et que nous recommencions tout le processus.

Entre 2016 et 2020, j'ai donc travaillé avec des humanistes environnementaux dans le monde entier pour sauver les centrales nucléaires. Cela a eu un impact : Alors que l'énergie nucléaire était considérée il y a quelques années comme facultative, beaucoup voient en elle aujourd'hui un atout essentiel pour affronter le changement climatique.

En 2019, mes collègues et moi avons organisé des manifestations pronucléaires dans plus de trente villes à travers le monde. Nous nous, sommes inspirés de la Grève étudiante pour le climat, lancée par Greta Thunberg, qui a commencé avec seulement une ou deux personnes, comme elle, dans bien des endroits. Nous avons demandé aux gens de montrer, très simplement, leur adhésion au nucléaire. Sur les places allemandes, devant les gares de Corée du Sud, et sur les campus universitaires aux États-Unis, des militants pro-nucléaire étaient assis à une table, distribuant des prospectus, montrant des vidéos et démystifiant les fables qui courent sur le sujet. En décembre 2019, 120 personnes venues d'Allemagne, de Pologne, de Suisse, d'Autriche, des Pays-Bas et de République tchèque se sont rassemblées près de la centrale nucléaire de Philippsburg, à quarante-cinq minutes de la frontière française, dont le gouvernement allemand avait décidé la fermeture anticipée. « L'avis de l'opinion publique sur l'énergie nucléaire est en train de changer », déclarait Bjorn Peters, un leader pronucléaire allemand fin 2019.

La mobilisation pro-nucléaire fait deux pas en avant et un pas en arrière. Du fait des efforts conjugués de groupes comme NRDC, EDF, Sierra Club et 350.org, la Californie et l'état de New York semblent décidés à fermer prématurément les centrales nucléaires de Diablo Canyon et d'Indian Point, qui fournissent de l'énergie décarbonée à environ six millions de personnes. Un nombre croissant de personnes semblent comprendre la folie d'un tel projet, et révisent leur opinion sur la technologie.

En effectuant mes recherches et en écrivant ce livre, j'ai été heureux de trouver des supporters de l'énergie nucléaire dans des secteurs inattendus, y compris chez des personnes avec lesquelles je suis en désaccord, au moins sur certaines questions. Christine Figgener, la spécialiste allemande des tortues de mer, qui a lancé le débat planétaire sur les pailles et la pollution des plastiques, m'a affirmé soutenir le nucléaire. « Je pense que le monde n'est pas noir et blanc », m'a-t-elle dit. Et Zion Lights d'Extinction Rebellion m'a confié qu'elle avait changé d'attitude après qu'un ami scientifique lui a affirmé que c'était une énergie sûre. « J'ai répliqué : 'Ce n'est pas ce qu'on m'a dit'. Et lui : 'Ne te contente pas d'écouter ce que les gens te racontent.' Et donc j'ai fait mes recherches et il avait raison. Les informations montrent que c'est une énergie sûre. Et j'ai réalisé que les panneaux et les batteries solaires ne répondraient pas à la demande[1]. »

Certains semblent également modérer leur vision du changement climatique. En décembre 2019, David Wallace-Wells, l'auteur de l'apocalyptique *La Terre inhabitable*, qui affirmait « le changement climatique est bien bien pire que vous croyez » écrivait : « Pour une fois, l'actualité climatique pourrait être meilleure que vous ne le pensiez. Elle est certainement plus favorable que je ne le pensais[2]. »

Wallace-Wells renvoyait aux recherches de Pielke et d'autres, montrant que le scénario d'utilisation élevée du charbon du GIEC, connu sous l'appellation technique, *RCP 8.5*, était hautement improbable, et que les températures culmineraient sans doute à moins de 3 degrés centigrades au-dessus des niveaux préindustriels[3].

En janvier 2020, j'ai reçu un mail du GIEC m'invitant à faire partie des examinateurs experts de son prochain rapport d'évaluation. Ce n'était pas la première fois que le GIEC me contactait. Après que j'ai critiqué le GIEC en 2018 pour son traitement partial du nucléaire et des énergies renouvelables, l'auteur principal d'un rapport du GIEC m'a encouragé à devenir réviseur. Je n'avais pas donné suite à cette invitation, mais cette fois j'ai accepté.

J'ai également reçu une invitation à témoigner devant le Congrès sur l'état de la climatologie, ce que j'ai fait en janvier 2020. Depuis plus de vingt ans, ai-je remarqué, le débat national sur le changement climatique est tiraillé entre ceux qui le nient et ceux qui l'exagèrent. Heureusement, on constate que certains scientifiques, journalistes et militants, ont fini par faire reculer les extrêmes des deux camps. Aucun des membres du Comité de la Chambre des représentants sur la science, l'espace et la technologie n'a nié le changement climatique. La plupart ont dit qu'ils pensaient qu'il fallait se mobiliser pour le juguler.

Je crois que l'humanisme environnemental finira par triompher de l'écologie apocalyptique parce que la grande majorité des individus sur notre planète veulent à la fois la prospérité et la nature, et pas la nature sans la prospérité. Ils sont juste très peu au clair sur la façon d'atteindre les deux. Car, tandis que certains écologistes affirment que leur programme offrirait également une prospérité plus verte, les preuves montrent qu'un monde *bio*, à faible consommation d'énergie, axé sur les renouvelables ne serait pas meilleur mais pire pour la plupart des gens et pour l'environnement naturel.

Si l'alarmisme environnemental peut être une caractéristique permanente de la vie publique, il n'a nul besoin d'être aussi catastrophiste. Le système planétaire évolue. S'il engendre de nouveaux risques, il apporte également de nouvelles opportunités. Affronter les nouveaux défis nécessite de ne surtout pas paniquer. Avec soin, persévérance et, j'ose dire, amour, je crois nous pouvons modérer les extrêmes et approfondir compréhension et respect. En nous efforçant dans ce sens, je crois que nous nous rapprocherons de l'objectif moral ultime que partagent la plupart des gens, peut-être même certains écologistes actuellement apocalyptiques : la nature ET la prospérité pour tous.

Notes

1. Christine Figgener (biologiste spécialiste des tortues de mer), conversation avec l'auteur, 6 novembre 2019. Zion Lights (porte-parole d'Extinction Rebellion), conversation avec l'auteur, 5 décembre 2019.
2. David Wallace-Wells, « We're Getting a Clearer Picture of the Climate Future-and It's Not as Bad as It Once Looked », *New York*, 20 décembre 2019, http://nymag.com.
3. Roger Pielke, Jr., « In 2020 Climate Science Needs to Hit the Reset Button, Part One, » *Forbes*, 22 décembre 2019, https://www.forbes.com.

Remerciements

Toute ma gratitude à ma famille pour son amour et son soutien. Je dédie cet ouvrage à mes enfants, Joaquin et Kestrel, qui m'apportent de grandes joies.

Mes parents, Robert Shellenberger et Judith Green, ainsi que Nancy et Don O'Brian, m'ont appris à aimer mes semblables, à prendre soin de notre planète et à penser par moi-même. Ils m'ont aidé à apprécier la nature et m'ont inculqué un sentiment de justice et de responsabilité. Helen Jeehyun Lee est ma meilleure amie et ma femme aimante, et le fidèle sceptique dont j'avais besoin. Mes frères et sœurs et beaux-parents, Kim Shellenberger et Rich Balaban, Julie O'Brian et Jeff Oxenford, Mark et Gina O'Brian, m'ont prodigué affection et encouragements. J'ai bénéficié d'une communauté de collègues solidaires. Eric Nelson à Harper Collins m'a aidé à définir le livre que je voulais écrire. Rob Sartori et Nena Madonia Oshman ont été des champions persévérants et efficaces. Je suis redevable à Madison Czerwinski, Mark Nelson, Paris Wines, Alexandra Gates, Emmet Penney, Jemin Desai, Sid Bagga et Gabrielle Haigh d'Environmental Progress, et Mark Schlabach pour leur intelligence, leur esprit critique, ce sont des chercheurs, des vérificateurs de faits et des éditeurs qui travaillent dur. Je n'aurais pu écrire cet ouvrage sans eux.

Je suis reconnaissant aux fidèles partisans et membres du conseil d'Environmental Progress's, Frank Batten, Bill Budinger, John Crary, Paul Davis, Kate Heaton, Steve Kirsch, Ross Koningstein, Michael Pelizzari, Jim Swartz, Barrett Walker, Matt Winkler et Kristin Zaitz, de nous avoir depuis notre création en 2016, permis de traquer les faits partout où ils nous entraînaient.

Enfin, je remercie les très nombreuses personnes qui ont donné de leur temps pour rendre possible Apocalypse Never : Syarifah Nur Aida, Kevin Anderson, Jesse Ausubel, Pascal Bruckner, Chuck Casto, Hinh Dinh, Kerry Emanuel, Christine Figgener, Chris Helman, Ana Paula Henkel, Laura Jeffrey, Caleb Kabanda, Michael Kavanagh, John Kelly, Julie Kelly, Annette Lanjouw, Claire Lehmann, Timothy Lenton, Michael Lind, Zion Lights, Lisa Linowes, Sarah Lunnon, Alastair McNeilage, Andrew McAfee, Sudip Mukhopadhyay, Michael Oppenheimer, Andrew Plumptre, Roger Pielke, Helga Rainer, Richard Rhodes, Joyashree Roy, Mark Sagoff, Sarah Sawyer, Laura Seay, Mamy Bernadette Semutaga, Mouad Srifi, Suparti, Nobuo Tanaka, Geraldine Thomas et Tom Wigley.

Achevé d'imprimer en France chez CPI Firmin Didot (166262)
Dépôt légal novembre 2021